廖辅叔全集

第三卷·文学著作卷

中央音乐学院《廖辅叔全集》编委会◎编

中央音乐学院出版社

图书在版编目（CIP）数据

廖辅叔全集. 第三卷，文学著作卷／中央音乐学院《廖辅叔全集》编委会编. —北京：中央音乐学院出版社，2017. 12

ISBN 978－7－81096－854－6

Ⅰ. ①廖… Ⅱ. ①中… Ⅲ. ①廖辅叔－全集 ②音乐评论－文集 Ⅳ. ①C52 ②I217. 2

中国版本图书馆 CIP 数据核字（2017）第 302266 号

责任编辑：肖 琳 欧阳韫

廖辅叔全集（第三卷·文学著作卷）　　　　　　　《廖辅叔全集》编委会编
_____

出版发行：中央音乐学院出版社

经　　销：新华书店

开　　本：787×1092 毫米　16 开　印张：26　字数：464 千字

印　　刷：北京京都六环印刷厂

版　　次：2018 年 2 月第 1 版　　2018 年 2 月第 1 次印刷

印　　数：1—600 套

书　　号：ISBN 978－7－81096－854－6

定　　价：1280. 00 元（五卷八册）
_____

中央音乐学院出版社　北京市西城区鲍家街 43 号　　邮编：100031

发行部：（010）66418248　　　　66415711（传真）

第三卷编辑说明

一、本卷是廖辅叔的文学著作卷，专著包括：属于新知识丛刊的《中国文学欣赏初步》，词学研究与评论《谈词随录》，诗词创作《兼堂韵语》。单篇文论：收集了 1956—2003 年刊登的 29 篇文章及遗稿 4 篇，统称"文史掇英"。

二、《谈词随录》是作者研究词学的结晶，在写法上融词史、词话、词论于一体。论述了词的起源、词与音乐、词与诗的本质区别等。

三、本卷所辑以首刊稿、初版本为据校勘整理，参照部分手稿校录。凡引用的诗词，均按作者写作时所用的版本为准，个别参考新版本。

四、本卷编校以保持作者著述本来面貌为依据，严守存真慎校．的准则，对文稿中明显的笔误、衍文、漏字、标点加以订正，繁体字、异体字按现行规定书写。

五、因时代原因，文中的字、词、语言表达方式，涉及的人名、地名、曲名等译法与当今译法有较大出入者，均在其后做出注释。对未译中文的外文词语，保持原貌，以利于读者从著述原样进行研读探索。

六、《兼堂韵语》因排列密集，所以目录从略。

目　录

兼堂韵语

《兼堂韵语》（续编）

文史掇英

中国文学欣赏初步

版本：新知识初步丛刊《中国文学欣赏初步》，生活书店发行，
1946年，上海·重庆

中國文學欣賞初步

新知識初步叢刊

廖輔叔 著
生活書店 發行

一、中国文学的特色

中国文学与儒教

中国文学，原则上说，应该是世界的文学在中国的一部分。只要是以语言为手段，通过形象化的描写来表达某一时代的社会意识的，都是文学，不管它是方块字或是什么旁行斜上之文。我们可以说，文学是超时代的，超国界的。2000 年前的《离骚》到今天还没有褪掉它的光辉，李太白的译诗在国外一样受到极高的评价。可是，中国文学，还包含有另一种意义，那就是中国式的文学。本来凡是用方块字写出来的都是中国文学，所以蒙古人耶律楚材，满洲人纳兰成德，他们的作品都给一律收入中国文学的宝库。然而论起纳兰成德的自然真切，王国维先生便说过是因为由于他"初入中原，未染汉人风气"，似乎道地的中国文学还另外有一种什么特别的味道。那究竟是什么呢？说来话长，大概可以归纳为三点：含蓄、雅驯和严整。

这种特色的养成，与儒教有很大的关系。我们知道，孔子之被尊为圣人，是汉武帝"表章六经，罢黜百家"以后的事，在这以前读书人倒并不一定要扳起俨然的面孔的。这只要看孔子认为可以一道出洋的子路便可以明白，子路是挨过骂，说是"暴虎冯河"的，他的考语又是"嗳"。如果说人死无对证呢，那么，《诗经》里面漏过孔子的剪刀的诗篇，孔子之道尚未曾发生作用的《楚辞》，都可以证明中国文学的本相与思想定于一尊以后的中国文学有多大的差别。

《诗经》的《国风》是当时各地的民歌，虽然经过孔子的删削，却仍然留下如下的诗句：

> 子不我思，岂无他人？！

这成什么话啊！假如读者是一个道学家！

至于《楚辞》，可以说《离骚》是屈原一面哭，一面咒的结晶。宋玉《对楚王问》之类的作品也与后来的讽喻不同。总之，没有一点含蓄雅驯的影子，形式上也是奔放的自由的——不奔放如何表达得出热烈激动的情感？

中国社会发展到汉代的专制主义封建制，地主经济是安定了，思想上也找到了儒家的道统，文学从此便给化了装。用一个比喻说，那就是小家碧玉高升做了姨太太，即使过去曾经怎样打情骂俏，现在也得装装腔，作作势，摆出所谓矜持的样子，于是乎中国文学便渐渐打上了特别的烙印。严格说来，这特色是给厄运造成的。不过特色总归是特色，即前面说过的含蓄，雅驯和严整。

中国文学的特色一：含蓄

先说含蓄。含蓄便是所谓言近旨远，有余不尽，到了极点则是"无垂不缩，无往不复"。这里且举两首唐人七绝为例：

> 山围故国周遭在，　潮打孤城寂寞回
> 淮水东边旧时月，　夜深还过女墙来。

刘禹锡：石头城

> 烟笼寒水月笼纱，　夜泊秦淮近酒家。
> 商女不知亡国恨，　隔江犹唱后庭花。

杜　牧：秦淮夜泊

前一首全用白描，用眼前的景色衬托出盛衰之感，更借"旧时"两个字设想过去的繁华。不幸旧时的月色虽然还过女墙，现在女墙内外却再没有旧时的笙歌醉舞了。作者并不用强调荒凉，你读了却自然会感慨一番。后一首呢，点明了亡国之感了，却不一定造成深刻的印象。酒家啊，商女啊，忽然转出什么亡国恨，倒反不免觉得突兀。音节是响亮的，字句是明快的，念完了就念完了，可不很耐人寻味，这原因就在乎没有言外之意。

世态是多样的，人情也应是多样的，实际上只能限于含蓄一点。偏偏中国人喜欢一味，结果是不含蓄的作品，不管你好到怎样，却会受到好事的指摘。屈原因为斗不过官僚，国也要亡了，只好跳水，一腔悲愤寄托在作品上面，看吧，明达如司马迁，还说他"露才扬己"。李清照写下热情的词，便被人批评为"最无蕴藉"。张孝祥写六州歌头，越写越兴奋，结段便说出：

> 闻道中原遗老，长南望翠葆霓旌。使行人到此，忠愤气填膺，有泪如倾。

弄到在座的人都不好下场。文学的力量的确是发挥到最高点了，不料陈廷焯仍然认为这结尾太露骨了，太露骨自然是美中不足的呀。写到这里，我顺便说一段有关的故事，那是关于"惯于长夜过春时"那首旧诗的。我当时读过之后，印象最深的是"梦里依稀慈母泪，城头变幻大王旗"那联。第二天，碰到了一位朋友，谈了没有几句话，便谈到《为了忘却的纪念》那一篇文章，当然也没有遗漏那一首旧诗。我们都说好极了，可是好在什么地方呢？那位朋友说"吟罢低眉无写处，月光如水照缁衣"。我当时暗自惭愧自己的浅薄，同时也得到一个反证，要搞旧文学，终归是抛不开含蓄的手法的。

中国文学的特色二：雅驯

次说雅驯，雅驯就是不鄙俗，不浪漫，《画墁录》载有一段故事很可以做参考，那是关于宋朝那位"吊儿郎当"的词人柳永的。柳永因为填词得罪了宋仁宗，墙倒众人推，主管人事老爷简直把他调派的命令都给压下来了。柳永走投无路，想到晏殊也是词人，找同行来帮忙，也许还有点办法，于是便去拜访了。见面之后，晏殊问他："贤俊作曲子么？"柳永回答道："只如相公亦作曲子。"不料"只如相公"这一说，倒把"言语拿反了"，晏公一板正经的说："殊虽作曲子，不曾道彩线慵拈伴伊坐。"柳永听了，只好自认晦气，一走了事。

依照传统的说法，词是诗余，本非正道，卫道的先生虽然忍俊不禁，玩他一手，那也等于他们会生孩子，证明他们并不是十足的书毒头，然而明说出来是不好的，因为不雅驯，所以柳永只好碰一鼻子灰了。正因为雅驯在作怪，中国的抒情诗总是微温的，充其极也不过是缠绵悱恻，例如曹植的洛神赋，给洛神来一番极力的描写，忽然一转便说出"收和颜与静志兮！申礼防以自持"。不如陶渊明情之所至，曾经写过一篇《闲情赋》，我们试读一读下面这一段吧：

> 愿在衣而为领，承华首之余芳；悲罗襟之宵离，怨秋夜之未央。愿在裳而为带，束窈窕之纤身；嗟温凉之异气，或脱故而服新。愿在发而为泽，刷玄鬓于颓肩；悲佳人之屡沐，随白水以枯煎。愿在肩而为黛，随瞻视以闲扬；悲脂粉之尚鲜，或取毁于华妆。愿在莞而为席，安弱体于三秋；悲文茵之代御，方经年而见求。愿在丝而为履，附素足以周旋；悲行止之有节，空委弃于床前。愿在昼而为影，常依形而西东；悲高树之多荫，慨有时而不同。愿在夜而为烛，照玉容于两楹；悲扶桑之舒光，奄灭景而藏明。愿在竹而为扇，含凄飙于柔握；悲白露之晨零，顾襟袖而缅邈。愿在木而为桐，作膝上之鸣琴；悲乐极以哀来，终推我而辍音。考所愿之必违，徒契契以苦心。拥劳情而罔诉，步容与于南林。

虽然热情，终于归结到发乎情止乎礼义，可是萧统那小子却还在说陶潜是"白璧微瑕，惟在闲情一赋"。就文学论文学，萧太子本来是了解文学的一个人，他懂得纯

文学和应用文的区别，到了重要关头，却总不免发出冬烘的见解，这就可见思想统治的可怕了

王国维论词，是被称为独具只眼的，他会激赏"换尔心为我心，始知相忆深"。"几多幽怨，只为当时，一晌留情。"同时仍不满意周邦彦，说他比之欧阳修秦观便有淑女与倡伎之别，岂不冤哉。然则怎样才算雅驯呢？说空话不如举实例：

> 蒹葭苍苍，白露为霜。所谓伊人，在水一方。溯洄从之，道阻且长。溯游从之，宛在水中央。

> 今夜鄜州月，闺中只独看。遥怜小儿女，未解忆长安。香雾云鬟湿，清辉玉臂寒。何时倚虚幌，双照泪痕干。

前一篇，王国维先生以为"最得风人深致"；后一篇的作者被梁启超先生称为"情圣"。说这是雅驯的标准，大概虽不中，不远矣了吧。

中国文学的特色三：严整

最后说严整。严整是就形式说的。中国诗最讲究形式。固然外国诗也有具备固定形式的，如十四行之类；即使一首普通外国诗也规定一行之中要包含三个重音，押韵有时也注意间句，比中国诗还严格。大体人家比较自由一些，不像我们的诗体，除了古风之外，五言就是五言，七言就是七言，忽然五言，忽然七言，中间还夹杂一些短句，长句或者散文句子如李白的有些作品，那只能认为是变体。

如果说诗是整齐的，词是长短句，应该自由一点，那又错了，它的长短是固定的。词不说作而说填，已经意味着只许在一定的格式里面显本领了。例如四字一句，可以是上二下二，如"疏帘半卷，单衣初试"，却也有定为上一下三的，如"倚栏干处""揾英雄泪"。五字忽然是上二下三，忽然又上一下四，如"叹频年踪迹，何事苦淹留"；"万里想龙沙，泣孤臣吴越"。此外还有拗句，如"一番洗清秋"，第二字用仄声；"东风竟日吹露桃"，末节仄平仄拗成平仄平。还有一句之中某一个字不独应该用拗句而且规定要用去声字，如"蓝霞辽海沉过雁"的过字就是。这种严整的格式可以说是世界所无的。由于这种形式上的严整性，便发生了中国文学上特有的唱和。

唱 和

所谓唱和，是有人先作一首诗或词，后来的人便依式和作。最先只是依照一定

的形式，后来则连韵脚也不许改换，才显得自己出众的技巧。宋以后这一套把戏更特别盛行，王安石，苏轼，黄庭坚都喜欢来这一手，陈允平和方千里简直按照周邦彦的词集一首一首的和下去，这种风气一直流传到现在，叠韵一二十次都是不在乎的，这里且举苏轼的《雪后题壁》两首为例：

> 黄昏犹作雨纤纤，夜静无风势转严。但觉衾裯如泼水，不知庭院已堆盐。五更晓色来书幌，半月寒声入画檐。试扫北台看马耳，未随埋没有双尖。
>
> 城头初日始翻鸦，陌上晴泥已没车。冻合玉楼寒起粟，光摇银海眼生花。遗蝗入地应千尺，宿麦连云有几家。老病自嗟诗力退，空吟冰柱忆刘叉。

这两首诗一出，和作的人多得很，而且这两首诗的韵脚，一个尖字，一个叉字，都是所谓险韵，大家都挖空心思的来显自己的本领。大苏自己也索兴再来一次了：

> 已分酒杯欺浅懦，敢将诗力斗深严。渔蓑句好真堪画，柳絮才高不道盐。败履尚存东阁迹，飞花又舞谪仙檐。书生事业真堪笑，忍冻孤吟笔退尖。
>
> 九陌霜风战齿牙，连杯逐队带随车。也知不觉坚牢玉，无奈能开顷刻花。得酒强欢愁底事？闭门高卧定谁家？台前日暖君须爱，冰下寒鱼渐可叉。

文学的伏流

中国文学的特色，大致如此。可是话又说回来，中国的道统是捧儒家做头子的，上头的提倡尽管提倡，老百姓却有自己的一套。汉魏六朝虽然有堂皇富丽的辞赋以及安雅冲远的骈文，我们却也从乐府里面听到了老百姓的质直纯朴的声音：

> 战城南，死郭北。野死不葬乌可食。为我谓乌，且为客豪，野死谅不葬，腐肉安能去子逃？
>
> 宿昔不梳头，丝发被两肩。婉伸郎膝上，何处不可怜。
>
> 敕勒川，阴山下。天如穹庐，笼盖四野。天苍苍，野茫茫，风吹草低见牛羊。
>
> 上马不折鞭，反拗杨柳枝。下马吹长笛，愁杀行客儿。门前一株枣，岁岁

不知早；阿婆不嫁女，那得孙儿抱！敕敕何力力，女子临窗织。不闻机杼声，只闻女叹息。问女何所思，问女何所忆，——"阿婆许嫁女，今年无消息"。

　　江南可采莲。莲叶何田田，鱼戏莲叶间。鱼戏莲叶东，鱼戏莲叶西，鱼戏莲叶南，鱼戏莲叶北。

范围的扩大

时代的变化不容许诗人安坐在象牙塔里，所以诗圣杜甫，固然可以说是从心所欲不逾矩的了，到底留下了不少热烈激动的诗篇，如《石壕吏》就是写拉壮丁的，诸将五首则提出义正词严的责问："独使至尊忧社稷，诸君何以答升平?!"如果说这种诗是金刚怒目，那我们倒应该说，这才是中国文学的光荣传统咧。

中国文学的特色是含蓄、雅驯和严整，形成了所谓正统，可是我们还应该把眼光放远一点，去找寻它的变调。这样，头脑才不会冬烘，才可以遇到中国诗人的真面目。

问　题

1. 中国文学和世界文学有无共通性？
2. 中国文学有什么特色？
3. 孔子删诗对中国文学是不是只有好处？
4. 你觉得旧诗的唱和有没有意思？
5. 你对于民间文学有什么意见？
6. 为什么杜甫是中国最大的诗人？

二、中国文体的演变

中国文体的分类

中国文学之所谓文体，相当于现代语的形式。说到中国文学的文体，大别之可分为散文与韵文。过去之所谓韵，主要的是指韵脚而言，因此，在散文与韵文之间，事实上还有一种中间文体：骈文。它像散文一样，可长可短，而同时却具有韵文的特质，讲究对偶和平仄。如果我们不把韵字看得太死板，凡是具备节奏美的都应该算作韵文，那么，骈文也应该归入韵文一类，因为它是完全具备韵文的节奏和趣味的。关于骈文的好处，章炳麟说的一段话最为中肯："彼其修辞安雅，则异于唐；

持论精审，则异于汉；起止自在，无首尾呼应之式，则异于宋以后之制科策论；而气息调和，意度冲远，又无迫窄蹇吃之病。斯信美也。"

散文是没有一定形式的，旧日的用处是传状纪事，章表书记，像外国所谓小品文一类的东西是很少的。散文的所谓古文，亦可以说是一种没有形式的形式，内容是载道的，形式则取法周秦，因此定名古文，和六朝的骈文分家。从唐朝的韩愈到清朝的林纾（他活到民国，但自称清室举人），可说是一脉相传的古文谱系，可是经不起五四运动的打击，古文支柱的桐城派于是呜呼哀哉了。这里列举骈文和古文各一段，也算是尝鼎一脔云：

> 昔承明已厌，严助东归，驷马可乘，长卿西返，恭闻故实，窃有愚心。黍稷非馨，敢望微福；但雀台之吊，空怆魏君，雍丘之祧，未光夏后，瞻仰烟霞，伏增凄恋。

沈絅：经通天台祭汉武帝表

> 昨日蒙教，窃以为与君实游处相好之日久，而议事每不合，所操之术多异故也；虽欲强聒，终必不蒙见察，故略上报，不复一一自辨。重念蒙君实视遇厚，于反覆不宜卤莽，故今具道所以，冀君实或见恕也。

王安石：答司马谏议书

韵文的形式一：葩

文体变迁最大的，算是韵文，从时间的先后算去，大概可分为六种：一、葩，二、骚，三、赋，四、诗，五、词，六、曲。现在先说葩体。

葩是《诗经》的形式，最普通的是四言，如

> 昔我往矣，杨柳依依；今我来思，雨雪霏霏。

也有参差不齐的句子，如

> 摽有梅，其实七兮；求我庶士，迨其吉兮。

押韵也很别致，如

> 参差荇菜，左右流之；窈窕淑女，寤寐求之。

"之"是虚字,以"求"押"流",很像外国的重音押韵。又如前举的"摽有梅",以"吉"押"七",兮字只当作流音,比较后来的乎哉者也都当韵脚用的做法还来得合理一些呢。

韵文的形式二:骚

骚指《离骚》,是楚词的代表,刘勰说,《离骚》风格从诗来,但铸词则全祖《易》。它的结构比较大,句子很自由,押韵亦同《诗经》一路,多在虚字之前押韵,如

> 何昔日之芳草兮,今直为此萧艾也;岂其有他故兮,莫好修之害也。

它与以前诗体截然不同的地方,则在兮字的经常使用,几乎凡是顿句的地方便落它一个兮字,如

> 制芰荷以为衣兮,集芙蓉以为裳。不吾知其亦已兮,苟吾情其信芳!(《离骚》)
>
> 山峻高以蔽日兮,下幽晦以多雨;霰雪纷其无垠兮,云霏霏其承宇。(屈原《涉江》)
>
> 悲哉,秋之为气也。萧瑟兮草木摇落而变衰,憭慄兮若在远行,登山临水兮送将归。(宋玉《九辩序》)

从上面所举的例子看来,我们可以断定,就形式说,这是解放了,就内容说,这是扩大了,进步了。为什么呢,因为社会已经变革。这就是说,从奴隶社会进步到封建社会,固定的形式变成了表达思想情的桎梏,为了便利文学和生活的配合,自会产生一种新形式,这新形式便是《楚辞》。

韵文的形式三:赋

赋,前人也说是古诗之流,即刘勰所说的"受命于诗人,拓宇于《楚辞》"的文体"。本来诗300篇都是可以唱的,《楚辞》之中,如《九歌》之类大概还可以合乐,《离骚》那样的长篇就未必唱得来了。再变到赋,干脆就是"不歌而诵"的。就赋的内容说,它是混合抒情和叙事的一种诗体,它比《楚辞》来得整齐,但做作的成分多,自然的成分少,典型的例子是司马相如的《子虚》《上林》赋,从头到尾堆砌着光怪陆离的字眼,并没有什么真实的感情。其后班固的《两都赋》,张衡的两京赋,左思的《三都赋》,都属于这一类。到了江淹的《别赋》和《恨赋》,

已照题铺陈，渐入唐人律赋的岔路。

律赋是先出成语为题，然后就看题目多少字分为多少节，韵脚的变换就看题目每一个字所属的韵部。修辞上是两句一排，四句成偶，与五言八韵的试帖诗同为中国文学上最丑恶的卖弄。比较变到好的一方面去的，还是宋代化骈为散的新体赋，例如欧阳修的《秋声赋》，就是充满诗意的文学作品，举一段出来看看吧：

> 嗟呼！草木无情，有时飘零。人为动物，惟物之灵。百忧感其心，万物劳其形。有动乎中，必摇其精。而况思其力之所不及，忧其志之所不能。宜其渥然丹者为槁木，黟然黑者为星星。奈何非金石之质，欲与草木而争荣。念谁为之戕贼，亦何恨乎秋声！

韵文的形式四：诗

中国人向来都说《诗经》是文学之祖，但就发展的路线说，骚和赋都是《诗经》的旁支，乐府，亦即所谓诗，才是《诗经》的直接继承人。本质上两者都是从民间来的，而且都是可唱的，结构上两者都偏近短小的形式，内容也同是抒情居多。

乐府有四言、五言和七言。最先是合乐的，后来却只作为诗体的一种。形式是越到后来越整齐，终于剩下五言和七言两种，构成诗的主要形式。汉魏六朝流行五言，两句一转韵，还保存歌谣的遗风，到了苏李赠答（？）和古诗19首便奠定了五言的基础。七言一说起于荀子的《成相》篇"请成相，身之殃，愚暗愚暗随贤良"。后一点的则是汉武帝时的柏梁联句，但是有意识的认真去写七言诗，总是唐代以后的事。

任意加长、自由换韵的是古风，结构整齐，音节匀称的是近体，各录一首为例：

> 明月照高楼，流光正徘徊，上有愁思妇，悲叹有余哀。借问叹者谁，云是荡子妻。
>
> "君行逾十年，孤妾常独栖。君若清路尘，妾若浊水泥。浮沉各异势，会合何时谐？愿为西南风，长逝入君怀。君怀良不开，贱妾当何依！"
>
> 曹植：七哀诗（五古）
>
> 小奴缚鸡向市卖，鸡被缚急相喧争。家中厌鸡食虫蚁，不知鸡卖还遭烹。虫鸡于人何厚薄，吾叱奴人解其缚。鸡虫得失无了时，注目寒江倚山阁。
>
> 杜甫：缚鸡行（七古）

玉阶生白露，夜久侵罗袜。却下水晶帘，玲珑望秋月。

李白：玉阶怨（五绝）

君问归期未有期，巴山夜雨涨秋池。何当共剪西窗烛，却话巴山夜雨时。

李商隐：夜雨寄北（七绝）

西陆蝉声唱，南冠客思侵。不堪玄鬓影，来对白头吟。露重飞难禁，风多响易沉。无人信高洁，谁为表予心！

骆宾王：在狱闻蝉（五律）

剑外忽传收蓟北，初闻涕泪满衣裳。却看妻子愁何在，漫卷诗书喜欲狂。白日放歌须纵酒，青春作伴好还乡。即从巴峡穿巫峡，便下襄阳向洛阳。

杜甫：闻官军收复河北（七律）

韵文的分类五：词

由诗到词，又是从整齐的诗体散为长短句。朱熹说："古乐府只是诗，中间却添了许多泛声，后人怕失了那泛声，逐一泛声添个实字，遂成长短句，今曲子便是。"曲子即是词，不过，我们还应该补充一句，词的流行，是当中国输入了西凉龟兹的音乐之后，这才增加了词的曲调，同时也扩大了中国文学的领域。宋朝是词的黄金时代。

词在过去，曾经有人依字数的多少分作小令，中调和长调，这是不大合理的。它有一段的，例如望江南；有两段的，例如临江仙；有三段的，例如兰陵王；有四段的，例如莺啼序。它有平声韵的，例如浪淘沙；有仄声韵的，例如谒金门；有一段平韵，一段仄韵的，例如虞美人；有平仄互押的，例如西江月；有起段平韵，半路换上仄韵之后便一直到底的，例如换巢鸾凤；有前段仄韵，后段另换平韵的，例如清平乐；有仄韵另换平韵，又由平韵另换仄韵的，例如三台令。真是千变万化，教人一下子摸不着头脑，一路讲下去，结果恐怕只变成一篇废话，还是拿些货色出来好一点：

玉楼明月长相忆，柳丝嬝娜娇无力。门外草萋萋，送君闻马嘶。　画罗金翡翠，香烛销成泪。花落子规啼，绿窗残梦迷。

温庭筠：菩萨蛮

春山烟欲收，天淡星稀小。残月脸边明，别泪临清晓。　语已多，情未了，回首犹重道：记得绿罗裙，处处怜芳草。

牛希济：生查子

菡萏香消翠叶残，西风愁起绿波间。还与韶光共憔悴，不堪看。　　细雨梦回鸡塞远，小楼吹彻玉笙寒。多少泪珠何限恨，倚阑干。

李璟：山花子

林花谢了春红，太匆匆，无奈朝来寒雨晚来风。　　胭脂泪，相留醉，几时重？自是人生长恨水长东。

李煜：相见欢

大江东去，浪淘尽千古风流人物。故垒西边，人道是三国周郎赤壁。乱石崩云，惊涛裂岸，卷起千堆雪。江山如画，一时多少豪杰。　　遥想公瑾当年，小乔初嫁了，雄姿英发。羽扇纶巾，谈笑间强虏灰飞烟灭。故国神游，多情应笑我早生华发。人生如梦，一尊还酹江月。

苏轼：念奴娇，赤壁怀古

正单衣试酒，怅客里光阴虚掷。愿春暂留，春归如过翼，一去无迹。为问家何在，夜来风雨，葬楚宫倾国。钗钿坠处遗香泽，乱点桃蹊，轻翻柳陌，多情更谁追惜？但蜂媒蝶使，时叩窗格。　　东园岑寂，渐朦胧暗碧。静绕珍丛底，成叹息。长条故惹行客，似牵衣待话，别情无极。残英小，强簪巾帻，终不似一朵钗头颤袅，向人敧侧。漂流处，莫趁潮汐，恐断红尚有相思字，何由见得！

周邦彦：六丑，蔷薇谢后作

韵文的形式六：曲

词到了苏轼辛弃疾手上，渐渐的散文化甚至于语体化了。不懂音乐，有人说是苏辛词的弱点，殊不知正因为横放杰出，"曲子缚不住"，才给词注入了新生命，可是词渐渐的唱不成腔调了。姜夔张炎之流，虽然卖尽了力气，在音乐方面用工夫，词反而更加硬化了，中国文学也就从"词"转入了"曲"的时代。

曲比词更接近音乐，也更接近口语。简单一点的偏重抒情，长一点的便串合几首不同的曲词构成一段有发展，有变化的情节。它的分类，在元朝分为三种：即小令，套数和杂剧。到了明朝，又有所谓传奇，共为四种。杂剧传奇，都是戏曲，用现代语来说，就是歌剧。（传奇在唐朝有另一种意义，那是小说的一种。）

小令　　只用一曲，与宋词略同。

套数　　亦称散套，合一宫调中诸曲为一套，约等于杂剧之一折。

杂剧　　一剧包含四折，每一折换一宫调。

传奇　　亦名院本，有长到四十出的。

就内容说，元曲从小令演进到杂剧，已经由抒情的变为叙事的了，而且有伶工扮演的了，中国的歌剧这才算是成了形。到了元末明初，又于北曲即杂剧之外，盛行南词即传奇。传奇比杂剧进步的地方是形式自由，有白有唱，而且还有不同角色的合唱。

北曲的代表，说人，就是关（汉卿），马（致远），郑（德辉），白（仁甫），外加一个王实甫。南曲的代表，说作品，就是荆（钗记），刘（志远，即白兔记），拜（月亭），杀（狗记），外加一部琵琶记。真是凑巧得很。杂剧传奇都太长，只好拿小令套数来举例：

> 鸾凤配，莺燕约，感萧娘肯怜才貌。除琴剑又别无珍共宝。只一片至诚心，要也不要？

> 周文质：落梅风

套数的杰作，古今一致推马致远的《秋思》，称为万中无一，抄出来鉴赏一下吧：

> （夜行船）百岁光阴如梦蝶，重回首往事堪嗟。昨日春来，今朝花谢，急罚盏夜阑灯灭。

> （乔木查）秦宫汉阙，做衰草牛羊野，不恁渔樵无话说。纵荒坟，横断碑，不辨龙蛇。

> （庆宣和）投至狐踪与兔穴，多少豪杰！鼎足三分半腰折，魏耶晋耶？

> （落梅风）天教富，不待奢。无多时好天良夜。看钱奴硬将心似铁，空辜负锦堂风月。

> （风入松）眼前红日又西斜，疾似下坡车。晚来明镜添白发，上床和鞋履相别。莫笑鸠巢计拙，葫芦提一就装呆。

> （拨不断）利名竭，是非绝。红尘不向门前惹，绿树偏宜屋角遮，青山正补墙头缺，竹篱茅舍。

> （离亭宴煞）蛩吟罢，一觉才宁贴，鸡鸣后万事无休歇，算名利何年是彻？密匝匝蚁排兵，乱纷纷蜂酿蜜，闹攘攘蝇争血！裴公绿野堂，陶令白莲社，爱秋来那些？和露摘黄花，带霜烹紫蟹，煮酒烧红叶。人生有限杯，几个登高节！嘱咐与顽童记者：便北海探吾来，道东篱醉了也。

欧洲歌剧的发祥地是当日第一商业城市佛罗仑司，中国歌剧的兴起也在商业资本发达，对外门户敞开的元代，这该未必是历史进程的偶合吧。

白话文学的建立

中国文学到了宋代，渐渐的变成语体化。诗词上也许是偶一为之，在散文方面，却已经盛行语录体，元曲也是白话化了的。白话的应用给小说最大的影响。本来用白话来写小说，宋以前就有了的，如目莲故事，《唐太宗入冥记》《秋胡小说》等都是唐五代间的钞本小说，但是不论在内容方面，技术方面都和宋人话本差得远，所以小说的成长时期应该列在宋朝才合理。

小说在唐朝称为传奇文，都是用文言文写的，到了宋朝才变到白话方面去。宋朝的小说普通叫做话本，是说话人预先写好的底本，预备当众讲说的时候做根据的。他们凭平日讲说的经验，写成整本，运用口语比文人学士来得生动，文人于是反转来拿话本做他写小说的老师。说话人逐日讲下去，就故事的内容划分段落，也就是章回小说的范本。

章回小说里面最有名的是《水浒传》《三国志演义》《西游记》《金瓶梅》《儒林外史》及《红楼梦》。《水浒传》和《三国志演义》属历史小说的范畴，《西游记》则属于神魔小说，《金瓶梅》《儒林外史》和《红楼梦》则更进一步，专写人情事故了。这是中国文学上一份宝贵的遗产。《水浒传》描写出社会的不平，老百姓在封建专制的野蛮统治下面，挺而走险的进梁山泊；《金瓶梅》描写豪商家庭很真切，同时也揭露了官僚与豪商的勾结，上流社会的荒淫与无耻；《红楼梦》描写了一个贵族家庭的没落；《儒林外史》刻画科举制度下的文人——各有不朽的价值。如果说对于民间影响之大，那么，《三国志演义》和《西游记》也许还在《水浒传》等之上；虽然论技巧恰好是反过来。这也许正好做我们创作的重要参考。

白话文学的产生，在中国至少有 1000 年以上的历史，为什么总不能发生巨大的影响，一定要到五四运动后，才能确立白话文学的地位，把古文一脚踢掉呢？这只有从中国杜会的停滞性才能得到明确的答案。

问　题

1. 中国文体的分类怎样？
2. 最复杂的形式是哪几种？

3. 唐宋元三朝可为代表的文学作品是什么？

4. 词与曲有什么分别？

5. 曲与歌剧都是首先发生在商业城市，为什么对老百姓会发生巨大的影响呢？

6. 你看过《西游记》和《三国志演义》吗？为什么对老百姓会发生巨大的影响呢？

7. 为什么中国社会的停滞性会延长古文的寿命？

三、从作品看作家

个人与社会

中国有句老话说"言为心声"，这是就个人说的。外国人说"文学是时代的反映"，这是就社会说的。个人的思想不管多么自由，终归逃不出社会意识的支配。近代诗人，大家都喜欢龚自珍，他的诗也的确写得好，的确够得上无拘无束，想什么便说什么，他有一首七绝说：

> 偶赋凌云偶倦飞，偶缘闲眼遂羽衣。偶逢锦瑟佳人问，便说寻春为汝归。

王国维先生读了，说他"凉薄无行，跃然纸墨间"。有一个日本人支持这种见解，还引得钟敬文先生替龚诗人做了一次义务辩护，引他的另一首诗"不留后约将人误，笑指河阳镜里丝"，证明他并不是一味玩弄女人的坏蛋，他的好处是直率坦白云云。话是不错的，我们不能拿现代的尺度去评量古人，同时我们也就得承认，龚诗正是男性中心的封建社会里士大夫的口吻，不留后约将人误云云，也不过反映出女性原是没有独立人格，没有独立生活能力的可怜虫而已。换在现代，即使龚定盦真是什么胡调恶少，怕也不好意思这样说了吧。一个人是拗不过时代的。

从作品看作家

言为心声，作品就是作家的代表，我们看到一篇作品便可以推断作者的思想和性格。例如"子不我思，岂无他人"，我们虽然指不出作者的姓名，好心送她一份稿费，却可以推断作者是封建制确立前的农村女子，她发出的是礼教所不能约束的恋爱自由的声音。又如司马相如上林赋："于是乎崇山矗矗，嵸嶐崔巍，深林巨木，崭岩参嵯，九峻巇嶭，南山峨峨，岩陁碕礒，摧崣崛崎。"我们读到了，便不妨一口咬定，作者是一个帮闲文人，只为了在皇帝面前炫耀自己的渊博，并不在乎说出本身真实的情感，更说不到什么抱负了。他对人家叙述作赋的经过，说什么"合纂组以成文，列锦绣而为质，一经一纬，一宫一商，此赋之迹也；赋家之心，包括宇宙，总揽人物，斯乃得之于内，不可得而传也"。不过是在得到主子的奖赏，翘起大拇指来向别人吹一通牛皮。这种夸大的作风，倒是与他那表面堂皇，里面空虚的赋一致的。

从作品的全部看

我们要认识一个作家，先要认识他作品的全部，不然的话，便不免要闹瞎子摸象的笑话。就说陶潜吧，看他头巾漉酒，光是饮酒的诗便写过二三十首，即使说儿子没有出息，临末也是一句"且进杯中物"，使老子扳起脸孔的责骂化为一笑，便以为他真的是一个酒鬼，那可就差以毫厘，谬以千里了。如果换一个方向，以为他口口声声说归田，便跟历代的选家一样说他是田园诗人，那也是只看到他的一面。他见晋朝没有办法了，一班人都去找刘裕，造成了"两朝天子一朝臣"的局面，他便咏三良，给那些屠奴一个辛辣的对照，又咏荆轲，期望有一个仗义的刺客。辛弃疾说："看渊明酷似卧龙诸葛。"才算是道出了陶潜的本来面目，何况他又写过闲情赋呢。

抗战以前，大家都很看得起周作人，说他是陶潜型，合乎蔼理斯的所谓叛徒与隐士的合一。到他吃过了日本人的米面之后，有人说他是堕落了，说是从陶潜到蔡邕。蔡邕是依附过军阀董卓的，所以拿来作比较，事实上还是不免冤枉一点的。董卓是张宗昌一流人，当然不错，可是张宗昌本人便大声说过，张宗昌不是张邦昌。依附军阀和勾结敌国是不可以相提并论的。就蔡邕论蔡邕，也不见得就是一个怎样不得了的坏人，只看他替人家写墓碑，便一口咬定他无聊，固然不能算错，然而也不见得就是不苛刻。俗话说，"人怕出名猪怕胖"，他之多写墓碑，恐怕还是名声太盛的缘故。他自己心里明白，只有郭林宗碑那一篇是可以无愧色的，可见他并不糊涂；他能够倒屣迎王粲，可见他也没有文人相轻的坏脾气；他答诏问灾异，便曾经乘机劝统治者做点好事，可是给抓去了，看他的被收时表，也是因为说的话不中听，所以碰了钉子的，不中听，可见他不是专门阿谀奉承的帮闲清客了。还有他的述行赋呢，明明写着"穷工巧于台榭兮，民露处而寝湿；委嘉谷于禽兽兮，下糠秕而无粒"的句子，不应该给他打上夹圈吗？

陶潜之后，说旷达的总推苏轼。黄庭坚说：他与陶潜"出处虽不同，气味乃相似"。他的好处是没有市侩气，没有道学气，也没有才子气，在功名上他是不得意的，可是并不在乎！他借论贾谊的机会说出了他的见解，可惜他不能善用其才，不应该立谈之间，为人痛哭。他自己呢，的确是做到了"用舍由时，行藏在我"。谪到惠州，居然大做其诗；为了有荔枝可吃，便甘心长作岭南人；充军到儋耳，因为月夜渡海，又高吟"九死南荒吾不恨，斯游奇绝冠平生"。充军这件事，在普通人看来，那可真死有份了，他却无往而不乐。他自称能够游于物之外，他的可爱就在这一点。他的本性是恬淡的，又多同和尚来往，于是乎更加旷达。可是正因为恬淡旷达，政治上的表现便是缺乏积极性，同时也不免偏于保守。王朝云说他"满肚皮不合时宜"，就思想方面分析起来，这所谓不合时宜，正是林琴南式的卫道与复古。

从题材的处理方法看

除了作品的全部之外，从题材的处理方法上也可以看出作者的性格。周济介存斋论词杂著云："梅溪词中喜用偷字，足以定其品格矣。"虽然深文周内，倒也并不是无的放矢，他是攀附韩侂胄的，终于垮了台的。王次回咏缫女，不同情她的遭遇，却说什么"女伴蛮窗唤不应，犹疑背面秋千下"；这已经是该打的了，他还不算数，临末便暴露出他那色情狂的丑态："乞取卿家通替样，许盛银液看千回"，竟然要去吊死人的膀子。怎如白居易描写杨贵妃的惨死，先来"六军不发无奈何"一句造成杨贵妃不得不死的局面，然后"宛转蛾眉马前死"一句话交代了那一幕悲剧，正如旧戏的所谓暗场，也显示出诗人的严肃与忠厚。

赵翼有两句诗说："同作一题文，各自擅其妙。"我们现在也拿一个题目来看各人不同的作法吧。

"若夫明妃去时，仰天太息。紫台稍远，关山无极。陇雁少飞，代云雾色。回风倏起，白日西匿。望君王兮何期，终芜绝兮异域。"这是江淹恨赋的一段，所谓美人之恨，就以王昭君为代表。到了李白手上，不过是一番咏叹："汉月还从东海出，明妃西嫁无来日"；末了也只是平淡的煞尾："生乏黄金枉图画，死留青塚使人嗟。"并不算怎么深刻，杜甫的《明妃村》就不同了：

> 群山万壑赴荆门，生长明妃尚有村。一去紫台连朔漠，独留青塚向黄昏。画图省识春风面，环佩空归月夜魂。千载琵琶作胡语，分明怨恨曲中论。

开首是地灵人杰，人杰地灵的低徊不尽；接着说王昭君虽然嫁到匈奴去了，却始终还念故国；环佩空归月夜魂，充满了感情却不带一点轻薄相；末联归结到怨恨，原因是在作胡语，何等深微，何等淳厚。

白居易也为这个题目写过一首七绝：

> 汉使却回凭寄语：黄金何日赎娥眉？君王若问妾颜色，莫道不如宫里时。

白居易生平喜欢使用象征的手法。从正面看，女为悦己者容，我还漂亮，即是还值得人爱；反过来说，如果君王只注重颜色，闹了这一场乱子还不知悔恨，那他就是混蛋；如果更深一层看，那就是不一定注重颜色，其意若曰，我虽然离国那么久，心肠却还没有变啊，弦外之音，是很适合七绝的体裁的。

至于渗入自己的牢骚，所谓借他人的酒杯，浇自家块垒的，那就应该引用刘健庄的："汉主曾闻杀画师，画师何足定妍媸。宫中多少如花女，不嫁单于君不知！"不管沈归愚怎样称赞，比白诗是浅得多了。

一板正经发议论的，则有欧阳修的《明妃曲》，他自夸后半篇李白做不出，只有杜甫行；前半篇就连杜甫也做不出云。我们抄出来看看吧！

> 汉宫有佳人，天子初未识，一朝随汉使，远嫁单于国。绝色天下无，一失难再得，虽能杀画工，于事竟无益。耳目所及尚如此，万里安能制夷狄。汉计已成拙，女色难自夸，明妃去时泪，洒向枝上花。狂风日暮起，飘泊落谁家？红颜胜人多薄命，莫向东风当自嗟。

实际上精彩的就只耳目两句，此外找不出什么好处，一定要说好处呢，那只是欧阳公以古文家的身份做了一次政治的说教。倒是王安石的那两首活现出拗相公的本色，几乎全是翻案的说法。"意态由来画不成，当时枉杀毛延寿。"这是一点；"家人万里传消息，好在毡城莫相忆。君不见咫尺长门闭阿娇，人生失意无南北。"这是又一点；后来一转，他公然说出："汉恩自浅胡自深，人生贵在相知心。"这更是重要的一点。严格说来，做诗并不是说理，给他这一说，却依然是"天变不足畏，人言不足恤，祖宗不足法"那一套气魄啊！

孟子说："读其书不知其人可乎？是以论其世也。"这是关于作品，作家与时代的关系的最古老的重要的启示。照这条走去，中国文学是会展开一副新面目出来的，先决条件则是读通中国社会进化史。

问 题

1. 诗人能够脱离社会吗？

2. 从作品看作家是不是可靠？

3. 司马相如和蔡邕都是会做铺张的文章的，你比较喜欢那一个？

4. 陶潜和苏轼是不是同一类型的人物？

5. 论王昭君的诗，你认为那一首最有意思？

四、技巧

中国文学的技巧

技巧是文学作品的特征之一。中国文学除了考究一般的原则如形象化，音节的以及情调的和谐之外，还有它特殊的一套。我们不独要明了它特殊的效用，还得看清楚它末流的弊病。那就是：一、对偶，二、用典，三、化装。

中国文学的技巧一：对偶

对偶本来是修辞上的一个重要的部分，而且也不限于中国文学。我们读一篇外国的散文，不是也可以遇到排比的句子吗？诗上面更不用说了。只因为中国文学用的是方块字，又加上是可多可少，可平可仄的文言的语汇，例如说灯可以用"银缸"两个字，如果嫌它是平声不合用呢，尽可以换上"金烬"，意思总没有走样，这就来得更整齐，更好玩了。它的作用主要的是如 Rokoko 的建筑，两边匀称，如：

> 蝉噪林逾静，鸟鸣山更幽。
> 星垂平野阔，月涌大江流。
> 江天漠漠鸟双去，风雨时时龙一吟。
> 伯仲之间见伊吕，指挥若定失萧曹。

都是所谓铢两悉称的好句。它又如歌剧里面的 Aria，长吟永叹，抒写自己的感情，却又一点不轶出格律的范围，如：

> 人世几回伤往事，山形依旧枕寒流。
> 秋草独寻人去后，寒林空见日斜时。
> 暮春三月，江南草长，杂花生树，群莺乱飞。见故国之旗鼓，感生平于畴日。抚弦登陴，能不怆恨。所以严公之思赵将，吴子之泣西河，人之情也，将军独无情哉！

> 江上之歌，怜以同病；秋风鸣鸟，闻者生哀。事有伤心，不嫌非偶。

这一类的句子，你读了感情不跟他一起变换那才怪。

对偶的另外一种好处，是造成强烈的对照。或者加强说话的气势，或者构成特别生动的画面：

> 壮士军前半死生，美人帐下犹歌舞。
>
> 糟腌两个功名字，醅淹千古兴亡事，曲埋万丈虹霓志。
>
> 断送他萧萧鞍马出咸阳，只因你重重恩爱在昭阳，引惹得纷纷戈戟闹渔阳。
>
> 枯藤老树昏鸦，小桥流水平沙，古道西风瘦马。

对偶的准绳，应该是工整之中带自然，上下两句的意义以至句法都不要重复。典型的作家当然是杜甫，苏轼也自成家数，而且常有散文句法，使人生出清新的感觉。

中国文学的技巧二：用典

用典的本意是引用一段古事来做自己言论的根据，或者是用一句简单的成语或一个历史的人物来说明复杂的人事，或者干脆拿来做比喻。记得香港从前有一次大老婆和小老婆打官司，法官是英国人，问大老婆吵闹的理由，她回答时，指一指那个小老婆，"她是妲己"，翻译官照字直译，弄得那个英国法官莫名其妙，于是乎报纸就传为笑话。实际上大老婆并没有说错，错在她对英国人这么说。她是妲己，多简单，多清楚，多有力的一句话啊，这就是用典的经济。就在外国，不也有很多人高兴说普洛米修士，法利赛人，阿拉士扛地球，海古勒士的马槽，契可夫的箱中人，以及乞乞科夫的那个马车夫骂带路姑娘分不清左右吗？所不同者，中国人除了正当用场之外，还带点炫学的意味，有时没有典故根本写不出文章来，吴伟业便犯了这个毛病。不幸又有人教人这样做，沈伯时《乐府指迷》里面有一段话便说："说桃不可直说破桃，须用红雨，刘郎等字；说柳不可直说破柳，须用章台，灞岸等字。"这还说什么创作呢！满清时代某一位公使到了美国，祭华盛顿文便有一联警句说："起义勇于胜广，割据雄于曹刘。"拿十三州独立和大泽乡暴动作比较，总算免强说得通，曹刘割据可不免有点尴尬了。汉魏并称，只是分立；"丕废山阳，昭烈践祚"，朱熹这话仍是正统观念在作祟，也不足以论曹刘。今以华盛顿与曹刘相比。食古不化，此之谓也。

用典的流弊虽然不少，用得好，用得妥当，那就可增加说话的力量了。苏轼论张良，"不为伊尹太公之谋，而特出于荆轲聂政之计"，用两组不同类型人物作比较，意义是明白得很的。宋高宗南渡后的宣言说"汉家之厄十世，宜光武之中兴；献公之子九人，仅重耳之尚在"，已占身份，做皇帝的理由也就充分了。史可法答多尔衮书中间也有用典的对偶："昔契丹和宋，只岁输以金缯；回纥助唐，原不利其土地"，自然是极好的外交辞令。

用典一多，必成俗套，豪杰之士不得不另辟蹊径，这就是所谓"僻事实用，熟事虚用。学有余而约以用之，善用事者也；乍叙事而间以理言，得活法者也"。（白石道人诗说）白石道人就是姜夔，我们即以他的《扬州慢》为例：

> 淮左名都，竹西佳处，解鞍少驻初程。过春风十里，尽荠麦青青。自胡马窥江去后，废池乔木，犹厌言兵。渐黄昏，清角吹寒，都在空城。　杜郎俊赏，算而今重到须惊。纵豆蔻词工，青楼梦好，难赋深情。二十四桥仍在，波心荡冷月无声。念桥边红药，年年知为谁生？

杜郎俊赏一句，引起一连串与杜牧有关的扬州的旧事，豆蔻词工，是指杜牧的赠别诗，青楼梦好指他的遣怀，二十四桥又指寄扬州韩绰判官诗。拿这几首诗的内容跟眼前的光景一比较，虽然桥还在，不过是波心荡冷月无声，再没有玉人月下教吹箫了。一萧条，一繁华，读过之后，正无怪"千岩老人以为有黍离之悲也"。

中国文学技巧三：化装

化装是给自己戴上古人的帽子，或者变成一朵花，一件东西都可以。前者谓之咏史，后者谓之咏物。咏史是借史立言，凭吊古迹的时候又另有怀古的说法。原则上是借古事来表现作者对历史的，人生的看法，有时也讥讽朝政，如左思的《咏史》就是。后来文网越来越密，表面上只好专咏史事，装成与己无关的样子，什么游仙诗，无题诗，大体上也属于这一类。用典本来也有相似的作用，差别只在于咏史怀古是依题生发，一结点出作者的本意。陆游《感蜀亡事》说："阴平穷寇非难御，如此江山坐付人"，显然是借蜀亡的故事来批评南宋君臣的妥协政策。高适的诗句："年年战骨埋荒外，空见葡萄入汉家"，也不过安一个汉家的名义来讥讽唐朝的征略。更上一点的阮籍和陶潜，事实上也有时玩玩这一套手法。

至于从怀古表示作者对于历史的看法的，如中国旧日的所谓史笔，那可真不胜枚举。举两首不同的例吧：

> 峰峦如聚，波涛如怒，山河表里潼关路。望西都，意踟蹰，伤心秦汉经行
> 处，宫阙万间都做了土。兴，百姓苦；亡，百姓苦！
>
> 张养浩：山坡羊

这是就人民立场说话的。

> 忍夺中华与外夷，乾坤回首重堪悲。镌功奇石张弘范，不是胡儿是汉儿！
>
> 陈献章：厓山吊古

这是就民族立场说话的。至于李商隐之咏马嵬，不学白居易那样描写皇帝的荒淫与夫一辈皇亲国戚的得意，也不学郑畋那样就事论事，归结到"终是圣明天子事，景阳宫井又何人？"只是挖空心思，找死人开一点玩笑，说什么"未免被他褒女笑，只教天子暂蒙尘"。好也许是好的，谁也不能不承认这是警句，可惜的是误解了老杜"语不惊人死不休"的本意，聪明反被聪明误了。

咏物的老祖宗是屈原，他把好好坏坏的草木都赋于独立的人格，然后借草木来象征君子与小人。几千年来，写诗的总从他学到一点乖，咏物诗因此占去了中国文学不小的一部分。

屈原不曾一枝一叶的去描写，后人却多在枝节上面用工夫。谢朓咏蒲，咏桐，咏乐器得琴，咏坐上玩器得乌皮隐几，咏风，咏竹，什么都咏，等于工匠，可以算得是文学的奇变。王士禛说"咏物不取形而取神，不用事而用意"，比较是进步了。合乎这个标准的，词人之中，王沂孙可为代表，他有一首摸鱼儿咏莼，换头那一段是："江湖兴，昨夜西风又起。年年轻误归计。如今不怕归无准，却怕故人千里。"这用的是张翰想起故乡的莼鲈，赶快回去的故事，实际上不过即物起兴，自己说自己的一套。陈廷焯的解释是作者担心故人落水，担心感情的操守的距离越来越远，因为作者正是生当宋元之交的人物啊。

王沂孙是南宋末期的词人。词到南宋已经在走下坡路，正如诗之转入晚唐。在这以前，北宋时期，咏物是没有那么拘谨，那么隐晦的。我们试读苏东坡的卜算子。

> 缺月挂疏桐，漏断人初静。谁见幽人独往来？缥缈孤鸿影。　惊起却回头，
> 有恨无人省。拣尽寒枝不肯栖，寂寞沙洲冷。

有意境，有情感，同时并不是不含蓄，不雅驯。黄庭坚说是不食人间烟火的杰作，事实上何尝是不食人间烟火，不过不食嗟来之食，不肯卖身投靠罢了。陆游有一首

咏梅花的卜算子，后段是："无意苦争春，一任群芳妒。零落成泥辗作尘，只有香如故！"也活现出作者倔强性格。

平心而论，咏物是对于一定形象的描写，借题发挥，也是人同此心，心同此理。歌德写瞿茨，拖出一个威斯灵恩，不得好死的轻薄男子，正隐藏着作者的忏悔；他写野蔷薇，叙述野蔷薇不免忍受行人的伤害，正是叙述他和费德利克小姐的一段罗曼司，野蔷薇的受难即等于费小姐无辜受到歌少爷的遗弃，歌德自传——自画招供，并非牵强附会。前者约等于中国的咏史，后者约等于中国的咏物。纯粹为咏物而咏物呢，席勒尔也曾经有过13首不折不扣的谜语诗。说咏物诗要不得，我们倒可以拖他出来替我们诗人分担一点指摘咧。

为咏物而咏物，严格说来是不足为训的；虽然中国诗人在这方面花了不少的心力，然后得到这一堆古怪的成绩。前事不忘，后事之师，我们再不能走这条老路了。

问 题

1. 对偶有什么好处？
2. "朱门酒肉臭，路有冻死骨"。这两句算不算对偶？
3. 用典有什么流弊？
4. 诗人化装的方法有几种？
5. 为什么咏物诗多数是要不得的？

五、结语

不薄今人爱古人，清词丽句必为邻。窃攀屈宋宜方驾，恐与齐梁作后尘。

（杜甫）

池塘春草谢家春，万古千秋五字新。传语闭门陈正字，可怜无补费精神。

（元好问）

李杜诗篇众口传，至今已觉不新鲜。江山代有才人出，各领风骚数百年。

（赵翼）

谈词随录

版本：三联书店香港分店/广东人民出版社，1985年

談詞隨錄

廖輔叔著

词的产生和演变

　　词，我们今天讲起它，首先是把它看作中国古典文学中诗体的一种。实际上它的本名却是曲子。什么曲子呢？王灼《碧鸡漫志》说："盖隋以来，今之所谓曲子者渐兴，至唐稍盛，今则繁声淫奏殆不可数。古歌变为古乐府，古乐府变为今曲子，其本一也。"可见曲子是一种新兴的歌曲，亦即所谓"新声"，是以唱为主的，文字只是歌曲的附属品，所以干脆称为曲子。宋翔凤《乐府馀论》有一段话颇能说明曲子的两个构成部分的关系："宋元之间，词与曲一也。以文写之则为词，以声度之则为曲。"不过既然以唱为主，那就曲可以包括词，词不能包括曲。我们现在所能看到的最早的词集称为《云谣集杂曲子》；和凝以写词出名，契丹人管他叫"曲子相公"。宋仁宗时柳永谒见晏殊，晏殊问他："贤俊作曲子么？"柳永的答复同样是："只如相公亦作曲子。"这个所谓曲子指的毫无疑问是填词，决不是我们所理解的作曲。直到南宋的朱熹也仍然说："古乐府只是诗，中间却添许多泛声。后来人怕失了那泛声，逐一添个实字，遂成长短句，今曲子便是。"可见词的本名实为曲子。至于当时曲子的音乐，据《旧唐书·音乐志》的记载，"自开元以来，歌者杂用胡夷里巷之曲"，那么，这些歌曲派生出来的歌词，当然也多出民间艺人之手，这是不难理解的。《云谣集杂曲子》写本的字体和它的遣词造句也证明了这一点。它一开始是没有注意到歌词的文学价值的。后来写作的人多了，文人也来染指了，歌词这才逐渐提高到文学作品的地位，从而可以独立称为曲子词。《花间集》的欧阳炯序还特别标出"诗客曲子词"的名目，取其有别于下里巴人的"伶工之词"。后来更进一步，再由曲子词简称为词，词也就正式成为韵文和一个部门，有如《文心雕龙》所说的，"六义附庸，蔚成大国"。文学史上的宋词于是上与唐诗，下与元曲各个成为一代的绝作。

　　这样说来，唐诗宋词，各有千秋，在文学史上的地位是平等的了。那又不然，有些人总在想方设法去贬低词的地位。道学先生不用说了，甚至于写诗又写词而且具有成就如陆游者也说："风雅颂之后，为骚，为赋，为曲，为引，为行，为谣，为歌，千余年后，乃有倚声制辞，起于唐之季世，则其变愈薄。可胜叹哉！"直到五四以后，刘半农算是懂得文学的了，也还是说："爱诗不爱词，因为词有点'小老婆'气。"可见在多数人心目中，词永远是低人一等的。最能说明问题的，则是词的另一个名称："诗余"。《草堂诗余》也许是最早一部以"诗余"命名的词总集，时间约为宋孝宗乾道末年到淳熙初年。毛幵的词集称为《樵隐诗余》，此后王十朋、廖行之、林淳也都采用诗余的名字。到了明人张綖作词谱，也题为《诗余图谱》。这些取名本来并不包含什么贬义。俞彦《爰园词话》说："词何以名诗余？诗亡然后词作，故曰余也。"这说的是诗体代兴，也未必有什么高下之见。只有把诗余解作诗的"残余""剩余""零余"或"绪余"，才显得词是诗的小老婆或私生子，蒋兆兰《词说》说的最愤激："'诗余'一名，以《草堂诗余》为最著，而误人为最深。所以然者，诗家既已成名，而于是残鳞半爪，余之于词；浮烟涨墨，余之于词；诙嘲亵诨，余之于词；忿戾谩骂，余之于词；即无聊酬应，排闷解酲，莫不余之于词。亦既以词为秽墟，寄其余兴，宜其去风雅日远，愈久而弥左也。此有明一代词学之蔽，成此者，升庵、凤州诸公，而致此者，实'诗余'二字有以误之也。今亟宜正其名曰词，万不可以诗余二字自文浅陋，希图塞责。"蒋兆兰这一段话为词正名，目的在于为词恢复名誉，也向词人提出警告。但是彻底为词平反，从圣贤经传寻求证据，以便提高词的地位，还是应推张惠言。他在《词选》序中引《说文解字》的话说："传曰：'意内而言外，谓之词。'其缘情造端，兴于微言；以相感动，极命风谣。里巷男女，哀乐以道。贤人君子幽约怨悱不能自道之情，低徊要眇，以喻其致。盖诗之比兴，变风之义，骚人之歌，则近之矣。"但是《说文》对"词"的解释，只是客观地阐明词这个字的含义，属于语言学的范围，与作为诗体的一种的"词"是毫不相干的。因为这个词只是曲子词的简称，谁也没有想到许慎的解释。到了近代，又来了一位况周颐，在诗余的"余"字上做文章："诗余之余作赢余之余解。唐人朝成一诗，夕付管弦，往往声希节促，则加入和声。凡和声皆以实字填之，遂成为词。词之情文节奏，并皆有余于诗，故曰诗余。世俗之说，若以词为诗之剩义，则误解此余字矣。"这样的解释简直把词提到高出于诗的地位，用心固然很好，可惜距离事实太远了。说词不如诗，固然是偏见；说词高于诗，那又未免要闹黄婆卖瓜的笑话的。

词与诗的分界

这样说，词与诗是不是就没有什么差别了呢？那又不然。如果诗与词果真名异实同，那你干脆写诗好了，干吗还要填词呢？事实上，能诗不能词或者能词不能诗的在文学史上大有人在。温李齐名，温庭筠写诗不及李商隐，李商隐却压根儿没有写过词；苏黄并称，黄庭坚虽然领袖江西诗派，算是配得上苏轼，词却远在苏髯之下。可见诗有别才，词也有另外一种别才。于是又有人说，宋人不知诗而强为诗，故终宋之世无诗，词却是宋人的一代绝作。为什么呢？于是又有人强作解人，例如纪晓岚，他认为"五季人诗不及唐，词乃独胜。此犹能举七十斤者，举百斤则蹶，举五十斤则运转自如"。他的意思很清楚，诗是重100斤的，词则只能打个对折。他说这话的时候，如何拿诗和词去过磅，我们不得而知，他自己却好像已经抓到了真凭实据，所以他下断语说，"有何不可理推乎！"扫兴的是，有些能举百斤的人，举起五十斤来却又并不轻松。温李，苏黄的差异前面已经提到了，更极端的例子则有如李清照之论王安石，"若作一小歌词则人必绝倒，不可读也"。话虽然尖刻了点，但是王安石的词与他的诗的成就比较起来，却实在是非常之不相称的。再拿近代的诗人黄节来说吧，陈三立评他的诗，曾说"必欲比附，于后山为近，然有过之无不及也"。这个赞语真可谓"至矣尽矣，蔑以加矣"。可是他写过一首《满庭芳》，他的朋友看了，老实不客气地劝他不要"更作第二首"。可见词写得好不好并不是什么难易问题，而是气质问题。也就是说，"能此不能彼，未可一概论也"。那么，词之不同于诗，究竟是在什么地方呢？

自有词以来，就有讨论诗词同异的人，如李清照批倒一切作者，或是说"词语尘下"，或说是"破碎何足名家"，或说是"句读不葺之诗"，或说是"无补叙"，"少典重"，或说"专主情致而少故实"，或说"尚故实而多疵病"，正面的意见却只有一句话，"别是一家"，具体的要求则是五声六律，清浊轻重的讲究。张炎著《词源》《赋情》一节有这样的话："簸弄风月，陶写性情，词婉于诗。盖声出莺吭燕舌间，稍近乎情可也；若邻乎郑卫，与缠令何异焉。"沈义父的《乐府指迷》所说的也与前人差不多，即"音律欲其协，不协则成长短句之诗；下字欲其雅，不雅则近乎缠令之体"。黄宗羲《胡子藏院本序》说得比较平允，仍不免近乎空洞："诗降而为词，词降而为曲。非曲易于词，词易于诗也。其间各有本色，假借不得。近世为诗者窃词之妖媚，为词者侵曲之轻佻，徒为作家之所俘剪耳。"

具体指出词与诗的差异的是王阮亭。"或问诗词分界，予曰：'无可奈何花落去，似曾相识燕归来'，定非香奁诗；'良辰美景奈何天，赏心乐事谁家院'，定非草堂词也。"乍一听，觉得很有道理，也算是抓住了要点。究竟差异在哪里呢？却又一下子说不清楚。姑且请王国维来打圆场吧："词之为体，要眇宜修。能言诗之所不能言，而不能尽言诗之所能言。诗之境阔，词之言长。"

诗与词产生的社会条件

上述种种，虽然都有一定的道理，但是说的都偏重于一些表面的现象。要从根本上解答这个问题，恐怕还得从诗与词的产生的社会条件说起。原始的诗即是歌，古语说："饥者歌其食，劳者歌其事。"又说："劳者自歌，非求倾听。"后来诗的内容扩大了，扩大到与音乐分了家，忧生念乱，抒情写景，也是自吟自唱的居多，顶多是娱乐宾客，到了开元天宝之后，商业城市逐渐兴起，应运而生的曲子常常面对广大的听众，才有意识到唱给人听的时候，必须让人听得懂，因此写起词来一般比较不用怪僻的字句，避免深奥的说理，一切以诉诸直觉为主（当然这与适应歌台舞榭的娱乐要求也有关系）。后来词的内容渐渐扩大了，词也从民间转到了文人手里，变为诗的一种新体裁，词也可以抒情，可以说理，可以咏史，可以叙事甚至于开玩笑，但是它基本上还是偏重感性的，即使要说些道理，也总是通过形象来表现。因此像王安石的《浪淘沙令》（伊吕两衰翁）那样的作品固然不免李清照所说的"人必绝倒"，连辛弃疾的《永遇乐》（千古江山）也受到岳飞的孙子岳珂"微觉用事多耳"的批评。可见词与诗同是诗国的鲜花，所不同者在于它的色香味。也正因为各有不同的色香味，百花齐放才显得春天是无比的光辉灿烂，词也才有独立生存的意义。不然的话，写诗就是了，还有什么可余的呢？

诗与词的区别举例

关于诗与词的区别，我们还可以举出同一题材的诗与词的不同的写法。例如元稹和苏轼都写过怀念亡妻的作品。元稹的题为《遣悲怀》：

> 谢家最小偏怜女，自嫁黔娄百事乖。
> 顾我无衣搜荩箧，泥他沽酒拔金钗。
> 野蔬充膳甘长藿，落叶添薪仰古槐。
> 今日俸钱过十万，与君营奠复营斋。
>
> 昔日戏言身后事，今朝都到眼前来。
> 衣裳已施行看尽，针线犹存未忍开。

> 尚想旧情怜婢仆，也曾因梦送钱财。
>
> 诚知此恨人人有，贫贱夫妻百事哀。
>
> 闲坐思君亦自悲，百年都是几多时。
>
> 邓攸无子寻知命，潘岳悼亡犹费词。
>
> 同穴窅冥何所望，他生缘会更难期。
>
> 唯将终夜长开眼，报答平生未展眉。

苏轼的是《江城子·乙卯正月二十日夜记梦》：

> 十年生死两茫茫。不思量，自难忘。千里孤坟，无处话凄凉。纵使相逢应不识，尘满面，鬓如霜。　　夜来幽梦忽还乡。小轩窗，正梳妆。相顾无言，惟有泪千行。料得年年肠断处，明月夜，短松冈。

元诗苏词都是充满感情的，但是元稹的作品总带有不少理智的成分，如"俸钱十万"，"衣裳已施行看尽"之类。"野蔬充膳"表明夫人是能够安贫守贱的，点明"甘长藿"就更多的是理智了。第三首的"邓攸无子""潘岳悼亡"直到结尾的"终夜长开眼"，本来也属于感情方面，说起来却近于说理，关键是说出"知命"、"费词"这样的话。苏轼的《江城子》则不然。从头到尾充满了控制不住的感情，而且一层深一层，"两茫茫"呀，"自难忘"呀，"无处话凄凉"呀，终于是"纵使相逢应不识，尘满面，鬓如霜"，完全是从心到心的直抒胸臆，读者也忍不住陪着他流泪。下片写梦中所见，醒后所想，也是诉诸直觉的，根本不要你动一动脑筋，已经完全领会到作者内心的活动了。

如果说一个人有一个人的风格，那么，我们不妨举同一个人的同一题材的诗与词各一首来比较。

李后主正当国破家亡的时候，写过一首七律和一首《破阵子》。诗的结语是："兄弟四人三百口，不堪闲坐细思量。"词的结语呢，请看："最是仓皇辞庙日，教坊犹奏别离歌。挥泪对宫娥。"如果说写诗还要说一些大道理的话，那么，词的表现则完全是赤裸裸的真情实感。

诗与词本质的差异

如上所述，诗与词的不同，一在于诗是自吟自唱的，可以深入浅出，也不妨深入理性，词的开始则是唱给别人听的，诉诸直觉的。这个本质的差异使得诗即使是在抒情的时候也多少带有理性的成分，词则即使是在说说道理的时候，也常常通过形象来表现，也就是说偏重感性的。这样说，也许比较接近一点问题的核心吧。

词的专名与别名　词与音乐的关系

词还有一个独有的专名：长短句。本来中国诗体一直有所谓"齐言"与"杂言"的区别。齐言即是整齐的句子，如《诗经》以四言为主，汉魏六朝的诗以五言为主，七言则逐渐增加。到了唐朝，七言与五言差不多是平分秋色。虽然杂言无论在任何一个朝代都没有完全消失，但与齐言相比却始终没有达到相当的分量。真正一新耳目的不能不推以杂言为主的词。当然，词也有齐言的，如《竹枝》《柳枝》《生查子》《玉楼春》《瑞鹧鸪》等等都是整齐的五言或七言，但是长短句却是突出的特点，有些词人干脆就给他们的词集题为长短句，如秦观的词名《淮海居士长短句》，辛弃疾的词名《稼轩长短句》。词集的题名除形式上的长短句之外，相当一部分是取与音乐有关的名字，如柳永的作品题为《乐章集》，自然是最明显的例子。王安石的词大概算是最缺乏音乐性的了，却居然称为"歌曲"。其他或称"乐府"，或称"琴趣"，或称"渔笛谱"，或称"樵歌"，或称"渔唱"，或称"浩歌"，都显示出词与音乐的关系。后来词乐失传，所谓词律不过是在平上去入上面下功夫，不大想到唱的上面去了。即使如清末郑文焯那样讲究音律，仍题所作为《比竹余音》、《樵风乐府》，究竟也没有什么实践意义。

文学史上最早的词　敦煌曲子词概说

我们今天讲词，是把它当作文学史上的一种诗体看待的。至于文学史上最早的词，过去说李白的《菩萨蛮》与《忆秦娥》是"百代词曲之祖"，实际上这两首词是不是出自李白之手还是一个聚讼纷纭的问题。如果不是为了要替词找一个大人物来做开山祖师，那么，把李白送出词坛，让他专做"诗仙"似乎更为实事求是。李白本人是连律诗都不屑多做的，连声说道"俳优哉，俳优哉"，哪里会屈驾去写曲子呢？从李白所处的时代看，当时还不可能出现那么成熟的"诗客曲子词"。所以把那嫁名李白的杰作下放到北宋韩琦、范仲淹那一段时期去，恐怕更符合历史的事实。因此，把词的上限划到敦煌曲子词（应该算到隋朝）那边去，作为词史的有文字的开端，虽不中，亦不远矣。它的特点：一是民间无名氏的作品为主；二是多用朴素的口语或接近口语的文字；三是词体还未到固定的程度，衬字相当多；四是形式上已经具备了小令与慢词，如《凤归云》《内家娇》等等都是长调。略举数例于下。如《凤归云》：

> 征夫数载，萍寄他乡。去便无消息，累换星霜。月下愁听砧杵起，塞雁行。孤眠鸾帐裹，枉劳魂梦，夜夜飞扬。　　想君薄行，更不思量。谁为传书与，表妾衷肠？倚牖无言垂血泪，暗祝三光。万般无奈处，一炉香尽，又更添香。

全词层次分明，语言朴素。感情是真挚的，人力不可能把征夫送回来，只好祈祷上帝帮忙。结尾的"一炉香尽，又更添香"，有力地加深了前一句"万般无奈处"的表现力，却又不是一般文人花言巧语的添枝加叶的作态。如《菩萨蛮》：

> 枕前发尽千般愿，要休且待青山烂。水面上秤锤浮，直待黄河彻底枯。
> 白日参辰现，北斗回南面。休即未能休，且待三更见日头。

这首词举出一连串事实上绝对不可能发生的事来反衬爱情的坚牢，与汉乐府那首《上邪》同一种写法。按照《菩萨蛮》的格式，这里第三句多了一个字，第四句多了两个字。结尾应该是五字一句，也多了两个字。说明当时的词体还没有定型。如《浣溪沙》：

> 五里竿头风欲平，长风举棹觉船行。柔橹不施停却棹，是船行。
> 满眼风波多闪灼，看山恰似走来迎。子细看山山不动，是船行。

这是一首小令，字句不多，变化不少。光是说风欲平，随即补叙长风、船行了。既然有风，橹棹都用不上了，船却照行不误。换头描写行船的感受很是真切，也很生动。船走得快了，却说是"看山恰似走来迎"。仔细一看，原来"山不动，是船行"。不说快，更显得快。手法是非常高明的。押韵也很自由，行字韵重复又重复，却又不是独木桥体，这是有别于文人创作的地方。开头的"五里"一说是"五两"的笔误。五两是鸡毛制的占风具，用以观测风力、风向的变化。如《望江南》：

> 莫攀我，攀我太心偏。我是曲江临池柳，者人折折那人攀，恩爱一时间。

这是用妓女的口吻声诉了她被侮辱、被损害的痛苦的命运。表面上自称是曲江临池柳，可以任人攀折，什么恩爱只不过是随男子的一时高兴。情绪是愤激的，与那些自作多情的文人拟作迥异其趣。如《鹊踏枝》：

> 叵耐灵鹊多谩语，送喜何曾有凭据！几度飞来活捉取，锁上金笼休共语。
>
> 比拟好心来送喜，谁知锁我在金笼里。欲他征夫早归来，腾身却放我向青云里。

这首词有人认为是人和喜鹊的对话，仔细玩味，恐怕不算对话。上片是人在说话，下片是喜鹊的话，是不错的。但是上片是在发牢骚，先是说受了喜鹊的骗，因为喜鹊送喜落了空，加深了失望的痛苦，于是怨喜鹊，锁喜鹊。下片是喜鹊自认倒霉，只希望征夫早归，自己也可以得到解放。全篇贯串着希望、失望，再希望的反复的情绪，正是思归盼望急切的心情的流露。《鹊踏枝》又名《蝶恋花》，但是通行的格式，上下片的第二句都是九言（四五之间一顿），这里却一律是七言到底，说它是《玉楼春》吧，却又有一些衬字，正是词体还未定型的表现。就内容而论，它也为初期的词大都是词调与词题一致的说法提供了例证。如《长相思》：

> 哀客在江西，寂寞自家知。尘土满面目，终日被人欺。　　朝朝立在市门西，风吹泪点垂。遥望家乡长短（肠断），此是贫不归。

《长相思》共有三首，分咏客商不同的三种遭遇：富不归、贫不归及死不归。这里引的是第二首贫不归。这三首很有套曲的味道，与敦煌曲子的另一套叙述孟姜女故事的《捣练子》属于同一类型。这是一种"联章体"。可惜现存的《捣练子》所说的孟姜女故事并不完整，次序也先后颠倒，开头是送寒衣，后面却是杞梁辞家，可见是口头传唱的，会唱多少记下多少，正是边陲戍客随唱随写的真实记录，也可以说是从这里找到了宋人的鼓子词的源头。就词调而论，这里所引的《长相思》与通行的同一词牌大不相同，《词谱》所收也没有这一体。

总的来说，敦煌曲子的内容是相当广泛的，王重民《敦煌曲子词集·叙录》所归纳的，"边客游子之呻吟，忠臣义士之壮语，隐君子之怡情悦志，少年学子之热望与失望"，"其言闺情与花柳者，尚不及半"，基本符合事实。即以感情而论，也是相当健康而且活泼，这应该是词的优良的传统。

唐代诗人的一些民歌拟作

唐代诗人的一些民歌拟作，可以说就是这种传统的延续，如张志和的《渔歌子》：

> 西塞山前白鹭飞，桃花流水鳜鱼肥。青箬笠，绿蓑衣，斜风细雨不须归。

刘禹锡的《竹枝》：

> 杨柳青青江水平，闻郎江上唱歌声。东边日出西边雨，道是无晴还有晴。
> （晴、情谐音）

《浪淘沙》：

> 日照澄州江雾开，淘金女伴满江隈。美人首饰王侯印，尽是沙中浪底来。

除了齐言的七绝之外，刘禹锡还有有意识的填词的作品，如《忆江南》，即注明"依忆江南曲拍为句"。这一类作品的形式已经是比较固定的长短句，如韦应物的《调笑令》，或称《转应曲》：

> 胡马，胡马，远放燕支山下。跑沙跑雪独嘶，东望西望路迷。迷路，迷路，边草无穷日暮。

王建的《调笑令》：

> 杨柳，杨柳，日暮白沙渡口。船头江水茫茫，商人少妇断肠。肠断，肠断，鹧鸪夜飞失伴。

刘禹锡的《忆江南》：

> 春去也，多谢洛城人。弱柳从风疑举袂，丛兰裛露似沾巾，独坐亦含嚬。

《潇湘神》：

> 湘水流，湘水流，九疑云物至今愁。君问二妃何处所，零陵香草露中秋。
> 斑竹枝，斑竹枝，泪痕点点寄相思。楚客欲听瑶瑟怨，潇湘深夜月明时。

白居易的《忆江南》：

> 江南好，风景旧曾谙。日出江花红胜火，春来江水绿如蓝。能不忆江南？

《长相思》：

　　汴水流，泗水流，流到瓜洲古渡头，吴山点点愁。　　思悠悠，恨悠悠，恨到归时方始休，月明人倚楼。

托名李白的词作

　　讲到这里似乎还需要回过头来就托名李白的词作稍为交代一下。所谓李白写《菩萨蛮》，最早见于北宋和尚文莹的《湘山野录》。据说有一个名叫魏泰的在鼎州（今湖南常德）沧水驿楼的壁上看到了这首词，没有题作者姓名。后来到了长沙，在曾布家中看到一本题为《古风集》的书收有这首词，而且写明是李白作。可是这本《古风集》究竟是怎样的一本书呢？对不起，谁也不知道。首先提出疑问来的是明朝胡应麟（见他所著《少室山房笔丛》）。但是因为作者是李白，所以又有不少人提出不同的意见。可惜的是谁也提不出有力的论证。就可以见到的书本上的材料说，《菩萨蛮》这个专名是晚唐宣宗时才有的（苏鹗：《杜阳杂编》），李白不可能预先按谱填词。反驳的人说，敦煌曲子词已经有好几首《菩萨蛮》，为什么李白不可能写一首呢？（任二北说）况周颐、王国维引《教坊记》曲名表证明盛唐时代已经有《菩萨蛮》，胡适、浦江清则认为《教坊记》是杂记教坊掌故的书，后人可以随时增补，而且也有证明不属于盛唐时代的曲牌误入《教坊记》，如《天仙子》。所以《教坊记》虽然载有《菩萨蛮》，并不能作为《菩萨蛮》已经流行于盛唐时代的证据。最近还有杨宪益《零墨新笺》的解释，菩萨蛮是"骠苴蛮"或"苻诏蛮"的异译，它的曲调是古代缅甸乐，开元、天宝时间传入中国，李白自有可能于湖南鼎州沧水驿楼题此曲词云云。照这一说法，那么李白的题壁经过大约四百年，直到北宋后期仍然保留在那里等待魏泰来欣赏，恐怕也难予置信吧。总之关于李白的版权问题真是公说公有理，婆说婆有理，我们只好就作品本身来研究一下，看看当时作为新诗的一体的曲子词的具体情况是怎么样，也许比较可以得到可靠的答案。我们知道，盛唐以前，歌曲以绝句为主，到了中唐，文人刘禹锡、白居易等人才开始有意识地依谱填词，内容一般是相当简单的，民歌风的。温庭筠、韦庄都写了不少的《菩萨蛮》，却没有托名李白的那首如此之气象宏伟，胸襟阔大。要说李白是天才，所以无施不可，那就是承认天才可以摆脱一切时代的局限，天马行空，独来独往，这可未免有一点唯心史观的味道了。因此郑振铎虽然不肯轻信李白作词的说法，他所说的"但这二首'绝妙好词'虽未必是李白所作，其为初期词中的杰作则是无可置疑的"那一段话的"初期"二字实在大有商量的余地。因为它不可能出于唐人之手已如上述，不经过鹿虔扆、冯延巳、李煜、潘阆、寇准、范仲淹等人长期写作经验的积累，是不可能写出这样水平的作品来的。还有一点，托名古人的作品，而且千百年来传诵不绝的佳作，在我国文学史上并不少见，如苏李赠答，李陵《答苏武书》、蔡文姬的《胡笳十八拍》、诸葛亮的《后出师表》甚至于岳飞的《满江红》，都是彰明较著的。多两首托名李白的词，又有什么稀奇呢？

野马跑远了，打住吧。

《花间集》的一派

照敦煌曲子词的路线继续发展，词也许会是另一番局面。可是由于民间词不受文人的重视，落得个自生自灭。加上唐末五代战祸频仍，士大夫只图今朝有酒今朝醉，词坛上占主导地位的多是流连光景之作，典型的代表就是《花间集》的一派。这一派的作品连为《花间集》作序的欧阳炯也不能不说："自南朝之宫体，扇北里之倡风。何止言之不文，所谓秀而不实。"当然，总的倾向来说是这样，具体分析起来，也不能说一无可取。不过，像张惠言那样把温庭筠的《菩萨蛮》"小山重叠金明灭"一首评为"此感士不遇也。篇法仿佛《长门赋》。……照花四句，《离骚》初服之意"。未免比拟不伦。如果做一番具体分析，给他一个适当的历史地位，却是可能的，也是应该的。

现在试举花间派一些词人的作品做一点说明。

温庭筠

温庭筠（约812—866）太原人，本名岐，字飞卿。他是晚唐与李商隐齐名的诗人，世称温李。他的专门词集《握兰》和《全荃》可惜已经散佚。据《新唐书》说，他"能逐弦吹之音，为侧艳之词"。他是第一个用心作词的诗人，他的《菩萨蛮》：

> 水精帘里颇黎枕，暖香惹梦鸳鸯锦。江上柳如烟，雁飞残月天。
> 藕丝秋色浅，人胜参差剪。双鬓隔香红，玉钗头上风。

词中所描写的女性虽然"雕缋满眼",却能于绚丽之中,显示出空灵的气象,如"江上柳如烟"一联可见。藕丝指衣裳的质地与颜色,属于淡雅一路。人胜指剪成人形的彩绸或金箔的首饰。如《梦江南》:

> 梳洗罢,独倚望江楼。过尽千帆皆不是,斜晖脉脉水悠悠。肠断白苹洲。

这首词特别疏快,不像温庭筠其他词作的雕琢。它描写一个女子梳洗好了等待离人的归来,盼到太阳下山了却没有一只船为她停下来。结尾点明肠断,有人认为太显露。实则失望之极,倒是不嫌过火的。如《南歌子》:

> 手里金鹦鹉,胸前绣凤凰。偷眼暗形相,不如从嫁与,作鸳鸯。

起联是说词中的主角在绣花。手里的是金鹦鹉,胸前指绷在架子上的大幅,形相犹言端详,暗指她心目中的小伙子。说是偷眼,实则决心的豁出去,公然说要嫁给他,饶有民歌的情味。谭复堂评为"尽头语,单调中重笔,五代后绝响。"可以比美的也许只有韦庄的那首《思帝乡》。

韦　庄

韦庄(836—910),字端己,京兆杜陵(今陕西西安市东南)人。他与温庭筠合称温韦。他的词有《浣花词》辑本。他不同于温庭筠的地方是他摆脱了怨女思妇的离情幽恨,直接抒写了自己的身世。即使是随俗描写闺情,所表现的也是少女奔放的热情,全没有什么扭捏作态的无病呻吟,如《思帝乡》:

> 春日游,杏花吹满头。陌上谁家年少足风流?妾拟将身嫁与一生休。纵被
> 无情弃,不能羞!

这首词率直可比温庭筠的《南歌子》,但是它更进一步,说"纵被无情弃,不能羞!"无怪乎清朝贺裳赞赏这首词是"作诀绝语而妙"。
又如《女冠子》:

> 四月十七,正是去年今日,别君时。忍泪伴低面,含羞半敛眉。
> 不知魂已断,空有梦相随。除却天边月,没人知。

昨夜夜半，枕上分明梦见，语多时。依旧桃花面，频低柳叶眉。

半羞还半喜，欲去又依依。觉来知是梦，不胜悲。

这是所谓联章体，近于我们现在的所谓组诗。第一首追叙别情，第二首记述梦境。两首均用白描手法遣词造句非常接近口语，是别开生面的杰作。此外他还有五首《菩萨蛮》，是自传式的联章体。语意明快，"未老莫还乡，还乡须断肠"，也与《思帝乡》一样，不说则已，一说就斩钉截铁。如果说韦庄写诗比不上李商隐和杜牧，"秦妇吟秀才"顶多也只能如王国维所说的"继武长庆"，那么，在词的国土里他却是"疏凿手"。

花间派其他词人的作品

除了温韦之外，花间派比较有特色的抒情作品应推牛希济的《生查子》：

春山烟欲收，天淡星稀小。残月脸边明，别泪临清晓。　　语已多，情未了，回首犹重道：记得绿罗裙，处处怜芳草。

顾夐的《诉衷情》：

永夜抛人何处去？绝来音。香阁掩，眉敛，月将沈。争忍不相寻？怨孤衾。换我心，为你心，始知相忆深。

和凝（898—955）的《江城子》：

竹里风生月上门，理秦筝，对云屏。轻拨朱弦，恐乱马嘶声。含恨含娇独自语，今夜约，太迟生。

牛峤的《菩萨蛮》：

玉楼冰簟鸳鸯锦，粉融香汗流山枕。帘外辘轳声，敛眉含笑惊。

柳阴烟漠漠，低鬓蝉钗落。须作一生拚，尽君今日欢。

孙光宪（约900—968）的《竹枝》：

门前春水竹枝白苹花女儿，岸上无人竹枝小艇斜女儿。商女经过竹枝江欲暮女儿，散抛残食竹枝饲神鸦女儿。

张泌的《浣溪沙》：

> 枕障熏垆隔绣帷，二年终日两相思，杏花明月始应知。　　天上人间何处去？旧欢新梦觉来时。黄昏微雨画帘垂。

花间派词人还有一部分描写地方风土的作品颇为新鲜别致，如欧阳炯（896—971）的《南乡子》：

> 画舸停桡，槿花篱外竹横桥。水上游人沙上女，回顾，笑指芭蕉林里住。

> 路入南中，桄榔叶暗蓼花红。两岸人家微雨后，收红豆，树底纤纤抬素手。

李珣（约855—约930）的《南乡子》：

> 乘彩舫，过莲塘，棹歌惊起睡鸳鸯。带香游女偎伴笑，争窈窕，竞折团荷遮晚照。

> 渔市散，渡船稀，越南云树望中微。行客待潮天欲暮，迷南浦，愁听猩猩啼瘴雨。

> 相见处，晚晴天，刺桐花下越台前。暗里回眸深属意，遗双翠，骑象背人先过水。

> 山果熟，水花香，家家风景有池塘。木兰舟上珠帘卷，歌声远，椰子酒倾鹦鹉醆。

孙光宪的《菩萨蛮》：

> 木棉花映丛祠小，越禽声里春光晓。铜鼓与蛮歌，南人祈赛多。
> 客帆风正急，茜袖偎樯立。极浦几回头，烟波无限愁。

他也写了边塞生活的词，如《定西番》：

　　　　鸡禄山前游骑，边草白，朔天明，马蹄轻。鹊面弓离短鞁，弯来月欲成。
　　一只鸣髇云外，晓鸿惊。

　　这首词也收入《花间集》，真有点出乎意料之外。鸡禄山在今内蒙古自治区杭锦后旗西北部，与鸡鹿塞相连，亦即《后汉书》所说的稽落山。鹊面弓是说弓背上有鹊面的装饰。鞁字连《辞海》里面都找不到，要到《康熙字典》里面去查，音畅，弓衣也，亦即弓袋。这两句是说弓从弓袋里抽出来，拉紧弓弦，好像满月一样，亦即章回小说里常见的写法"弓开如满月"。髇读哮，鸣髇即响箭。用这样生僻的字，在花间派词中应该说是少见的。这也说明孙光宪不仅仅是写代表当时主要倾向的应歌之作，而是扩大了当时流行的题材范围。这是值得特书一笔的。

　　同样突破了花间派的范围的是鹿虔扆的《临江仙》：

　　　　金锁重门荒苑静，绮窗愁对秋空。翠华一去寂无踪。玉楼歌吹，声断已随风。　　　烟月不知人事改，夜阑还照深宫。藕花相向野塘中。暗伤亡国，清露泣香红。

　　鹿虔扆的词收入《花间集》的只有六首，是传词最少的一位。可是光这一首《临江仙》已经抵得上别人的十首几十首了。可惜其余五首与这一首迥不相称。

　　花间派的多数作家主要的活动中心是西蜀。此外还有另一个中心——南唐。南唐的代表作家是冯延巳及李璟、李煜父子。王国维曾说："冯正中词虽不失五代风格，而堂庑特大，开北宋一代风气，与中、后二主词皆在花间范围之外，宜《花间集》中不登其只字也。"说冯延巳词堂庑特大，在花间范围之外，这是对的。但是《花间集》之所以不收冯词，其中有时间问题，而且也受交通条件的限制。《花间集》成于大蜀广政三年（公元940年），冯延巳还只有37岁，他的作品不可能流传到西蜀。王国维的说法自是一时失考。《人间词话》虽然负一代盛名，其中还不免有偏颇之处，至于说南唐词开北宋一代风气则是恰当的。

冯延巳

　　冯延巳（903—960），一名延嗣，字正中。做到南唐的宰相。有《阳春录》行世。《阳春集》的名字是陈世修改题的。他的词不像温庭筠那样只在字句称艳上下工夫，也不像韦庄那样一泻无馀。内容虽然也不外乎离愁别恨，做离人思妇的代言人，但是他所写的常常不限于一人一事，而是写出了人生的苦闷，而且寓意深刻，用笔空灵，的确有突过前人之处。成问题的倒是他的有些词如《蝶恋花》等名作多与晏殊、欧阳修的作品相混。如果把那些名篇真的都是误收，那么，对冯词的评价将不免大大减色。例如《蝶恋花》的"谁道闲情抛弃久""几日行云何处去"等等都有人说是欧阳修作。我们现在看一看那争论不多的一首：《鹊踏枝》

> 萧索清秋珠泪坠，枕簟微凉，展转浑无寐。残酒欲醒中夜起，月明如练天如水。　　阶下寒声啼络纬，庭树金风，悄悄重门闭。可惜旧欢携手地，思量一夕成憔悴。

这首词开头只说秋夜无眠，起来一看才见"月明如练天如水"，展开了一片空明的画面，真有独立苍茫，徒唤奈何之感。"阶下"两句用络纬的啼声反衬深宵的寂静，"思量一夕成憔悴"于是成为冲口而出的结束，也就成为"堂庑特大"的例证。再看他的另一首：

> 窗外寒鸡天欲曙，香印成灰，坐起浑无绪。庭际高梧凝宿雾，卷帘双鹊惊飞去。　　屏上罗衣闲绣缕，一饷关情，忆遍江南路。夜夜梦魂休谩语，已知前事无寻处。

全词描写主角无聊的情绪，高梧宿雾，双鹊惊飞是加重的描写。下片头两句的罗衣闲绣缕是说懒得再拈针线，把罗衣搭在屏风上，却又从屏风的风景画引起江南的联想。结尾两句强自宽解，实则越发显得是绝望的哀鸣。然而写起来却又是那么委婉。同样韵味深长的是那首《清平乐》：

> 雨晴烟晚，绿水新池满。双燕飞来垂柳院，小阁画帘高卷。　　黄昏独倚朱阑，西南新月眉弯。砌外落花风起，罗衣特地春寒。

还有他的《谒金门》有人说是成幼文作，从李璟问他"吹绉一池春水，干卿何事"的那则故事看，恐怕还是应该算是冯延巳的作品：

> 风乍起，吹绉一池春水。闲引鸳鸯香径里，手挼红杏蕊。　　斗鸭阑干独倚，碧玉搔头斜坠。终日望君君不至，举头闻鹊喜。

词中所写的是一个比较活泼的少女。头两句是写景的名句，接着写到人，在花径里搓着杏花去逗弄鸳鸯。下片从香径转到阑干看斗鸭，玉簪斜坠的坠字并不真是掉落而是好像掉下来的样子。结尾鹊喜之前先来一句"终日望君君不至"做铺垫，越发显得鹊喜是喜出望外之喜。

同样充满春天的喜悦的是《长命女》：

> 春日宴，绿酒一杯歌一遍，再拜陈三愿：一愿郎君千岁，二愿妾身常健，三愿如同梁上燕，岁岁长相见。

这种三愿式的写法在此之前，已有白居易的《赠梦得》："……当歌聊自放，对酒交相劝。为我尽一杯，与君发三愿：一愿世清平，二愿身强健，三愿临老头，数与君相见。"1000 年后，还有龙七（榆生）作词，黄自作曲的《玫瑰三愿》，真可谓源远流长了。

李 璟

冯延巳之外，南唐词家应推中主李璟和后主李煜。李璟（906—961）的作品流传下来的只有四首，最有名的是《山花子》，一名《摊破浣溪沙》：

> 菡萏香销翠叶残，西风愁起绿波间。还与韶光共憔悴，不堪看。
> 细雨梦回鸡塞远，小楼吹彻玉笙寒。多少泪珠何限恨，倚阑干。

就词的技巧而论，向来传诵的是换头一联，冯延巳回答李璟对他"干卿何事"的质问也是"未如陛下'小楼吹彻玉笙寒'。"王国维则独赏开头两句，认为大有众芳芜秽，美人迟暮之感，比较是从内容上立论，同时也可以看作南唐国势衰微的反映。

李 煜

后主李煜（937—978），初名从嘉，字重光，961 年嗣位，975 年降宋，过了三年囚虏的生活，然后受宋太宗所赐药被毒死。他是南唐转入北宋初期最大的词人，历来都得到极高的评价，特别是王国维，说他"俨有释迦、基督、荷人类罪恶之意"，固然是推许过当，但是指出"'自是人生长恨水长东'，'流水落花春去也，天上人间'，《全荃》《浣花》能有此气象耶？"却是确切的。又说："词人者，不失其赤子之心者也。故生于深宫之中，长于妇人之手，是后主为人君所短处，亦即为词人所长处。"这段话并不完全对。不失其赤子之心是好的，但是李煜之所以伟大，正在于他被赶出了深宫，饱尝亡国的悲哀和屈辱之后，才写出像《浪淘沙》《虞美人》那样震撼人心的作品。此外，周济有一段话倒是很有意思的："王嫱、西施，天下美妇人也。严妆佳，淡妆亦佳，粗服乱头，不掩国色。飞卿，严妆也；端己，淡妆也；后主则粗服乱头矣。"

要想对李煜的作品有比较全面的认识，还应该适当地照顾到他早期的作品，如他那首描写他与小周后偷情的《菩萨蛮》：

> 花明月暗笼轻雾，今宵好向郎边去。划袜步香阶，手提金缕鞋。
> 画堂南畔见，一向偎人颤。奴为出来难，教郎恣意怜。

划袜是脱掉鞋子，穿着袜子走，怕人听见脚步声。结尾两句与牛峤的"须作一生拚，尽君今日欢"，都是情至之极，不复检束的逼真的心理描写。读这首词，使人想起王感化对李璟唱"南朝天子爱风流"的故事。当然，激动人心的还是他亡国之后的作品，如《望江南》：

> 多少恨，昨夜梦魂中。还似旧时游上苑，车如流水马如龙。花月正春风。

据他写信给他的旧宫人说，"此中日夕只以眼泪洗面"，所以他常常向梦里寻找失去的欢乐，如《浣溪沙》：

> 转烛飘蓬一梦归，欲寻陈迹怅人非。天教心愿与身违。　　待月池台空逝水，映花楼阁漫斜晖。登临不惜更沾衣。

到了梦都做不成的时候，他的悲哀也更难控制：

> 别来春半，触目愁肠断。砌下落梅如雪乱，拂了一身还满。　　雁来音信无凭，路遥归梦难成，离恨恰如春草，更行更远还生。

写梦写到忘乎所以的则是那首《浪淘沙》：

> 帘外雨潺潺，春意阑珊。罗衾不耐五更寒。梦里不知身是客，一饷贪欢。
> 独自莫凭阑，无限关山。别时容易见时难。流水落花春去也，天上人间。

另一首《浪淘沙》只写眼前景物：

> 往事只堪哀，对景难排。秋风庭院藓侵阶。一任珠帘闲不卷，终日谁来？
> 金琐已沉埋，壮气蒿莱。晚凉天净月华开。想得玉楼瑶殿影，空照秦淮。

如果只说自己形影相吊，日子不好过，那也罢了，他还埋怨没有人理他，还提到壮气，这当然引起宋太宗赵匡义的忌恨。这一类的词还不少，如那两首《相见欢》：

> 林花谢了春红，太匆匆，无奈朝来寒雨晚来风。　　胭脂泪，留人醉，几时重？自是人生长恨水长东。

> 无言独上西楼，月如钩。寂寞梧桐深院锁清秋。　　剪不断，理还乱，是离愁。别是一般滋味在心头。

直接促成他被毒死的是那首《虞美人》：

> 春花秋月何时了，往事知多少。小楼昨夜又东风，故国不堪回首月明中。　　雕阑玉砌应犹在，只是朱颜改。问君能有几多愁，恰似一江春水向东流。

与《虞美人》一道引起赵匡义的愤怒的，是李煜七夕命故妓作乐。当然，这都不过是找碴儿，连徐铉的奉旨往见也不例外，总之当时的降王大都是没得好死的，固不止李煜一人而已。

李煜死在宋太宗太平兴国三年。自此以后，词遂进入文学史上的宋词时代。

寇准的《阳关引》

赵匡胤黄袍加身，建立了赵宋王朝，但是宋初的词却明显地看得出是在南唐的影响之下。不过时代究竟是变了，虽然刘攽说过，"晏元献（殊）尤喜江南冯延巳歌词，其所自作，亦不减延巳。"其实呢，如寇准所作的《阳关引》，已经透露了向慢词发展的消息：

> 塞草烟光阔，渭水波声咽。春朝雨霁轻尘歇，征鞍发。指青青杨柳，又是

轻攀折。动黯然，知有后会甚时节？　　更尽一杯酒，歌一阕。叹人生，最难欢聚易离别。且莫辞沉醉，听取阳关彻。念故人，千里自此共明月。

范仲淹

范仲淹（989—1052），由于军旅生活的丰富，开拓了词的境界，如《苏幕遮》：

　　碧云天，黄叶地，秋色连波，波上寒烟翠。山映斜阳天接水，芳草无情，更在斜阳外。　　黯乡魂，追旅思，夜夜除非，好梦留人睡。明月楼高休独倚，酒入愁肠。化作相思泪。

大笔振迅，一新耳目的是《渔家傲》：

　　塞下秋来风景异，衡阳雁去无留意。四面边声连角起。千嶂里，长烟落日孤城闭。　　浊酒一杯家万里，燕然未勒归无计。羌管悠悠霜满地。人不寐，将军白发征夫泪。

可惜的是这类词并没有形成主流。真正占主导地位的还是后来以晏殊、欧阳修为代表的所谓婉约派。在这之前则有两位重要的过渡人物：张先和柳永。

张　先

张先（990—1078），字子野，乌程（今属浙江省）人。他的词集名《安陆词》，又名《张子野词》。一方面他的作品是小令居多，而且不脱南唐、花间的旧习；另一方面他又能写自己所经历的生活而且逐渐向慢词发展。特别值得注意的是，南唐、花间的小词大都是脱口而出，纯任自然，不追求一字一句的警策；张先已经用心观察，刻意锤炼，从而出现了后来艳称的警句。例如当时有人称他为"张三中"，因为他的一首《行香子》的结尾是"心中事，眼中泪，意中人"。他自己却说："何不目之为'张三影'？"因为他生平所得意的是"云破月来花弄影"，"娇柔懒起，帘幕卷花影"及"柳径无人，堕飞絮无影"。他曾被称为"云破月来花弄影郎中"，又被称为"桃杏嫁东风郎中"。这些句子无疑都是千古传诵的名句，但是全篇而论却不见得都是佳作。其中只有《天仙子》（"云破月来花弄影"即在其中）和《一丛花令》（结句是"沉恨细思，不如桃杏，犹解嫁东风"）全篇相当匀称。除此之外，他的警句还有不少，如"昨日乱山昏，来时夜上云"（《醉垂鞭》）。"舞彻伊州，头上宫花颤未休。"（《减字木兰花》），都显示出作者匠心独运的成就。录他一首《南乡子·中秋不见月》（一作《南徐中秋》）：

> 潮上水清浑，棹影轻于水底云。去意徘徊无奈泪，衣巾，犹有当时粉黛痕。
> 海近古城昏，暮角寒沙雁队分。今夜相思应看月，无人，露冷依前独掩门。

宋祁《玉楼春》

与"云破月来花弄影郎中"一并传为美谈的，还有一位"红杏枝头春意闹尚书"，那是出自宋祁的《玉楼春》：

> 东城渐觉风光好，縠皱波纹迎客棹。绿杨烟外晓寒轻，红杏枝头春意闹。
> 浮生长恨欢娱少，肯爱千金轻一笑？为君持酒劝斜阳，且向花间留晚照。

他现存词只有六首，脍炙人口的是这首《玉楼春》。王国维说"著一'闹'字而境界全出矣"，可是李渔却大加指责，说"闹字极粗极俗"。虽然李渔论词曲极多精辟的意见，这一段批评却是不足为训的。

柳　永

张先写的慢词，结构不见松散，真正成功的作品要到柳永的手上才告完成。柳永，福建崇安人。生卒年月无可考，大约在987—1053之间。原名三变，字景庄。后改名永，字耆卿。词作名《乐章集》，收作品近200首。因为"好为淫冶讴歌之曲，传播四方"，考进士时宋仁宗把他刷了，还说什么"且去填词"，于是柳永自称"奉圣旨题词柳三变"，出入酒楼倡馆。由于他具有丰富的都市生活的经验，成为头一个描写都市风光的市民词人，而且突破了小令的框框，成为多产的慢词作家。加以缘情托兴，不忌浅俗，所以深受市民阶层的欢迎，"凡有井水饮处，即能歌柳词"。盛名所播，连苏东坡都忍不住问别人"我词何如柳七？"骨子里该是有点不大服气的。可是他读到了柳永的《八声甘州》，终于不得不击节叹赏，"唐人高处不过如此"，词如下：

> 对潇潇暮雨洒江天，一番洗清秋。渐霜风凄紧，关河冷落，残照当楼。是处红衰翠减，苒苒物华休。惟有长江水，无语东流。　　不忍登高临远，望故乡渺邈，归思难收。叹年来踪迹，何事苦淹留。想佳人、妆楼颙望，误几回、天际识归舟。争知我、倚阑干处，正恁凝愁。

词一开头已经展开了一幅清秋暮雨的壮阔的画面。一洒一洗，景色全活了。"渐霜风"三句一步紧一步，点出"当楼"，景中有人。接上来的"红衰翠减"，应该是惹起离人愁绪的，可是眼前所见只有长江水，而且是无语东流，可见是无情的。所谓"不为离人住少时"，越发使人感到无可告语的作客的孤单。下片转到写人，异乡日暮，思乡的情绪是特别强烈的，自己却又是有家归不得。为什么呢？反问自己是明知故问，当然，如果说明了那就更难堪了，而且也是不必说明的。可贵的是因自己登高临远，联想到对方也一定是在妆楼长望，而且常来的只是失望，因为正如温庭筠《梦江南》所说的，"过尽千帆皆不是"啊！结尾是告诉所爱的人，我也是想着你难过啊！

有这样感情的人，当然也会写出一往情深的《蝶恋花》：

> 伫倚危楼风细细，望极春愁，黯黯生天际。草色烟光残照里，无言谁会凭阑意？　　拟把疏狂图一醉，对酒当歌，强乐还无味。衣带渐宽终不悔，为伊消得人憔悴。

慢词要求严整的结构和层次分明的铺叙，在这方面柳永取得了突过前人的成就。试看他那首《雨霖铃》：

> 寒蝉凄切，对长亭晚，骤雨初歇。都门帐饮无绪，方留恋处，兰舟催发。执手相看泪眼，竟无语凝噎。念去去千里烟波，暮霭沉沉楚天阔。
>
> 多情自古伤离别，更那堪冷落清秋节。今宵酒醒何处，杨柳岸晓风残月。此去经年，应是良辰好景虚设。便纵有千种风情，更与何人说。

上片写清秋时节一对恋人离别的情景。开头写出凄凉的气氛，正在难舍难分的时候却催着要开船了。恋人一听好像从梦中惊醒过来，一急，什么话都说不出来了，只有泪眼相对。船开了，作者让眼前景物说话，也可以说是"此时无声胜有声"吧。下片用冷落清秋节加重了别情的渲染，更设想离人一夜行船应该到了什么地方，却用杨柳岸点明一下，遂觉诗情画意，跃然纸上。"此去"以下一气贯注，只是实话直说，更显得真挚和深刻。

柳永还有一首《望海潮》，极力描写了杭州一带山水的秀丽和都市的繁华，甚至于传说这首词后来传到北方，促成了金主完颜亮南侵的军事行动。当然，柳永的词也的确有它庸俗以至色情的一面，这是偏爱柳词的人也无法替他辩护的。

词本来是从民间产生的，即使是文人创作也总带些口语，可是总不及柳永那样搔笔即来，如他的《传花枝》："平生自负，风流才调。口儿里、道知张陈赵。唱新词，改难令，总知颠倒，解刷扮，能呋嗽，表里都峭。每遇著、饮席歌筵，人人尽道。可惜许老了。"又如《迎春乐》："近来憔悴人惊怪，为别后相思煞。我前生负你愁烦债，便苦恁难开解。"就词风而论，他确是上继敦煌曲子的传统，下开元人散曲的新路。同时，由于他往往是按谱填词，特别是碰到新声，有时词句上不免有牵强凑合的痕迹。他一生只做过小官，或监定海晓峯盐场（还写了一首表现盐民痛苦生活的《煮海歌》），或做屯田员外郎，生活始终是比较穷苦的，据说死后是妓女凑钱办了他的丧事，每年清明都齐集墓前举行吊柳会，这也算是一代词人的奇遇吧，一说他的遗榇在润州（今镇江）和尚庙里停了20多年，王安石的弟弟王安礼来做润州太守，才把他安葬了。

尽管柳永"因旧曲作新声"，"教坊乐工，每得新腔，必求永为辞，"开拓了慢词的疆域，晏殊、欧阳修等庙堂上的人物依然继承南唐的词风，主要写他们的小令。他们中间某一个人的作品因此不免有误收入另一个人集子里去的事实。试举冯延巳的一首《清平乐》与晏殊的同一词牌的另一首对比一下：

> 雨晴烟晚，绿水新池满。双燕飞来垂柳院，小阁画帘高卷。黄昏独倚朱阑，西南初月眉弯。砌下落花风起，罗衣特地春寒。（冯延巳）

> 金风细细、叶叶梧桐坠。绿酒初尝人易醉，一枕小窗浓睡。紫薇朱槿花残，斜阳却照阑干。双燕欲归时节，银屏昨夜微寒。（晏殊）

我们很难看出风格上有什么差别。

晏 殊

晏殊（991—1055），字同叔，抚州临川（在今江西省）人，词作名《珠玉词》，收词约一百三十首。家蓄声伎，宴席上每当声伎表演结束之后，他就会说，现在轮到我来出个节目了，于是唱他的曲子。他文化修养极高，虽然官至宰相，却还不是醉生梦死的官僚，还因吕夷简贬逐他的朋友孔道辅、范仲淹等人，引起他兔死狐悲的感慨。他的词虽然雍容娴雅，却常常流露出一种怅惘的心情，形成了他独特的风格，如"无可奈何花落去，似曾相识燕归来"（浣溪沙），"满目山河空念远，落花风雨更伤春"（浣溪沙），"春风不解禁杨花，濛濛乱扑行人面"（踏莎行）等等，都属于这一类，特别是那首《蝶恋花》：

> 槛菊愁烟兰泣露。罗幕轻寒，燕子双飞去。明月不谙离恨苦，斜光到晓穿朱户。　　昨夜西风凋碧树，独上高楼，望尽天涯路。欲寄彩笺兼尺素，山长水阔知何处。

读起来使人情不自禁地受到一种高旷的气派的感染。

欧阳修

欧阳修（1007—1072），字永叔，号醉翁，庐陵（今江西吉安）人，他的词名《醉翁琴趣外编》，又名《欧阳文忠公近体乐府》或《六一词》。《琴趣》本比较杂乱，有许多猥亵庸俗的恶札，陈振孙认为"当是仇人无名子所为"，所以应该给予《六一词》或《近体乐府》以较大的信任。他与晏殊同衍南唐的词风，实则他的成就高出晏殊之上，更毋论冯延巳了。他的词也有一些与冯词相混，如《蝶恋花》的"几日行云何处去""谁道闲情抛弃久"等等都是。尊冯派说"欧公无此手笔"，尊欧派则说"冯延巳所不能到"。现在录陈亦峯认为"欧公无此手笔"的《蝶恋花》一首：

> 庭院深深深几许，杨柳堆烟，帘幕无重数。玉勒雕鞍游冶处，楼高不见章台路。　　雨横风狂三月暮，门掩黄昏，无计留春住。泪眼问花花不语，乱红飞过秋千去。

李清照《临江仙》序云："欧阳公作《蝶恋花》，有'深深深几许'之语。"可见李清照认为欧阳修是"庭院深深"的作者，也许李清照的话是信得过的吧。这是一首名作，不少专家都在它上面做文章，张惠言从政治上着眼，"庭院深深，闺中既以邃远也；楼高不见，哲王又不悟也；章台游冶，小人之径；雨横风狂，政令暴急也。乱红飞去，斥逐者非一人而已。殆为韩、范作乎？"毛先舒则就技巧立论，认为"泪眼问花"两句可谓层深而浑成。"因花而有泪，此一层意也；因泪而问花，此一层意也；花竟不语，此一层意也：不但不语，且又乱落，飞过秋千，此一层意也。人愈伤心，花愈恼人，语愈浅而意愈入，又绝无刻画费力之迹，谓非层深而浑成耶？然作者初非措意，直如化工生物，笋未出而苞节已具，非寸寸为之也。若先措意，便刻画愈深，愈堕恶境矣。"黄蓼园比较谨慎，虽说是"看来未必有所指"，接着又说"即不明所指，自是一首好词"。王国维则迳直认为这是"兴到之作"，张惠言只是"深文罗织"。见仁见智，百家争鸣吧。平情而论，欧阳修固然是卫道的古文大家，又是修史的名公，可是写词的时候，已经放下了他的一切架子，所以在词里反而能看到他的本来面目。这样看起来，把《蝶恋花》的著作权划归欧阳修，于情于理都是可以成立的了。

欧阳修抒情写景都有独到之处。温婉之中，别有一种耐人吟味的情趣，如《浣溪沙》：

> 湖上朱桥响画轮，溶溶春水浸春云。碧琉璃滑净无尘。　　当路游丝萦醉客，隔花啼鸟唤行人。日斜归去奈何春。

又如《采桑子》：

> 群芳过后西湖好，狼藉残红，飞絮濛濛，垂柳阑干尽日风。　　笙歌散尽游人去，始觉春空。垂下帘栊，双燕归来细雨中。

这是他的组词《西湖念语》的第四首。词中的西湖是颖州的西湖，写的是暮春的景色。落花狼藉，气氛是萧索的，作者却能于曲终人散之后，从归来的双燕写出虽然凄冷却不孤独的处境。胸怀是豁达的，也可以说为西湖的描写别开生面。

晏几道

北宋还有专精小令的作家晏几道。他是晏殊的儿子，却没有凭借父亲的关系向上爬，这是黄庭坚称许他的一痴，原文为："仕宦连蹇，而不能一傍贵人之门，是一痴也；论文自有体，不肯一作新进士语，此又一痴也；费资千百万，家人寒饥，而面有孺子之色，此又一痴也：人百负之而不恨，己信人，终不疑其欺己，此又一痴也。"可见他具有十足的诗人的气质。也正因为痴到了家，所以碌碌无成，连生卒年月都失传了，只留下了一部《小山词》，存词260首。前人对他的评价是极高的，毛晋说"晏氏父子具足追配李氏父子"，冯煦甚至于说"两宋词人，实罕其匹"，这无疑是推许过当。不过小晏也确有他独到的地方，感情也很真挚。缺点是格局不大，因循多于开创，让他的作品自己说话吧：《鹧鸪天》：

> 彩袖殷勤捧玉钟，当年拚却醉颜红。舞低杨柳楼心月，歌尽桃花扇底风。
> 从别后，忆相逢，几回魂梦与君同。今宵剩把银釭照，犹恐相逢是梦中。

这首词写他与歌女的重逢，彩袖加上殷勤，说明男女之间平等的关系。上片用倒叙手法，为下片的重逢蓄势。中间加一句"几回魂梦与君同"，点明怀念的真切。结尾两句真是纵情歌唱，淋漓尽致。过去的论客都认为这两句是从杜甫"夜阑更秉烛，相对如梦寐"脱胎而来，恐怕晏几道自己也不肯随便承认。杜诗写尽了妻孥的惊怪，邻人的感叹，才归结到相对如梦，所以写得朴素而庄重；小晏则不然，开头说起玉钟，已经说是"拚"了，接着又舞又歌，才转到银釭相照。喜极而疑，事实证明一切疑问已经是一扫而空了。所谓"恐"者，只是故作缩笔而已。此外如"罗衣著破前香在，谁意谁教改"（《虞美人》）说明他一往情深的至性；"欲将沉醉换悲凉，清歌莫断肠"（《阮郎归》）则发泄了他满腹牢骚，强自排遣的无可奈何的情绪。至"梦魂惯得无拘检，又踏杨花过谢桥"，那简直是匪夷所思，无怪乎连道学家程颐看了也忍不住说："鬼语也！"前人评论，有李白仙才，李贺鬼才的说法，想不到程颐对晏几道也说出同样的评语！

晏几道只偶然发出一两句鬼语，贺铸则撮取鬼才李贺修词炼句的手法来加强他作品的艺术效果。张耒为贺铸的词集作序，说是"盛丽如游金张之堂，妖冶如揽嫱施之袂，幽索如屈、宋，悲壮如苏、李"，虽然近于溢美，还是说出了贺词的丰富多彩。他与前人不同的地方，是他词的题材范围扩大了，而且独出手眼，确实有点杜甫所说的"语不惊人死不休"的味道。

贺 铸

贺铸（1052—1125），字方回，卫州（今河南汲县）人。词集名《东山寓声乐府》，存词近三百首。性鲠直，不管谁官高势大，看不顺眼就捅个痛快，所以只能当上个小官。小官不能施展他生平抱负，于是憋了一肚子气，写起词来当然就不同凡响。他喜欢标奇立异。人家作词是先标明词牌，他却摘取词中三个字为题，然后在题下注明词牌。如《陌上郎》实即《生查子》：

　　西津海鹘舟，径度沧江雨。双橹本无情，鸦轧如人语。　　挥金陌上郎，化石山头妇。何物系君心？三岁扶床女。

　　"挥金陌上郎"两句只是实字的对比，没有一个虚字，男子的放浪，妇女的坚贞已经清清楚楚地摆出来了。又如《芳心苦》，词牌是《踏莎行》：

　　杨柳回塘，鸳鸯别浦，绿萍涨断莲舟路。断无蜂蝶慕幽香，红衣脱尽芳心苦。　　返照迎潮，行云带雨，依依似与骚人语。当年不肯嫁东风，无端却被秋风误。

　　这是贺铸自伤身世的作品，韵味可以说是直追李贺。但是最能表现贺词特色的还应该是那首《六州歌头》：

　　少年侠气，交结五都雄。肝胆洞，毛发耸，立谈中，死生同。一诺千金重，推翘勇，矜豪纵，轻盖拥，联飞鞚，斗城东。轰饮酒垆，春色浮寒瓮，吸海垂虹。闲呼鹰嗾犬，白羽摘雕弓，狡穴俄空，乐匆匆。

　　似黄粱梦，辞丹凤，明月共，漾孤篷。官冗从，怀倥偬，落尘笼，簿书丛。鹖弁如云众，供粗用，忽奇功。笳鼓动，渔阳弄，思悲翁，不请长缨，系取天骄种，剑吼西风。恨登山临水，手寄七弦桐，目送归鸿。

　　这首词开头从少年写起，来往的都是侠客义士，肝胆相照，意气风发。斗城是长安城的别称，因城形凸出好像北斗，这里是借指宋都汴京。换头的"黄粱梦"是说往事好比一场梦，自己离开了京城，像孤舟一样四处漂荡，"官冗从"是说自己调往地方上做小官，从读 zǒng，去声，冗从即指闲散的随从官员，所以心情抑郁，陷入了文书堆中出不来。眼见宋王朝受到北兵的侵扰都没有机会去出一把力，只能登山临水，弹琴寄意。词风属于豪放一派。遗憾的是，经过反复吟味之后，总觉得他有点像是小生勉强去唱大花脸，中气不足。所以他的当行本色仍是令曲，像他的《鹧鸪天》（重过阊门万事非）、《青玉案》（凌波不过横塘路）之类都是百读不厌的。为了便于讲述，把他跟晏几道放在一起了。自此以后宋词进入了一个新时代。

苏　轼

　　开辟词国的疆土的是苏轼（1037—1101）。（按苏轼生于宋仁宗景祐三年十二月十九日。景祐三年相当于公元 1036 年，但是十二月十九日，照《两千年中西历对照表》推算，已经是进入 1037 年的一月八日，所以生年应定为 1037 年。）他字子瞻，一字和仲，又号东坡居士，眉州眉山（在今四川省）人。他的词名《东坡乐府》，存词 300 余首。苏轼之前，范仲淹已经写过雄浑悲壮的《渔家傲》，王安石也偶然写些比较开廓的词，但是堪称名作的只有那首《桂枝香·金陵怀古》：

> 登临送目。正故国晚秋，天气初肃。千里澄江似练，翠峰如簇。归帆去棹斜阳里，背西风、酒旗斜矗。彩舟云淡，星河鹭起，画图难足。
>
> 念往昔、繁华竞逐，叹门外楼头，悲恨相续。千古凭高，对此谩嗟荣辱。六朝旧事随流水，但寒烟、芳草凝绿。至今商女，时时犹唱，后庭遗曲。

相传苏东坡看了这首词，不觉叹曰："此老乃野狐精也！"可惜他别的作品却多是像李清照所说的，"王介甫……文章似西汉，若作一小歌词，则人必绝倒，不可读也。"试拿他那首《浪淘沙》（伊吕两衰翁）来看一下，李清照的批评也许不一定算是怎样刻薄。

苏轼，历来都顺口叫他苏东坡，他的词，用胡寅的话说，就是"一洗绮罗香泽之态，摆脱绸缪宛转之度，使人登高望远，举首高歌而逸怀浩气，超然乎尘垢之外"。于是"花间为皂隶，而柳氏为舆台矣"。王灼也说："东坡先生非醉心于音律者，偶尔作歌，指出向上一路，新天下耳目，弄笔者始知自振。"王灼强调苏东坡非醉心于音律者，是站在苏轼一边对一般论客批评苏词不协律的成见的辩护。其实协律与否并无绝对的标准。周邦彦精研音律，王国维称为"两宋之间，一人而已"。可是就是这位顾曲名堂的周邦彦，也免不了张炎的指摘："美成负一代词名……而于音谱且间有未谐。"到了今天，我们只把词当作诗体的一种来欣赏，那么，除了作为韵文基础的平仄还应该兼顾之外，音律问题只应属于研究词乐的人的专题。苏词的协律与否随之成为无关重要的问题（事实上苏东坡也并非不懂音律，他词序中常有歌以送酒，稍加隐括以就声律的话）。重要的是"指出向上一路，新天下耳目"。他的新，首先是在内容上扩大了题材的范围，例如《江城子·密州出猎》：

> 老夫聊发少年狂，左牵黄，右擎苍，锦帽貂裘，千骑卷平冈。为报倾城随太守，亲射虎，看孙郎。　　酒酣肝胆尚开张，鬓微霜，又何妨。持节云中，何日遣冯唐？会挽雕弓如满月，西北望，射天狼。

这样豪迈的词作在苏轼之前可谓不曾有过。词一开头就喷薄而出，呈现出一个热气腾腾的场面。"牵黄"两句是说牵着黄狗，擎着苍鹰，两者都是打猎的得力的助手。孙郎指孙权，孙权曾"亲乘马，射虎于虔亭"。下片的冯唐一句有两种解释。一种是说作者以魏尚自比，什么时候朝廷才派冯唐来赦免自己。另一说认为冯唐指自己，什么时候朝廷才派我这个老冯唐去赦免魏尚。按苏轼自杭州通判调任密州太守，是升官，不是贬职，与魏尚下吏削爵的遭遇不同。所以似乎还是应该相信作者是自比冯唐而不是自比魏尚。结尾"西北望"两句指西夏，说明作者对边防的关心和效力国家的愿望。

正因为苏轼有这样开廓的胸怀，所以当他来到那决定历史局面的大战役的古战场——赤壁，勾引起他对那些风流人物的怀想，他能够写出酣畅淋漓的杰作。这就是大家所熟悉的，它的轶事也成为词史上家喻户晓的，要关西大汉执铜琵琶、铁绰板来歌唱的《念奴娇·赤壁怀古》：

> 大江东去，浪淘尽千古风流人物。故垒西边，人道是三国周郎赤壁。乱石崩云，惊涛裂岸，卷起千堆雪。江山如画，一时多少豪杰。　　遥想公瑾当年，小乔初嫁了，雄姿英发。羽扇纶巾，谈笑间樯橹灰飞烟灭。故国神游，多情应笑我早生华发。人间如梦，一尊还酹江月。

这首词评论的人很多，分析这首词的人也很多，这里只在讲清几个有关的问题。题为《赤壁怀古》，实际上当时的战场是在湖北嘉鱼县，苏东坡所游的赤壁则在黄州城外，恐是赤鼻矶的谐音。作者《与范子丰书》说到赤壁的时候已经说过"传云曹公败所，所谓赤壁者，或曰非也"。可见苏轼自己也没有说死，故交代说"人道是"。他老先生只是借题发挥而已。"羽扇纶巾"，一般人受了《三国演义》的影响总以为是指诸葛亮。其实羽扇纶巾是古代儒将的装束，与"轻裘缓带"取义相同，并不是诸葛亮只此一家的。前面已经交代过"周郎赤壁"，换头又明说"遥想公瑾当年"，是一组周瑜的特写镜头，不可能中间插入一个诸葛亮。"樯橹"一作"强虏"。"四人帮"猖獗时期，因为曹操是法家，不准称曹操为强虏。我们今天实事求是地分析一下：曹操虽然在赤壁打了败仗，但是并没有一蹶不振——灰飞烟灭。他始终是三国之中疆土最大、实力最强的政权，最后司马氏还是凭借曹魏政权的力量统一了全中国。所以"樯橹灰飞烟灭"才符合历史的事实，亦即李白所说的"二龙争斗决雌雄，赤壁楼船扫地空"。"故国神游"一段，作者因凭吊古战场，从往古风流人物的显赫联想到自己坎坷的遭遇，因而发出早生华发的感慨。"多情应笑我早生华发"是服从音韵的要求而造成的倒装句子，顺口来说当作"应笑我多情"。谁笑呢？"故国神游"，那应该是自己了。会不会指故国的风流人物在笑我呢？自己也罢，别人也罢，这个笑总归是啼笑皆非的笑。然而作者是豁达的，于是来了"一尊还酹江月"的结尾。《赤壁赋》关于水与月的那段话值得参考一下："逝者如斯，而未尝往也；盈虚者如彼，而卒莫消长也。盖自其已变者而观之，则天地曾不能以一瞬；自其不变者而观之，则物与我皆无尽也。"就一个人来说，生与死是不可逃避的自然规律。就整个人类来说，却是永远存在的。"一尊还酹江月"，正是想深一层之后对人生问题所得到的解答。这是苏轼旷达的思想的表现，说是不免于感伤吧，却始终不至于陷入颓废的地步。这是苏轼创作惯用的手法。如那首《定风波》，前面有一篇小序说："三月七日，沙湖道中遇雨。雨具先去，同行皆狼狈，余独不觉，已而遂晴，故作此。"

> 莫听穿林打叶声，何妨吟啸且徐行。竹杖芒鞋轻胜马，谁怕，一蓑烟雨任平生。　料峭春风吹酒醒，微冷，山头斜照却相迎。回首向来萧瑟处，归去，也无风雨也无晴。

半路遇雨，没有雨具，即使狼狈，也算不了大问题，作者却借题发挥，提出他不计较升沉得失的坦荡的胸怀。也可以说是老庄思想贯彻到他生活上去的纯任自然的态度。对于一时意外的骤雨的侵袭，可以这样对待，推而广之，政治上的挫折——这正是关系到他生平的大问题——何尝不可以采取同样的态度？他在这里固然谈不到对压在他头上的政治力量的蔑视，他对王安石的新法也并不是不分青红皂白的一笔抹杀。他总是随遇而安，就自己力所能及做一点有益于老百姓的事情。他的思想虽然比较保守，但又并不顽固；他待人接物比较灵活，但又不是滑头。这也可以说是苏东坡的人生哲学。

我们再读他的《水调歌头·丙辰中秋，欢饮达旦，大醉，作此篇，兼怀子由》：

> 明月几时有，把酒问青天。不知天上宫阙，今夕是何年。我欲乘风归去，又恐琼楼玉宇，高处不胜寒。起舞弄清影，何似在人间。　转朱阁，低绮户，照无眠。不应有恨，何事长向别时圆。人有悲欢离合，月有阴晴圆缺，此事古难全。但愿人长久，千里共婵娟。

上片从月亮想到天上宫阙，于是"我欲乘风归去"。可是转念一想，又怕"高处不胜寒"，这是作者"多难畏事"的真实的写照。想来想去，觉得还是不如人间好。这是对人生的执著的态度，与他用世的本意是一致的。下片又回到月亮。由于现实的矛盾不能解决，所以眼看着月亮从天上转到与门窗平齐，还是睡不着。忍不住对月亮提出了质问：为什么要跟人过不去，趁人的离别却自己团圆呢？但是笔势一转，大开大合，通观宇宙。天下事本来是难得十全十美的，只要能夠"千里共婵娟"也就可以了。这是作者善于排解的一面。话虽这样说，到了他感到内心的深刻的悲哀的时候，那又是另外一种写法了，如《江城子·乙卯正月二十日夜记梦》：

> 十年生死两茫茫，不思量，自难忘。千里孤坟，无处话凄凉。纵使相逢应不识，尘满面，鬓如霜。　　夜来幽梦忽还乡，小轩窗，正梳妆，相顾无言，惟有泪千行。料得年年肠断处，明月夜，短松冈。

乙卯是宋神宗熙宁八年（1075），距离苏轼夫人王氏的卒年治平二年（1065）正是十年。以词抒写悼亡的感情，这是最早的一首，也是苏词最沉痛的一首。"十年生死"句冲口而出，"不思量，自难忘"语言朴素，感情却非常真挚。死去十年，当然不可能天天都在想，但是不想却不是忘掉啊。特别是碰到什么不如意的事情的时候，总想找个亲人来诉说一番。哪里去找啊？老伴是葬在故乡的，所以发出无处话凄凉的悲叹。说起凄凉自然想到自己的枯槁和憔悴，于是更进一层，逼出过拍相逢不相识的绝望的情绪。真是一层比一层深，而且一层一个写法。换头才点出梦，梦中的情景却又不是深情的倾诉，而只是"相顾无言，惟有泪千行"，连一点小小的安慰都得不到。最后以肠断作结，自然是势所必至。即使平日最善于排遣的苏东坡现在也毫无办法了。从前有人批评温庭筠的《梦江南》，认为结尾的"肠断白蘋洲"说得太浅露，缺乏含蓄的韵味。可是这首《江城子》歇拍的"肠断"实在不可能换上别的有力的字眼，前面更加上"年年"，就越发显得悲哀之无穷无尽了。

苏词之突过前人，值得特别提出来的，是他写了不少农村的风物画。他有五首《浣溪沙》，可以说是一套组词，前有小序："徐州石潭谢雨。道上作五首。潭在城东二十里，常与泗水增减，清浊相应。"词如下：

> 暖日深红暖见鱼，连村绿暗晚藏乌。黄童白叟聚睢盱。　　麋鹿逢人虽未惯，猿猱闻鼓不须呼。归来说与采桑姑。

> 旋抹红妆看使君，三三五五棘篱门，相排①踏破茜罗裙。　　老幼扶携收

---

① 1999 年中华书局版《全宋词》"排"作"挨"。

麦社，乌鸢翔舞赛神村，道逢醉叟卧黄昏。

　　麻叶层层苘叶光，谁家煮茧一村香。隔篱娇语络丝娘。　　垂白杖藜抬醉眼，捋青捣麨软饥肠。问言豆叶几时黄。

　　簌簌衣巾落枣花，村南村北响缫车。牛衣古柳卖黄瓜。　　酒困路长惟欲睡，日高人渴漫思茶。敲门试问野人家。

　　软草平沙①过雨新，轻车②走马路无尘。何时收拾耦耕身？　　日暖桑麻光似泼，风来蒿艾气如薰。使君原是此中人。

近年来一些宋词的选本多数只选这组《浣溪沙》的后四首。第一首之所以删去，也许是由于下片麋鹿猿猱的比拟是对劳动人民的侮辱的缘故吧。当然，把劳动人民比作麋鹿猿猱的确是岂有此理。不过这恰好暴露了苏轼的落后思想的一面，把它摆出来，正是还他本来面目，掩饰是不必要的。何况总的来说，苏轼对农村还是真有感情。村民纯真、朴素而又活泼的风貌也比较得到恰切的表现。这组作品语言明快，形象生动。作为一个太守，苏轼并不摆什么架子，老百姓也真的喜欢看他，"旋抹红妆看使君"那一段描写乡下姑娘争着要看一看自己的"父母官"，又推又挤的连红裙子都踩坏了。"道逢醉叟卧黄昏"从侧面反映出苦旱得雨之后农民的喜悦。第三、第四两首从几个方面写了农村的生活和劳动，是作者路上所见。走累了，口渴了，就敲门找老百姓讨茶吃，说明他们的关系是比较融洽的。第五首作者从眼前的景物，回想到自己，发出了"何时收拾耦耕身"的感喟。"日暖"一联颇有点泥土的气息，"使君原自此中人"，大老爷居然想同农民拉关系了。不过，我们也不能说他虚伪，他的诗词里面的确有相当一部分是写到农村的。他来到农村有机会接近农民，他自己也是在农村长大的，他《题渊明诗》也说过："非余之世农，亦不能识此语之妙也。"当然，苏轼的所谓"此中人"，究竟不是农民里面的人，字里行间也总打上那一阶层的烙印，可贵的是他能做到眼睛向下，他还写过一首《减字木兰花·己卯儋耳春词》，那是他从惠州贬到海南岛之后在儋耳所作的一首词，命意遣词，都有点近似民歌：

---

①　1999 年中华书局版《全宋词》"沙"作"莎"。
②　同上书"车"作"沙"。

> 春牛春杖，无限春风来海上。便与春工，染得桃红似肉红。　　春幡春胜，一阵春风吹酒醒。不似天涯，卷起杨花似雪花。

短短的一首小令，用最浅易的词语写出海南特有的春色，词是立春日写的，已经见到桃红，更加上杨花似雪花，这是江南不可能有的。

总之，词到了东坡手里，抒情也好，说理也好，咏史也好，怀人也好，写景也好，咏物也好，真有如刘熙载所说的，"东坡词颇似老杜诗，以其无意不可入，无事不可言也。若其豪放之致，则时与太白为近"。有些事平时也许不大受人注意的，一到他的手里却成为绝妙好词，如《浣溪沙·游蕲水清泉寺，寺临兰溪，溪水西流》：

> 山下兰芽短浸溪，松间沙路净无泥，萧萧暮雨子规啼。　　谁道人生无再少，门前流水尚能西。休将白发唱黄鸡。

上片所写的是一幅山水小品。下片就溪水西流来做翻案文章，批驳流传的"人无再少年"的说法。白发黄鸡出自白居易的《醉歌示伎人商玲珑》："黄鸡催晓丑时鸣，白日催年酉前没。腰间紫绶系未稳，镜里朱颜看已失。"冠以"休将"两字是说不要唱这样的调调了。

苏轼写词，不仅是"无意不可入，无事不可言"，而且是"小大由之"。如果说"山下兰芽"是小品，那么，《水调歌头·黄州快哉亭，赠张偓佺》就是大气磅礴的巨制：

> 落日绣帘卷，亭下水连空。知君为我新作，窗户湿青红。长记平山堂上，敧枕江南烟雨，渺渺没孤鸿。认得醉翁语，山色有无中。　　一千顷，都镜净，倒碧峰。忽然浪起，掀起一叶白头翁。堪笑兰台公子，未解庄生天籁，刚道有雌雄。一点浩然气，千里快哉风。

词一开头破空而来，把读者引向登高望远，水天相接的境界。"窗户湿青红"更加深了壮丽的色彩。"长记"一段宕开去，拿扬州平山堂作陪衬，又换上烟雨空濛的景色，添一只越飞越远以至消失的孤鸿，然后用欧阳修的词句落实一下，算是小结。下片写过广阔的江面和碧峰的倒影之后，忽然出现出没在翻涌的波浪中的老船夫的形象，调子变得高昂了，于是引出不懂得自然的规律，却要强作解事，妄分风为雌雄，把雄风归于楚王的宋玉来做陪衬。眼前的船夫正好无情地驳倒了宋玉，证明他有力量驾驭住雄风。全篇一片神行，是艺术上相当完整的作品。

要举例，像他的《洞仙歌》（冰肌玉骨）、《八声甘州》（有情风万里卷潮来）、《卜算子》（缺月挂疏桐）、《贺新郎》（乳燕飞华屋）、《南乡子》（回首乱山横）、《临江仙》（夜饮东坡醒复醉）……等许多许多真是不胜枚举。如果这样举下去，势必变为苏词专论，那是不行的。也许结束之前，再举他一首《水龙吟·次韵章质夫杨花词》作为他咏物词的代表：

> 似花还似非花，也无人惜从教坠。抛家傍路，思量却是，无情有思。萦损柔肠，困酣娇眼，欲开还闭。梦随风万里，寻郎去处，又还被，莺呼起。
> 不恨此花飞尽，恨西园、落红难缀。晓来雨过，遗踪何在，一池萍碎。春色三分，二分尘土，一分流水。细看来，不是杨花，点点是离人泪。

咏物词一般都是描头画脚，争奇斗巧，苏轼则遗貌取神，独出手眼。一起统摄全篇，像花又不像花，谁也不会爱惜它，骨子里是蕴藏着一种被遗弃的感伤的情调。抛家傍路也罢，欲开还闭也罢，都好比自生自灭。这是咏杨花，其实是一种拟人化的写法。韩愈《晚春》诗说："杨花榆荚无才思，惟解漫天作雪飞。"这里翻一个案，"思量却是，无情有思"。过拍转入梦境，梦又做不好，词意从"打起黄莺儿，莫教枝上啼。啼时惊妾梦，不得到辽西"转化而来。黄莺一呼，不仅惊破了思妇的好梦，也振起了全篇。换头从杨花想到落花，恨的是"落红难缀"，亦即花落之后再也不能回到枝头，暗示春光逝去。这里的落花只是宕开一层的写法，本意还是杨花。杨花的飘荡前面已经写过了，现在讲到它的归宿："一池萍碎。"作者在句下自注说："杨花落水为浮萍，验之信然。"当然这是不合科学的说法。接着作者给杨花做一番清算。三分之二化为尘土，三分之一付之流水。结论"细看来不是杨花，点点是离人泪。"已指明作者咏叹的本意，又与开头的似花非花相呼应。全篇不即不离，亦人亦花，无怪乎张炎说："后片愈出愈奇，真是压倒今古。"即力排众议的王国维也认为"咏物词自以东坡《水龙吟》为最工"。

秦 观

苏轼以后，苏门四学士——黄庭坚、秦观、晁补之及张耒都有词流传，其中张耒词最少，秦观的成就最大。秦观字少游，高邮人，生于1049年，卒于1100年，词集名《淮海居士长短句》。他逝世之后，苏轼一则曰："少游不幸死道路，哀哉！

世岂复有斯人乎？"再者曰："少游已矣，虽万人何赎！"但是秦词并不同于苏词，曾经有过这样的逸话："东坡尝以所作小词示无咎（晁补之）、文潜（张耒），曰：'何如少游？'二人皆对云：'少游诗似小词，先生小词似诗。'"元好问《论诗绝句》有一首论秦观的说："'有情芍药含春泪，无力蔷薇卧晓枝。'拈出退之山石句，始知渠是女郎诗。"是这一段逸话的极好的注脚。他的词，王灼称其"俊逸精妙"，虽遭受李清照的贬抑，却一直认为是婉约的正宗，读起来觉得并不用力，别人尽管用尽九牛二虎之力也不易到此境界。例如那首以七夕为题的《鹊桥仙》：

> 纤云弄巧，飞星传恨，银汉迢迢暗度。金风玉露一相逢，便胜却人间无数。柔情似水，佳期如梦，忍顾鹊桥归路。两情若是久长时，又岂在朝朝暮暮。

上片"金风玉露"两句说牛郎织女的爱情是天上胜过人间，结尾点明关键是两情长久。说出来的是普普通通的家常话，含意却非常深刻，歌颂了人人心中蕴藏着却又不容易说得清楚的永恒的爱情。这无疑是咏七夕词中最好的一首。

又如《蝶恋花》：

> 晓日窥轩双燕语，似与佳人共惜春将暮。屈指艳阳都几许，可无时霎闲风雨？　　流水落花无问处，只有飞云冉冉来还去。持酒劝云云且住，凭君碍断春归路。

词是写惜春，作者却别出心裁，找双燕来给佳人做伴。"可无时霎闲风雨"，指出风雨无情也无准，说来就来的，可是口气却仍然那么婉转，也正是典型的所谓"词心"。下片从惜春说到留春，从流水落花说到飞云，要飞云去"碍断春归路"。这是痴心，许多好句都是从痴心得来的。冯延巳的"双燕来时陌上相逢否？"是向双燕打听行人的消息。晏几道的"红烛自怜无好计，夜寒空替人垂泪"，是把同情交给了红烛。这两句话使人想起杜牧的"蜡烛有心还惜别，替人垂泪到天明。"所不同者是晏几道还给红烛来一番心理描写。这也应该是诗与词分界的所在吧。他的《浣溪沙》又是另一种境界：

> 漠漠轻寒上小楼，晓阴无赖似穷秋。淡烟流水画屏幽。　　自在飞花轻似梦，无边丝雨细如愁。宝帘闲挂小银钩。

上片交代了季节、天气和居室。轻寒说是漠漠，晓阴加上无赖，屏风上画的是淡烟流水。凡此种种已经暗示幽静的不止是画屏，整个居室也是这样的。虽然没有描写居室的主人，主人的风姿神韵已经呼之欲出。下片的飞花细雨是主人所见。一则轻似梦，一则细如愁，萧条庭院自然更增加主人无名的怅惘。宝帘是调节室内与室外的关系的，既然窗外也同样不能带来一点安慰，那就不如垂下帘栊，静静咀嚼孤独的况味吧。通篇笼罩着一种凄清的气氛，使人感到像是聆听着一首肖邦的夜曲。

秦观的感情是深挚的，发而为词是既真切，又妩媚。然而政治上的挫折加重了他心情的压抑。后期的作品因而失去了缠绵温婉的情趣，如《如梦令》：

> 遥夜沉沉如水，风紧驿亭深闭。梦破鼠窥灯，霜送晓寒侵被。无寐，无寐，门外马嘶人起。

开头两句是梦破之后的感觉。梦破表明睡得不安稳，一下子就惊醒了。直觉感到夜是水一样清冷，风在打门。眼前所见只有老鼠偷灯油，越发衬托出客况的凄凉。睡不着了，客人又在起来赶路了。全篇只是实物的描写，不言苦而苦自见，所谓少许胜人多许也。再看他那首《踏莎行》：

> 雾失楼台，月迷津渡，桃源望断无寻处。可堪孤馆闭春寒，杜鹃声里斜阳暮。　　驿寄梅花，鱼传尺素，砌成此恨无重数。郴江幸自绕郴山，为谁流下潇湘去？

开头两句单刀直入，极写眼前一片迷茫的景色。桃源即陶渊明所说的桃花源。陶文假托武陵人，武陵即今湖南桃源。现在却用一个"失"字，一个"迷"字，把桃源勾消了，暗寓作者漂泊之感。"孤馆"两句是旅况的凄凉的特写。"可堪"领起，表明作者主观的怨恨，一个人关在客馆里面，春寒料峭，加上杜鹃不如归去的叫声，一直叫到天黑，教人怎么受得了。作者反应这样强烈是少有的。换头一段是说亲朋好意的赠品和书信并不能带来安慰，相反，倒是加添了无穷无尽的愁恨。结尾纯用比兴，郴江啊，你好好的绕着郴山流算了，为什么要流到潇湘去呢？意思是说，我啊，本来好好的住在京城，为什么要跑到这么边远的地方来啊！这是他绍圣四年（1097）罢官之后，下放到了郴州，在旅舍里写的。这是明知故问，也是不求回答的发问。苏东坡极爱这两句词，因为苏东坡也是屡遭贬谪的人，所以对这两句特别发出强烈的共鸣。这也是文学批评之所以要求知人论世的缘故吧。

秦观的小令是北宋一大家，慢词也有他特殊的地位。如《八六子》：

倚危亭，恨如芳草，萋萋刬尽还生。念柳外青骢别后，水边红袂分时，怆然暗惊。　　无端天与娉婷。夜月一帘幽梦，春风十里柔情。怎奈向欢娱渐随流水，素弦声断，翠绡香减，那堪片片飞花弄晚，濛濛细雨笼晴。正销凝，黄鹂又啼数声。

"倚危亭"一段，周济称为神来之笔，实则从李后主"离恨恰如春草，更行更远还生"脱化而来，不过在秦观手下来得更为突兀而已。全词以铺叙胜。为什么那么多恨呢？因为同那个人分别了。青骢指作者自己，红袂自然是那位姑娘。前面一个念字，才清楚意识到恨的根由。一弄清楚了，这才吓了一跳。着一"暗"字，真不知有什么难言的心事。换头"无端"一段，点明作者怀念的对象不是一个普通的姑娘。"夜月"一联记述了他俩甜蜜的回忆。春风十里暗用杜牧"春风十里扬州路，卷上珠帘总不如"的影事，真有如柳永所说的"其奈风流端正外，更别有系人心处"。至于自己之所以弄得神魂颠倒，竟归咎于天公作弄，给他送来这样一个"娉婷"。真是好没道理。然而好正好在没道理上。接着写了欢会不长，"怎奈向"以下引起两联五句，才落到晴字押韵，絮絮叨叨的情态跃然纸上。结尾急转直下，声情并茂。洪迈《容斋随笔》认为这一结是模仿杜牧同一词牌的结尾："正销魂，梧桐又移翠阴。"考托名杜牧的那首《八六子》用的是侵韵间押青韵。事实上庚青韵与侵韵通押是南宋以后才出现的。因此杜牧是否写过这首词还是疑问，秦观模仿杜牧的说法怕是不能成立的吧。

除此之外，秦观的慢词还有《满庭芳》（山抹微云）及（晓色云开）两首，《望海潮》（梅英疏淡）及《水龙吟》（小楼连苑）都是传诵千古的名作，不再一一列举了。

秦观逝世之后，黄庭坚曾以秦观梦中作的《好事近》起兴，写过一首七绝："少游醉卧古藤下，谁与离愁唱一杯？解作江南断肠句，只今惟有贺方回。"贺方回之后，直到北宋末年周邦彦之前，可以说没有什么以词名家的大人物，只能谈一谈个别作家的较有代表性的作品。

黄庭坚

黄庭坚（1045—1105），字鲁直，洪州分宁（今江西修水）人。一般人大都知道他叫黄山谷，因为他自号山谷道人。有《山谷词》，又名《山谷琴趣外编》，作品不算少，计有一百八十首以上。陈师道说："今代词手，惟秦七、黄九耳。"

这句话近于阿其所好。就诗而论，他与苏轼并称，苏黄（严格来说他也不及东坡）词则不算怎么出色。他一方面硬以诗语入词，另一方面又滥用俗语甚至于低级趣味的文字游戏，如"你共人女边著子，争知我门里挑心""奴奴睡，奴奴睡也奴奴睡"之类。他写有相当数量的慢词，如《念奴娇》（断虹雨霁）及《水调歌头》（瑶草一何碧）等等也常有好句，但是完整的不多，比较成功的还是小令，如《清平乐》：

> 春归何处？寂寞无行路。若有人知春去处，唤取归来同住。　　春无踪迹谁知？除非问取黄鹂。百啭无人能解，因风吹过蔷薇。

这首词以问话开头，随即自求答案，希望唤春回来，具见盼望之切。既然谁都不知道，那除非找黄鹂问个究竟了。我们不是公冶长，听不懂黄鹂的话。意外一转，忽见蔷薇，而且是风吹过来的，那么，它已经是落花了。开到蔷薇花事了，何况已经凋落的呢！这首词包含的意思很简单，难得的是说起来一点都不用力，那么平易近人，简直想不到作者竟是江西诗派的祖师爷。又如他的《定风波·次高左藏使君韵》：

> 万里黔中一漏天，屋居终日似乘船，及至重阳天也霁，催醉，鬼门关外蜀江前。　　莫笑老翁犹气岸，君看，几人黄菊上华颠？戏马台前追两谢，驰射，风情直①拍古人肩。

黔中，宋朝郡名，属今四川彭水。黄庭坚谪官居此。这首词是为重阳节作。万里贬官，雨水多，好比天顶漏水，住在家里像坐船一样，处境是够艰苦的了。可是他却趁天晴的时候来痛饮一场。下片活现出一个倔强的老头子。结尾说要追踪两谢——谢瞻和谢灵运。晋安帝义熙十二年（416）刘裕北征，曾在彭城戏马台会集将佐庆祝重阳节，谢瞻和谢灵运都曾即席赋诗。黄庭坚借这段故事来表白自己的心愿，意气是豪迈的。还有他的《鹧鸪天》：

> 黄菊枝头生晓寒，人生莫放酒杯宽。风前横笛斜吹雨，醉里簪花倒著冠。　　身健在，且加餐，舞裙歌板尽情欢。黄花白发相牵挽，付与时人冷眼看。

---

① 《全宋词》"直"作"犹"

"风前"一联，一句是描写入微，一句是运典出奇。所谓典指孟嘉龙山的故事，历代诗人逢到重阳几乎都要提到它，杜甫说，"羞将短发还吹帽，笑倩旁人为整冠"；苏轼说，"破帽多情却恋头"；黄庭坚又变了一下手法。结尾说"付与时人冷眼看"，骨子里却实在是冷眼看人，与《定风波》同一机杼。

晁补之

晁补之（1053—1110），字无咎，济州钜野（今属山东省）人，苏门四学士之一。词集名《琴趣外篇》，他作的《摸鱼儿·东皋寓居》非常有名，还因这首词的开头"买陂塘旋栽杨柳"另立一个名目曰《买陂塘》。就词论词，"买陂塘"似还不及《洞仙歌·泗州中秋作》：

> 青烟幂处，碧海飞金镜，永夜闲阶卧桂影。露凉时，零乱多少寒螀，神京远，惟有蓝桥路近。　　水晶帘不下，云母屏开，冷浸佳人淡脂粉。待都将许多明，付与金尊，报①晓共流霞倾尽。更携取胡床上南楼，看玉做人间，素秋千顷。

开头写出万里无云，一轮明月涌上天边的景象，使人心胸豁然开朗。"神京远，惟有蓝桥路近"，透露出作者对现实政治的不满，转而追求个人幸福生活。蓝桥是唐人小说里裴航与云英相会的地方。但是蓝桥实际上是脱离人世的，所以作者极力描写的还是赏月。下片的水晶、云母都是与月亮协调的颜色。接着忽发奇想，把月光收入酒杯，连同杯中的美酒一饮而尽，而且要饮到天明。这还不够，作者还要从楼上观赏上天下地的"玉做人间，素秋千顷"。结尾与开头遥相呼应，却无一笔重复，全篇没有什么豪言壮语，却又那么淋漓痛快，飘飘欲仙。据说他写了这首《洞仙歌》之后，遂绝笔。那可真是名副其实的天鹅之歌。

赵令畤

赵令畤，字德邻，生卒年不详，是宋朝的贵族子弟，与苏轼有交往。他存词不多，比较别开生面的是以元稹《会真记》为题材写成的《蝶恋花鼓子词》十二阕，

---

① 《全宋词》"报"作"投"

录《乌夜啼·春思》一首：

> 楼上萦帘弱絮，墙头碍月低花。年年春事开心事，肠断欲栖鸦。
> 舞镜鸾衾翠减，啼朱凤蜡红斜。重门不锁相思梦，随意绕天涯。

李廌

李廌（1059—1109）也是传词极少的作者，苏轼称他"子之才，万人敌也"，但他不想做官，他的词颇有新意，录《虞美人》一首：

> 玉阑干外清江浦，渺渺天涯雨。好风如扇雨如帘，时见岸花汀草涨痕添。　　青林枕上关山路，卧想乘鸾处。碧芜千里思悠悠，惟有霎时凉梦到南州。

张舜民

张舜民也是作品传世极少的词人。他字芸叟，邠州（属今陕西彬县）人，存词仅有四首。他这首《卖花声·题岳阳楼》）（《浪淘沙》的异名）当时曾被人误认为苏轼的作品，可见他与苏轼的风格有近似之处：

> 木叶下君山，空水漫漫。十分斟酒敛芳颜。不是渭城西去客，休唱阳关。
> 醉袖倚危栏，天淡云闲。何人此地得生还？回首夕阳红尽处，应是长安。

这是他被贬去监郴州酒税，行到岳阳楼所作。结尾两句从白居易的"夕波红处近长安"脱胎而来，但是声韵悠远，变成了出色当行的词句。

李之仪

李之仪也是与苏轼有关系的词人，也因为这种关系碰过不少钉子。他字端叔，沧州无棣（在今山东省）人。他认为"长短句于遣词中最为难工，自有一种风格，稍不如格，便觉龃龉。……而其妙见于卒章，语尽而意不尽，意尽而情不尽，岂平平可得仿佛哉"。这与李清照的所谓"乃知词别是一家"的理论若合符节，只是他的成就不及李清照罢了。他的词集名《姑溪词》，录《卜算子》一首，毛晋称它为"古乐府俊语"，用我们今天白话说，就是富有民歌的风味。现在音乐会上常常听到人唱"我住长江头"，则是因青主的新曲谱流行起来的。

> 我住长江头，君住长江尾。日日思君不见君，共饮长江水。　　此水几时休，此恨何时已？只愿君心似我心，定不负相思意。

1959 年陈毅曾写过《赠缅甸友人》一诗，即采用这首词的表现形式，"我住江之头，君住江之尾。彼此情无限，共饮一江水"，来歌颂中缅人民的友谊。可见李之仪那首词影响的深远。

魏夫人与朱淑真

现在要说一说两位女词人。其一是魏夫人，曾布之妻，襄阳（今湖北省）人。朱熹曾说："本朝妇人能文者，惟魏夫人及李清照二人而已。"可是这样一位人物，连叫什么名字都不清楚。她的《菩萨蛮》词意深婉，音调和谐，景色的描写也非常优美，真切地传达了思妇的心情。

> 溪山掩映斜阳里，楼台影动鸳鸯起。隔岸两三家，出墙红杏花。
> 绿杨堤下路，早晚溪边去。三见柳绵飞，离人犹未归。

另一个女词人是朱淑真。关于她的活动时期，有北宋与南宋两说。说她是南宋人，因为她的《断肠集》附有一篇明人的纪略，说她是朱熹的侄女，但是提不出一条旁证。说她是北宋人，因为《断肠集》有关于魏夫人的记载。但是魏夫人不见得就是曾布之妻。单文孤证，总是缺乏说服力的。所以只好存疑。还有她的籍贯，一说是钱塘人，一说是海宁人，又是一宗疑案。唯一可以确定的是她的婚姻非常不幸，所以作品题曰《断肠集》。她的《清平乐》，有的本子加了一个题目：《夏日游湖》：

> 恼烟撩露，留我须臾住。携手藕花湖上路，一霎黄梅细雨。　　娇痴不怕人猜，和衣睡倒人怀。（一作"随群暂遣愁怀"）最是分携时候，归来懒傍妆台。

词中一则曰携手，再则曰分携，应该是一群妇女结伴同游。"娇痴"两句说明作者比较有点叛逆的性格。此外还有一首《生查子》：

> 去年元夜时，花市灯如昼。月上柳梢头，人约黄昏后。　　今年元夜时，月与灯依旧。不见去年人，泪湿春衫袖。

作者是谁，有人说是欧阳修，有人说是秦观，不主张是朱淑真作的理由是，幽期密约不应该是良家女子的所为。可是朱彝尊《词综》收有这首词，仍归在朱淑真名下，王鹏运的四印斋印本《断肠词》也没有删去。看她敢说"娇痴不怕人猜"，那么写这样一首词也不见得是绝对不可能的吧。

周邦彦

说呀说的我们已经来到北宋的末年了。押阵大将自然是周邦彦（1056—1121）。他字美成，钱塘（今浙江杭州市）人。他是词人，又是音乐家，能自度曲。他的词名《片玉集》，又名《清真集》，收词180多首。历代对他都推崇备至。陈振孙说他"富艳精工，词家之甲乙也"。陈郁说他"二百年来以乐府独步"。沈义父说他"最为知音，且无一点市井气，下字运意，皆有法度，往往自唐宋诸贤诗句中来，而不用经史生硬字面，此其所以为高"。周济则说"美成思力，独绝千古"，"问途碧山，历梦窗，稼轩以还清真之浑化"。王国维更断言"词中老杜，则非先生不可。"真是至矣尽矣，蔑以加矣。本来自有文学以来，即有阳刚之美与阴柔之美之分，在词则照现成的说法，分为豪放与婉约两派。花间南唐以来，婉约派词人取得了正宗的地位，豪放派则到苏轼才告形成。但是即使是在苏轼生前，相当一部分的舆论即以东坡为别调。晁补之、张耒亲炙东坡，还不免流俗之见，说他"小词似诗"，言外之意，无疑是认为他的词不算道地，陈师道也才有认为他"以诗为词，如教坊雷大使舞，虽极天下之工，要非本色"的意见。连他所最赞赏的秦观也有学柳七的倾向。虽然王灼强调苏词"指出向上一路，弄笔者始知自振"。无情的事实是不知自振的照旧不知自振。到了李清照发表词论，几乎批倒了北宋所有词人，柳永"虽晓音律，而词语尘下"，从而得出"乃知词别是一家"的结论。周邦彦出，继承婉约派的词风，加以精研音律，克服了柳永"词语尘下"的缺点。于是俨然成为集大成的作手。

周邦彦小令、慢词无所不工，"下字运意，皆有法度"，"言情体物，穷极工巧"，加以结构严谨，层次分明，的确有他独到之处。如《兰陵王·柳》，看题目好像是咏物词，实则托物起兴，从柳传达出自己循环往复的情绪：

> 柳阴直，烟里丝丝弄碧。隋堤上，曾见几番，拂水飘绵送行色。登临望故国，谁识，京华倦客。长亭路，年去岁来，应折柔条过千尺。
>
> 闲寻旧踪迹，又酒趁哀弦，灯照离席。梨花榆火催寒食。愁一箭风快，半篙波暖，回头迢递便数驿。望人在天北。　　凄恻，恨堆积，渐别浦萦回，津堠岑寂。斜阳冉冉春无极。念月榭携手，露桥闻笛。沉思前事，似梦里，泪暗滴。

全词分为三片，第一片开门见山，正面写柳。接着点明柳是管别离的多情的树。"登临"一段转到作者本人倦游的心情。中片"闲寻"紧扣前面的登临，"酒趁哀弦"以下一气贯串，惊心动魄。"愁"字领起四句，步步紧逼，中间不许尔有换气的机会，然后回头一望，人不见了，一切都无可挽回了。下片设想行人眼前景物的转换，却用"斜阳冉冉春无极"一句顿住，然后转入沉思，觉得旧欢如梦，惟有吞声饮泣。正因为这首词沉郁顿挫，千回百转，所以引得好事之徒编出那篇宋徽宗赵佶因李师师的缘故对周邦彦先罚后赦的故事。我们再看他那首《六丑·蔷薇谢后作》：

> 正单衣试酒，怅客里光阴虚掷。愿春暂留，春归如过翼，一去无迹。为问花何在，夜来风雨，葬楚宫倾国。钗钿堕处遗香泽，乱点桃蹊，轻翻柳陌。多情为谁追惜。但蜂媒蝶使，时叩窗槅。　　东园岑寂，渐蒙笼暗碧。静绕珍丛底，成叹息。长条故惹行客，似牵衣待话，别情无极。残英小，强簪巾帻，终不似，一朵钗头颤袅，向人敧侧。漂流处、莫趁潮汐。恐断红尚有相思字，何由见得？

这首词先从光阴易逝说起，然后转到落花。关于落花的写法又分两层。第一层是残花的零落，"乱点桃蹊，轻翻柳陌"。第二层是写惜花的人，却借东园岑寂来反衬出惜花人的多情。写惜花人之前，却又先用蜂媒蝶使做陪衬，显示出叹息的多情。叹息是正面写惜花，结果却更多的不是写人惜花而是花恋人。随即就花与人的关系做一番比较。一种是强簪巾帻，一种是钗头颤袅。当然是后一种更动人了。末段反复叮咛，暗用红叶题诗的故事来寄托作者内心的怅望。

上举两词是比较缠绵婉转的，下面另举一首比较疏快的《满庭芳·夏日溧水无想山作》：

> 风老莺雏，雨肥梅子，午阴嘉树清圆。地卑山近，衣润费炉烟。人静乌鸢自乐，小桥外、新绿溅溅。凭栏久，黄芦苦竹，疑泛九江船。
>
> 年年、如社燕，飘流瀚海，来寄修椽。且莫思身外，长近尊前。憔悴江南倦客，不堪听、急管繁弦。歌筵畔，先安簟枕，容我醉时眠。

《满庭芳》开头四言两句定例是对偶的，这里却并不十分严格，莺是鸟类，梅子是植物。一联对句加上阴凉的树影，把夏日的景色交代清楚了。地卑一段说明住地的低湿，衣服受潮还要用炉子来薰烤。乌鸢天际盘旋，流水溅溅作响，衬托出环境的幽静。以上种种都是作者耳目所闻见，到了"凭栏久"才点明作者在做什么，原来是因为地卑山近，想起白居易"住近湓江地低湿，黄芦苦竹绕宅生"的诗句，自己也好像白居易一样过着迁谪的生活，虽然实际上他不算贬官，只是一个小小的县令，做久了觉得厌倦罢了。"疑"或作"拟"。如果是"拟"，那就是说作者打算找白居易去了。陈廷焯说："九江之船卒未尝泛"，是从"拟"字解释的。据下片一气到底，都只是凑合过下去的意思。那么理解为自己也好比白居易一样置身于地卑山近的环境，似乎更合乎逻辑。下片全说自己的生活，总没有安定的所在。自苦无用，还是借酒浇愁吧。作者本来是热爱音乐的，所居的堂屋即名为"顾曲堂"，自己又是作曲家，现在却对酒当歌都觉得受不了了。让我躺下来安歇吧。通篇虽然浸透忧郁的情调，还没有达到颓废的程度。写法是，一笔一转，极普通又极多变化，同时也显示出周邦彦融化古句的本领。"风老"一联从杜牧的"风蒲燕雏老"及杜甫的"红绽雨肥梅"变化而来。"人静"据说也从杜诗"人静乌鸢乐"借用，可是现存杜集无此句。总之是前人诗句就是。"身外"两句的来源也是杜诗"莫思身外无穷事，且尽尊前有限杯"，但是截取一半，并不觉得它是歇后语，黄庭坚的"断送一生惟有，破除万事无过"，就不免近于纤佻了。

周邦彦的小令也很有特色，如《玉楼春》：

> 桃溪不作从容住，秋藕绝来无续处。当时相候赤栏桥，今日独寻黄叶路。
> 烟中列岫青无数，雁背夕阳红欲暮。人如风后入江云，情似雨馀黏地絮。

桃溪是用刘晨、阮肇入天台山，吃了桃子，下山取水，在溪边遇见两个仙女的故事。这里不一定实写天台，只是借天台的故事寄托作者的一段罗曼司。俗话说："藕断丝连"，现在却是藕一断丝就连不起来了。独寻黄叶路，痴情如画。下片前两句写景，暗示出绝望的气氛。后两句与桃溪一联遥相呼应，黏地絮比喻用情的专一。景中有情，情中有景。全篇结构都是对句，是大排偶的手法，不呆板也不松懈，所谓富艳精工也。又如他的《蝶恋花》，有的本子题为《早行》，实则不是一般的早行，而是写与情人相别的清早。

> 月皎惊乌栖不定，更漏将阑，辘轳牵金井。唤起两眸清炯炯，泪花落枕红绵冷。　　执手霜风吹鬓影，去意徊徨，别语愁难听。楼上阑干横斗柄，露寒人远鸡相应。

起段写枕上听到的事情，已经有人起来打水了。眼前所见只有月色，时间无情，不起来不行了。一想到起来之后，下一步就是分别，怎能不伤心落泪呢？泪落到枕头上，绵絮变作红色，是沾上胭脂泪的结果。有人说红绵指木棉枕芯，因为木棉红色。但是木棉花虽红，絮却是白色的。还应考虑到的一点是，木棉花生于岭南，木棉絮做枕芯未必北宋时代就通行到江浙甚至更远。而且木棉是树的概念，红棉是花的专名，棉絮是不能称为红棉的。换头写离别，已经从室内转到室外，而且接着就是上路，一边走，一边回头向楼上望去。表面上是说星斗横斜，心里却想的是楼上的人，人渐渐走远了，忽然响起鸡声，打破了早行的沉寂。有趣的是，作者所用的手法竟是电影上的所谓淡入淡出。

上举种种充分证明，周邦彦不愧是抒情的作手。当然，他的名篇还有不少，如《少年游》（并刀如水）、《苏幕遮》（燎沉香）、《浣溪沙》（雨过残红湿未飞）、《渡江云》（晴岚低楚甸）、《浪淘沙慢》（昼阴重）、《大酺》（对宿烟收）等等都是值得提出来的。不过话得说回来，如果连篇累牍，尽是离愁别恨，风花雪月的说个不休，甚至还出现"酒罢歌阑人散后，琵琶轻放，语声低颤，灭烛来相就"一类不堪入目的句子，那可真逃不过刘熙载的谴责了："余谓论词莫先于品。美成词信富艳精工，只是当不得一个贞字。"王国维以周邦彦比杜甫的说法，更是脱离了思想内容，只在词律上着眼的形式主义的论点，不足为训的。

虽然周邦彦得到"二百年来以乐府独步"，"真足冠冕词林"的美称，实际上并不能牢笼一切，当时如叶梦得、曹组、朱敦儒、向子諲、蔡伸、陈与义等等都能自出手眼，各有成就。至于那些抗金英雄如岳飞、辛弃疾等人的作品更无疑是南宋词的主流，词坛的瑰宝。

叶梦得

叶梦得（1077—1148），字少蕴，吴县（今江苏省苏州市）人。有《石林词》行世。他是从北宋进入南宋的人物，曾总四路漕计，供应军需，为抗金出过一把力。录《八声甘州·寿阳楼八公山作》：

> 故都迷岸草，望长淮，依然绕孤城。想乌衣年少，芝兰秀发，戈戟云横。坐看骄兵南渡，沸浪骇奔鲸。转盼东流水，一顾功成。　千载八公山下，尚断崖草木，遥拥峥嵘。漫云涛吞吐，无处问豪英。信劳生空成今古，笑我来、何事怆遗情？东山老，可堪岁晚，独听桓筝。

八公山是与淝水之战有关的地方。苻坚望见八公山的草木还以为是晋兵，从此有了"草木皆兵"这句成语。"乌衣年少"指谢安的弟弟谢石、侄谢玄、子谢琰等青年将领。乌衣即乌衣巷，东晋王谢贵族聚居于此，他们的子弟称为乌衣郎。上片叙事，对谢安及其子弟的歌颂即是对当前抗金派的支持。下片点出八公山的峥嵘依然存在，豪杰却不见了。人总是一代一代的来了又去，为什么要因此感慨往事呢。啊，想一想谢安晚年的遭遇吧。这里需要说一说桓筝的故事。桓指桓伊，淝水之战的功臣之一。他知道谢安晚年受到晋孝武帝的猜忌。有一次孝武帝招谢安桓伊饮酒，席间要桓伊吹笛助兴。桓伊吹了一曲，再请弹筝，一边弹，一边唱曹植的《怨歌行》："为君既不易，为臣良独难。忠信事不显，乃有见疑患。"谢安听了"泣下沾衿"，孝武帝"甚有愧色"。表面上叶梦得是为谢安抱不平，骨子里该是为抗战派（包括他自己）受到压制引起的感慨。

曹　组

曹组，字元笼，阳翟（今属河南）人。有《箕颖词》辑本。他的词很能写出乡村景色，如《青玉案》：

> 碧山锦树明秋霁，路转陡、疑无地。忽有人家临曲水，竹篱茅舍，酒旗沙岸，一簇成村市。　凄凉只恐乡心起，凤楼远、回头谩凝睇。何处今宵孤馆里？一声征雁，半窗残月，总是离人泪。

又如《点绛唇·水饭》：

> 霜落吴江，万畦香稻来场圃。夜村春黍，草屋寒灯雨。　　玉粒长腰，沉水温温注。相留住，共抄云子，更听歌声度。

水饭即粥。云子原是一种白色小石的名称，后来以饭比云子的洁白，即杜诗所谓"饭抄云子白"，后来干脆以云子为饭的别名。这里题为《水饭》，那么云子又未必是干饭了。读惯了周邦彦一派旖旎缠绵的作品，忽然听到草屋夜春的声音，该会是别有会心的吧。

朱敦儒

朱敦儒（1081—1159），字希真，洛阳人。有词三卷，名《樵歌》。早年以布衣负重名，三催四请，才肯出来做秘书省正字的清官。金兵进逼，他也写过"回首妖氛未扫，问人间英雄何处？"一类关于民族命运的词作。不料后来却在秦桧手下做了鸿胪少卿，落得个不光彩的下场。他的词相当多的一部分是充满了逃避现实的闲适的思想，录他比较有现实意义的《相见欢》：

> 金陵城上西楼，倚清秋。万里夕阳垂地，大江流。　　中原乱，簪缨散，几时收？试倩悲风吹泪，过扬州。

他有一首《卜算子》真实地描写了岭南景物，但对少数民族的态度却是不正确的：

> 山晓鹧鸪啼，云暗泷州路。榕叶阴浓荔子青，百尺桄榔树。　　尽日不逢人，猛地风吹雨。惨黯蛮溪鬼洞寒，隐隐闻铜鼓。

李　纲

李纲（1083—1140），字伯纪，邵武（今福建省）人。他是有名的抗金派，曾不止一次地受到投降派的排挤。他的词集名《梁豀词》。看他的《六么令·次韵和贺方回金陵怀古，鄱阳席上作》：

长江千里，烟淡水云阔。歌沉玉树，古寺空有疏钟发。六代兴亡如梦，苒苒惊时月。兵戈陵灭，豪华销尽，只见银蟾自圆缺。　　潮落潮生波渺，江树森如发。谁念迁客归来，老大伤名节。纵使岁寒途远，此志应难夺。高楼谁设？倚阑凝望，独立渔翁满江雪。

题目定怀古，凭吊六朝的兴亡，情调比较低沉。下片转到眼前的现实，感情渐趋激昂。最后表示即使像独立渔翁那样面对寒冷空气的包围，也是"此志应难夺"的。

吕本中

吕本中（1084—1145），字居仁，寿州（今安徽寿县）人。有（紫薇词）辑本。他也是主张抗金的，因为向高宗赵构提出收复失地的意见，得罪了秦桧，罢了官。他的成就主要是诗文，词却不同于他所鼓吹的江西诗派，饶有婉丽平易的风格，如他的《采桑子》：

恨君不似江楼月，南北东西，南北东西，只有相随无别离。　　恨君却似江楼月，暂满还亏，暂满还亏，待得团圆是几时？

上片"恨君不似江楼月"，下片却又恨他像江楼月，自相矛盾却说得出矛盾的道理。构思巧妙，语言明白易晓，顿有民歌风格。再看他那首《南歌子》：

驿路侵斜月，溪桥度晓霜。短篱残菊一枝黄，正是乱山深处过重阳。
旅枕原无梦，寒更每自长。只言江左好风光，不道中原归思转凄凉。

开头点明作者是在清早赶路。路上所见只有一枝残菊，而且正当重阳佳节自己却在乱山深处，苦况如见。换头是心事重重，翻来覆去睡不着。为什么睡不着？想家啊。作者的家乡是安徽，想的却是中原，说明国破的悲哀更甚于家亡，这就提高了词的思想境界。

向子諲

向子諲（1086—1153），字伯恭，临江（今江西清江县）人。他的作品名《酒边词》，分《江北旧词》和《江南新词》两部分，从个人的遭际暗示国运的衰微。录《阮郎归·绍兴乙卯大雪行鄱阳道中》：

> 江南江北雪漫漫，遥知易水寒。同云深处望三关，断肠山又山。
>
> 天可老，海能翻，消除此恨难。频闻遣使问平安，几时鸾辂还？

绍兴乙卯是 1135 年，宋高宗赵构南渡已经八年了。作者从江南想到江北，从大雪想到易水，与李清照的断句"北狩应悲易水寒"同一机杼。三关可能指义阳三关，在今河南省信阳县东南与湖北省应山县东北。结尾作者关心的是徽钦二帝的归期，这是作者不可避免的局限性，不足为奇的。

蔡 伸

蔡伸（1088—1156），字伸道，莆田（今属福建）人。有《友古词》。就词而论，不算名家，难得的是他写出了农村姑娘边劳动、边唱歌的活泼性格。如《长相思》：

> 村姑儿，红袖衣，初发黄梅插稻时，双双女伴随。　　长歌诗，短歌诗，歌里真情恨别离，休言伊不知。

儿读如倪，旧属支韵，与衣时等字通押。现在广东仍保留旧读，倪却读作 ngai。结尾一往情深，非常温厚。

陈与义

陈与义（1090—1139），字去非，号简斋，洛阳人。所作曰《无住词》。他的诗名比词名大。优点是不写艳情，而且气宇开廓，颇有悲壮之美，如《虞美人·大光祖席，醉中赋长短句》：

> 张帆欲去仍搔首，更醉君家酒。吟诗日日待春风，及至桃花开后却匆匆。
>
> 歌声频为行人咽，记著尊前雪。明朝酒醒大江流，满载一船离恨向衡州。

大光姓席名益，与陈与义是同乡。金兵攻陷汴京，陈与义逃难到了湖北，再从湖北经过湖南、广东、福建才到达绍兴。这首词是作者在湖南衡山县席益送别筵席上写的。起句写出依依惜别的心情。"吟诗"两句回想平时的唱和,本来是盼望春天的,现在春天来了却又要分手。换头点出歌女的歌声,所谓咽者只是悲者自悲,歌女是只管唱的。"尊前雪"的雪指的当是浪花,因为作者当时只有四十左右,不致于发白如雪。歇拍写离恨,却并不衰飒。黄升说他"可摩坡仙之垒",虽然夸大了一点,风格却是近似的,试看他那首《临江仙·夜登小阁,忆洛中旧游》:

> 忆昔午桥桥上饮,座中多是豪英。长沟流月去无声。杏花疏影里,吹笛到天明。 二十余年如一梦,此身虽在堪惊。闲登小阁看新晴。古今多少事,渔唱起三更。

这首词是陈与义的名作,特别是"杏花"两句受到历代的赞赏。如果只是孤立地看这两句,那也不过是风流倜傥的表现而已。现在前面先由"长沟流月"一句引起,意境就宽廓了,豪迈之中略无粗犷之气。换头转到现在,此身虽在,不少旧人已经不见了,"堪惊"二字包含多少艰难困苦的潜台词。闲登小阁,本欲借新晴稍作排遣,不料更引起今古兴亡之感。此处遥应开头的午桥,作者并不大发慷慨激昂的议论,却用渔唱宕开,留给读者去回味。

现在要说南渡之际的两个特殊人物。一个是皇帝,一个是妇女。李清照有一联断句说:"南来尚怯吴江冷,北狩应悲易水寒。"南来句可以留给自己,北狩句则送给宋徽宗赵佶。

赵　佶

赵佶(1082—1135),在他过了 25 年荒唐腐败的皇帝生活之后,1126 年让位给他的儿子赵桓。过了一年,金兵攻破汴京,他们父子被掳北去,1135 年死于五国城(今黑龙江省依兰)。论才华,他与李煜相似,昏愦也各有千秋。存词不多,却还有好作品,如《燕山亭·北行见杏花》:

> 裁剪冰绡,轻叠数重,淡著胭脂匀注。新样靓妆,艳溢香融,羞杀蕊珠宫女。易得飘零①,更多少无情风雨。愁苦,问院落凄凉,几番春暮?

---

① "飘零",《全宋词》作"凋零"。

凭寄离恨重重，者双燕何曾会人言语。天遥地远，万水千山，知他故宫何处。怎不思量，除梦里有时曾去。无据，和梦也新来不做。

头三句描写杏花的形状和颜色。一个"轻"字和一个"淡"字，传出杏花的温软和清丽，不愧是优秀的画家的手笔。第二段加深一层，说它简直美到天宫的仙女都自愧不如。接着从飘零来比喻自己凄惨的遭遇。说是"几番春暮"，可见是在俘囚中写成的。词题的"北行"两字可就值得斟酌了。下片全说自己，"天遥"两句极写处境的孤独，燕子又不会传达他重重的离恨。什么离恨呢？他心目中还是只有故宫，这和李后主的"挥泪对宫娥"可谓异曲同工。往后愈说愈难过，除非梦里有时可以回去。近来却连梦也没有了。所以后人说他比李后主的"梦里不知身是客"还要悲惨。

李清照

李清照，号易安居士，济南人。生于1084年，卒年无可考，大约活到70岁以上。遗稿多散佚，现传《漱玉词》是后人的辑本。她的生平在她所写的《金石录后序》里面有相当细致的叙述。她是我国文学史上一颗灿烂的明珠，诗文词赋都有杰出的成就，特别是词，可惜我们只能从现存的有限的篇章和断句想象她横溢的才华。她有一篇词论表达了她对北宋词人的相当中肯有时又不免尖刻的评论。她要求写词必须"协音律"，反对"词语尘下"，认为"词别是一家"。她的创作的确实践了她的理论，她能够"用浅俗之语，发清新之思"。她写起词来，即使热情奔放，仍能做到节奏鲜明，音韵和谐，可惜究竟是太委婉了，给诗与词划上一道十分严格的界线，几乎到了画地为牢的地步。结果是写起诗来，"沉雄悲壮，虽起杜韩为之，不能过也"。（陈衍语）词就很少重大的题材，只能曲折地传达她故国之思和乱离之感。

她的词早没有完整的本子，后人只能就搜集所得，根据内容排一个比较看得清时代先后的次序。仁者见仁，智者见智，谁也不敢说是全对。现在先看她那首《渔家傲》：

天接云涛连晓雾，星河欲转千帆舞。仿佛梦魂归帝所。闻天语，殷勤问我归何处。　　我报路长嗟日暮，学诗谩有惊人句。九万里风鹏正举。风休住，蓬舟吹取三山去。

读惯了李清照其他词作的人，一接触到这首词，立刻会有耳目一新之感。"天接云涛"两句简直使人感到好比海顿《创世纪》里面唱到"上帝说：'要有光'，就有了光"这一段的时候，铜管转入大调，轰然一声，光芒四射一样。作者驰骋她丰富的想象，拟出一段自己和天帝的对话，表明虽有诗句惊人，却并不以此为满足，希望冲破现实的束缚，邀游到广阔的宇宙。从李清照这一首词可以看出，要给某一作家贴一个绝对的标签——不管是婉约还是豪放——总是不行的。当然，一个妇女处在封建社会，无论如何是很难冲破传统的牢笼的。李清照豪放的一面也只能偶尔流露一下而已。再如她的《如梦令》：

> 常记溪亭日暮，沉醉不知归路。兴尽晚回舟，误入藕花深处。争渡，争渡，惊起一滩鸥鹭。

写的虽然只是郊游饮酒，乘醉回家，游船迷路的情景，但是出自一个封建社会的妇女身上可也有点近乎撒野的了。结句振起全篇，活现出一幅新鲜生动的画面。还有《一剪梅》，据说是赵明诚婚后不久即到远处去就学，李清照在手帕上写了这首词寄给他。这也显示出李清照深挚而又洒脱的性格：

> 红藕香残玉簟秋，轻解罗裳，独上兰舟。云中谁寄锦书来？雁字回时，月满西楼。　　花自飘零水自流。一种相思，两处闲愁。此情无计可消除，才下眉头，却上心头。

这首词开头三句很难解。"红藕"一句点明时令，好懂。罗裳两句是谁的事可很难说。罗裳一般指妇女的衣裳，特殊一点是男子也可以用，不过不大符合李清照修辞的习惯。说她自己独上兰舟吗，那她明明是在家里想念丈夫。可不可以这样理解：她躺在玉簟上面幻想自己上船去找她的丈夫？想到入迷是可以出现这种情况的。幻想不能成为现实，这才盼望丈夫来信。"月满西楼"是"明月不谙离别苦"。下片完全是陷入沉思。一种相思两处闲愁是说我想你，你也想我。真没有办法啊，刚想开了一点，眉头不再打结，离愁却又一下子涌上心头。前人总喜欢突出一些警句，对这首《一剪梅》就抓住"红藕香残玉簟秋"说它"精秀特绝"。实则通篇首尾呼应，层层紧接，表现手法也是纯真自然，毫不做作。结尾使人想起范仲淹的"都来此事，眉间心上，无计相回避。"语言上这三句都是平声断句，平声绵长，似断还连，眉头心头的叠韵，更觉悠然意远。再看那首《念奴娇》：

> 萧条庭院，又斜风细雨，重门须闭。宠柳娇花寒食近，种种恼人天气。
>
> 险韵诗成，扶头酒醒，别是闲滋味。征鸿过尽，万千心事难寄。
>
> 楼上几日春寒，帘垂四面，玉阑干慵倚。被冷香消新梦觉，不许愁人不起。
>
> 清露晨流，新桐初引，多少游春意。日高烟敛，更看今日晴未！

"萧条庭院"，单刀直入，点明心情是不佳的。虽然宠柳娇花象征着明媚的春光，在作者看来却是恼人的。赋诗饮酒固然可以抒发才情，排遣愁闷，却总有什么东西放心不下。征鸿一转，这才把郁闷的原因交代清楚。换头写出自己的无聊，帘子拉得严严的，独自咀嚼着孤独的滋味。说"慵倚"可见人已经起来。干吗起来呢？"被冷"两句缴足上文，不起来不行了。但是作者是倔强的，于是引用《世说新语》的一联成语唤起游春的兴致。本来已经是日高烟敛了，结尾却反逗一句，用意已经不是看它晴不晴，而且看它晴得多久了！说起来这正是李清照性格的一个特点，即使经历了什么艰难险阻，她也不会永远颓唐下去。所以到了晚年她还能写出"日月云霞之彩喷薄而出"的《打马赋》，彭孙遹认为这首《念奴娇》和《声声慢》是"词意并工，闺情绝调"。我们也跟着看她的《声声慢》吧：

> 寻寻觅觅，冷冷清清，凄凄惨惨戚戚。乍暖还寒时候，最难将息。三杯两盏淡酒，怎敌他晓来风急。雁过也，正伤心，却是旧时相识。
>
> 满地黄花堆积，憔悴损，而今有谁堪摘？守着窗儿，独自怎生得黑。梧桐更兼细雨，到黄昏点点滴滴。这次第，怎一个愁字了得！

这是一首脍炙人口的名篇。过去的论客总喜欢说，连用十四个叠字，是"公孙大娘舞剑手"。其实如果只是叠字，不过是一种文字游戏而已。李清照的叠字却是有脉络可寻的。"寻寻觅觅"是百无聊赖的时候，想要找点什么安慰，结果一无所得，所以接上"冷冷清清"，环境既然如此，当然是"凄凄惨惨戚戚"了。接着从天气的变化无常，担心自己的身体要支持不住。借酒浇愁吗，又抵不住晓来风急。（"晓来"多数版本作"晚来"。照下片说"到黄昏点点滴滴"，那么"晚来"似乎不及"晓来"的合乎逻辑的发展。）这时无端又传来雁声。为什么要伤心呢？因为雁从北方来，与自己逃难的行程一样，所以拉上了关系。换头回到眼前，面对满地黄花，都憔悴了，说花也说人。她过去已经说过"帘卷西风人比黄花瘦"，现在成了老寡妇，当然更不止是瘦的问题了。这样的天时和人事，日子怎么过啊！怎样挨到天黑啊！"独自怎生得黑"，是奇句，是绝唱。写到这里，作者的情感再也控制不住了，终于迸发出"怎一个愁字了得"的叫喊。通篇的情调是悲凉的，可是作者的表现并不是灰心丧气的哭哭啼啼，而是呼天抢地的长歌当哭，也就是说，始终使人感到强烈的生命的脉搏。

她南渡后的词作的主调无疑都是凄凉的，再看她的《永遇乐》：

> 落日熔金，暮云合璧，人在何处。染柳烟浓，吹梅笛怨，春意知几许？元宵佳节，融和天气，次第岂无风雨。来相召，香车宝马，谢他酒朋诗侣。
> 中州盛日，闺门多暇，记得偏重三五。铺翠冠儿，捻金雪柳，簇戴争济楚。如今憔悴，风鬟霜鬓，怕见夜间出去。不如向帘儿底下，听人笑语。

元宵节是传统的热闹的灯节，作者当时却正过着颠沛流离的生活。她写的虽然是节日景物，而且像落日一联又是写得那样美，可是每写过一段之后，总是随手接上扫兴的一句，一则曰"人在何处"，再则曰"春意知几许"，三则曰"次第岂无风雨"，心情如此，任你香车宝马来相召，也只好敬谢不敏了。下片回忆汴京女伴看灯的热闹，打扮得又是那么漂亮，反衬今天自己的飘零和憔悴。国破家亡的感慨虽然没有明说出来，读者也会引起强烈的共鸣。刘辰翁就说过，南宋沦亡之后，他每一读到这首《永遇乐》就要为之涕下。往后她还有更率直、更沉痛的词，那是悼念她的丈夫赵明诚的作品，如《武陵春》：

> 风住尘香花已尽，日晚倦梳头。物是人非事事休，欲语泪先流。
> 闻说双溪春尚好，也拟泛轻舟。只恐双溪舴艋舟，载不动，许多愁。

这首词作于绍兴五年（1135），作者旅居金华，已经是 51 岁的老太太了。赵明诚早已逝世，书籍、金石、字画又都先后被盗，自己东奔西跑，已经到了"飘零遂与流人伍"的地步。词句的悲苦是不难理解的。风住尘香句先不说风吹花落，却说风住了，尘土已经带上了花香，然后点明花已尽。大有花不落尽、风不甘心的愤懑的心情。物是人非，实则物散人亡，再用"欲语泪先流"一句去加强事事休的含意。下片的"也拟泛轻舟"只是用作下文载不动许多愁的铺垫，"也拟"者想做而实不做之谓也。这个舟小愁多的比喻，在《西厢记》里也留下了蜕化的痕迹："遍人间烦恼填胸臆，量这些大小车儿如何载得起！"不过《西厢记》说得更透彻，更无余韵。这正是词与曲的分界所在，比王渔洋（阮亭）引用的"良辰美景"那两句更具体，更典型。

李清照的词标志着北宋时代的结束。她是从北宋转入南宋的，国破家亡，颠沛流离的生活加强了她词作的震撼人心的力量。还有叶梦得，他在北宋的时间比较长，南渡之后，他的词"落其华而实之，能于简淡中见雄杰"。这就说明金人入侵和宋室南渡这一时期的民族灾难提高了南宋初期词人的思想水平。他们的作品一方面反映了对金的民族斗争，另一方面也反映了南宋统治阶级内部抗金与反抗金的政治斗争。他们那种恢复失地的雄心壮志以至遭受投降派的打击的郁抑不平的悲愤，都在词里面发泄出来，为宋词争得了崇高的历史地位。

张元幹

南宋初期的词人首先应该提到的是张元幹（1091—1170）。他字仲宗，永福（在今福建省）人。他的词集名《芦川词》，存词 180 多首。他的词就数量说是婉丽的居多数，就词发展的意义上说，则是那些激昂慷慨的作品占有更重要的地位。他是上承苏轼，下启辛弃疾的代表人物。我们试看他南渡初期的《石州慢·己酉秋吴兴舟中作》：

> 雨急云飞，瞥然惊散，暮天凉月。谁家烟①柳低迷；几点流萤明灭，夜帆风驶，满湖烟水苍茫，菰蒲零乱秋声咽。梦断酒醒时，倚危樯清绝。
>
> 心折，长庚光怒，群盗纵横，逆胡猖獗。欲挽天河，一洗中原膏血。两宫何处，塞垣只隔长江，唾壶空击悲歌缺。万里想龙沙，泣孤臣吴越！

词作于建炎三年（1129），正是金兵南侵，宋高宗赵构从扬州逃跑，形势非常危急的时候。雨急云飞一段象征突然恶化的局势。作者扁舟夜航，只见烟柳低迷，流萤明灭，烟水苍茫，菰蒲零乱，"秋声咽"三字坐实了一切都是触目惊心的。下片层层紧逼，指斥了认贼作父的汉奸和金兵的猖獗，正面提出"欲挽天河"的渴望。无情的现实却是长江已经变成了边塞，纵有一腔热血也没有用力的机会，"唾壶空击悲歌缺"。结尾的龙沙指白龙堆沙漠，借指徽钦二帝囚禁的五国城，暴露出作者的忠君思想。在封建社会里忠君和爱国却是并不矛盾。作者采用的《石州慢》这个词牌，总是先用一句平仄调和的句子接上入声的韵脚，亦即悠长的平声乐句和高亢急促的入声收束交错进行，特别是过拍与歇拍的一四句式落到戛然而止的入声的韵脚，活现出作者捶胸顿足的激动的形象。

---

① 《全宋词》及多种选本中"烟柳"均作"疏柳"。

1139 年，宋高宗绍兴九年，赵构向金拜表称臣，当时李纲罢官在家，一听到这个消息，立刻上书反对。张元幹因此写了一首《贺新郎》寄给他表示支持。词曰：

> 曳杖危楼去，斗垂天，沧波万顷，月流烟渚。扫尽浮云风不定，未放扁舟夜渡。宿雁落寒芦深处。怅望关河空吊影，正人间鼻息鸣鼍鼓。谁伴我，醉中舞？　十年一梦扬州路，倚高寒，愁生故国，气吞骄虏。要斩楼兰三尺剑，遗恨琵琶旧语。谩暗拭①铜华尘土。唤取谪仙平章看，过苕溪尚许垂纶否？风浩荡，欲飞举。

词中"怅望"两句是说自己的心事无人理解，因为一般人只管睡大觉，鼾声好像蒙上鼍皮的鼓一样。"谁伴我"两句用祖逖和刘琨闻鸡起舞的典故。换头的十年从建炎三年金兵攻占扬州算起到作者写这首词的绍兴九年恰好十年。"愁生故国，气吞骄虏"是作者和一些同志抗金救国的本意。可是结果却是"遗恨琵琶旧语"，借用昭君和亲的故事斥责南宋统治集团的投降政策。谪仙是李太白，此处代指李纲。"垂纶"是隐退的象征，用反问的语气表明现在不应该隐退。结尾充满豪迈的气概，也是彼此互相勉励的意思。

绍兴八年（1138）宋金议和，金的代表竟称为江南诏谕使，简直把宋当成属国，激发了南宋臣民的愤慨。枢密院编修官胡铨上书请斩秦桧，秦桧贬胡铨为监广州盐仓。四年之后他又唆使他的爪牙诬奏胡铨"饰非横议"，胡铨因此编管新州，路过福州张元幹家乡时，张元幹写了两首诗和一首词为他送行。词为《贺新郎》，标题为《送胡邦衡谪新州》：

> 梦绕神州路，怅秋风、连营画角，故宫离黍。底事昆仑倾砥柱，九地黄流乱注，聚万落千村狐兔？天意从来高难问，况人情老易悲难诉。更南浦，送君去。　凉生岸柳催残暑。耿斜河、疏星淡月，断云微度。万里江山知何处，回首对床夜语。雁不到书成谁与？目尽青天怀今古，肯儿曹恩怨相尔汝！举大白，听金缕。

胡铨得罪秦桧，连遭贬斥，张元幹公然为他送行，表明他对权奸的蔑视。词一开头就说清楚了自己对中原故土的怀念，中原故土已经是一片荒凉了。"天意从来高难问"，与前一首《送李伯纪丞相》的"扫尽浮云风不定"一样用意。风不定是说

---

① "拭"——作"涩"。

南宋统治集团对抗金这样的大问题拿不定主意，下不了决心。天意难问说得更明显，送行的意义也就更加重大了。万里江山指胡铨的远谪，自己对他充满了深情的回忆。可是雁飞不到新州，我又怎么同你通信呢？儿曹恩怨句表明送你远行并不是婆婆妈妈的伤离惜别，也不仅仅是私人的交情。我们的交情是政治上的志同道合。金缕即《金缕曲》，是《贺新郎》的别名。

前面说过，张词是婉丽的居多数，然而即使是婉丽的作品，也不像毛晋所说的"真堪与片玉（周邦彦）、白石（姜夔）并垂不朽"。他的作品总是言之有物，如《点绛唇·丙寅秋社前一日溪光亭大雨作》：

> 山暗秋云，暝鸦接翅啼榕树。故人何处？一夜溪亭雨。　　梦入新凉，只是消残暑。还知否，燕将雏去，又是流年度。

丙寅是绍兴十六年（1146），秋社，时令名，立秋后第五个戊日为秋社，榕树点明他的所在地——福州。换头两句是说雨后天气转凉，以为是残暑消退了，其实不是。言外之意，是什么幻想都靠不住，实际感到的还是压迫。老朋友分散各地，岁月蹉跎，壮志未酬，这才是感慨的真意。

岳　飞

作品不多，但能震撼千古人心的是岳飞。他生于 1103 年，1142 年被害，只活了 39 岁。历史上记载他被害的时间是绍兴十一年十二月二十九日。绍兴十一年是公元 1142 年，但是十二月二十九日已经是公元 1142 年 1 月 28 日。他是坚决抗金的民族英雄，1141 年他大败金兵，一直打到朱仙镇，距离北宋时期的首都汴京只有 45 里。可是宋高宗赵构却听从秦桧的投降主张，一天之内连发十二道金牌命令岳飞撤军，岳飞回到杭州之后即被杀害。他的《小重山》深刻地表现了他平日遭受压抑的心情：

> 昨夜寒蛩不住鸣，惊回千里梦，已三更。起来独自绕阶行。人悄悄，帘外月胧明。　　白首为功名，故山松竹老，阻归程。欲将心事付瑶琴。知音少，弦断有谁听。

这首词作于绍兴八年（1138），正是南宋决定对金屈辱求和的时候。词中充满抑郁的心情。作者关心祖国的命运，正在做着千里的好梦——无疑是收复中原的好梦——却一下子被寒蛩惊破了。睡不着，一个人心潮起伏，来回踱方步。"人悄悄"两句象征自己孤独的处境与环境的昏暗。"胧明"是说虽有月色但是不够明朗。换头的功名重点在为国立功，不在于计较个人名利。现在有些古典文学的选本对于功名两字诸多忌讳，好像一说到功名就是个人名利思想或个人英雄主义的表现。事实上这是我们今天的认识，古人是不可能认识到这一点的。他们的所谓功名，有个人的成分，也有为国家、为人民的成分，纯之又纯是不符合事实的。"瑶琴"有些版本作"瑶筝"，那是为了把全词的韵脚统一为庚青韵。实则庚侵韵通押，到南宋已经渐见流行，所以作"瑶琴"是没有问题的。

比《小重山》传诵更广，也许可以说有词以来传诵最广的词作则是《满江红》：

> 怒发冲冠，凭阑处、潇潇雨歇。抬望眼、仰天长啸，壮怀激烈。三十功名尘与土，八千里路云和月。莫等闲、白了少年头，空悲切。

> 靖康耻，犹未雪。臣子恨，何时灭。驾长车、踏破贺兰山缺。壮志饥餐胡虏肉，笑谈渴饮匈奴血。待从头、收拾旧山河，朝天阙。

读这首词谁都会被那些激昂慷慨，忠勇奋发的词句所感动，所鼓舞。即使如陈廷焯那样认为张孝祥《六州歌头》"'忠愤气填膺'一句提明，转浅转显，转无余味"的批评家，对这首《满江红》也极口称赞："何等气概，何等志向。千载下读之，凛凛有生气焉。"也许正是岳飞"凛凛有生气"的英名使得陈廷焯顾不得自己对张词和岳词的评论的前后矛盾，发出那样赞美的评语吧。如果我们冷静而又仔细地考察一下，那么，问题是不难发现的。首先提出对这首《满江红》的作者的疑问的是余嘉锡。他的论据是：一、这首词见于明嘉靖十五年（1536）徐阶所编的《岳武穆遗文》，是据弘治年间浙江提学副使赵宽所书岳坟《满江红》词碑收入的。可是赵宽根本没有交代词的来历，却突然在岳飞死后将近400年，他的孙子岳珂刊印《鄂王家集》将近300年之后冒出这样一首词，岂不是查无实据吗？二、岳飞的子孙两代到处搜访他们先人的遗稿，他们始终没有发现这首《满江红》。后来夏承焘这位当代词学泰斗又给补充上：（一）贺兰山这个地理上的问题。贺兰山在今宁夏回族自治区，岳飞表明他抗金决心明说"直抵黄龙府"，地在今吉林。（二）元杂剧《大将岳飞精忠》第一出岳飞唱"直杀过阴山道"，并不说贺兰山；第二折勉励岳云说，"自古谁无死，留取丹心照汗青"，直接引用文天祥诗句，始终没有引用《满江红》的词句，可见这首词元朝还未出现。（三）明人传奇《精忠记》演岳飞，就有"怒发冲冠""驾长车踏破贺兰山缺""饥餐胡虏肉"等等词句了。此外当然还有各种支持或反对的意见，也有人认为一个人的作品死后多年才被发现的事并不少见，并举韦庄的《秦妇吟》为证。遗憾的是这个例子可实在缺乏说服力。因为《秦妇吟》在韦庄生前已经非常出名，韦庄还为此被称为"秦妇吟秀才"，它的湮没是人为的，韦庄自己就非常忌讳这篇作品。岳飞的《满江红》并不是亡佚多年之后重新找到，而是本来没有这首词，过了好几百年之后却有人突然拿出一首词来说是岳飞的作品。对它表示怀疑是有充分的理由的。

陆　游

另一位到死不忘恢复的词人是陆游（1125—1210）。他字务观，号放翁，越州山阴（今浙江绍兴）人。他的词后人辑为《放翁词》，只有130多首，同他"六十年间万首诗"的分量比较起来，词是差远了。数量上这样说，质量上也可以这样说，但是就政治的激情而论，诗词却是一致的。由于他恢复中原的愿望无法实现，所以雄放之中常常带有抑塞的气息，如《夜游宫·记梦寄师伯浑》：

> 雪晓清笳乱起，梦游处不知何地。铁骑无声望似水。想关河，雁门西，青海际。　　睡觉寒灯里，漏声断、月斜窗纸。自许封侯在万里。有谁知，鬓虽残，心未死。

又如他的那首《诉衷情》：

> 当年万里觅封侯，匹马戍梁州。关河梦断何处，尘暗敝貂裘。　　胡未灭，鬓先秋，泪空流。此生谁料，心在天山，身老沧洲。

不管他做梦也好，回忆也好，说的都是雁门、青海、梁州、天山，也就是与敌人搏斗的战场，结果却始终得不到效力的机会。"谁料"一段更是为自己功名未遂，归老乡关发出来的无可奈何的感叹，情调却依然是高昂的。

他有时也会抒写一点闲适的情趣，可是笔锋一转，又不免发一下牢骚，如《鹧鸪天》：

> 家住苍烟落照间，丝毫尘事不相关。斟残玉瀣行穿竹，卷罢黄庭卧看山。贪啸傲，任衰残，不妨随处一开颜。元知造物心肠别，老却英雄似等闲。

口头上怨的是造物，即老天爷，骨子里还是对南宋统治集团的不满。

表现他倔强的性格的则是那首《卜算子·咏梅》：

> 驿外断桥边，寂寞开无主。已是黄昏独自愁，更著风和雨。　　无意苦争春，一任群芳妒。零落成泥碾作尘，只有香如故。

上片借梅花的描写，比拟作者恢复失地的政治抱负不仅得不到支持，反而受到压制和打击的遭遇。"无意"两句有"世人皆浊我独清，众人皆醉我独醒"的意思，亦即我们常说的"孤芳自赏"。结尾宣告了他对自己理想的坚持，与他那"鬓虽残，心未死"的信念是一致的。

除了政治上的挫折之外，陆游生平还有一场最伤心的婚变，他的妻子唐琬是他的表妹，但是他的母亲不喜欢她，终于被迫离婚。唐琬改嫁之后，无意中在沈园与陆游相遇，唐琬还送酒肴给他，表示怀念之情，陆游为此在沈园壁上题了一首《钗头凤》：

> 红酥手，黄滕酒，满城春色宫墙柳。东风恶，欢情薄，一怀愁绪，几年离索。错，错，错！　　春如旧，人空瘦，泪痕红浥鲛绡透。桃花落，闲池阁，山盟虽在，锦书难托。莫，莫，莫！

词从回忆写起，原来夫妻的生活是美满的。"东风恶"换韵，情调也变了。恶的是母亲，他们在封建礼教压迫之下是无法反抗的。因此薄的决不是夫妻的感情，而是无情的压迫。欢情不薄，才有下文的一怀愁绪，几年离索。下片记录了他们的相遇。春光还是往常的样子，人却是消瘦了，眼泪已经湿透了手帕。"桃花落"四句又换为入声韵，一句一顿，情急调促，终于逗出哽咽的"莫，莫，莫，"一说错莫是连绵词，古诗中常常错莫连用，有寥落，落寞的意思，作者似乎是有意把这两个字分别放在上下片的结尾，重复三次，遥相呼应，造成一种缠绵往复的效果。

张孝祥

南宋初期另一个重要的词人是张孝祥（1132—1169）。他字安国，历阳乌江（今安徽和县乌江镇）人。有《于湖词》，存词170多首。他是主战派，与他同时的汤衡说，"见公平昔为词，未尝著稿。笔酣兴建，顷刻即成"。那是很能传出他豪迈的气概的。宋孝宗赵昚即位，起用主战派张浚，曾于隆兴元年（1163）出师北伐，吃了败仗。投降派于是大为嚣张，与金人信使往来。张孝祥为此写了一首《六州歌头》：

> 长淮望断，关塞莽然平。征尘暗，霜风劲，悄边声。黯销凝。追想当年事，殆天数，非人力，洙泗上，弦歌地，亦膻腥，隔水毡乡，落日牛羊下，区脱纵横。看名王宵猎，骑火一川明。笳鼓悲鸣，遣人惊。
> 念腰间箭，匣中剑，空埃蠹，竟何成！时易失，心徒壮，岁将零。渺神京，干羽方怀远，静烽燧，且休兵。冠盖使，纷驰骛，若为情。闻道中原遗老，常南望、翠葆霓旌。使行人到此，忠愤气填膺，有泪如倾。

这是张孝祥在建康留守席上写的一首声情激越的名作。"长淮望断"一句破空而来。这里本来是苏北平原，现在却成了宋金分界的关塞，而且是"莽然平"，立刻使人产生边防荒废的印象。"黯销凝"充满了作者的悲愤。想起当年宋王朝狼狈逃窜，连孔圣人的家乡都遭到金兵的蹂躏。"隔水"一段指淮河北岸变成了金兵的占领区，金兵的将领横冲直撞，所谓宵猎，可以说是夜间打猎，也不限于夜间打猎，总之是在威胁我们。下片痛言南宋王朝无所作为，箭也好，剑也好，只是放在那里任它尘封虫蛀，不派用场。"时易失"，一段说的是有心抗金的人看着时间流逝，只在那里干着急。首都汴京不仅打不回去，反而熄灭了烽火，派遣议和代表，忙忙碌碌地跑来跑去，希望求得屈辱的和平。你们这些戴着礼帽，坐着轿车的代表——冠盖使还好意思这样干啊！听说中原父老一直在盼望我们皇帝的车驾从南方回到北方去。我们怎能不憋着一肚子气，痛哭流涕啊！艺术上作者运用《六州歌头》这个词牌短促的句式和强烈的节奏，生动地抒发了蕴藏在胸中的压抑而又悲壮的感情，有如冲破缺口的江水奔腾汹涌，动心骇目。据说张孝祥在席上写了这首词，张浚看了"罢席而入"，就是说激动得酒饭都咽不下去。

他的另一首《念奴娇·过洞庭》是浪漫主义色彩非常浓厚的作品：

> 洞庭青草，近中秋，更无一点风色。玉界琼田三万顷，著我扁舟一叶。素月分辉，明河共影，表里俱澄澈。悠然心会，妙处难与君说。
> 应念岭表经年，孤光自照，肝胆皆冰雪。短发萧疏襟袖冷，稳泛沧溟空阔。尽吸①西江，细斟北斗，万象为宾客。叩舷独啸，不知今夕何夕。

---

① "吸"有的版本作"挹"。

词一开头立刻写出洞庭青草两个大湖连在一起的壮阔的景象。玉界琼田描写湖面映着月光一片洁白。用自己的扁舟与湖水三万顷作对比，越发显得湖水的汪洋浩瀚，同时也反衬出自己的豪迈。"表里俱澄澈"本来是说水月交辉，忽然转入"悠然心会，妙处难与君说"，语气直贯下片，说明"表里俱澄澈"是把"肝胆皆冰雪"溶合在一起，水月是表，肝胆是里，也就是所谓"过片不可断了曲意"的出色的范例。虽然头发有点稀稀落落，却还是稳坐钓鱼船，而且还要用北斗星的长杓把西江水舀起来喝个痛快，由自己做主人，万象做宾客。不知今夕何夕，是忘却世间的升沉得失，也是对那些造谣中伤的小人的蔑视。

他的小令也有尺幅千里的气势，如《浣溪沙·荆州约马举先登城楼观塞》：

> 霜日明霄水蘸空，鸣鞘声里绣旗红，淡烟衰草有无中。　　万里中原烽火北，一尊浊酒戍楼东。酒阑挥泪向悲风。

荆州当时已是南宋的边界。张孝祥1168年任荆南荆湖北路安抚使。观塞相当于视察边塞。"鸣鞘声里绣旗红"，可见形势还是严峻的。下片的对句一般是照应上文的描述发出的咏叹，点出万里中原已经沦陷敌手，虽然借酒浇愁也无法平抑胸中的愤激，从而引出挥泪的结句。

由于生平的抱负没有得到舒展的机会，反而遭到排挤与打击，抗金的壮志日渐消磨，他的词笔也随之转趋恬淡，如那首《西江月·题溧阳三塔寺》：

> 问讯湖边春色，重来又是三年。东风吹我过湖船，杨柳丝丝拂面。
> 世路如今已惯，此心到处悠然。寒光亭下水连天，飞起沙鸥一片。

这首词已经从早年的用世思想转为飘然物外的出世思想了。但是融景入情，读起来使人悠然意远。因为在他笔下并不是琐琐屑屑的景色而是生气远出的飞起沙鸥一片。

关于张孝祥的生平，有一件事还需要加以澄清，那就是他与主战派张浚和投降派秦桧余孽汤思退的关系。事实上他与汤思退的关系早年可以说是相当密切的，汤思退也有意拉这位"擢进士第一"的人物来装潢门面。后来张孝祥因得到张浚的推荐领建康留守，汤思退对张孝祥就不高兴了，后来张浚被汤思退弄到罢判福州，张孝祥也因为张浚的关系被劾落职。那么，张孝祥去汤就张，态度鲜明，与他一贯坚持抗金的主张是一致的，并不是什么"出入二人之门而两持其说"。

辛弃疾

现在说到了标志着宋词艺术高峰的代表人物辛弃疾了。辛弃疾（1140—1207），字幼安，词集名《稼轩长短句》，存词 600 多首。他是山东历城（今山东省济南市）人。他出生的时候他的家乡已经是金兵占领的沦陷区。但是他不甘心做女真政权的顺民，21 岁就组织了一支抗金队伍。不久就汇合到耿京领导的起义军，提出投归南宋的主张。使他失望的是他南归之后，南宋政权长期被投降派所把持，他的抗金愿望无法实现，只能在地方官任内做一点点练兵储饷的准备工作。综计他南归后的四十多年间差不多有一半时间是在免官闲居中度过的。这就使得他的词作在豪迈奔放之中带有一种抑塞不平的气息。例如他的《水龙吟·登建康赏心亭》：

> 楚天千里清秋，水随天去秋无际。遥岑远目，献愁供恨，玉簪螺髻。落日楼头，断鸿声里，江南游子，把吴钩看了，阑干拍遍，无人会，登临意。
>
> 休说鲈鱼堪脍，尽西风、季鹰归未？求田问舍，怕应羞见，刘郎才气。可惜流年，忧愁风雨，树犹如此。倩何人、唤取红巾翠袖，揾英雄泪。

词一开头，写出远望的景色，从秋水长天落到远山，从远山回到楼头，再从楼头落到游子。落日象征衰微的国运，断鸿比喻自己的孤独。倚楼按剑，想的是渡江杀敌，可惜竟无人了解他的心事。下片紧接上文，一则曰"休说"，再则曰"羞见"，说明自己并无思乡和求田问舍的意思。关键是自己虚度光阴，壮志未酬，"倩何人"与过拍的"无人会"遥相呼应，章法严整，寓意深远。

更典型地显示辛弃疾满腔悲愤，虽然力图加以控制，终于控制不住自己激烈的感情的风格的是那首《摸鱼儿·淳熙己亥，自湖北漕移湖南，同官王正之置酒小山亭，为赋》：

> 更能消、几番风雨，匆匆春又归去。惜春长怕花开早，何况落红无数。春且住。见说道、天涯芳草无归路。怨春不语。算只有殷勤，画檐蛛网，尽日惹飞絮。　　长门事，准拟佳期又误。蛾眉曾有人妒。千金纵买相如赋，脉脉此情谁诉。君莫舞。君不见、玉环飞燕皆尘土。闲愁最苦。休去倚危阑，斜阳正在，烟柳断肠处。

词一开头就劈出一句"更能消、几番风雨"，说是"更"，可见已经不是第一番了，真如陈廷焯所说的，"是从千回万转后倒折出来，真是有力如虎。"眼见春天是过去了，作者却回过头来说为了惜春，老在怕花开早了，为下面"落红无数"的描写积蓄力量。接着又用"春且住"一句顿住，因为归去也无处可去。但是春天终归是逝去了，还有谁留住春光呢？恐怕只有屋檐下的蜘蛛网在那里做微弱的留住春天的工作，从侧面揭露当权的人对艰危的时局是漠不关心的。下片用陈皇后长门买赋的故事比喻自己的受压，"娥眉曾有人妒"，已经说得夠露骨了。"君莫舞"又一转：你们这些得宠的也不要高兴得太早，你们难道不知赵飞燕、杨贵妃的下场吗！说来说去还是大局最令人担心，"斜阳烟柳"正好是国家危急的象征。全篇一气贯注，"惜春"一层，"落红无数"更深一层；"春且住"收住，"天涯芳草"又宕开；"怨春不语"，陷入沉思，自己咀嚼内心的沉痛。"长门事"以后，借古喻今，局势刚像有点好转，又遭到了破坏；即使司马相如写得出长门赋也未必能收到预期的效果，再深入一层；"君莫舞"又宕开，是对投降派的警告。"闲愁最苦"收紧，已经到了"却座促弦弦转急"的地步，然后又从平仄和谐的句子转入结束的拗句，正好刻画出作者长言永叹，抑制不住内心的不平静的心理状态。

一个人经历了连番挫折之后，有时会强自排解，然而在强自排解的背后却隐藏着更深的苦恼。这种心情在辛弃疾的词里也得到很好的表现，如他的《丑奴儿·书博山道中壁》：

> 少年不识愁滋味，爱上层楼。爱上层楼，为赋新词强说愁。　　而今识尽愁滋味，欲说还休。欲说还休，却道天凉好个秋。

结尾是一句反语，是一种波峭的简直是出乎意料之外的写法，让读者自己去吟味。

另外有一首《清平乐·独宿博山王氏庵》也是在博山写的：

> 绕床饥鼠，蝙蝠翻灯舞。屋上松风吹急雨，破纸窗间自语。　　平生塞北江南，归来华发苍颜。布被秋宵梦觉，眼前万里江山。

上片全是实景的描写，值得注意的是这并不是他失眠的见闻，而是半夜醒来，也许是被风雨声惊醒之后看到听到的。然后再从耳目所接触到的荒凉的事物转到自己不平凡的经历和落寞的心情。"布被"一句点题，引出万里江山。回首当年金戈铁马的战斗生涯，怎能不发出髀肉复生的感叹呢！心潮澎湃归结到"万里江山"，却并不剑拔弩张，仍然是近于婉约的手法。认为辛词是一味粗犷的说法是站不住脚的。

由于作者长期居住农村，辛词相当一部分是描写农村的。这种题材在宋词中并不多见，因而特别值得重视，例如《清平乐·村居》：

> 茅檐低小，溪上青青草。醉里吴音相媚好，白发谁家翁媪。　　大儿锄豆溪东，中儿正织鸡笼。最喜小儿无赖，溪头卧剥莲蓬。

这是一幅江南的农村风俗画。吴音指江西上饶一带的方言，因为春秋时地属吴国。吴，有些版本作蛮，那是由于过去北方人对南方人的成见。直到民国初年，南方人来到北方，还经常被称为南蛮子。这里定为吴音，并不是试图美化辛弃疾，而是因为吴音比蛮音具有更明确的地域观念。"醉里"是说作者自己，听见两个人满亲切的在交谈，看清楚了才知道是老两口。下片写小字号的几个人，各干各的活，只有那个顶小的没有活干，只是躺在那里剥莲蓬。如果没有一点对农民的真正的感情，是不可能写得那么亲切和生动的。

又如《西江月·夜行黄沙道中》：

> 明月别枝惊鹊，清风半夜鸣蝉。稻花香里说丰年，听取蛙声一片。
> 七八个星天外，两三点雨山前。旧时茅店社林边，路转溪桥忽见。

山村的夏夜本来是静的，辛弃疾却写得那么有声有色。而且诗人所写的，与其说是所见，还不如说是所闻。一个人在月光底下踽踽独行，首先诉诸作者的听觉的是惊鹊。听见了乌鹊惊飞，才发现它从这一枝飞到那一枝，这中间还加上树叶的声音。过拍的蛙声紧接稻花香之后，更加重了对丰收的喜悦的预感。下片天气突变，要下雨了。找地方避雨成为当务之急。记得附近是有一家茅店的，可是夜里找起来却不容易，走呀找的，走过小桥拐个弯，嗨，有了，茅店在眼前出现了，又是一喜。笔调是明快的，景色是活灵活现的，短短的一首小令竟然具备了这么多的变化。

我们再看他的《鹧鸪天·代人赋》：

> 陌上柔桑破嫩芽，东邻蚕种已生些。平冈细草鸣黄犊，斜日寒林点暮鸦。
> 山远近，路横斜，青旗沽酒有人家。城中桃李愁风雨，春在溪头荠菜花。

这首词用"嫩芽""蚕种""黄犊""暮鸦"等等衬托出农村进入春天的景色，再用"破""生""鸣""点"等动词把所写的景物一一写活了。作者对农事的关心也表达出来了。"山远近"一段透露出作者一面欣赏农村的风物，一面也不忘觅醉的士大夫的生活情趣。结尾两句拿农村和城市做一番对比。娇气的桃李受不住风雨的摧折，倒是土生土长的荠菜显示出欣欣向荣的生气。这是作者对农村的喜爱，也从一个侧面流露出他对在朝人物的鄙视的情绪。

为了说明辛词风格的多样，不妨举出他的《粉蝶儿·和赵晋臣赋落花》：

> 昨日春如，十三女儿学绣，一枝枝、不教花瘦。甚无情便下得，雨僝风僽，向园林，铺作地衣红绉。　　而今春似，轻薄荡子难久。记前时、送春归后，把春波，都酿作，一江醇酎，约清愁，杨柳岸边相候。

这首词多用口语，而且把春天拟人化了。题目是赋落花，作者却从绣花说起。说春天好比13岁的小姑娘，绣花只管大朵大朵的绣得丰满。下片说春天似轻薄荡子。古书中的所谓荡子只是出游不归的男子的意思，与我们今天所理解的拈花惹草，东游西荡的含义并不相同。所以这里拿春天比荡子，只是说它要走就走，不能久留。当然，加上轻薄这个定语，无疑是带有谴责的成分了。通观全篇，很有点像是今天的白话诗。五四以来特受称赞。多用口语的，散文化的例子还可举出他的《西江月·遣兴》：

> 醉里且贪欢笑，要愁那得工夫。近来始觉古人书，信着全无是处。
> 昨夜松边醉倒，问松"我醉何如？"只疑松动要来扶，以手推松曰"去！"

题为遣兴，写的是醉态，写醉态又并不是枝枝节节的勾勒而是通过与松树的对话显示出作者豪迈的气概与倔强的性格。不过这只是表面的现象，更深刻的意义是在中间插入的关于古人书的两句话。它的出处是《孟子·尽心》篇的"尽信书则不如无书"言外之意却不限于古人书而是对当前的现实和冠冕堂皇的官样文章的不满与不信任。这样一来，什么饮酒问松云云都不过是寄沉痛于萧闲的手法。又如那首《青玉案·元夕》：

> 东风夜放花千树，更吹落，星如雨。宝马雕车香满路，凤箫声动，玉壶光转，一夜鱼龙舞。　　娥儿雪柳黄金缕，笑语盈盈暗香去。众里寻他千百度，蓦然回首，那人却在，灯火阑珊处。

上片极力描写灯节的热闹，花千树指灯，星如雨指放烟火，如果也是指灯，那吹落便没有着落，而且不免重复。"宝马雕车"句说的是贵妇人，与换头"娥儿"

句的步行游人相映衬。"凤箫"一段是说音乐悠扬，月亮慢慢地转移。鱼龙已经舞了一夜，是说耍龙灯一类的玩艺。到处都是用放、落、动、转、舞一类动的字眼，活现出灯月交辉，万头攒动的热闹景象。下片渐入低潮，"那人"的出现却是那么自然而又突然，处境又是那样的冷落——灯火阑珊处——读者不难想象，一个夐然独立高迥绝俗的形象，也正是作者的自况。梁启超称其"自怜幽独，伤心人别有怀抱"。可谓知言。

比《青玉案·元夕》别有一种风致的是那首《祝英台近》：

> 宝钗分，桃叶渡，烟柳暗南浦。怕上层楼，十日九风雨。断肠片片飞红，都无人管，更谁劝啼莺声住。　　鬓边觑，试把花卜归期，才簪又重数。罗帐灯昏，哽咽梦中语。是他春带愁来，春归何处，却不解带将愁去。

这是一首典型的闺情词。由于辛词"以激扬奋厉为工"，所以论者总以为这首词可能也是有寄托的。词中假设为一个思妇，送别丈夫之后，连高楼也怕上了，怕登高望远，触景伤情，"十日九风雨"加重了语气。花卜归期是古代妇女惯用的占卜的方法，"才簪又重数"活现出她盼望丈夫早早归来的一片痴情。即使是在睡梦中还是呜呜咽咽地自言自语，埋怨春天在那里捉弄人。描写是非常细腻的，一往情深的。想不到豪放的辛稼轩，也能够写出这样回肠荡气的杰作，所以前人惊叹说，"才人伎俩，真不可测"。

要说辛词，一下子是说不完的，光是他的名作就有不少没有谈到，如《念奴娇·书东流村壁》《菩萨蛮·书江西造口壁》《贺新郎》与陈亮唱和两首，《贺新郎·赋琵琶》《水龙吟·过南剑双溪楼》《沁园春·灵山齐庵赋》《破阵子·为陈同父赋壮语以寄》《鹧鸪天·有客慨然谈功名，因追念少年时事，戏作》……等等，真是举不胜举。此外还有拟前人风格的，如《丑奴儿近·博山道中，效李易安体》、有对话体的，如《沁园春·将止酒，戒酒杯使勿近》、有恨赋式的《贺新郎·送茂嘉十二弟》、有《天问》式的中秋问月的《木兰花慢》、有用骚体"些"字分段的再题瓢泉的《水龙吟》，……至于以文为词，论史说理的作品更是触目皆是，不必多说。最后还是以"书袋"的《永遇乐·京口北固亭怀古》来结束这一段论述吧：

> 千古江山，英雄无觅、孙仲谋处。舞榭歌台，风流总被、雨打风吹去。斜阳草树，寻常巷陌，人道寄奴曾住。想当年，金戈铁马，气吞万里如虎。
>
> 元嘉草草，封狼居胥，赢得仓皇北顾。四十三年，望中犹记、烽火扬州路。

可堪回首，佛狸祠下，一片神鸦社鼓。凭谁问，廉颇老矣，尚能饭否？

这是一首传诵千古的名作。辛弃疾写这首词的时候，已经65岁。过了两年，他就逝世。可是全篇纵横驰骋，一气呵成，没有一点江郎才尽的征兆。据岳飞的孙子岳珂说，辛弃疾生前曾在一次宴会上向他征求对这首词的意见，岳珂认为"微觉用事多"，辛弃疾非常高兴地说"实中余痼"。谭献即据此批评他"使事太多，宜为岳氏所讥"。其实用典这个问题，也应作具体分析。所谓用典，即引用一段典型的历史事例，来说明当前的问题，从而取得言简意赅的效果。只要不是炫学或者故弄玄虚，那是可以允许的。即以这首《永遇乐》而论，一开头提起孙权，正是暗示像孙权那样雄踞江南，敢同曹操那样兵强势大的对手比高低的英雄已经找不到了。寄奴是南朝宋武帝刘裕的小名。他曾经出兵北伐，灭掉鲜卑贵族建立的南燕、后燕、后秦。并曾一度收复洛阳、长安等地。对比之下，南宋统治者对金人的屈辱求和当然是可鄙可恨的了，所以用"金戈铁马，气吞万里如虎"一类的壮语加以歌颂。"元嘉草草"批评刘裕的儿子宋文帝刘义隆，妄想像霍去病那样追击匈奴，封狼居胥山而还，实则轻率地去打无准备、无把握之仗，结果只落得大败亏输。这是针对韩侂胄轻言北伐，不作充分准备而提出的警告。四十三年是他投归南宋到他出任镇江知府写这首词经历过的一段长时间。"可堪回首"，一叹，接下来的"佛狸祠"是北魏太武帝拓跋焘追击刘宋败兵，驻军长江北岸瓜步山（在今江苏六合县东南）时修建的行宫，后来称为佛狸祠——佛狸是拓跋焘的小名。现在佛狸祠下却有人忘记了历史的教训，竟在那里搞什么迎神赛会，引得乌鸦来吃祀神的祭品。"廉颇"一段借用廉颇在魏国接见赵国的使臣，"一饭，斗米肉十斤"，还披甲上马，表示还能打仗的故事，亦即辛弃疾不服老的表示。如果不用典故，就要相当冗长才能把话说清楚，而且所用典故又都是切合当前的具体情况的。可见用典并不是坏事，而是看他用得恰当不恰当。"尚能饭否"，一问，显得全词是一气奔注，却又不是一泻无余，而是饶有低徊不尽的韵味。无怪乎杨慎认为"辛词当以京口北固亭怀古《永遇乐》为第一"。

辛词另一个特点，即毛晋的所谓词论，如果是形象地揭示事情的本质，表明作者对待环境事物的态度和意见，从而提高到理论的高度，那是可以的，如《永遇乐》对韩侂胄北伐的意见即是一例；如果只是空洞的说教，那就只能是佛偈、口诀、神签一类货色，不可能成为一件艺术品，即使才大如辛弃疾也逃不脱失败的结局，集中的《哨遍·秋水观》《兰陵王·己未八月二十日夜……》等等都是例证。这类题材用诗来写也许还行，填起词来可不能成为出色当行之作。这也证明诗与词是确有一条分界线的。我们不可以因为它是辛弃疾的手笔便也轻易地承认它是好作品。

陈　亮

与辛弃疾同时，词风也接近辛词一派的有陈亮、刘过等人、形成南宋词的主流，一直延续到赵宋王朝的灭亡。其中最突出的人物是陈亮（1143—1194）。他字同甫，婺州永康（今浙江省）人。他更重要的成就是在哲学方面。他的词原有四卷，已佚。现存《龙川词》只有74首。他写词有他的指导理论："本之以方言俚语，杂之以街谭巷歌，搏搦义理，劫剥经传，而卒归之于曲学之律，可以奉百世豪英一笑。"他的词很有点像他所说的，"堂堂之阵，正正之旗"，"推倒一世之智勇，开拓万古之心胸"的气概。谓余不信，请看他的《水调歌头·送章德茂大卿使虏》：

> 不见南师久，谩说北群空。当场只手，毕竟还我万夫雄。自笑堂堂汉使，得似洋洋河水，依旧只流东。且复穹庐拜，会向藁街逢。　　尧之都，舜之壤，禹之封，于中应有，一个半个耻臣戎。万里腥膻如许，千古英灵安在，磅礴几时通！胡运何须问，赫日自当中。

章森使虏是去贺金世宗完颜雍的生辰。这是屈辱性的出使。陈亮这首词一方面带有反讽意味地说堂堂汉使却去拜见敌国的皇帝，另一方面则说姑且委屈一下吧（"且复穹庐拜"），将来是会在我国首都招待边远民族使者的地方（藁街）见过高低的。下片是正面说尧、舜、禹的国度总会有不甘对异族屈服的人物的。"万里腥膻"一段是对收复失地的愿望。歇拍是斩钉截铁的断语，读之真可以起衰立懦。

同样发扬蹈厉的是《念奴娇·登多景楼》：

> 危楼还望，叹此意、今古几人曾会。鬼设神施，浑认作、天限南疆北界。一水横陈，连岗三面，做出争雄势。六朝何事，只成门户私计。
> 　　因笑王谢诸人，登高怀远，也学英雄涕。凭却江山管不到，河洛腥膻无际。正好长驱，不须反顾，寻取中流誓。小儿破贼，势成宁问彊对！

陈亮志在恢复中原，曾建义宋孝宗移都建业，作为渡江北伐的出发点。可惜朝廷对于和战大计始终举棋不定。作者借多景楼做文章，笼统说的是六朝，具体说的是东晋。东晋正是因五胡十六国的变乱从北方逃到南方来的小朝廷，用以比拟南宋，非常合适。换头的王谢影射南宋窃据高位的上层人物，听任中原百姓忍受异族的宰割。"正好长驱"以下大声疾呼，只要敢于斗争，也会像谢玄他们淝水之战打败强大的苻坚一样。彊对即强敌。有些版本彊字作疆，以彊为是。

虽然毛晋说陈亮"不作妖语媚语"，事实上他却也善于运用委婉的手法，如《水龙吟·春恨》：

> 闹花深处层楼，画帘半卷东风软。春归翠陌，平莎茸嫩，垂杨金浅。迟日催花，淡云阁雨，轻寒轻暖。恨芳菲世界，游人未赏，都付与，莺和燕。
>
> 寂寞凭高念远，向南楼、一声归雁。金钗斗草，青丝勒马，风流云散。罗绶分香，翠绡封泪，几多幽怨。正销魂，又是疏烟淡月，子规声断。

这首词题为《春恨》，考虑到陈亮的朋友叶适说过的话："同甫……每一章成，辄自叹曰：'平生经济之怀，略已陈矣。'"可见春恨也者不能看作是限于个人的愁恨，而且隐寓国家兴衰的感慨。"恨芳菲世界"一段，刘熙载认为"言近旨远，直有宗留守大呼渡河之意"。

刘 过

比陈亮稍后一点的是刘过（1154—1206）。他字改之，传世的有《龙洲词》。他也与陈亮一样与辛弃疾有直接的交往。陈与辛是意气相投，各具面目。刘与辛则是亦步亦趋，近乎模仿。如"古岂无人，可以似吾，稼轩者谁？"《沁园春·寄辛稼轩》或"斗酒彘肩，风雨渡江，岂不快哉！"（《沁园春·寄稼轩承旨》）之类不一而足。他之所以追步稼轩，主要的是他也有恢复中原的愿望，而且多次上书，不被采纳，于是发出了"知音者少，算乾坤许大，著身何处"的感叹，结果总算找到了一个知己——辛弃疾，填起词来也就情不自禁地学他那一套。不过话又说回来，这只是他词风的一面。他的本色其实是比较疏宕的，那首《贺新郎》可为代表：

> 弹铗西来路。记匆匆经行十日，几番风雨。梦里寻秋秋不见，秋在平芜远树。雁信落、家山何处？万里西风吹客鬓，把菱花、自笑人如许。留不住，少年去。　　男儿事业无凭据。记当年、悲歌击楫，酒酣箕踞。腰下光铓三尺剑，时解挑灯夜语。谁更识、此时情绪？唤起杜陵风雨手①，写江东渭北相思句。

---

① 唤起杜陵风雨手的《全宋词》"雨"作"月"，社科院《唐宋词选》等版本作"雨"

歌此恨，慰羁旅。

开头的弹铗用冯谖的故事，写出自己壮志未酬，落得个江湖游士的地位，心情是悲凉的，却并不流于衰飒。"万里西风吹客鬓"，应该说是难堪的了，接下来的却是"自笑人如许"，这就有给人松一口气的感觉。一段与一段之间，上句与下句之间，常常是一张一弛，起一种调剂的作用，至于他传诵一时的名作还应推那首在安远楼写成的《唐多令》：

> 芦叶满汀洲。寒沙带浅流。二十年重过南楼。柳下系舟犹未稳，能几日又中秋。　　黄鹤断矶头。故人今在不①？旧江山浑是新愁。欲买桂花同载酒，终不似，少年游。

安远楼在武昌的黄鹄山（一名黄鹤山，即今之蛇山）。武昌当时已经是与金兵对峙的前方。登楼远望，自然会引起"风景不殊，正自有河山之异"的感想。作者采用的却是委婉的手法，只用"旧江山浑是新愁"点明作意，读起来特别耐人寻味。

关于他的词作，还有一点需要特别指出来的是，他的取材有时不免庸俗，如咏美人足，咏美人指甲之类。

姜　夔

这一时期表现爱国思想的词作的一个共同特点是，作者空怀恢复中原的壮志，结果每每是一腔忠愤，老死牖下，有的还遭到放逐，甚至死于"莫须有"的冤狱。无情的现实是经过宋高宗赵构的对金称臣，到宋孝宗赵昚符离一战改对金称臣为称侄之后，南宋已无力北伐，金人也无力南侵，无形中造成了一种"太平无事"的局面。这样，以周邦彦为代表的讲究音律，讲究辞藻的词风又渐渐的复活起来，出现比较早，成就也比较大的词人是姜夔（约1155—约1221）。他字尧章，他的词集名为（白石道人歌曲）。他一生没有做过官，过的是江湖游士的生活。词史上一般是把他与周邦彦相提并论的，在精研音律这一点上彼此是相同的，在讲究词藻上却各立门户。周被称为富艳精工，姜则清空骚雅。周邦彦"颇偷古句"，融化六朝小赋及唐诗警句，姜白石则从江西派瘦劲峭拔的诗风悟出他独特的命意遣词的路数。不

---

① "不"读fǒu，同否。

过这是一些形式上的差异，至于思想内容上，刘熙载已经说过，"周旨荡而史意贪"（虽然不免苛刻了一点），姜则字里行间多少有点"黍离之悲"，即使是抒写个人的私情，也总能归于蕴藉。当然，如果走得太远，像朱彝尊说的那样，"词莫善于姜夔"，或者像冯煦那样，说"白石为南渡一人"，那又捧过了头了。现在我们先看他那首有"黍离之悲"的《扬州慢》：

> 淮左名都，竹西佳处，解鞍少驻初程。过春风十里，尽荠麦青青。自胡马窥江去后，废池乔木，犹厌言兵。渐黄昏，清角吹寒，都在空城。　　杜郎俊赏，算而今、重到须惊。纵豆蔻词工，青楼梦好，难赋深情。二十四桥仍在，波心荡、冷月无声。念桥边，红药年年，知为谁生？

胡马窥江指金兵南侵，时为宋孝宗隆兴二年，距离姜夔作词的时间已经 14 个年头，可是姜夔在扬州所见到的仍然是"过春风十里，尽荠麦青青"。序中所写的景色是"夜雪初霁"，可知所谓春风十里是引用杜牧诗句"春风十里扬州路"来说明扬州的繁华，与今天"尽荠麦青青"的荒凉景象做对比，借以控诉金兵残酷的蹂躏。"废池"两句是加倍渲染，使人对黄昏以后的气氛特别感到沉重。下片的重到是指杜牧，假如杜牧重来的话，也应该惊心动魄，写不出"豆蔻梢头"、"青楼"那样充满感情的诗句。二十四桥也取材于杜牧的诗句，可是杜牧当时写的是"玉人何处教吹箫"，现在眼前所见却只有"波心荡、冷月无声"。想到这里倒忍不住要问一问，桥边的芍药开了又给谁看呢？关于这首词上下片结束的断句，历来有上五下六或三字一逗，四字两句的两种意见。郑文焯看到第五字角药同韵，还认为是一种夹叶，主张五字断句。朱彊邨圈点本则采用三四四的断句法。据近人的译谱，在"吹寒"及"年年"之后都是稍作停顿。就词论词，情调是比较低沉的，三字一逗，四字两句，那么三小节的收音都是悠长的平声，音韵与情调是显得较为协调的。

严格说来，《扬州慢》虽然有所谓黍离之悲，但是由于作者本身既缺乏现实生活的体验，也没有亲身经受过敌兵的蹂躏，心目中更没有普通的老百姓。他所抒写的只是一点士大夫式的空洞的哀怨。他那首咏蟋蟀的《齐天乐》也大致相同：

> 庾郎先自吟愁赋，凄凄更闻私语。露湿铜铺，苔侵石井，都是曾听伊处。哀音似诉，正思妇无眠，起寻机杼。曲曲屏山，夜凉独自甚情绪。　　西窗又吹暗雨，为谁频断续，相和砧杵。候馆迎秋，离宫吊月，别有伤心无数。《豳》（bīn）诗漫与，笑篱落呼灯，世间儿女。写入琴丝，一声声更苦。

　　词一开头就引出愁赋，为全篇定了调子。其后则凄凄、哀音、伤心一直到歇拍的更苦，说明作者的心情是沉痛的，举出的事如"思妇无眠，起寻机杼"以及"候馆迎秋，离宫吊月"也都是触发愁思的。至于天真无邪的"篱落呼灯，世间儿女"，陈廷焯已经指出，那是"以无知儿女之乐，反衬出有心人之苦"。作者篇末自注："宣政间有士大夫制《蟋蟀吟》。"政和、宣和是宋徽宗年号，时在北宋沦亡前夕，作者点明时间，暗示作词的本意，因此"候馆迎秋"一联有人认为是暗指南宋使金遭到拘留的使臣和在囚禁中的徽钦二帝。至于词中的描写只着重蟋蟀的声音的效果及有关蟋蟀的人的活动，并用雨声和砧杵声作陪衬，都显示出作者独特的手法，高出于一般咏物词。

　　借咏物来寄托怀人的感情的，还有以咏梅为题的《暗香》和《疏影》。就咏物词的成就而论，张炎认为它是"自立新意，真为绝唱"。王国维则认为"费解"。实则激赏的固然不免近于溢美，贬抑的也有些故为高论。前一首以"旧时月色"起兴，已经交代清楚是怀旧，更带有个人身世之感，所以说"何逊而今渐老"。后一首用王昭君的典故，而且点明胡沙，家国之恨比较明显。我们固然不必穿凿附会，但也不能随便忽略诗人的深意。

　　姜白石词的特点是疏宕峭拔，用江西派的手法来写词，例如《点绛唇·丁未冬过吴松作》：

> 燕雁无心，太湖西畔随云去。数峰清苦，商略黄昏雨。　　第四桥边，拟共天随住。今何许？凭阑怀古，残柳参差舞。

　　开头的燕雁有两种解释。一说是燕子和雁子，一说是燕读平声，即幽燕之燕，燕雁解为北方的雁子。恐怕后一说符合事实。如果分为两种鸟，那么，它们都是候鸟，一个向南方来，一个向北方去，方向不同，不可能是同行的。这首词是姜夔的名作。幽峭空灵，最能显示白石的风格。雁从北方来，却又要离开太湖向更远的地方飞去。山峰是没有生命的，却又显得清苦而且能够对黄昏雨商量评比，活画出江南烟水迷离的景色。下片回到自己的心愿，是追随天随子（陆龟蒙）去做个隐士。就诗风而论，彼此亦有相通的地方，所谓"穿穴险固"，"卒造平淡"者是也。但是事实如何呢？"今何许"三句，一句一韵紧逼而来，"凭阑怀古"，所见只有"残柳参差舞"，一切都成泡影。"参差"两字起了画龙点睛的作用，正如陈廷焯所说的，"无穷哀感都在虚处"。

　　同样显示姜词冷峭的风格的，还可举出他的慢词《长亭怨慢》，但是它冷峭之中仍然流露出压抑不住的强烈的情感。这也证明，即使是同一个作者，他的作品也决不是翻来覆去使用同一种手法的。环境的变化促使情感的变化，情感的变化又促使手法的变化，世界上没有两片完全相同的树叶，也同样没有两首风格完全相同的作品。

> 渐吹尽、枝头香絮。是处人家，绿深门户。远浦萦回，暮帆零乱向何许？阅人多矣，谁得似、长亭树。树若有情时，不会得、青青如此。
>
> 日暮。望高城不见，只见乱山无数。韦郎去也，怎忘得、玉环分付？第一是、早早归来，怕红萼、无人为主。算空有并刀。难剪离愁千缕。

这首词起得突兀，有点像辛弃疾《摸鱼儿》起句的"更能消几番风雨"。麦孺博说这首词"浑灏流转，脱胎稼轩"，可谓具眼。姜白石写了不少怀念旧欢的词，这一首也可能同属这一类。但是具体的事实不多，作者又隐约其辞，或者故意说些题外的话，所以很难句句指实。序文先是说"予颇喜自制曲"，后又引庾信《枯树赋》的词句（序中所引桓大司马云云是用桓温的事，引文实出庾信《枯树赋》），都是打马虎眼的把戏。"远浦萦回"两句，意在惜别。"阅人多矣"一段寄情于长亭树，接着口气一变，似乎在怨树的无情，然后急速转入下片，所谓"望高城不见"，隐含唐欧阳詹赠太原妓"高城已不见，况复城中人"的诗意，心潮澎湃，一往无前，"韦郎"四句终于说出来了。结尾颇有李后主"剪不断，理还乱，是离愁"的味道。这样近于气急败坏的直抒胸臆，在姜词中是少见的。

属于姜夔的怀人词一类的还有四首凑成一组的《鹧鸪天》。第一首《正月十一夜观灯》，引起他对旧情的回忆，故有"少年情事老来悲"之句。第二首《元夕不出》，说自己"却怕春寒自掩扉"，"旧情惟有绛都词"。第三首《元夕有所梦》，开头"肥水东流无尽期，当初不合种相思"，透露出相恋的地点，结尾"两处沉吟各自知"，一往情深。第四首《十六夜出》，面对辇路珠帘，千枝银烛，谁知道我这个"落魄江湖"的杜牧之啊，徒然是"惆怅归来有月知"罢了。这是一组意真情切的抒情诗，可以与晏几道的《临江仙》《鹧鸪天》媲美的杰作。

姜夔晚年曾与辛弃疾结交，有与辛弃疾唱和的《汉宫春》《永遇乐》等词，词风也接近辛弃疾。词风的改变是思想的转变呢，还是由于江湖游士的积习，仅仅谋求迎合主人的口味呢？看刘过写"斗酒彘肩"是那样的步趋稼轩，与他写《贺新郎》（老去相如倦）相比简直是判若两人，姜白石是不是也在向刘过看齐呢？

末了还应该指出的是，姜白石能自度曲也是唯一有宋词曲谱流传下来的词人。这些曲谱一直是一个谜，新中国成立后西安鼓乐谱的发现，给我们指出了认识姜谱的门路。杨荫浏的译谱做出了富有成果的尝试。

姜白石对后世的影响是巨大的。照这一条路线发展下去，尽可以经过史达祖、吴文英、周密、王沂孙、张炎这些名家结束宋词的历史，可是国破家亡的惨痛使得志士仁人始终平静不下来，即使是吴文英等以醇雅相号召的词人也压抑不住内心的忧愤，写出了一些现实的作品。所以论述南宋词，仍然应以抚时感事的作品为主线，同时也不忽略吴文英为代表的格律派。

杜　斿

现在先说发扬民族正气的词人。其中一个是杜斿，生卒年不详，字伯高，金华人，有《桥斋集》，不传。存词只有三首，录他的《酹江月·石头城》：

> 江山如此，是天开万古，东南王气。一自髯孙横短策，坐使英雄鹊起。
> 玉树声消，金莲影散，多少伤心事。千年辽鹤，并疑城郭非是。
> 当日万舻云屯，潮生潮落处，石头孤峙。人笑褚渊令齿冷，只有袁公不死。
> 斜日荒烟，神州何在，欲堕新亭泪。元龙老矣，世间何限馀子。

这是一首借石头城发泄胸中积愤的词作。作者算过与石头城有关的老账——从孙权开国到南朝统治集团的荒淫昏愦——之后，举出袁粲与褚渊忠奸异路的两个人物做对比，借以表明作者对当前现实的态度，“斜日荒烟”以下转入本题，像陈登（元龙）那样湖海之士已经老了，其余都是一些不三不四的人物，怎能不令人伤心落泪呢！

刘仙伦

刘仙伦，一名儗，字叔拟，庐陵（今江西吉安市）人，生卒年不详，也没有做过官。存词31首，录他《念奴娇·送张明之赴京西幕》：

> 舻舳东下，望西江千里，苍茫烟水。试问襄州何处是，雉堞连云天际。叔

子残碑，卧龙陈迹，遗恨斜阳里。后来人物，如君瑰伟能几？

　　其肯为我来邪？河阳下士，差足强人意。勿谓时平无事也，便以言兵为讳。眼底河山，楼头鼓角，都是英雄泪。功名机会，要须闲暇先备。

张明之生平不详，赴京西幕，当是到京西幕府去做官。京西路治所在襄阳（今湖北襄樊市），是宋金对峙的前沿地区。开头一段点明襄州的景物，然后转入与襄阳有关的历史人物：羊祜和诸葛亮。"后来人物"两句称赞张明之的才能，也包含有对张明之的期望，所以转入下片之后，要求张明之不要为表面的"太平"假象所迷惑，还是应该注意整顿军备。"眼底河山"一段更用破碎的河山来激发张明之抗敌救国的感情。作者是与抗战派站在一起的。词中很多散文式的句子，但都和谐流利，不失诗味，迥非有心模仿者可比。

程　珌

程珌（1164—1242），字怀古，休宁（今安徽省）人。他是辛弃疾的朋友，思想接近抗战派。他有《洺水集》，存词40余首，录《水调歌头·登甘露寺多景楼望淮有感》：

　　天地本无际，南北竟谁分。楼前多景，中原一恨杳难论。却似长江万里，忽有孤山两点，点破水晶盆，为借鞭霆力，驱去附昆仑。　　望淮阴，兵冶处，俨然存。看来天意，止欠士雅与刘琨。三拊当时顽石，唤醒隆中一老，细与酌芳尊。孟夏正须雨，一洗北尘昏。

甘露寺多景楼，北临长江，乾道六年（1170）陈天麟重建，写了一篇《多景楼记》，其中有一段话说："至天清日明，一目万里，神州赤县，未归与地，使人慨然有恢复意。"程珌这一次登多景楼，写明"望淮有感"，使人想起张孝祥的"长淮望断"。孤山两点指京口附近的金山和焦山。作者企图借助雷电的威力把它轰到昆仑山那边去，那么，中原土地从金兵手下解放出来当然不在话下了。淮阴兵冶处是指祖逖渡过长江之后曾在淮阴铸造兵器的故事，所以接着就说到士雅与刘琨。士雅是祖逖的别字。作者感叹的是现在没有祖逖和刘琨这样的爱国将领。后面说的顽石指甘露寺那块形状如羊的石头，相传诸葛亮曾经坐在这块石头上面与孙权谈论曹操。隆中一老即指诸葛亮。歇拍"一洗北尘昏"是画龙点睛之笔。

戴复古

戴复古（1167—？），字式之，天台黄岩（今浙江省）人。有《石屏集》。他的词有牢骚语，但仍然是倔强的，而且对诗有比较正确的见解，如他的《望江南》下片："千首富，不救一生贫。贾岛形模元自瘦，杜陵言语不妨村。谁解学西昆！"当初说杜甫是"村夫子"的正是西昆体诗人杨亿。戴复古肯定杜甫写诗采用口语和俗谚，而且斩钉截铁地表示不学西昆派的形式主义。录他的《水调歌头·题李季允侍郎鄂州吞云楼》：

> 轮奂半天上，胜概压南楼。筹边独坐，岂欲登览快双眸。浪说胸吞云梦，直把气吞残虏，西北望神州。百载一机会，人事恨悠悠。　　骑黄鹤，赋鹦鹉，谩风流。岳王祠畔，杨柳烟锁古今愁。整顿乾坤手段，指授英雄方略，雅志若为酬。杯酒不在手，双鬓恐惊秋。

李季允名埴，曾任礼部侍郎，沿江制置副使，兼知鄂州（武昌）。词的开头盛赞吞云楼建筑的雄伟，但是建造的目的并不是为了观赏风景。"浪说胸吞云梦"一段就楼名做文章，更进一步说是要气吞残虏。"百载"两句回到当前的抗战形势；宋宁宗嘉定十四年（1221）金兵侵扰黄州、蕲州一带，连遭南宋军队击退。可惜朝廷没有乘胜追击、收复失地的决心。下片从骑黄鹤的仙人和赋鹦鹉的名士祢衡说到抗金的英雄岳飞，这是吊古。"整顿乾坤"一段是对李埴的称颂和对他的恢复大计无法实现的惋惜，这是伤今。结尾担心人易衰老，却从"杯酒不在手"引出来，特别耐人回味。

刘学箕

前面所说的几位词人，多数是生卒年岁都不清楚的，也就是说都是不得志的，为政治黑暗必然导致好人倒霉这一条规律提供了有力的例证。这里再加上一个刘学箕。他习习之，福建崇安人，是柳永的乡亲。他的祖父是理学家刘子翚，应该算是名门的后裔。所作曰《方是闲居士小稿》，只有诗30多首。他虽然身在山林，却念念不忘国家大事，曾依辛弃疾与陈亮唱和的《贺新郎》原韵和作一首。引起他感慨的原因则是"近闻北虏衰乱，诸公未有劝上修饬内治以待外攘者"，值得予以介绍：

往事何堪说，念人生消磨寒暑，漫营裘葛。少日功名频看镜，绿鬓鬖鬖未雪。渐老矣愁生华发。国耻家仇何年报？痛伤神遥望关河月。悲愤积，付湘瑟。

人生未可随时别，守忠诚、不替天意，自能符合。误国诸人今何在？回首怨深次骨。叹南北久成离绝。中夜闻鸡狂起舞，袖青蛇戛击光磨铁。三太息，眦空裂。

上片主要是嗟叹自己虚度光阴。"功名"两字我们今天的理解是属于个人的得失，过去却是作为建立功业的标志，所以不能轻易给他戴个人主义的帽子。事实上既然不能有所作为，那就只能为华发而兴悲。接上来指明痛伤神的原因是国耻家仇不能湔（jiān）雪。换头表明作者不肯同流合污的情操，批判的矛头直指向误国的权奸。"三太息，眦空裂"，悲歌慷慨，如闻其声。

刘学箕这首《贺新郎》的序言"近闻北虏衰乱"，与刘过《清平乐》上片"新来塞北，传到新消息：赤地居民无一粒，更五单于争立"如出一辙。刘学箕致慨于"诸公未有劝上修饬内治以待外攘者"，然而历史竟然开了一次无情的玩笑。你说没有人劝上外攘吗，这时候却居然出现了一个搞军事冒险的韩侂胄。结果大败亏输，辛弃疾《永遇乐》"元嘉草草，封狼居胥，赢得仓皇北顾"的忧虑竟不幸而言中，韩侂胄的脑袋也做了乞和的礼物，而且殃及堂吏史达祖。

史达祖

当然，史达祖并没有杀头，只是黥面了事。可是从此以后，史达祖却变成了无行文人的典型。后来虽然有好心人如王鹏运者想方设法替他开脱，认为韩侂胄的堂吏史达祖是另一个人，有《梅溪词》传世的史达祖只是不幸与他同时同姓同名而已。遗憾的是王鹏运的论据实在缺乏说服力，史达祖的有些词如"有当时、黄卷满前头，多惭德。……三径就荒秋自好，一钱不直贫相逼"。（《满江红·书怀》）之类恰好证明他自己失身于权相和失势后的穷苦。就词论词，过去的评价很多是偏高的。张镃说："史生词织绡泉底，去尘眼中，妥帖轻圆，辞情具到，……端可分镳清真，平睨方回。"彭孙遹走得更远，简直声称"南宋……诸公，当以梅溪为第一"。倒是周济的说法比较平允："梅溪甚有心思，而用笔多涉尖巧，非大方家数，所谓一钩勒即薄者。"又曰："梅溪词中喜用偷字，足以定其品格矣。"这与刘熙载的评语"周旨荡而史意贪，可谓英雄所见略同。史达祖的特长是咏物，王国维认为他的《双双燕·咏燕》是仅次于苏轼的《水龙吟》的名作。词如下：

> 过春社了，度帘幕中间，去年尘冷。差池欲住，试入旧巢相并。还相雕梁藻井，又软语商量不定。飘然快拂花梢，翠尾分开红影。
>
> 芳径，芹泥雨润。爱贴地争飞，竞夸轻俊。红楼归晚，看足柳昏花暝。应自栖香正稳。便忘了天涯芳信。愁损翠黛双蛾，日日画阑独凭。

春社是古代春天祭祀土神的日子，在立春后，清明前。燕子穿过帘幕飞来飞去，感到去年尘冷，想象是深入细致的，而且点明了彼此是旧相识。"差池"以下是细节描写，一会看看雕花的屋梁和画着色彩缤纷的水草之类的天花板，一会又像是喃喃细语，加上"不定"两字，精妙入神。接着一个"飘然"，飞到枝头，拨开花朵，"红"下著一"影"字，活画出花朵急剧颤动的形象。换头转到"芳径"，点出"雨润"，紧接"贴地争飞"，暗用了民间的谚语："燕子低，褰衣遮"。"红楼归晚"一段是从前面细节的描写转入概括。又从"栖香正稳"，说到忘了替深闺少妇捎带书信的事。歇拍归结到画阑独凭的少妇，与燕子造成一苦一乐的对比。是咏物词穷极工巧的佳作。如果照王国维的评价加以发展，拿这首词与苏轼的杨花词做一比较，那么，也可以用王国维另一句话做结论："前后有画工化工之殊。"再向前一发展，梅溪体的咏物词就有滑到周济所说的"尖巧"的歪道上去的危险。南宋以后的咏物词越来越多，简直变成了卖弄聪明的文字游戏，咏荷花要特别标明是新荷或残荷，咏梅花则特别标明是早梅或落梅，以便炫耀他描写的工细。本来嘛，咏物最争托意，可是到了这些人手里，所谓托意已经再也不是陆游咏梅词中的"零落成泥碾作尘，只有香如故"那样显示作者骨气的宣言，而只是一些故弄玄虚的哑谜。关于"柳昏花暝"这句话，也有人说是"言外盖有所指"，即看够了韩侂胄昏聩糊涂的措施。"归晚"也暗示作者明知昏暝，不能急流勇退，终于落得一钱不值的下场。论者的厚道的确是令人感动的，可惜这未必符合史达祖的原意。

南宋词有一个特点，即每一部词集里面差不多总有点家国之忧的作品。因为局势是太严峻了，稍有知觉的人都不能不感到生死关头的威胁，史达祖也不例外："天相汉，民怀国。天厌虏，臣离德。趁建瓴一举；并收鳌极。老子岂无经世术，诗人不预平戎策。办一襟、风月看升平，吟春色。"（《满江红·九月二十一日出京怀古》）

史达祖还有一首咏物的名作《绮罗香·咏春雨》：

做冷欺花，将烟困柳，千里偷催春暮。尽日冥迷，愁里欲飞还住。惊粉重、蝶宿西园，喜泥润、燕归南浦。最妙它、佳约风流，钿车不到杜陵路。　　沉沉江上望极，还被春潮晚急，难寻官渡。隐约遥峰，和泪谢娘眉妩。临断岸、新绿生时，是落红、带愁流处。记当日、门掩梨花，剪灯深夜语。

词是咏春雨的，却通篇不见一个雨字，又无一句不是与春雨有关。这正是咏物词的所谓正格，也是后来"咏桃不可说破桃字"的具体的样板。它的好处是上片极写春雨连绵，中间一下子插入"佳约风流"一段。下片紧接江上望极，一下子又来一个拟人化的写法："隐约遥峰，和泪谢娘眉妩"，都是景中带情的写法。总的来说，史达祖算得上是一个能工巧匠，但夠不上称为伟大的词人。决定一个艺术家之是否伟大，关键在他的精神境界，这个却正是史达祖所缺乏的。而且他在遣词造句以至作品结构上都很少变化，只是在字面上用功夫。所以即使算他是一个名家，那也只能是排在后面的。他是汴人，即今河南开封。他字邦卿，词集名《梅溪词》。

刘克庄

史达祖以后此较重要的词人是刘克庄（1187—1269）。他字潜夫，莆田（今福建省）人。词集名《后村长短句》，又名《后村别调》，存词260多首，是作品相当丰富的一位。他生当南宋词风日趋纤弱，亦即陈人杰所引用的词句所慨叹的"东南妩媚，雌了男儿"的时候，却能夠继承辛弃疾的传统，公开宣告自己的政治见解，真不愧为豪杰之士。他的缺点是学稼轩的豪放，却没有稼轩的深厚和隽永。他的《沁园春·梦孚若》是他的代表作：

何处相逢，登宝钗楼，访铜雀台。唤厨人斫就，东溟鲸脍，圉人呈罢，西极龙媒。天下英雄，使君与操，馀子谁堪共酒杯。车千两①，载燕南赵北，剑客奇才。　　饮酣画鼓如雷。谁信被晨鸡轻唤回。叹年光过尽，功名未立，书生老去，机会方来。使李将军，遇高皇帝，万户侯何足道哉。披衣起，但凄凉感旧，慷慨生哀。

孚若，姓方，名信孺，是作者的同乡好友。曾三次出使金朝，"不少屈慑"。这

----

① "车千两"的"两"，近人胡云翼选本作"乘"。

首词从梦中相逢写起，宝钗楼，铜雀台，一在陕西咸阳，一在河北磁县，都在沦陷地区，暗示只能梦中登临的悲愤。接着使用夸张的手法，描写他们肝胆相照，意气风发的情谊。下片是一梦醒来，故人不见了，只剩下一个人自嗟自叹，以李将军的生不逢时，影射统治集团的昏愦。"慷慨生哀"，是悲哀但还不到颓丧的地步。

他的《贺新郎·送陈真州子华》是另一首对朋友寄予希望的名作：

> 北望神州路。试平章、这场公事，怎生分付？记得太行山百万，曾入宗爷驾驭。今把作、握蛇骑虎。君去京东豪杰喜，想投戈、下拜真吾父。谈笑里，定齐鲁。　　两河萧瑟惟狐兔。问当年、祖生去后，有人来否？多少新亭挥泪客，谁梦中原块土？算事业、须由人做。应笑书生心胆怯，向车中、闭置如新妇。空目送，塞鸿去。

陈子华，名靴，福州侯官人。真州即今江苏仪征县，当时是接近抗金前线的地区。所以词一开头即说"北望神州路"。"这场公事"指当时北方人民纷纷起义，金兵连遭挫败。旋因蒙古已经崛起，取代金兵向南攻掠。南宋统治集团杀害义军首领，义军被迫投奔蒙军，引起刘克庄"怎生分付"之叹。"太行山百万"是说南渡之后，中原地区不甘心忍受金人奴役的老百姓大都聚集太行山脉抵抗金兵。宗爷即宗泽，是临死三呼渡河的抗金英雄。义军对他尊称宗爷爷。这样的事情记忆犹新，现在却把他们看作蛇虎。这一段话说明刘克庄对义军的正确态度，可说是难能可贵的。现在你陈子华要到真州去，那可好了，于是发出了"谈笑里，定齐鲁"的欢呼。下片叹息南宋缺少祖逖那样决心收复失地的将领。文人学士只能新亭挥泪，拿不出什么好办法。车中新妇是曹景宗的故事。曹景宗来扬州，在路上要打开车幔，随员总说不行，把他关在车中，好像"三日新妇"。书生胆怯是自我嘲弄，透露出有力无处使的苦闷。

他的慢词一般能做到大气磅礴。例如重阳这个题目已经不知有多少人题咏过，可是到了他的笔下却另有一番气象。试看他的《贺新郎·九日》：

> 湛湛长空黑，更那堪、斜风细雨，乱愁如织。老眼平生空四海，赖有高楼百尺。看浩荡、千崖秋色。白发书生神州泪，尽凄凉、不向牛山滴。追往事，去无迹。　　少年自负凌云笔，到而今、春华落尽，满怀萧瑟。常恨世人新意少，爱说南朝狂客。把破帽、年年拈出。若对黄花孤负酒，怕黄花、也笑人岑寂。鸿北去，日西匿。

开头一片萧条的景象逼人而来，本来应该引起读者衰飒的感觉的。但是读者并不觉得衰飒，因为紧接上来是"老眼平生空四海"两句把乱愁一扫而空，出现眼前的竟是浩荡千崖秋色。何况是丈夫有泪不轻弹，即使要哭也不是为了区区个人的生死，这就与千篇一律的重阳诗词完全异趣了。换头回到自己的遭遇，仍然压抑不住空怀壮志，年老无成的感慨。"常恨"一段指责无聊文人只能写些应景的八股。南朝狂客指孟嘉，他龙山落帽的故事本来还有"脱略公卿，跌宕文史"的意义，如果翻来覆去炒冷饭，那就成为无聊的陈词滥调了。他要求新意，新就要新在联系当前的实际。他自己是做到了这一点的。看他那首《玉楼春·戏呈林节推乡兄》：

> 年年跃马长安市，客舍似家家似寄。青钱换酒日无何，红烛呼卢宵不寐。
> 易挑锦妇机中字，难得玉人心下事。男儿西北有神州，莫滴水西桥畔泪。

节推是节度推官的简称，是节度使下面掌管勘问刑狱的幕僚，有点似乎近代的军法处长。"客舍似家家似寄"是说他跃马长安（实即当时偏安一隅的都城临安），在家日少。七个字把一个日日夜夜流连在外，家倒变成了旅馆一样的荡子活画了出来，可称炼句的能手。"青钱"一联是具体描写。下片锦妇指家中的妻子，用窦滔妻回文织锦的故事。玉人指妓女。结尾两句点出正意，好男儿应该为恢复失地出力，不要为水西桥畔的妓女去流泪。题目说是戏呈，其实是非常严肃的，况周颐评这两句说："杨升庵谓其壮语足以立懦，此类是已。"

他的词即使是咏物的，也念念不忘国事，如《昭君怨·牡丹》：

> 曾看洛阳旧谱，只许姚黄独步。若比广陵花，太亏他。　　旧日王侯园圃，今日荆榛狐兔。君莫说中州，怕花愁。

洛阳是牡丹的产地，姚黄魏紫是夺魁的品种。广陵花即芍药，太亏他，意为委屈了他，因为牡丹比芍药更为高贵。如果结合当时的具体情况说，那么，洛阳牡丹虽然高贵，却是长期处在女真贵族的统治之下，不及芍药仍生长在南宋管辖的地区。这样一来，"太亏他"正是凝聚了作者对沦陷区人民的同情。下片更是明显地说出了对以洛阳为代表的中原地区的凭吊和怀念。作品的内容是深刻的，沉痛的。但是就其手法而论，那就不免近于浅露，缺少一唱三叹之致。前人评论后村词，有"效稼轩而不及"的说法，这首《昭君怨》可以说是一个例子。

刘克庄与辛弃疾相同的一点是"掉书袋"，但也有以白描见长的。如《风入松·福清道中作》：

归鞍尚欲小徘徊。逆境难排。人言酒是消忧物，奈病余、孤负金罍。萧瑟捣衣时候，凄凉鼓缶情怀。　　远林摇落晚风哀。野店犹开。多情惟是灯前影，伴此翁、同去同来。逆旅主人相问，今回老似前回。

这是刘克庄自建阳罢官归里道经福清悼念他的夫人的作品。他之所以罢官，是因为他《落梅》诗中有"东君谬掌花权柄，却忌孤高不主张"的话，被人指为诽谤朝廷。悼亡词共两首，这里所录是第二首。第一首用典比较多，不及这一首的平实。其中典故只有一条，即庄子丧妻，鼓盆而歌的故事。此外纯用白描，不假修饰，所以更能感动读者。"归鞍"一段有"近家情更怯"的意思。次言酒能解忧，却又不能饮酒。过拍才点明悼亡。鼓缶即鼓盆，改用"缶"字是因此处依律须用仄声字。下片写异乡日暮投宿野店。"多情"两句写尽凄凉况味。据刘克庄《亡室墓志铭》说，林夫人"为余妻十九年，余宦不遂，江湖岭海，行路万里，君不以远近必俱"。那么，单身投宿，形影相吊，他心情有多么沉痛，也就不言而喻了。结尾从逆旅主人口里说出自己这一次比上一次更为衰老，质朴之中越发显得感情真挚。

黄　机

黄机，字几仲，一说字几叔，东阳（今浙江省）人，生卒年不可考，词集名《竹斋诗余》。只做过州郡的小官，有与岳飞的孙子岳珂唱和的《六州歌头》，也有词寄给辛弃疾，活动时间应该比刘克庄还早一些。他的一首《满江红》气魄相当雄伟：

万灶貔貅，便直欲、扫清关洛。长淮路、夜亭警燧，晓营吹角。绿鬓将军思饮马，黄头奴子惊闻鹤。想中原、父老已心知，今非昨。

狂鲵剪，於菟缚。单于命，春冰薄。政人人自勇，翘关横槊。旗帜倚风飞电影，戈铤射月明霜锷。且莫令、榆柳塞门秋，悲摇落。

这首词的写作动机，颇近于刘学箕的近闻北虏衰乱，希望南宋统治集团振作起来，所以极言南宋军队的士气旺盛，斗志昂扬。"绿鬓"一联形容金兵的怯弱：青年军官准备下马乞降，黄头奴子指水军，惊闻鹤用苻坚淝水败后听见风声鹤唳都疑心是晋军追来的故事。当然，南宋统治集团并没有北伐的决心和勇气，尽管作者说"人人自勇，翘关横槊"，只不过是作者善良的愿望，倒是"且莫令榆柳塞门秋，悲搖落"反映出无情的现实，只落得陆游一般的感叹："遗民泪尽胡尘里，南望王师又一年。"到他写《霜天晓角·仪真江上夜泊》的时候，悲凉的心情就充分表现出来了：

> 寒江夜宿，长啸江之曲。水底鱼龙惊动，风卷地，浪翻屋。　　诗情吟未足，酒兴断还续。草草兴亡休问，功名泪，欲盈掬。

"草草"那一段有人标点为"草草兴亡，休问功名，泪欲盈掬"。也许以为"草草兴亡休问"等于不理会国家兴亡的大事，"功名泪"则是个人的名利得不到满足因而伤心落泪的意思。其实"兴亡休问"正是作者悲愤之极豁出去的心情，功名在旧社会里尽可以理解为功绩和名誉，是有积极意义的。断为四字三句，恐怕未必符合作者的本意，也不合词牌的规定。

冯取洽

冯取洽，字熙之，延平（今福建省南平市）人。生卒年不详。传有《双溪词》。他的《贺新郎·次玉林感时韵》算是把满朝文武骂透了：

> 知彼须知此。问筹边、攻守规模，云何则是？景色惨惨犹日暮，壮士无由吐气。又安得、将如廉李。燕坐江沱甘自慝，笑腐儒、枉楦朝家紫。用与舍，徒为耳。　　黄芦白苇迷千里。叹长淮、篱落空疏，仅余残垒。读父兵书宁足恃，击楫谁盟江水？有识者、知其庸矣。多少英雄沉草野，岂堂堂、吾国无君子。起诸葛，总戎事。

玉林是黄升的别号，即《花庵诗选》的编者。这首词从攻守规模说起，应该知己知彼，随即指出文恬武嬉。暮气沉沉。唐朝的杨炯嘲笑朝官是"麒麟楦"，即头上装着麒麟角，身上披着麒麟皮的驴子。大官五品以上穿紫衣，所以作者说那些当大官的"枉楦朝家紫"。下片叹息边防空虚，没有真正会打仗的将军。回应上片的"又安得将如廉（颇）李（牧）"。"多少英雄"两句大声疾呼：不是没有人才，人才都被埋没了。于是提出起诸葛亮的做法，也是作者的建议和希望。毛晋说辛弃疾的词是词论，这首《贺新郎》倒是符合这种说法的。

吴 渊

绍兴三十一年（1161），金主完颜亮一举攻宋，直抵长江，幸亏虞允文临危不惧，用海鳅船猛冲金兵船只，大获全胜。完颜亮转至瓜洲，被部将完颜宜元等杀死。南宋转危为安。吴渊（1190—1257）的《念奴娇》留下了这一战役的光辉的纪载：

> 我来牛渚，聊登眺、客里襟怀如豁。谁著危亭当此处，占断古今愁绝。江势鲸奔，山形虎踞，天险非人设。向来舟舰，曾扫百万胡羯。
>
> 追念照水然犀，男儿当似此，英雄豪杰。岁月匆匆留不住，鬓已星星堪镊。云暗江天，烟昏淮地，是断魂时节。栏干捶碎，酒狂忠愤俱发。

作者登临牛渚，想起当日虞允文克敌制胜的业绩，心胸顿然开豁。危亭指燃犀亭，因温峤点燃犀角照看采石矶下水怪而得名。面对江山雄伟的形势和当日横扫胡羯的壮举，作者的词笔是奔放的。下片怀古伤今，眼前已经没有像温峤也包括虞允文那样扭转局势的人物。自己呢，头发已经斑白了。"云暗"一段既形容江淮一带的天昏地暗，也象征南宋小朝廷的昏庸腐败。对此茫茫，作者只好把栏干捶碎了。捶碎的原因是一腔忠愤，酒狂只是借题发挥而已。

李好古

李好古的作品也属于遗佚一类。李好古，生平不详，现存词题为《碎锦词》，只有十四首，大都感时伤事，声情激越，看他那首《江城子》：

> 平沙浅草接天长，路茫茫，几兴亡！昨夜波声洗岸骨如霜。千古英雄成底事？徒感慨，谩悲凉。　少年有意伏中行，馘名王，扫沙场。击楫中流曾记泪沾裳。欲上治安双阙远，空怅望，过维扬。

李好古词中提到扬州的地方相当多，这一首《江城子》是他经过扬州因岸边的骨如霜联想到古往今来战争中涌现的英雄人物。他心目中的英雄是祖逖那样不忘恢复的人物。下片直抒胸臆，表明他生平最痛恨的是投降派。中行是汉文帝的宦官，他投降匈奴，向匈奴泄漏汉朝的虚实，教唆匈奴侵扰边境，是一个通番卖国的典型。可是无情的现实，却使他纵然有贾谊那样的治安策也送不到皇宫去。这是南宋的志士仁人共同的悲剧。

他的《清平乐》也有同样的思想内容：

> 瓜州渡口，恰恰城如斗。乱絮飞钱迎马首，也学玉关榆柳。　　面前直控金山，极知形胜东南。更愿诸公著意，休教忘了中原。

作者把眼前的柳絮榆钱同玉关榆柳牵扯在一起，点明现在的国防前线已经不是远在西北的玉门关而是长江边上了。国势危急，不言自明。换头点出金山，成为江防要地，可是请你们老爷注意，东南半壁只是偏安局面，收复中原才是头等大事啊！

王　澜

宋宁宗嘉定十四年（1221）金兵围蕲州，地方长官李诚之和司理权通判事赵与襄等坚守孤城25天。城破之后，李诚之和他的僚佐家属壮烈牺牲，赵与襄只身逃出，写了一本《辛巳泣蕲录》，记载当时他们坚守孤城，终因援兵徘徊观望，致使州城陷落，人民惨遭屠杀的经过。书中附有蕲州乡贡进士王澜的一首《念奴娇·避地溢州，书于新亭》，很值得我们重视：

> 凭高远望，见家乡、只在白云深处。镇日思归归未得，孤负殷勤杜宇。故国伤心，新亭泪眼，更洒潇潇雨。长江万里，难将此恨流去。
>
> 遥想江口依然，鸟啼花谢，今日谁为主？燕子归来，雕梁何处，底事呢喃语？最苦金沙十万户，尽作血流漂杵。横空剑气，要当一洗残虏！

蕲州在今湖北，作者逃难到了南京溢江，登上新亭写了这首词题在新亭壁上。江口指蕲水流入长江的出口。这里应该是指蕲州，不限于江口一处。金沙是湖名，又名东湖。这里也是代表蕲州，才能包括十万户。依照词牌的结构，下片六四五字三句之后，应该接上一段七六句，然后是四字对句之后加一句五字句。照此推论，那么，"燕子归来"三句应在"最苦金沙"两句之后。是作者当时仅凭记忆以致错填了呢，还是有意颠倒一下呢？《词谱》所收的《念奴娇》是没有王澜所作的又一体的。现在通行的版本收录这首词，"最苦"一段标点为"最苦金沙，十万户尽，作血流漂杵"。那就与上一段同为四四五式，也是《词谱》所不载的。但是"十万户尽"，平仄不调，"作血流漂杵"句成为一四式，也与原谱二三式不同，而且句意都有点别扭。所以断为七六式，语气较顺。

吴 潜

在这一类爱国词人中官位比较高，作品也有相当水平的是吴潜（1196—1262）。他字毅夫，宣州宁国（今安徽省）人。存词 250 余首，名《履斋诗余》。他针对南宋衰弱的形势，指出原因在于"近年奸臣憸士设为虚议，迷误国军"，因此提出清除腐朽的官僚集团的建议，但却受到了贾似道的中伤，贬建昌军（今江西南昌），又窜潮州（今广东潮安）、循州（今广东惠阳）。他的词思想境界比较高，即使是身处逆境，也没有颓丧的色彩，例如他的《满江红·齐山绣春台》：

> 十二年前，曾上到、绣春台顶。双脚健、不烦筇杖，透岩穿岭。老去渐消狂气习，重来依旧佳风景。想牧之、千载尚神游，空山冷。

> 山之下，江流永。江之外，淮山暝。望中原何处，虎狼犹梗。勾蠡规模非浅近，石苻事业真俄顷。问古今宇宙竟如何，无人省。

齐山在今安徽省贵池县，杜牧在唐武宗会昌年间曾任池州太守，所以词中有"想牧之千载尚神游"之句。下片从山写到水，又从水写到山，不过这个山却是淮山，即八公山，因而联想到宋金交界的淮河，自然而然的转入中原的问题。中原怎么样？"虎狼犹梗"，还在女真贵族统治之下。勾蠡指越王勾践和范蠡，十年生聚，十年教训，终于报仇灭吴。这就是"规模非浅近"的涵义，亦即他平日抗金的主张"以和为形，以守为实，以战为应"的缩影。石苻即石勒和苻坚，东晋时期在北方建立政权的羯族和氐族的领袖人物，此处借指占据北方的女真政权。"真俄顷"者，兔子尾巴长不了之谓也。但是我们应该如何有所作为呢？谁也不知道。情绪是悲凉的，然而却实在是当时现实的反映。

李曾伯

吴潜的朋友李曾伯（1198—?），字长孺，覃怀（今河南沁阳附近）人。他遗著名《可斋类稿》，收词九卷，大抵是登山临水，即景抒怀。寿词占了相当的分量。他自称"愿学稼轩翁"。感怀身世，却仍然带有倔强的语气。录他的《沁园春·丙午登多景楼和吴履斋韵》：

> 天下奇观，江浮两山，地雄一州。对晴烟抹翠，怒涛翻雪，离离塞草，拍拍风舟。春去春来，潮生潮落，几度斜阳人倚楼。堪怜处，怅英雄白发，空敝貂裘。　　淮头。虏尚虔刘。谁为把中原一战收？问只今人物，岂无安石？且容老子，还访浮丘。鸥鹭眠沙，渔樵唱晚，不管人间半点愁。危栏外，渺沧波无极，去去归休。

丙午是宋理宗淳祐六年（1246）。作者与吴潜同游，惺惺惜惺惺，当然更多感慨，"怅英雄白发，空敝貂裘"。"虔刘"是杀人越货的意思，见《左传·吕相绝秦》。词中用这样的字眼是不常见的。作者之所以这样做，因为是和韵（吴潜原作这一句为"回头，祖敬何刘"）。对付这样的险韵，作者算是有本领的，可是与全篇平淡的语言对比起来就有点不相称了。面对敌人的猖狂横暴，谁能够把他们赶跑呢？口头上说是"岂无安石"，实际上我只好去问神仙浮丘。那还是只好回去算了。"去去归休"，与前面的鸥鹭渔樵那样的"不管人间半点愁"，形成了强烈的对照。

张绍文

张绍文，生平无可考，只知道他是南徐人，属今江苏镇江市。存词只有四首，这里举出他的《酹江月·淮城感兴》算是代表忧国之士对当前时局的切合实际的看法：

> 举杯呼月，问神京何在，淮山隐隐。抚剑频看勋业事，惟有孤忠挺挺。宫阙腥膻，衣冠沦没，天地凭谁整？一枰棋坏，救时著数宜紧。
> 虽是幕府文书，玉关烽火，暂送平安信。满地干戈犹未戢，毕竟中原谁定。便欲凌空，飘然直上，拂拭山河影。倚风长啸，夜深霜露凄冷。

"问神京何在"两句是将就韵脚的倒装句子，顺序来说应是"问淮山隐隐，神京何在"。"一枰棋坏"两句是说棋子已经走错了，应该赶快想出救急的着数。下片强调边关的烽火虽然暂时没有烧起来，那也只是暴风雨之前的平静。我们不能为一时平静的假象所迷惑，因为敌人还在中原逞狂肆虐，不容许我们稍有苟且偷安的妄想。"凌空"一段是作者的愿望，"拂拭山河影"即张元幹"欲挽天河，一洗中原膏血"的意思。然而无情的现实只能使作者感到"夜深霜露凄冷"而已。

陈人杰

　　陈人杰，一名经国，号龟峰，福建长乐人。生年不详，卒于宋理宗淳祐三年（1243），大概还没有活到李贺的岁数。所作名《龟峰词》，存词 31 首，大都意气风发，充满了杀敌报国的热望及对统治集团昏愦误国的不满。看他的《沁园春·问杜鹃》：

> 　　为问杜鹃，抵死催归，汝胡不归？似辽东白鹤，尚寻华表，海中玄鸟，犹记乌衣。吴蜀非遥，羽毛自好，合趁东风飞向西。何为者，却身羁荒树，血洒芳枝？　　兴亡常事休悲，算人世荣华都几时？看锦江好在，卧龙已矣，玉山无恙，跃马何之？不解自宽，徒然相劝，我辈行藏君岂知！闽山路，待封侯事了，归去非迟。

　　词一开头就对杜鹃提出反问，作者的构思迥不犹人。接着就以白鹤和玄鸟的故事指出杜鹃应该归去的道理，问它为什么留在荒树啼到鲜血染红了树枝。下片议论人世的兴亡，举出与西蜀有关的诸葛亮和公孙述的例子证明即使像他们那样的风云人物也不免落得杜甫所说的"卧龙跃马终黄土"的下场，锦江和玉垒山却永远无恙。末了告诫杜鹃不要多管闲事，我们是有事业抱负的，等到打败了敌人，立功封侯之后才回福建老家去还不算晚呢。表现的手法是很别致的。

　　另一首《沁园春·丁酉岁感事》是辛弃疾一样以议论为词，但是依然具有特别的韵味，不是干巴巴的说教：

> 　　谁使神州，百年陆沉，青毡未还？怅晨星残月，北州豪杰，西风斜日，东帝江山。刘表坐谈，深源轻进，机会失之弹指间。伤心事，是年年冰合，在在风寒。　　说和说战都难。算未必江沱堪宴安。叹封侯心在，鳣鲸失水，平戎策就，虎豹当关。渠自无谋，事犹可做，更剔残灯抽剑看。麒麟阁，岂中兴人物，不画儒冠！

　　丁酉岁是宋理宗嘉熙元年（1237）。前一年蒙古贵族灭金之后，分兵三路大举攻宋，攻破了成都、襄阳、枣阳等地，南宋统治集团束手无策。这首词即为此而发。青毡本来是王献之劝告偷儿留下他的传家宝青毡不要偷走的故事，这里用作中原故土的代称。晨星残月形容北州豪杰，寥寥无几。东帝是战国时代齐湣王自封的帝号，东帝江山即暗指南宋江山。"刘表坐谈"是曹操谋士郭嘉评价刘表的话，意为只有言论，没有行动。深源是殷浩的别字（殷浩原字渊源，唐人因避高祖李渊讳，改渊为深，后世沿用不改）。殷浩曾经想趁前秦苻健新丧的机会，用羌人姚襄为先锋出兵北伐。不料姚襄阵前倒戈，殷浩被迫狼狈逃窜。这一段话指出疲沓和冒进都是不对的，必须适当地掌握时机。可惜的是南宋统治集团面对强敌的威胁却毫无作为。下片分析战争的形势，指出长江不能做苟且偷安的保障。使人痛心的是杰出人物不能施展他的才能（鳣鲸失水）；即使你有很好的抗敌办法，坏人却在百般阻挠（虎豹当关）。"渠自无谋"一段是说局势虽然险恶，也不应无所作为，所以还在抚摩自己的宝剑，希望有朝一日能够一显身手。麒麟阁借用汉宣帝图画功臣的故事，说明能够完成中兴事业的也有文人的一份。反语作结，振起全篇，也是作者真情的流露。

文及翁

对国事的愤懑采取另一种表现手法的是文及翁。他字时学，号本心，绵州（今四川绵阳）人。宋理宗宝祐元年（1253）他来杭州应考，中了进士之后，与同榜进士同游西湖。有人问他："西蜀有此景否？"他即席写了一首《贺新郎》作为答复。这也是他流传下来的唯一的词作。他经历了南宋亡国的惨祸，始终不肯在元朝做官，是有民族气节的。词如下：

> 一勺西湖水。渡江来、百年歌舞，百年酣醉。回首洛阳花世界，烟渺黍离之地。更不复、新亭堕泪。簌乐红妆搖画舫，问中流击楫谁人是？千古恨，几时洗？　余生自负澄清志。更有谁、磻溪未遇，傅岩未起。国事如今谁倚仗？衣带一江而已。便都道、江神堪恃。借问孤山林处士，但掉头、笑指梅花蕊。天下事，可知矣！

自宋高宗南渡到文及翁写这首词的时间已经过 120 多年（1127—1253），百年举成数。一勺西湖水，虽然不算大，却给南宋君臣游玩了 100 多年。说西湖小，也暗示南宋的疆土日蹙。洛阳借指汴京，那里的花石纲已经荡然无存，只有离离禾黍。既斥责了北宋末年误国的昏君佞臣，也是对醉生梦死的南宋统治集团的棒喝，所以有"更不复新亭堕泪"的提醒。梁启超曾经指出过，《贺新郎》调以第四韵之单句为全首筋节，辛弃疾的《贺新郎·别茂嘉十二弟》的第四韵"算未抵人间离别"最可学。文及翁这首词也是一个范例。下片从自己想到别人，是否有在磻溪钓鱼的人

（指辅佐周文王、武王灭殷的姜太公）没有被赏识，是否有在傅岩筑墙的人（指辅佐殷高宗武丁治国的傅说）没有被提拔？事实是没有，那么靠谁来管国家大事呢？只靠的是长江天堑。问林逋（指那些自命清高的士大夫），林逋却是"但掉头笑指梅花蕊"。是漠不关心呢，还是有心无力呢？言外之意，还是讽刺他们不负责任的成分居多吧。南宋的局面真是到了"日落西山，气息奄奄"的地步了。

以上是一些名气不算很大，但却写出了有分量的作品的词人。他们在南宋乌烟瘴气的环境中发出了夺目的光彩。此外当时还有一些无名氏的作品，反映了当时的现实，或者对南宋统治集团发出了辛辣的讽刺。

无名氏的作品

宋高宗末年洪迈使金，最初不肯称陪臣，要求用平等的"敌国礼"见金主。金主不答应，反把宾馆锁起来，不给饮食。一天之后，洪迈便屈服了。有一个太学生为这件事写了一首《南乡子》：

> 洪迈被拘留，稽首垂哀告敌仇。一日忍饥犹不耐，堪羞，苏武争禁十九秋！厥父已无谋，厥子安能解国忧。万里归来夸舌辩，村牛，得摆头时且摆头。

厥父指洪迈的父亲洪皓，也曾使金遭到扣留15年之久。据正史的纪载他算是一个忠节的人，说他"无谋"，大概是束手无策的意思。"摆头"，本来是他真的"素有风疾，头常微掉"，用在这里摆头兼有形容得意的意思。面对强大的敌人只会低头，回来之后却大摆其头了。

宋理宗景定五年九月，贾似道请行经界推排法，口头上说是清查土地所有权，以便合理地平均赋税，这就是所谓"经量"，即丈量土地。事实上这样一搞，更加重了对老百姓的剥削。真正是怨声载道，这就出现了一首讽刺经量的《一剪梅》，作者是醴陵士人：

> 宰相巍巍坐庙堂，说要经量，便要经量。那个臣僚上一章，头说经量，尾说经量。　　轻狂太守在吾邦，闻说经量，星夜经量。山东河北久抛荒，好去经量，胡不经量？

词一开头就把矛头直接指向宰相贾似道。"那个臣僚"三句活灵活现地写出了大小官僚上头一说，下头立刻跟在尾巴后面转的丑态。山东指崤山函谷关以东，河北指淮河以北一大片沦陷的土地。这些地方早就抛弃了，荒废了，这才是你们应该去管的地方，为什么倒不去经量一下呢？结尾用反诘的口气，是对统治阶级有力的鞭挞。与这首词同时流行的还有一首七绝："失淮失蜀失荆襄，却把山河寸寸量。一寸纵教添一丈，也应不是旧封疆。"可与此词参看。

宋度宗咸淳四年九月，元兵筑白河城，进逼襄阳，次年三月，包围樊城。咸淳九年正月，樊城破，二月，襄阳守将降元。蒙古灭宋的计划迈开了成功的一大步。襄樊陷落之前，南宋小朝廷所在地的浙江一带照旧催租逼税，前线的守将和援军仍然勾心斗角，争功诿过，甚至于照样"与妓妾嬖幸击鞠饮宴为乐"。当时有一个姓杨的金判写了一首《一剪梅》：

> 襄樊四载弄干戈，不见渔歌，不见樵歌。试问如今事若何？金也消磨，谷也消磨。　　柘枝不用舞婆娑，丑也能多，恶也能多。朱门日日买朱娥，军事如何？民事如何？

襄樊的战事打了四年，打鱼的，打柴的都断了活路了。这是以局部暗示全体，也就是说，一切的生产都停顿了。战争的结果如何呢？金钱消耗了，粮食也消耗了，敌人的围困却依然没有解除啊。为什么不能打退敌人的进攻呢？原来他们只管舞他们的柘枝，用盘旋夭矫的舞姿来掩盖他们的丑恶。"朱门"三句点明朱门里面的富贵人家天天都在忙着选买美女，哪里管前线将士的死活和人民的痛苦。全篇每一段都是一句提起，再用叠句渲染，而且一层紧一层，最后厉声责问："军事如何？民事如何？"鞭挞是有力的，但又是无效的，因为南宋小朝廷已经是烂透了。

宋恭帝德祐元年，又出现了太学生写的一首《百字令》：

> 半堤花雨，对芳辰消遣，无奈情绪。春色尚堪描画在，万紫千红尘土。鹃促归期，莺收佞舌，燕作留人语。绕栏红药，韶华留此孤主。　　真个恨杀东风，几番过了，不似今番苦。乐事赏心磨灭尽，忽见飞书传羽。湖水湖烟，峰南峯北，总是堪伤处。新塘杨柳，小腰犹自歌舞。

关于德祐太学生的这首《百字令》与另一首《祝英台近》的具体内容，《重刊湖海新闻夷坚续志后集》几乎逐一做了注解，朱彝尊的《词综》、张宗橚的《词林纪事》、董毅的《续词选》等书也无例外地加以征引。事实上有些地方不免是牵强附会。我们只可以把这首词看作是太学生，同时也代表了南宋小朝廷统治下的人民对当时腐败的政治和危险的局势的忧虑与抨击。开头是说没有心情去游乐，万紫千红已归尘土。"鹃促归期"三句可能是说有些人看见局势危急，打算一走了事。平时哗啦哗啦的吹鼓手也不敢哓舌了，只有关心民族命运的志士仁人还在奔走呼号。绕栏红药正象征那中流砥柱的人物。下片的"不似今番苦"是预感到国破家亡的劫运，比过去任何一个时期都要急迫。因为现在正面的敌人已经不是强弩之末的女真而是锐气方盛的蒙古。飞书传羽即我们熟悉的鸡毛信，但是那些全无心肝的家伙却仍在那里过着轻歌曼舞的生活。飞书传羽与小腰歌舞是多么强烈的对比。这首词作后一年，元将伯颜已经攻破临安，南宋皇太后谢道清签名送出了降表，汪元量《醉歌》中曾有记载："侍臣已写归降表，臣妾佥名谢道清。"

德祐太学生的另一首词是《祝英台近》：

> 倚危栏，斜日暮，蓦蓦甚情绪。稚柳娇黄，全未禁风雨。春江万里云涛，扁舟飞渡，那更听塞鸿无数。　　叹离阻，有恨流落天涯，谁念泣孤旅？满目风尘，冉冉如飞雾。是何人惹愁来？那人何处？怎知道愁来不去。

词以"危栏"开头，形容国势危急。"稚柳娇黄"有的书注为指幼君和太后，恐怕未必贴切。稚柳是主语，娇黄是表语，用以形容稚柳的娇弱即指恭帝（时仅五岁）。现在强分为二，是不符合修辞规范的，除非是稚柳夭桃或嫩绿娇黄。把娇黄来形容太后（事实上她是恭帝的祖母），也不一定恰当。"扁舟飞渡"指伯颜大军进逼。"塞鸿"注为难民。换头紧接前面，以下极写难民流离失所和局势的混乱。"是何人惹愁来"三句是说贾似道闯下大祸，现在大祸临头，祸首却跑掉了，灾难却再也送不走了啊。这一段的写法使人联想起辛弃疾的《祝英台近·晚春》。

以上所述主要是一些非专业词人或者竟是无名小卒，然而却代表了民族正气的人物。现在我们再回过头来看一看那些专业词人的作品。

吴文英

这一类以词名家的人物中首先要提出来的是吴文英。他字君特，更出名的别号是梦窗。他是四明（今属浙江省宁波市）人。生卒年皆不可考，大约在1200至1260年左右。有《梦窗词》传世，一名《梦窗甲乙丙丁稿》。他生平没有做过官，只做过提举常平仓司的普通职员。交游中最有名望的人物是吴潜，也曾在贾似道、史宅之及荣王赵与芮门下做清客。对于他的词的评价，说好的好到不能再好。尹焕"前有清真，后有梦窗"的说法可为代表，说坏的即使不是最坏，也是坏到可鄙的地步，如王国维说："梦窗之词，余得取其词中之一语以评之曰：'映梦窗凌乱碧。'"替他辩护的则引《四库全书总目提要》的话说："词家之有文英，如诗家之有李商隐也。"孙鏻趾则说"词中之有梦窗，犹诗中之有李长吉"。总之，自南宋至清末，吴文英一直在词中占有极高的地位，清末词家也以学周、吴的为最多。诚然，把吴文英定为南宋第一大家，无疑是过了头；说他一无是处，也未免是走到另一极端。全体而论，他始终不失为第一流的词人，成就远在史达祖、周密等人之上。如果根据王国维评价周邦彦的经验来考虑《人间词话》对梦窗词的意见，那么，王氏对周邦彦的看法可以改变，对吴文英是不是也有所改变呢？他早年认为周邦彦"多作态，故不是大家气象"；"永叔少游虽作艳语，终有品格，方之美成，便有淑女与倡伎之别。"到了他写《清真先生遗事》的时候，竟认为"词中老杜，则非先生不可"。"两宋之间，一人而已"。可以说是一褒一贬，都不免于偏差。对吴文英，他的看法后来有无改变？回答是有的，他曾经指出吴文英《踏莎行》的"隔江人在雨声中，晚风菰叶生秋怨"两句符合周济的评语"天光云影，摇荡绿波，抚玩无极，追寻已远"的标准。还有一点值得提出来的是，一个人的艺术见解，有时不一定表现在言论上而是表现在他的创作实践上。王国维论到诗体时说过："近体诗体制，以五七言绝句为最尊，律诗次之，排律最下。……词中小令如绝句，长调如律诗，若长调《百字令》《沁园春》等则近于排律矣。"这种意见之不完全恰当，论者已有不少。现在先不谈这种意见的是非，只看王国维本人的创作实践。他晚年创作有《摸鱼儿》《水龙吟》《百字令》《霜花腴》等都是长调，这就推翻了他自定的长调等于排律的论点。如果排律最下，他肯做吗？而且《霜花腴》正是吴文英的创调，他居然遵循他的格律。他反对隶事，可是他的《摸鱼儿·秋柳》却一则曰"金城路"，再则曰"北征司马"；他的《清平乐·况夔笙太守索题香南雅集图》也是一会儿"何戡"，一会儿"杜陵"，不也是违背了他自定的戒律吗？张尔田说过："先生之论，未为精审、晚年亦颇自悔。"龙榆生也曾亲口对我说过，王先生对他的《人间词话》的广泛流传，颇有驷不及舌的感叹。因为其中的确存在他对于词的不够成熟的见解。当然，在清末词坛全在周吴姜张的势力笼罩之下，有如文廷式所说的，"以二窗为祖祢，视辛刘若仇雠，家法若斯，庸非巨谬"。得到王国维起来大声疾呼，的确有摧陷廓清之功，同时他还从积极方面提出了不少崭新的独到的见解，为词学研究开辟了一条新路，它的历史意义是巨大的。张、龙两位的说法也有解嘲自固的成分。但是他的某些偏颇之处也是有必要弄清楚的。现在我们冷静地把吴文英的作品摆出来看看。先看他那首《风入松》：

听风听雨过清明。愁草瘗花铭。楼前绿暗分携路，一丝柳、一寸柔情。料峭春寒中酒，交加晓梦啼莺。　　西园日日扫林亭。依旧赏新晴。黄蜂频扑秋千索，有当时、纤手香凝。惆怅双鸳不到，幽阶一夜苔生。

词一开头说清明是在风雨声中度过的，"夜来风雨声，花落知多少"。我可没有心思去写葬花的诗词了。楼前的柳树已经长满了遮住分手的道路的叶子。不说自己别情深厚，只说每一片叶子都含着柔情，是更深一层的写法。既然别情是那么深，当然只好借酒浇愁，迷迷糊糊的听见黄莺的啼唤，梦境也随之更加纷纭繁乱了。下片转到天晴，西园的林亭来他一番打扫，暗示希望她能来。这本来也很平常，难得的是接写黄蜂。黄蜂扑打秋千索本来也很平常，可是敏感的诗人却联想到那是因为秋千索上留有她那双纤手的香气的缘故。想念她当然希望她来。不是她没有来，只说台阶上长满了绿苔，可见并没有人来过。诗境是空灵的，却又写得那么形象化。又如他的《高阳台·丰乐楼分韵得如字》：

修竹凝妆，垂杨驻马，凭阑浅画成图。山色谁题？楼前有雁斜书。东风紧送残阳下①，弄旧寒、晚酒醒馀。自销凝，能几花前，顿老相如。

伤春不在高楼上，在灯前敧枕，雨外熏炉。怕舣游船，临流可奈清臞。飞红若到西湖底，搅翠澜、总是愁鱼。莫重来，吹尽香绵，泪满平芜。

起段全是写景，中间插一句问话：山色谁题，引出天边的雁字，而且是题画来的，景色于是全活了。可是无情的东风却把残阳送走。酒气一消，春寒逼人。寒而曰旧，自不免勾引起对过去的回忆，从而生出顿老相如的感慨。换头点明伤春，却又说不在高楼上，是宕开一层的写法，紧接上"灯前敧枕"，暗示长夜失眠，因失眠而形容憔悴，然后转到湖上，却又怕去，怕看见水中自己消瘦的面影，心情矛盾得很。游鱼本来是最活泼的，现在却说落花要把愁传染给游鱼了。"莫重来"是重来之后引起伤感的诀绝语，也是吴文英惯用的更深一层的手法。

前人批评吴文英，最常见的一点是"用事下语太晦，人不可晓"。这是事实，不必曲为辩解。不过也需要做一点具体分析，所谓"人不可晓"，是故作艰深呢，还是读者未作深入的探索？或者本不难晓，只因为代远年湮，平常习知的东西变得不大好懂的事例也是有的。当然读词要弄到像猜谜一样从正面、反面、侧面去寻求

---

① 《全宋词》《词综》"残阳"作"斜阳"。

答案，那可真是"受罪"了。而且作始也简，将毕也巨，末流简直变为匠手藏拙的手段，以艰深文其浅陋，像清末那些斗方名士的恶札那样，当然是太不成话了。我们再看他的《八声甘州·陪庾幕诸公游灵岩》：

> 渺空烟四远，是何年、青天坠长星？幻苍崖云树，名娃金屋，残霸宫城。箭径酸风射眼，腻水染花腥。时靸双鸳响，廊叶秋声。　　宫里吴王沉醉，倩五湖倦客，独钓醒醒。问苍天无语，华发奈山青。水涵空、阑干高处，送乱鸦、残日①落渔汀。连呼酒，上琴台去，秋与云平。

灵岩在苏州，上有吴国的馆娃宫、琴台、响屐廊。前面十里有采香径，径亦作泾，溪水名。吴王夫差派他的宫女沿泾采花，故名。庾义为"水漕仓"，即水运谷物至此存入仓库。宋设转运使督理此事。庾幕即转运使的幕僚。词以登高望远起兴，以长星陨落作为灵岩指天拔地的因由，设想已极奇诡。接着以一"幻"字引出天然景物和人工建筑，并点出是某一个败亡的霸王的宫城。远望山外还有采香径，使人想起吴王当日的荒淫逸乐。至今已经过了一千好几百年，好像还能听见西施走在响屐廊上的靸鞋的声音。其实那只是落叶的声音，诗人从幻觉回到了现实。下片又从眼前景物转向遥远的历史。表面上是吊古，骨子里是伤今。吴王沉醉影射南宋君臣，独醒的范蠡又是指谁呢？一个"倩"字别有一番若有若无的滋味，从而发出"问苍天无语，华发奈山青"的感慨。无可奈何之中，只好"送乱鸦残日落渔汀"。歇拍"秋与云平"四字极写莽苍苍的秋色。心情虽属悲凉，气魄却仍然是雄伟的，难怪麦孺博评为"奇情壮采"。

比《八声甘州》更深沉又更明显地流露出对时局的感慨的是《金缕歌·陪履斋先生沧浪看梅》：

> 乔木生云气。访中兴英雄陈迹，暗追前事。战舰东风悭借便，梦断神州故里。旋小筑、吴宫闲地。华表月明归夜鹤，叹当时、花竹今如此。枝上露，溅清泪。　　遨头小簇行春队。步苍苔、寻幽别坞，问梅开未。重唱梅边新度曲，催发寒梢冻蕊。此心与、东君同意。后不如今今非昔，两无言、相对沧浪水。怀此恨，寄残醉。

沧浪亭本来是苏子美的池馆，后归韩世忠。吴文英这首词所说的中兴英雄即指

---

① 《全宋词》胡云翼《宋词选》"残日"均作"斜日"。

韩世忠而言。韩世忠是南宋名将。黄天荡之战，其夫人梁红玉亲击战鼓，鼓励士气，大破金兀术，成为传统戏曲中重要的爱国题材之一。但是由于韩世忠的海船有风才能活动，兀术趁风定的机会以火箭射韩世忠的战船，战船着火焚烧，终致失败，所以词中有"战舰东风悭借便"的话，是钦慕也是惋惜。换头的"遨头"是太守的代称。吴潜当时知平江府，苏州属他管辖。下片全在吴潜身上做文章，"寻幽""问梅"是本题，"催发寒梢冻蕊"，却也蕴藏着国运有点转机的希望，并郑重申言"此心与东君同意"。但是无情的现实终于打破了他们的幻想，只好归结为"后不如今今非昔，两无言、相对沧浪水"。说这首词泄露出亡国的预感，也许不算言过其实吧。

宋词中最长的是《莺啼序》，填过的人不算很多，比较成功的应数吴文英题为《春晚感怀》的这一首：

> 残寒正欺病酒，掩沉香绣户。燕来晚，飞入西城，似说春事迟暮。画船载、清明过却，晴烟冉冉吴宫树。念羁情游荡，随风化为轻絮。　　十载西湖，傍柳系马，趁娇尘软雾。溯红渐、招入仙溪，锦儿偷寄幽素。倚银屏、春宽梦窄，断红湿、歌纨金缕。暝堤空，轻把斜阳，总还鸥鹭。　　幽兰旋老，杜若还生，水乡尚寄旅。别后访、六桥无信，事往花委，瘗玉埋香，几番风雨。长波妒盼，遥山羞黛，渔灯分影春江宿，记当时、短楫桃根渡。青楼仿佛，临分败壁题诗，泪墨惨淡尘土。　　危亭望极，草色天涯，叹鬓侵半苎。暗点检、离痕欢唾，尚染鲛绡，亸凤迷归，破鸾慵舞。殷勤待写，书中长恨，蓝霞辽海沉过雁，漫相思、弹入哀筝柱。伤心千里江南，怨曲重招，断魂在否？

全词分为四段，篇幅虽长，结构还是相当严密。第一段借暮春起兴，主人是无聊的，正在咀嚼孤独的况味。有眼前的景色，也有蒙胧的回忆，第二段对往事作细节的描写。遗憾是春宽梦窄，惜别的眼泪沾湿了舞衣歌扇。第三段是重访旧游，花开花谢，依然如故，可是人不见了，"瘗玉埋香"，是明确的交代。"长波妒盼"以下竭力追写她的美貌和分手的情景。令人难过的是壁上题诗已经蒙上了灰尘，可见人去楼空，已经是过了很长久的时间了。第四段紧接上文，淋漓尽致了倾泻出哀悼的心情。一面嗟叹自己的衰老，一面又陷入对过去的回忆。结局竟是"亸凤迷归，破鸾慵舞"。亸凤，垂头丧气的凤凰，破鸾句用彩鸾对镜哀鸣，一奋而绝的故事，但是点明慵舞，一切都心灰意冷了。即使把自己的心事写出来，也找不到传书的鸿雁，它已经沉到海天的尽头了。这两段很像是歌剧的一首咏叹调，其中平仄的运用，有重复也有变化，特别是第三段的"渔灯分影春江宿"与第四段的"蓝霞辽海沉过雁",在各自的乐句上是前后呼应的,只有那个"过"字忽然由平声换作去声,等于是来了一个不协和音,于是整句变为拗句,使人感到作者是从痴心的想望陷入失望的绝境,从而迸发出顿挫的哀号,这的确是声韵的妙用。

吴文英死后,宋词进入末期。这一时期为宋词留下光辉的记录的无疑是文天祥、邓剡和刘辰翁,其次是蒋捷,然后是周密、王沂孙和张炎。

文天祥

文天祥(1236—1283),字宋瑞,吉州庐陵(今江西吉安)人,是历史上有名的民族英雄。他的《正气歌》及《过零丁洋》几乎是对文化稍为沾上一点边的人都知道的。他写词不多,但是直抒胸臆,表现了凛然的正气和不屈不挠的战斗精神,如《酹江月》:

> 乾坤能大,算蛟龙、元不是池中物。风雨牢愁无著处,那更寒虫四壁。横槊题诗,登楼作赋,万事空中雪。江流如此,方来还有英杰。　堪笑一叶漂零,重来淮水,正凉风新发。镜里朱颜都变尽,只有丹心难灭。去去龙沙,江山回首,一线青如发。故人应念,杜鹃枝上残月。

宋帝昺祥兴元年(1278)文天祥在潮州(今广东潮安)被元兵俘获,押送燕京。路过金陵时,他的朋友邓剡写了一首《酹江月》(用苏轼《赤壁怀古》韵)为他送别。文天祥写了这首和词,仍用原韵。虽然风雨牢愁,寒虫四壁,自己已经"万事空中雪",对于未来却仍然充满希望:"江流如此,方来还有英杰。"正是因为这样,才能斩钉截铁地说:"镜里朱颜都变尽,只有丹心难灭。"歇拍勉励故人永远记住这一次难得的会面。"杜鹃枝上残月",可与他的《沁园春·至元间留燕山作》的"枯木寒鸦几夕阳"参看。

他另外一首《满江红·代王夫人作》也是和韵。王夫人即王清惠,是南宋度宗宫中的昭仪,元军破临江,宫中自太后以下全被押送大都,行至汴京,她在驿中题《满江红》一首,抒写亡国的悲痛。北上后她自请为女道士。文天祥见了这首词,认为结尾两句欠商量,因此代写一首,语气比原词更为坚决。其实王清惠原作也是不甘屈辱的,她要嫦娥接她上月宫里去,不过措词比较温婉些而已。现将两首词录出,以便比较。

王清惠原作:

太液芙蓉，浑不似、旧时颜色。曾记得、春风雨露，玉楼金阙。名播兰馨①妃后里，晕潮莲脸君王侧。忽一声、鼙鼓揭天来，繁华歇。　　龙虎散，风云灭。千古恨，凭谁说？对山河百二，泪盈襟血。客馆夜惊尘土梦，宫车晓辗关山月。问姮娥于我肯从容，同圆缺。

文天祥和作：

试问琵琶，胡沙外、怎生风色。最苦是、姚黄一朵，移根仙阙。王母欢阑琼宴罢，仙人泪满金盘侧。听行宫、夜半雨淋铃，声声歇。

彩云散，香尘灭。铜驼恨，那堪说。想男儿慷慨，嚼穿龈血。回首昭阳辞落日，伤心铜雀迎秋月。算妾身、不愿似天家，金瓯缺。

邓　剡

邓剡，字光荐，江西庐陵（今江西吉安市）人。有《中斋集》，存词13首。（按邓剡的剡字一读如焰，义同：一读如善，地名。从他的别字光荐看，恐怕应读如焰。）他曾参加文天祥的抗元斗争，南宋政权的最后一个海上据点陷落，他投海殉国，被元兵救了起来，张宏范要他留下来教他的儿子读书，他始终不屈。文天祥被俘北上，途经南京，邓剡刚好在南京养病，所以有这一次驿中的唱和。邓剡的《酹江月·驿中言别》原作如下：

水天空阔，恨东风不借、世间英物。蜀鸟吴花残照里，忍见荒城颓壁。铜雀春情，金人秋泪，此恨凭谁雪？堂堂剑气，斗牛空认奇杰。

那信江海馀生，南行万里，属扁舟齐发。正为鸥盟留醉眼，细看涛生云灭。睨柱吞嬴，回旗走懿，千古冲冠发。伴人无寐，秦淮应是孤月。

"东风不借"是说东风没有像对周瑜那样帮文天祥的忙。蜀鸟指杜鹃，吴花即吴宫花草，这一段暗喻南宋的败亡。"铜雀"三句是对太后、宫女被掳北行，备受屈辱的痛愤。"堂堂剑气"形容他们爱国精神的昂扬，如今竟落得楚囚相对的下场。换头的"江海馀生"追述文天祥摆脱元兵的监视，从镇江逃到通州入海，四船齐发

---

① "兰馨"，《全宋词》作"兰簪"

的旧事。"正为鸥盟"两句表示自己还要注视形势的变化，从而引出吞赢、走懿这两件振奋人心的历史事实。赢指秦昭王，蔺相如"持其璧睨柱，欲以击柱"，气概压倒了秦昭王；"走懿"即死诸葛走生仲达的故事。但是俘虏的生活造成了个人心情的矛盾，歇拍仍然归结到"无寐"，只有孤独的月亮作伴。

这首词附见文天祥《指南录》，题为《驿中言别友人作》，实则"驿中言别"是题目，"友人作"三字是文天祥的附注，他本人所作题一"和"字，说明是两人的唱和。如果两首都是文作，那么第二首似应写为"再叠前韵"一类的话才对。把两首全归在文天祥名下，盖未深考。过去有些选本连下面那首《唐多令》也题为文天祥作，那是不符合事实的，它的作者是邓剡：

> 雨过水明霞。潮回岸带沙。叶声寒、飞透窗纱。堪恨西风吹世换，更吹我、落天涯。　　寂寞古豪华。乌衣日又斜。说兴亡、燕入谁家？惟有南来无数雁，和明月、宿芦花。

"西风吹世换"是以天时比拟人事，自己也做了亡国的俘虏。下片点明兴亡之感，情调是悲凉的，音节却是高亢的，显示出作者倔强的性格。

刘辰翁

宋元易代之际的大词人是刘辰翁（1232—1297）。他字会孟，号须溪，有《须溪集》行世，存词350多首，数量和质量都相当可观。他是庐陵（今江西吉安市）人，他的词能够迅速反映重大的事变，如他的《六州歌头》前面有一篇小序说："乙亥二月，贾平章似道督师至太平州鲁港，未见敌，鸣锣而溃。后半月闻报，赋此。"贾似道后来革职放逐，安置循州，福王与芮素恨之遣使杀之于道。刘辰翁写这首词的时候，贾似道还未下台，他已经对他尽量指斥，可见他有政治的敏感，也有相当的胆量。宋亡之后，他始终不出仕，借词作寄托他亡国的悲痛。如他的《柳梢青·春感》：

> 铁马蒙毡，银花洒泪，春入愁城。笛里番腔，街头戏鼓，不是歌声。　　那堪独坐青灯。想故国、高台月明。辇下风光，山中岁月，海上心情。

"铁马"指蒙古骑兵，暗示到处都是蒙古人的天下，所以"银花"只好"洒泪"，临安已经变成愁城了。"番腔"等等点明吹吹打打的尽是一些不中听的东西。

换头说自己不上大街趁热闹，只在家中独坐，回想过去的风光。结尾的排句"辇下"指故都，"山中"指自己隐居的生活，"海上"句则是说临安陷落之后，张世杰、陆秀夫等人在福建、广东沿海一带继续抗元，作者对他们倾注了无限的怀念。

又如他的那首《乌夜啼》：

> 何年似永和年。记湖船。如此晴天无处、望新烟。　　江南女，裙四尺，合秋千。昨日老人曾见、久潸然。

秋千之下作者有一个附注："北装短，后露骭，秋千合而并起。"骭是小腿骨，即指小腿。作者看见江南女子改从北装之后，荡秋千裙短露腿的样子，因而引起他伤心至于落泪。作为一个亡国遗民，从改装看出改朝换代的悲惨的结局。

伯颜攻破临安是在丙子二月，这一年刘辰翁写了那首《兰陵王·丙子送春》：

> 送春去。春去人间无路。秋千外、芳草连天，谁遣风沙暗南浦？依依甚意绪。漫忆海门飞絮。乱鸦过，斗转城荒，不见来时试灯处。
>
> 春去。最谁苦？但箭雁沉边，梁燕无主。杜鹃声里长门暮。想玉树凋土，泪盘如露，咸阳送客屡回顾。斜日未能度。
>
> 春去。尚来否？正江令恨别，庾信愁赋。苏堤尽日风和雨。叹神游故国，花记前度。人生流落，顾孺子，共夜语。

题是送春，春去了，暗示南宋王朝也亡了。全词共三片，每一片都由送春开头，感情则是一片比一片深入。第一片"春去人间无路"，是日暮途穷的感慨。芳草和风沙都在形容局势的险恶。"海门飞絮"比喻逃往沿海的南宋君臣。"斗转城荒"，回到眼前的现实，点明临安已非昔此。第二片问最苦的是什么人，答案是中箭的雁子——被掳北去，皇宫的一行人和无主的燕子——流离失所的士大夫。随即对殉国的忠臣表示吊唁，对被掳北去的行人表示同情，"屡回顾"描写北行的"俘虏"恋恋不舍的情景。"斜日"句有度日如年的意思。第三片的"尚来否"是无可奈何之中勉强提出来的询问，所以紧接上来的是赋别赋愁的江淹和庾信，句下有作者自注："二人皆北去。""苏堤尽日风和雨"是实写，也以此象征蒙古王朝的政治压力。作者只有追忆不堪回首的故国，同自己的儿子说说真心话。说寂寞真是寂寞到了无以复加的地步，再写下去就出现了《永遇乐》那样悲苦的作品：

> 璧月初晴，黛云远澹，春事谁主？禁苑娇寒，湖堤倦暖，前度遽如许。香

尘暗陌，华灯明昼，长是懒携手去。谁知道，断烟禁夜，满城似愁风雨。

　　宣和旧日，临安南渡，芳景犹自如故。缃帙流离，风鬟三五，能赋词最苦。江南无路，鄜州今夜，此苦又谁知否？空相对，残釭无寐，满村社鼓。

这首词前面有刘辰翁的一篇序："余自乙亥上元，诵李易安《永遇乐》，为之涕下。今三年矣，每闻此词，辄不自堪。遂依其声，又托之易安自喻。虽辞情不及，而悲苦过之。"乙亥即宋恭帝德祐元年（1275），刘辰翁已经充满了亡国的预感。再过三年，他已经沦为亡国的遗民，同李清照相比当然是"悲苦过之"了。元宵节本来是璧月当空，加上华灯辉映，应该是一片欢腾的，可是现在却是"断烟禁夜"。断烟可以有两层意思。断绝炊烟，说明城中的老百姓逃避一空，也暗示老百姓穷到无米为炊，所以厨房不再冒烟了。下片主要是用李清照的口吻讲话，从旧日的繁华说到仓皇流徙，所藏书籍以及金石字画的散佚。"鄜州今夜"回到自己家口离散，走投无路的窘境。

现在再录他的一首《摸鱼儿·酒边留同年徐云屋》：

　　怎知他、春归何处，相逢且尽尊酒。少年袅袅天涯恨，长结西湖烟柳。休回首。但细雨断桥，憔悴人归后。东风似旧。问前度桃花，刘郎能记，花复认郎否？　　君且住，草草留君剪韭。前宵正恁时候。深杯欲共歌声滑，翻湿春衫半袖。空眉皱。看白发尊前，已似人人有。临分把手，叹一笑论文，清狂顾曲，此会几时又！

徐云屋不知何许人，应该也是遗民一流，否则不会留他喝酒。不仅喝酒，还讲了心里话。估计他写这首词的时候年纪已经不小。亡国初期那种愤激的心情已经渐趋淡漠，虽然字里行间仍然流露出衷心的慨叹。说喝酒实际上还有强自排遣的味道，因为接上来的是"少年袅袅天涯恨"。而且刚说过"休回首"，不一会又"问前度桃花"可见始终不能忘情。特别是"刘郎曾记，花复认郎否？"中间包含有多少辛酸和抑郁。换头点题，剪韭出自杜甫《赠卫八处士》的"夜雨剪春韭"，所谓"主称会面难，一举累十觞"也。可是刚要碰杯，却沾湿了春衫半袖。更使人懊恼的是"看白发尊前已似人人有"。这是貌似旷达的借酒浇愁，可是就连这样的聚会也不容易再有了。

蒋　捷

　　刘辰翁之后首先应该说到蒋捷。他字胜欲，阳羡（今江苏宜兴）人。宋亡后隐居太湖竹山，所作名《竹山词》，计90余首。他在南宋词人中，一般不认为是大家，连生卒年都不清楚。周济说他"薄有才情，未窥雅操"，是只着眼在他不避村俗语的成见。刘熙载说他"其志视梅溪较贞，视梦窗较清"，从品格上立论，应该算是公允的。至于说他是"长短句之长城"，又似乎有点溢美。但是像陈廷焯那样把他与刘过并论，认为"仅得稼轩糟粕"，甚至讥为"外强中干"，那又未免贬抑太过。平心而论，蒋捷的成就不及辛弃疾或姜白石，这是事实。优点是他很有探索精神，常有一些独到的妙句，构思上也努力独辟蹊径。即使不如刘辰翁那样惓怀故国，却也曲折地传出他亡国之后深沉的苦闷。世人只欣赏"红了樱桃，绿了芭蕉"一类的句子，还不能算是深知蒋捷的。我们先看他的《贺新郎·秋晓》：

> 渺渺啼鸦了。亘鱼天、寒生峭屿，五湖秋晓。竹几一灯人做梦，嘶马谁行古道？起搔首、窥星多少。月有微黄篱无影，挂牵牛、数朵青花小。秋太淡，添红枣。　　愁痕倚赖西风扫，被西风、翻催鬓鬓，与秋俱老。旧院隔霜帘不卷，金粉屏边醉倒。计无此、中年怀抱。万里江南吹箫恨，恨参差、白雁横天杪。烟未敛，楚山杳。

　　这首词的描写手法是别具一格的，读起来仿佛置身于江南水乡。乌鸦一边叫，一边飞远。浮在太湖水面的岛屿笼罩着一层凉雾，天要亮了。本来是躺在竹几上做梦的人，被门外的马嘶声惊醒了，于是起来抓抓头发，望望星星。然后从天上转到地下，写出一幅淡雅的图画。微黄的晓月照着篱笆，照不成篱笆的影子，却让人看到上面挂着牵牛花。光是这样还嫌太淡，于是给它添上一些红色的枣子，这就打破了颜色的单调。既不浓重，又不枯淡，真可谓独具匠心。下片转入作者的身世。本来是指望西风扫掉愁痕的，不料反过来却是西风吹白了头上的鬓鬓。"被西风、翻催鬓鬓"照自然语序应是"翻被西风催鬓鬓"。因为这一句按谱规定是三四句式，所以颠倒了一下语序。"旧院"三句回忆过去疏狂纵酒的生活，现在已经烟消云散了。"吹箫恨"用伍子胥吹箫乞食的故事，比喻自己亡国之后穷苦的遭遇。"恨参差、白雁横天杪"的"恨"字与上句"吹箫恨"的"恨"字紧密相连，是顶针续麻的手法。从字面上看是白雁横天，引起悲秋的情绪，同时也是暗用宋末童谣"白雁渡江来"的寓意，发泄对元将伯颜的痛恨。"白雁"是"伯颜"的谐音。不是伯颜渡江，加速了南宋的灭亡，他又何致于吹箫乞食呢？

他的《虞美人·听雨》写他少年、壮年和老年三个时期听雨的不同的感受，借助每一个典型环境揭示三个时期各不相同的生活，又是另外一种写法：

> 少年听雨歌楼上。红烛昏罗帐。壮年听雨客舟中。江阔云低、断雁叫西风。
> 而今听雨僧庐下。鬓已星星也。悲欢离合总无情。一任阶前、点滴到天明。

少年是醇酒美人，充满了浪漫的情趣。壮年东奔西跑，情绪是悲凉的，意境却又那么开阔。现在不同了，几经丧乱，人也老了，雄心壮志消磨净尽，随你点点滴滴下到天明，我也无所容心了。这里没有典故的堆砌，没有过火的言词，读者却情不自禁地激起强烈的共鸣。

另一首显示作者特异的手法的是《燕归梁·风莲》：

> 我梦唐宫春昼迟。正舞到、曳裾时。翠云队仗绛霞衣。慢腾腾、手双垂。
> 忽然急鼓催将起，似彩凤、乱惊飞。梦回不见万琼妃，见荷花、被风吹。

题目是咏风莲，词中所写却是舞蹈，而且竟是梦中所见，结尾才画龙点睛，"见荷花被风吹"。可见作者描写的重点是在舞容，情景交融，亦真亦幻。翠云扣荷叶，绛霞扣荷花。手双垂形容一种特定的舞态。白居易《霓裳羽衣舞歌》有"小垂手后却无力，斜曳裾时云欲生"之句，即蒋词生发的依据。换头由缓转急，"似彩凤乱惊飞"，"乱"又为辞赋结尾总括全篇的一段，即以暗示舞蹈的结束。人也醒了，舞队不见了，见到的只是荷花被风吹。全篇就此结束，可谓干净利落。

最后看他那首《贺新郎·兵后寓吴》：

> 深阁帘垂绣。记家人、软语灯边，笑涡红透。万叠城头哀怨角，吹落霜花满袖。影厮伴、东奔西走。望断乡关知何处，羡寒鸦、到著黄昏后。一点点，归杨柳。　　相看只有山如旧，叹浮云、本是无心，也成苍狗。明日枯荷包冷饭，又过前头小阜。趁未发、且尝村酒。醉探枯囊毛锥在，问邻翁、要写牛经否？翁不应，但摇手。

兵后指伯颜灭宋的兵燹之后，寓吴说明他是离开老家去苏州。开头三句回忆过去家庭的幸福生活。角声哀怨暗示军事的威胁和破坏，把安乐的家庭拆散了。他只好一个人东奔西走，形影相吊。看见乌鸦飞回杨柳树上的窠巢，不禁引起自己对它的羡慕。下片就眼前景物起兴，山还是老样子，浮云虽然不是有意的，却也变成了苍狗。这是从杜甫的诗句"天上浮云如白衣，斯须改变如苍狗"引用过来的。原意本在比喻世事的变幻无常。现在拿来与青山对比，就包含有自己依然守志不移，有些软骨头却已经变节的意思。枯荷包冷饭是穷苦生活的写照。穷书生能干什么呢？摸摸口袋，还有一枝毛笔，于是找到邻座的老头子问他要不要抄写牛经，回答是摇摇手。老翁之所以摇手，无疑是根本没有牛，还谈什么牛经。一个人穷到这个地步，还不肯屈膝新朝，甘心老死沟壑，这该是难能可贵的吧。

说到这里已到了宋词的尾声了。末期的代表可以举出三位：周密、王沂孙和张炎。

周　密

周密（1232—1308），字公谨，原籍济南，金人攻取汴京之后，他家迁到江南，先后在吴兴、杭州定居。因号草窗，所以与吴文英合称二窗。在讲求格律上，他与吴文英是相同的。风格比较清俊，没有吴文英过于隐晦的缺点，却又不免流于轻浅，而且格局不大，意境不高，成就实不及吴文英。他编有一部《绝妙好词》，选录南宋词人的作品，代表他对词的所谓"正统"的见解，所选的作品是追求形式技巧的居多，正好反映了宋词末流的词风。录他的《一萼红·登蓬莱阁有感》：

> 步深幽。正云黄天淡，雪意未全休。鉴曲寒沙，茂林烟草，俯仰千古悠悠。岁华晚、漂零渐远，谁念我、同载五湖舟？磴古松斜，崖阴苔老，一片清愁。
>
> 回首天涯归梦，几魂飞西浦，泪洒东州。故国山川，故园心眼，还似王粲登楼。最怜他、秦鬟妆镜，好江山、何事此时游？为唤狂吟老监，共赋销忧。

蓬莱阁，在浙江绍兴卧龙山下。鉴曲即鉴湖一曲，是唐明皇赐给贺知章的胜地。茂林出自王羲之《兰亭集序》："此地有崇山峻岭，茂林修竹。"这一联叙述历史的名胜。《兰亭集序》又有"俯仰之间已成陈迹"的话，即"俯仰千古悠悠"所本。"岁华晚"一段说自己年老飘零，谁会来伴我同过隐居生活呢？"五湖舟"用范蠡故事。这句话是泛指，事实上周密是有妻姜子女的。"磴古松斜"三句点明战后的残破景象。下片的西浦、东州，都在绍兴。这一段写自己四处飘零，总忘不了绍兴这个地方。"故国"三句意思比较曲折。既然绍兴已经当作自己的家乡，"故国山川"

云云。为什么又说是"还似王粲登楼"呢？这是更深一层的写法。因为作者的老家本在济南啊！《齐东野语》自序称"余世为齐人"，戴表元也曾引周密的话："先君尝言，我虽居吴，心未尝一饭不在齐也，岂其子孙而遂忘齐哉。"可见周密的乡愁是双料的，还有什么心情去欣赏这发髻一样的秦望山和明镜一样的鉴湖呢？"好江山何事此时游？"这一问用不着回答，谁都听得出他的潜台词。这是《草窗词》中历来公认的压卷之作。试拿它和别人类似题材的作品比较一下，那么，苏轼关于快哉亭的，辛弃疾关于赏心亭的那些作品不用说了，就是姜夔登定王台和吴文英游灵岩的作品也足以使周密的这首词黯然失色。

张　炎

　　与周密同属于承平公子，又同遭亡国的巨变的词人是张炎（1248—1314 后）。他字叔夏，是南宋大臣张俊的五世孙。不过他不是三点水的抗金名将张浚，而是单立人的晚节不终，投靠秦桧的张俊。宋亡之后，张炎曾经穷到在四明开算命馆来混饭吃。他也去过燕京，目的是想捞他一官半职。究竟为什么又失意而归，就不清楚了。总之，宋末词人真正不甘屈节新朝的是刘辰翁、文天祥、邓剡、蒋捷等人。周密因为有点家当，又有比较富裕的亲戚，所以还能绝迹仕途。但也已经与元朝官僚来往，赏玩字画，袁桷说他"晚年以赏鉴游名公间，稍失雅道"，也许是明哲保身的一种手段吧。张炎落拓终身，免事二姓，总算是不幸中之大幸。他的词集名《山中白云词》。考其生平，重要作品大都作于宋亡之后，所以严格说来，他应该划入元朝，与赵孟頫等人列在一起。但是他既然没有在元朝做过官，却曾与唐珏、周密、王沂孙等人同组词社，汇编所作成为《乐府补题》，寄托他们的黍离之感。说他属于宋代遗民，也还说得过去。当然，他的北游燕蓟，暴露了士大夫的软弱性，那是不容讳言的。现在我们来看他具有代表性的《高阳台·西湖春感》：

　　　　接叶巢莺，平波卷絮，断桥斜日归船。能几番游，看花又是明年。东风且伴蔷薇住，到蔷薇、春已堪怜。更凄然，万绿西泠，一抹荒烟。

　　　　当年燕子知何处？但苔深韦曲，草暗斜川。见说新愁，如今也到鸥边。无心再续笙歌梦，掩重门、浅醉闲眠。莫开帘，怕见飞花，怕听啼鹃。

　　开头的"接叶巢莺"写出了春深的景色，引起春色无多的感慨。"东风"两句先是劝东风留住蔷薇，然后更进一层说，开到蔷薇春天已经是够可怜的了。更何况西湖的精华所在竟是一抹荒烟呢。整片的描写从平实到转折，从转折到深入，然后归结到一抹荒烟。下片过渡到当年的燕子，暗示富贵的人家已经消失。韦曲是唐代长安大族韦氏的住处，斜川在江西星子县，这里都是借作比喻，苔深草暗暗寓今昔盛衰之感。岂独是人没有游乐的心情，现在是连白鸥也受到了新愁的传染。愁是那样的无处不在，作者自己当然没有例外的分到一份。"莫开帘"一段的结束，是百无聊赖的真实的写照。然而又是多么无力的悲啼啊！

比较更能反映他凄凉的身世的是那首《解连环·孤雁》：

> 楚江空晚，怅离群万里，怳然惊散。自顾影、欲下寒塘，正沙净草枯，水平天远。写不成书，只寄得、相思一点。料因循误了，残毡拥雪、故人心眼。
>
> 谁怜旅愁荏苒，漫长门夜悄，锦筝弹怨。想伴侣、犹宿芦花，也曾念春前，去程应转。暮雨相呼，怕蓦地、玉关重见。未羞他、双燕归来，画帘半卷。

张炎工于咏物。他写过一首《南浦》，是咏春水的，被称为"张春水"。后来写了咏孤雁，又被称为"张孤雁"。咏物词不能说是正道。如果咏物的目的在于借题发挥，那也是可备一格。例如这首《解连环》，就是寄托了作者的感情的作品。楚江泛指南方，又是离群，又是惊散，说的已经坐实孤雁。雁子飞时总是排成人字的，现在是咏孤雁，那么"写不成书，只寄得相思一点"，无疑是情文相生，形容尽致的好句。加以下文紧接上残毡拥雪的故人，表明写不成书是辜负了故人的期望，而且这个故人又是宁可餐毡啮雪也不肯对敌人屈服，表现了凛然不可犯的民族气节的苏武，这个"误了"就更含有内疚的成分。换头"旅愁"承接上文，"长门夜悄"是借陈皇后打落冷宫的故事使哀怨更加具体化。"想伴侣"以下宕开，估计他们也许会想到回来。"怕"不是害怕而是"倘若"的意思。这就是说，倘若忽然与伴侣在玉关重见，那就可以暮雨相呼了。能够暮雨相呼，即使双燕归来，我也不再是孤单单的一只，不致于输人一着了。这里流露出作者摆脱孤独的处境的愿望，可见还不是完全悲观消极的。

张炎的小令精品不多，举《清平乐》一首为例：

> 候蛩凄断，人语西风岸。月落沙平江似练，望尽芦花无雁。　　暗教愁损兰成，可怜夜夜关情。只有一枝梧叶，不知多少秋声。

这首词由凄咽的蛩声开始，映衬出一片空明的画面。不仅是一片空明，还是一片寂静，甚至于连打破寂静的信息都没有，因为是"望尽芦花无雁"。下片把心事和盘托出。"只有一枝梧叶，不知多少秋声"。对比之下，越发显得梧叶是孤苦零仃了，何况秋声更好比是突然袭击呢？歇拍的情调是低沉的，却又写得那么惊心动魄。

张炎还有一部论词的著作《词源》，是关于词的创作理论的。他非常重视声律，所以上卷专论乐律，下卷才落到作法。他提出"词以意趣为主"，但是他之所谓意趣并不是我们所理解的思想情趣，而只是"要不蹈袭前人语"。他的所谓"清空"，也偏重于要求"疏快"，"不要质实"；要"用虚字呼唤"；用事要"融化不涩"。这就是要求在字面上下工夫，近于形式主义了。他比较注重内容的提法是"词欲雅而正"。所谓雅正，主要是排斥"浮艳"，反对周邦彦"为伊泪落"，"最苦梦魂，今宵不到伊行"之类的"淫风"。对于真正反映时代的动乱，充满爱国精神的作品如稼轩词所表现的那样，他竟贬为粗豪。他的流弊使得填词只是挖空心思去摆弄一些警句。他的影响一直到清朝常州派兴起之后才有所减退。

王沂孙

末了一个要说的词人是王沂孙。他是绍兴人，字圣与，词名《花外集》，又名《碧山乐府》，他的生平可以说是名不见经传，只有周密和张炎词集中有悼念他的作品。至于他的生平出处仅见于《延祐四明志》，说他曾任庆元路学正，时在元世祖忽必烈至元年间。正是这简单的一句话给王沂孙做了一个无情的鉴定。他不仅不能上比刘辰翁，甚至于还不及周密和张炎。虽然中国的传统说法学官与命官不同，全祖望为王应麟辩解，就曾说过："山长，非命官，无所屈也。"直到中华民国时代，陈师曾在北洋政府教育部工作，逝世之后，陈三立作为清朝遗老为他的亡儿作行状，说到衡恪在教育部任事，也特别补上一句"不为官"，为自己预留解嘲的地步。由此可见，我们固然不必像汪兆铺、刘毓盘那样去帮倒忙，把他之任庆元路学正上推到宋末，或者说他未尝出仕；但也不必像胡适那样夸大其词，斥为降志事仇。如果我们可以承认赵子昂、吴梅村的历史地位，那么，王沂孙的学正问题恐怕只能算是白圭之玷吧。

王沂孙现存词只有65首，凭这少量的作品却在词史上占有那么显赫的地位，这不能不感谢清朝词学名家张惠言、周济、谭献、陈廷焯诸人的称誉。平心而论，他身经亡国之痛，他的作品隐寓身世之感以至君国之忧，是很自然的。他的咏物词虽然被讥为"晦涩的灯谜"，却由于观察的深刻和描写的精细，加以注入了作者的真情实感。只要读者不是浮光掠影而是用心揣摩，是不难感到一股打动人心的力量的。

当然，王沂孙的词没有"剑拔弩张习气"，周济认为是他的优点，我们却恰好认为这是他无法弥补的缺陷。如果他真能有一点"剑拔弩张习气"，他的成就也许还要大一些。不过各人有各人的资质，唱小生的不一定要他兼唱大花脸。他的词，说他深美闳约也好，说他沉郁顿挫也好，说他餍心切理，言近旨远也好，总之都是词的典型的风格，真是上不似诗，下不类曲。我因此倒想起了一个大约类似的比拟：王沂孙的词相当于肖邦的钢琴曲。说起钢琴曲，我们立刻会想到贝多芬的奏鸣曲，毕罗曾称之为《新约圣经》，巴赫的《平均律钢琴曲集》则为《旧约圣经》。评价是非常之高的。然而另一种不无道理的说法则认为贝多芬的钢琴曲固然是大气磅礴，然而那种急管繁弦的效果却随处流露出他那交响乐大师的本色，倒是肖邦真能抉发钢琴的精髓，不愧为海涅所称许的确切意义上的钢琴诗人。不错，事先定下一个绝对的标准来束缚艺术家的手脚是不可取的，有这样一类生香真色的艺术家却又是可喜的。王沂孙之得为确切意义上的词人，未始不是词史上的特种类型。我们检阅王沂孙的词集，其中很难找到什么率笔或败笔，这也是罕见的现象。现在先看他的一首《齐天乐·蝉》：

> 一襟馀恨宫魂断，年年翠阴庭树。乍咽凉柯，还移暗叶，重把离愁深诉。西窗过雨。怪瑶佩流空，玉筝调柱。镜暗妆残，为谁娇鬓尚如许？
> 铜仙铅泪似洗，叹移盘①去远，难贮零露。病翼惊秋，枯形阅世，消得斜阳几度？馀音更苦。甚独抱清商，顿成凄楚。谩想薰风，柳丝千万缕。

这首词收入《乐府补题》，那是一部南宋遗民咏物词的汇集。咏物本是文人的一种文字游戏，可是这部《乐府补题》里面却大有文章。原来元朝初年释教总统杨琏真伽发掘了南宋六代皇帝和皇后的陵墓，盗取殉葬的珍宝之后，把那些尸骨搅和兽骨扔在野地上。当时唐珏约同几个知心朋友把这些尸骨埋葬了，并且以咏物为题抒写众人的悲愤。这是处在专制统治之下逃避文网迫害的一种手段。其中有一题是咏蝉。为什么要赋蝉呢？据说当时有一个乡民在孟后的墓地里捡到一只发髻，髻上还有一条金钗，历史上原有齐王后抱恨而死，尸化为蝉的故事，因此以蝉隐喻皇后，同时古代又有一种称为"蝉鬓"的发式。说到蝉，联系到蝉鬓，那就与孟后身后不幸的遭遇扣得更紧。这首词之所以动人，自是由于题材本身就是非常悲惨的。开头"一襟馀恨"可以说是开门见山。词中"西窗过雨"一句是全篇的转折点。在这之

---

① "移盘"一作"携盘"，但"移"字较好。

前是追叙蝉的身世和目前的处境。"过雨"象征生活的波澜,从而引起瑶珮、玉筝的调弄,点明"镜暗妆残",随即反问一句"为谁娇鬓尚如许",是摇曳生姿的笔法。"铜仙"指汉朝建章宫前手捧承露盘的铜人,后来魏明帝曹叡派人把铜人拆下来搬往洛阳,传说铜人居然流了眼泪。蝉以饮露为生的,承露盘移走了,等于剥夺了它的生活资料,也是国破家亡的暗喻。"病翼"三句着重预告末日的临近。"馀音"一段仍然回到蝉的身上。"商"是宫商角徵羽五音之一,"商,伤也",紧扣上文的"更苦"。歇拍是对旧日美好生活的回忆。冠以"谩想",点明回忆是徒然的,因为那是一去不复返的了。说它包含亡国之痛,诚然不错。然而只能意会,要想象端木埰那样逐句比附,那是不切实际的。

他的作品比较疏快的是《高阳台·和周草窗寄越中诸友韵》:

> 残雪庭阴,轻寒帘影,霏霏玉管春葭。小帖金泥,不知春在谁家。相思一夜窗前梦,奈个人、水隔天遮。但凄然,满树幽香,满地横斜。
>
> 江南自是离愁苦,况游骢古道,归雁平沙。怎得银笺,殷勤与说年华。如今处处生芳草,纵凭高、不见天涯。更消他,几度东风,几度飞花。

周草窗即周密,越中指浙江绍兴一带。"残雪""轻寒"都是冬天临近结束的景象。"春葭"点明已交春令。照中国古代的律历,将葭莩灰塞入律管,什么节气到来,那一支与它相应的律管里面的芦灰就跟着飞动。"霏霏",形容葭灰飞动。"小帖金泥"是说在纸面上涂上金屑,过年时贴在门上,称为"春帖子",都写"宜春"两字或五七言的吉利诗句。这两句是说泥金帖子固然照老例贴上了,究竟春天真的到了哪一家却不知道,言外之意是我可没有春天。接下去的"相思"落到"个人"身上,个人即那个人,暗指周密。身边没有朋友,只见梅花,故曰凄然。下片明说离愁,以江南对古道。自己身在江南,想的却是古道平沙,很可能是象征北地风沙,暗示南宋帝后妃嫔被掳北行,以"况"字领起,更深一层。"怎得"两句消息隔绝,终于发出了还要再挨多少次春尽花残的叹息。

王沂孙擅长咏物,如前所举的咏蝉,是带有兴亡之感的,现在再举一首纯粹描写物态的作品,借以显示这一类我国文学特产的"古怪的成绩"(鲁迅语)。词为《无闷·雪意》:

> 阴积龙荒,寒度雁门,西北高楼独倚。怅短景无多,乱山如此。欲唤飞琼起舞,怕搅碎、纷纷银河水。冻云一片,藏花护玉,未教轻坠。

清致。悄无似。有照水一枝，已挽春意。误几度凭栏，莫愁凝睇。应是梨花梦好，未肯放、东风来人世。待翠管、吹破苍茫，看取玉壶天地。

题目是《雪意》，即雪有要下的意思，但是还没有下出来。这是一种观察入微，划清各种各不相同的景色的界线的专题。说雪意就不能犯下雪的描写，正如王沂孙的另一首《眉妩·新月》就没有一句是描写月圆的一样。现在看他怎样写雪意。开头搬出"龙荒"，泛指寒冷的极北地方，从"龙荒"度到"雁门"，阴而且寒，明明是说冬天。"短景"指冬天的日子短，"乱山"是加强辽阔的感觉。当然说这两句是触景伤情也未尝不可。"飞琼"借用西王母侍女许飞琼的名字，琼是美玉的名称。"飞琼起舞"是大雪纷飞的拟人的描写。冠以"欲唤"，则是限于想要，实际上并不要，原因是怕搅碎纷纷银河水，可见还是雪意。"藏花护玉"，目的在于"未教轻坠"。换头的"清致"写雪兼写梅，中国历来总是梅雪并称的，所以紧接"照水一枝"，互相映衬，预告春天的信息。但是光写物未免太单调了，所以又请出莫愁来，"凭栏"遥应开头的"高楼独倚"。所不同者，前面只是望眼所及，这里却接触到新旧代谢的时令。一方面梅花已经露出了春意，另一方面雪还是欲下未下，这就引起了美人的猜测。也许是梨花还在做着好梦，不肯放东风到人世间来。梨花不开，亦即雪不肯下。梅花是实写，梨花是虚拟。梨花只是雪的代称。你不肯下就不下了吗？我要吹起玉笛，吹破那阴沉迷茫的天气，直到铺天盖地全是晶莹洁白的一片。全篇有泛写，有实写；一会写人，一会写事，但是全篇的结构却是互相衔接的，像珠子一样串了起来，形成一个整体。"雪意"的"意"本来是虚的，一虚就不好捉摸。作者一路写来，却处处使人感到具体的形象，这也可以说是这首词的独到之处吧。

南宋词人经历了亡国之痛，的确留下了一些打动人心的词作。可是就内容而论，却是微弱的呻吟多于悲壮的呼号。加以新朝压迫手段的毒辣，即使是这一点微弱的呻吟也是转弯抹角地表现出来的。说他是软弱性的表现，当然可以。不过无论如何总还是一种声诉，所谓"亡国之音哀以思"也。到了清朝，经过三番五次文字狱的威吓，那些幸存的文人恰好从这一类词作找到了抒发他们隐蔽的情感的范本，南宋的词人从而受到了不同寻常的重视。他们讲论宋词，有的推尊姜（夔）史（达祖），有的称颂双白（白石及山中白云），有的顶礼二窗（梦窗与草窗），最后定出了"问涂碧山，历梦窗、稼轩以还清真之浑化"的路数。这种风气一直延续到清末。后来王国维起来，凭他初步获得的西洋美学的知识，从理论上揭起批判的大旗，把打击重点放在吴文英、张炎身上。虽然有时不免偏激，的确是转移了一代的风气。弄到那些守旧的词家只有招架之功，并无还手之力。即使替吴文英辩护，也不得不承认吴文英脸上也有"疙瘩"，只是没有辛弃疾脸上那么多而已。现在时移势易，周、吴的偶像已经打破了，我们尽可以平心静气地坐下来探讨一下这一场历史的公案。

关于南北宋词的评价问题

关于南北宋词的评价问题，关键是对词的正变的理解。过去一直有一种成见，总认为词以婉约为主。苏轼"以诗为词，如教坊雷大使舞。虽极天下之工，要非本色。"什么是本色呢？那就是《花间集》、南唐二主和冯延巳的作品。这实在是本末倒置的说法。探本穷源，我们应该撇开《花间集》，追溯到敦煌曲子词，才算是看到词的本来面目。敦煌曲子词的反映面是相当广泛的，是来源于现实生活的，只有到了晚唐五代才转入了"艳科"的斜路，而且直接影响到北宋前期的晏殊、欧阳修一派人，其中只有范仲淹、柳永等人写过一些比较开廓的作品。苏轼起来，词才取得了与诗平等的地位。但是苏轼"拨乱反正"的功绩并未受到普遍的承认，甚至于不能影响他的门徒如秦观之类。多数人还是沿着花间的老路走下去，到周邦彦而"集大成"。因此过去所谓代表北宋的人物，竟是陈郁所说的"二百年来以乐府独步"的周邦彦。这才是他们心目中的正统。朱彊邨的《宋词三百首》可为例证。虽然南宋是不是定吴文英于一尊，从张炎起便有分歧的意见。朱彝尊《词综·发凡》说："世人言词，必称北宋。然词至南宋始极其工，至宋季而始极其变。姜尧章氏最为杰出。"汪森《词综·序》也说："鄱阳姜氏出，句琢字炼，归于醇雅。"接着便把他们心目中的南宋名家如史达祖、吴文英、蒋捷、周密、王沂孙、张炎等等全归入他的门下。周济出，提出了不同的意见："近人颇知北宋之妙，然终不免有姜张二字横亘胸中，岂知姜张在南宋亦非巨擘乎？"他对南北宋也有他自己的看法："北宋词，下者在南宋下，以其不能空，且不知寄托也；高者在南宋上，以其能实，且能无寄托也。南宋则下不犯北宋拙率之病，高不到北宋浑涵之诣。"周济的意见统治词坛将近100年，才由王国维来一次发难，断言"北宋风流，渡江遂绝。"比较宽一点的是给辛弃疾留一点面子："南宋词人，白石有格而无情，剑南有气而乏韵，其堪与北宋人颉颃者，惟一幼安耳。"如果我们再问一句，他心目中的北宋究竟以谁为代表呢？他说："词之最工者实推后主、正中、永叔、少游、美成，而后此南宋诸公不与焉。"这样一来，辛弃疾落选不用说了，连苏轼也落选了。那么，经过这一番筛选，宋词还剩下些什么呢？恐怕只好借刘熙载的一段话来评全部宋词了：

"齐梁小赋，唐末小诗，五代小词，虽小却好，虽好却小。盖所谓儿女情多，风云气少也。"平心而论，北宋上承西蜀南唐的词风，局促在绮筵绣幌的狭小范围之内，写词的目的也仅如晏几道所说的"析酲解愠"。兴之所至，什么都可以信笔直书，不像作文赋诗那么道貌岸然，所以寇准、范仲淹、韩琦、司马光等等直节大臣，写起词来都不必揉捏作态，使人感到非常之自然和亲切。晏殊、欧阳修、秦观因为写得比较多，因而"暴露"得更为彻底，结果不免瑕瑜互见，也就是周济所说的"浑涵"与"拙率"。如果沿着这条路走下去，势必要走进死胡同。苏轼的历史意义正在于他"指出向上一路，弄笔者始知自振"。然而到了周邦彦却又在走回头路。而且除了内容的贫乏之外，还有意识地加上更多的声律的束缚。然而幸乎不幸乎，金兵打过黄河来了。民族的灾难震撼了当时的人心。时势造英雄，辛弃疾力挽狂澜，把词推向了新的高峰，真正如刘克庄所说的，"大声镗鞳，小声铿鍧，横绝六合，扫空万古"。朱彝尊说词"至南宋始极其工，至宋季而始极其变"，虽然他的原意是指以姜张为代表的南宋，根本没有把辛弃疾算在内，我们今天来看他这句话，倒可以说他"歪打正着"。因为到了辛弃疾手里宋词才最后完成了"附庸蔚为大国"的使命。灌注着这样热烈深刻的爱国思想的诗歌的确是前无古人。因为在他之前，汉族皇帝纵然是挨打逃跑，皇帝被俘，像西晋那样，还是偏安江左，称帝自立，从来没有过赵构那样对异族俯首称臣的可耻的记录，诗人也从来不曾有过像辛弃疾那样忠勇奋发，执戈卫国，却又遭受到那么多的压抑挫折，壮志难酬的处境。正是民族的灾难如此深重，生活的经历又如此多变，才成就他这样一位"推倒一世之智勇，开拓万古之心胸"的词人以及在他影响之下崛起的词派。这不是"至南宋始极其工"吗？到了南宋末年，词人身经亡国的巨变，而这一次亡国又不是过去那种改朝换代式的一姓兴亡，而是惨遭异族蹂躏，沦为异族奴隶这样一种历史上空前未有的奇变。他们内心充满了无穷的哀怨，这是可想而知的。但是他们要想反抗又没有力量，只能借助一些表面上不相干的事物，曲折地表达出来。这才是"至宋季而始极其变"的历史背景。他们的作品也可以说是反映了这种历史的实况。可是朱彝尊他们却不是这样去理解，他们的所谓工和变，不外乎是"裁云缝月"，"敲金戛玉"；或曰"织绡泉底，去尘眼中"；或曰"炼字炼句，迥不犹人"；或曰"镂冰刻楮，精妙绝伦"。总之都是一些技巧的花样。这样变，倒实在宁可拙率，还不失为生香真色。《词综》（包括浙派）之所以不能使人满意，正由于崇奉双白，画地为牢。文廷式讥评朱氏"所选《词综》，意旨枯寂。后人继之，尤为冗慢"，不是没有道理的。以上云云，算是朱彝尊说词"至南宋始极其工，至宋季而始极其变"之所以是"歪打正着"的解释。从此以后，宋词作为一代诗体的代表已经宣告结束。现在留下来的一个问题是：宋以后还有没有词？因为宋以后无词，正如唐以后无诗一样，这个论点在一部分人的思想上是始终占有相当的势力的。如果这种说法能够成立，那么，元好问（其实他的活动时间比张炎等还要早，他不愧为北方之强。）、张翥、陈子龙、屈大均、王夫之、陈维崧、朱彝尊、纳兰性德这些人的作品都不能算数，更不用说王鹏运、文廷式、朱祖谋、王国维了。事情恐怕不见得是那么简单吧。文学史上的事实是，各个时代常有新形式的出现，但是新形式并没有取代旧形式或者消灭旧形式，而是给诗歌园地里添上了新花。所以十四行诗，亦即商籁体，虽然从文艺复兴时期以来流行了好几百年，普希金还用这一诗体写了他的杰作《奥涅金》，到了20世纪德国反法西斯诗人贝希尔手里还写出《摩拉将军》那样辛辣深刻的名篇。传到中国，闻一多、徐志摩、朱湘、戴望舒也都采用过这种诗体来写作，冯至还出版过一本《十四行集》。我们没有权利说这些作品不是诗。就词论词，不是到了20世纪无产阶级革命时代还出现了毛泽东这样元气淋漓的大手笔吗？可见文艺形式具有相当的持续性这句话是有事实根据的。当然，随着具体情况的变化，有些形式会发生相应的变化甚至于失去它的生命力。即以填词而论，我们今天填词，作为诗的形式的一种，固然不必讲究什么四声阴阳清浊，但是平仄总不能不讲，然而今天的口语已经没有入声（闽粤等少数省区算是例外），"入派三声"已经是"久矣乎千百年来已非一日矣"的事实，去声和平声也渐渐的不甚分明，因此现在有些填成的词不过是字数与词牌相符而已，那又何必还叫填词呢？记得柳亚子生前说过，平仄的消灭极迟是五十年以内的事情，没有平仄，旧诗就失去了它存在的依据，于是得出了如下的结论："旧诗必亡，新诗必昌。"诗是这样，词也是这样。这是历史发展的必然趋势，不以人的好恶为转移的。至于作为宝贵的文化遗产，词也与其他各种形式的文学作品一样，永远不会灭亡的。它也永远不会丧失它感人的魅力，这是可以断言的。

后 记

　　要写一本论词的书，本来是我多年的心愿。也正因为有这心愿，所以总是随时留意收集有关的材料。但由于工作的关系，诗词倒成了我业余的爱好，因而老是顾不上。不幸史无前例的一次"横扫"，把我辛苦积聚的书籍、乐谱、字画、唱片一扫而空。后来是下去接受脱胎换骨的"再教育"，然后又回到北京。回到北京，仍然无事可做。好在还有几个知心朋友，臭味相投，可以古往今来的穷聊，说得好听一点，也算是"以文会友"吧。在聊天的过程中有时又好像有所领悟。夜深人静，把它记下来，其中的一部份就是这本《谈词随录》。因为是随手记录，谈不上是什么专门著作，所接触到的问题主要是有关词与诗的分界。词的产生和演变，南北宋词的长短得失等等。有的是承袭旧说，有时也发一些自以为不无道理的议论。究竟它是愚者千虑之一得，还是一派胡言，那只有听候读者严正的评判，岂只是消极地听候而已哉，我是在恳切地盼望着，盼望着！

廖辅叔

1983 年 7 月 25 日，北京

兼堂韵语

版本：中央音乐学院学报社出版（内部），1998年

兼堂韵语

廖辅叔

中央音乐学院学报社

自　序

　　把我历年所写的诗词拿去付印，说实在的，总觉得像是傅赫斯论捷克诗人贝斯鲁奇说的，违反了本人的意愿。既不是为了评职称，把自己的作品搬出来证明自己的业务水平，也不想去做诗国的移民，何苦要做这种灾梨祸枣的事情呢？那又为什么要拿去付印呢？我是拗不过亲人和好友的怂恿，不肯辜负大家的好意，这才同意拿出来的。好吧，既然是拿出来，总得交代几句，怎么说呢？说说自己写诗的经历吧。

　　也许是天生坏习惯，也许是从小受到家庭的影响，看见大人平时吟诗对对子的那股劲，我就什么平仄也不懂的时候，也是七字一句地凑出几句和人家逗乐。偶然间我看到了那四句分辨四声的口诀，"平声平道莫低昂"什么的，虽然分辨四声还没有把握，平仄是对付得了的了，于是就以《千家诗》为范本，"平平仄仄仄平平"地吟起来了。但是吟来吟去，总觉得上下不接榫似的。于是拿自己的歪诗和书上的作品进行比较，才发现第三句的平仄结构是应该和上一句接应的，否则念起来就显得拗口。当时还不知道"失黏"这个术语，只知道前后平仄应该接应就是了。总之，就这样走了一段弯路，算是摸到了一点门径了。

　　过了一段时间，我又看到了一本《白香词谱》，发现里面作品的句子长长短短，念起来特别好听，于是我也"东施效颦"起来。但是自己写出来的东西念起来非常别扭，拿来同书上的作品一核对，原来我只是照书上的作品每一句的字数写出来，并没有依照每一句规定的平仄。我这才恍然大悟，所谓填词，是严格依照每一句规定的平仄填成的，这一发现真好比是哥伦布发现新大陆一样地得意。

　　就是这样我一步一步地摸索到做诗填词的初步规律，写起来就更加顺手了。说得好听，这就是所谓无师自通。实则在暗中摸索的过程中所经历的曲折是只有身临其境才能够有所体会的。不过这一切都是暗中进行的，我根本没有向别人透露过一点消息。当时青主还在德国没有回来，大家都非常想念他，盼望他早点回来，共叙天伦之乐，我们在家的姐妹兄弟分别写信给他，我也写了一封，还附上三首七绝。大家的信写好之后，父亲想看看大家写了些什么，发现我的三首七绝，不觉大吃一惊，怎么会冒出这个捞什子！当时他的确是高兴了一阵子。还耐心地问我怎么学来的，特别是每一句平仄的顶接都没有出错，是怎么会这么巧。我把我摸索的经过说了，他说那倒真难为你了！可以说他真是隐藏不住他的高兴。

过了一些时候，他看见我对诗词有点近乎着了迷，他这才提出了警告，他说读书的目的不光是为了做文章，所谓立德、立功、立言，立言放在末一位，而且这里的立言是有关国运人心的大道理，并不是流连光景的文章，所以顾亭林说，一为文人，便无足观，何况仅仅是做诗、仅仅是填词！这一番话当然是非常对的，我也的确是心悦诚服，但是事实上我并没有做到这一步。有一次，我像往常一样边走边背诵一些名句，从后院走向前院，穿过正厅的时候，口中正念着杜甫的诗句"五更鼓角声悲壮，三峡星河影动摇"，不料抬头一看，父亲正坐在那里，这一来我真好比是捉贼捉赃般地活现形。父亲听了只是摇摇头苦笑一下，总算没有挨到臭骂。然而我这个不听话的孩子已经是到了不可救药的地步了。

小学毕业，我去广州上学，读到胡适的《尝试集》以及杂志上的一些新诗，觉得诗词也应该另辟蹊径，后来读了郭沫若的《女神》，又为写诗扩大了眼界。不过这一时期的新诗基本上还是文言改成了白话，诗的格调还是传统的吟诵式。到了闻一多和徐志摩才真的写出"新诗"，白话提炼成一种诗的语言。新诗取得了独立的地位，我也开始用心学写新诗。当然，旧体的诗词还是继续写，而且年终结算，新诗的数量还是不及旧诗数量多。中年以后，就只写旧诗。这究竟是什么缘故呢？是习惯的惰性在作怪吗？抑或是传统的魅力使得你自然而然地听从它的驱使呢？

郁达夫生前说过，一个人可以穿西装，抽绞盘牌香烟，但是如果做起诗来，恐怕还是会走平平仄仄仄平平那条路。当然，郁达夫是"夫子自道"，他是洋服也不穿的。别人呢，五四以来写新诗的如俞平伯、朱自清等后来都只写旧诗，事实上胡适也并没有与旧诗绝缘。当时诗坛还传过所谓"胡适之体"。梁宗岱说他饱读外国文学之后，一回到中国文学园地里来，立刻感到有一种特殊亲切的情味，他还印行过一本《菊香词稿》，可见传统的诗词始终具有很强的生命力。虽然柳亚子说过，旧诗只有50年的生命，他甘心为旧诗唱挽歌。他的根据是旧诗的根本一条是要有平仄的规矩，现在通行的国语已经没有入声，入声分别归到平上去三声里去，平仄失去了实践的作用，有些人根本分不清平仄，这样写旧诗是糟踏旧诗，所以它是活不下去的。但是他的50年已经到期，各地的诗词学会却真的是有如雨后春笋，柳老先生的预言是不是不灵了呢？也许50年的时间是定得太死，前途如何，只好静待事实来答复了。有一点我以为可以肯定的，是过去写新诗，或者研究外国古典文学而终于回到旧诗上来的，他们对古典文学本来就有相当扎实的功底。年轻的一代，即使回过头来写旧体的诗词，也大抵是理智上或感情上承认传统的重要，情趣上、韵味上恐怕就有一定的局限，写起旧诗来也就不免是貌似多于神似吧。

　　我因此想起毛泽东的那番话："诗当然应以新诗为主体，旧诗可以写一些，但是不能在青年中提倡。因为这种体裁束缚思想，又不易学。"说诗应以新诗为主，正是赵瓯北。"江山代有才人出，各领风骚数百年"的实际的体现。说不宜在青年中提倡，那么，旧体诗的队伍势必日渐缩小。这是历史的必然趋势，我们是历史唯物主义者，不能采取不承认主义。主领风骚的当然就是非新诗莫属了。

　　也许有人认为新诗还不够成熟。不错，一种新体从萌芽到成熟，总是经过以百年计的长时间的。就说词吧，从敦煌曲子词通过南唐二主到欧秦、苏辛、周姜，不是经过五六百年的时间吗？我们有什么权利可以苛求新诗呢。至于新诗之所以新，似乎还应该借鉴外国的经验。新诗人中比较卓有成就的如闻一多、徐志摩、戴望舒、冯至、卞之琳、艾青等等都是有相当精深的外国文学的修养的。如果只从传统的方面，包括古典的和民间的宝库汲取经验，那恐怕就不免是新式的敦煌变文或再生缘的新装而已。狂夫之言也许不对，我是依照知无不言，言者无罪的原则说说自己的想法的。

　　由于写诗只是抒发自己的感应，并不想到拿去发表，所以写过之后就放在一边，没有准备专门的本子把它编集起来。经过大半生的流离迁徙，总是随写随散，特别是经过那一场史无前例的文化大劫难，几乎扫地出门。现存的这些作品，大都是凭自己的默记和朋友的提示搜集起来的。有些是忘记了，有些是记得一些断句凑不成一篇完整的作品，只好放弃了。至于现存的这些东西，有时自己回头看了也不免觉得脸红，还有一些带有政治色彩的，那就革命也好，遵命也好，写的时候是一片真诚，人家看了觉得可笑或是可恼，从而引来一顿嘲笑，那也是由不得我了。还有新诗一束，虽然极不成熟，但那也是自己过去生命的一部分，因而收在一起，老牛舐犊，亦人之常情也。

　　此外再没有什么可说的了。是为序。

1996 年 3 月 15 日

廖辅叔记于北京，虚岁 90

兼堂韵语

高阳台

羊城春感

絮乱西园，车分南陌，尺书难罄相思。红粉惊回，寻春偏尔来迟。当时点点胭脂泪，怕愁人背后偷垂。自伤神，一度花前，顿改芳姿。　　花飞难返繁枝，看清江东注，可信能西？十丈愁城，朝昏未解重围。今生痛自孤眠过，惹牵情别梦依稀。伴荒寒，翠柏森森，绿竹猗猗。

杂　诗

覆额新裁发，匀脂乍试妆。问名应得句，呼姊自成行。簇簇东栏雪，盈盈西阁床。星眸一回盼，墙外立王昌。

玄鸟归巢日，青禽作使频。绣鞋符好梦，锦瑟思芳春。斗草争呼侣，遮樱每掩巾。宵寒看密札，红烛背他人。

相见群芳院，从教识姓名。银床脂粉泪，金井辘轳声。对眼无多语，挼裙不尽情。东风今岁恶，花事乍飘零。

泥落梁空在，朱门院落深。叶浓添黑影，草长尽红心。司马青衫湿，相如绿绮琴。乖违成诀绝，凄绝白头吟。

青梅成往迹，红斗各分携。感旧长封臂，凝愁半敛眉。几回蝴蝶梦，一曲鹧鸪词。玉减香销了，愁城未解围。

乍展崔徽貌，无端一动心。含情春婉晚，招梦夜深沉。小鹿悬桃叶，骄骢隐柳阴。可能同阮籍，邻酒不嫌斟。

赤绳偏错系，月老太无知。道豕知年误，乘龙叹我痴。可怜空后约，何日是归

148

期。绣阁春空老，思量泪自垂。

买酒终年醉，寻春一世狂。十年怜杜牧，千树后刘郎。岂乏鸾胶续，其如贝锦昌。绮怀消歇尽，幽梦断高唐。

只　影

只影空房夜不眠，转从北国忆南天。飘零难载司勋酒，疏放偏遗公子鞭。
斗转楼高怜赵女，指寒调急断湘弦。眼前岂是长无谓，却背花枝送少年。

所见（南京"国民革命军阵亡将士纪念塔"）

高塔巍巍指上苍，千秋俎豆荐馨香。丹心一点倾宗国，白骨成堆架殿堂。
按剑磨牙难两立，传杯执手又同行。英灵倘有归来日，死友生仇费料量。

噩　耗（为迅雷作）

噩耗疑终信，吞声但拊膺。铁窗昭大节，金字写高名。甘苦茶如荠，丹青笔有棱。覆盆同急难，长与励平生。

客　愁

离散无常聚亦奇，浦云淮树共依依。客愁黯黯风前笛，残局纷纷劫后棋。
望治可如生马角？筹边何处觅燕脂。都将窗外潇潇雨，化作伤时泪一挥。

高阳台

角断谯楼，寒侵古屋，愁人又到黄昏。燕子归来，乌衣难认朱门。南朝佳丽伤心地，访繁华金粉无痕。莫登临，吊古伤今，一样销魂。　　罪言欲写书生愤，奈人间哀怨，高处难闻。恶浪危樯，依然吴越纷纭。婴心袖手看沉陆，指舆图热泪如铅。问伊谁，酒熟羔肥，歌舞中军？

浣溪沙

来世前生未可知，天堂地狱是耶非？最难堪是事心违。　　欲学老泉争发愤，却愁玉阙召通眉。茫茫生死费猜疑。

秋 凉

炎炎夏日易秋凉，一样飚轮岁月忙。自是黄金掷虚牝，可怜白发负高堂。
少年意气分裘马，乱世文章贱稻粮。午夜乡心无处说，眼前红日又窥窗。

齐天乐

梧桐叶上秋声碎，天涯屡乖归讯。蜡屐痕消，莓墙蜗蚀，人共花颜都损。宵深梦浅，有阶下寒螀，伴人凄惋。又是乡关，忽来凶耗助肠断。　　吴箫身畔数载，有情书一纸，千里相问，马骨无凭，萤囊欲灭，两鬓长安尘满。江湖泪眼，算望极天长，雁程无准。自抚吟肩，可怜宫羽乱。

浣溪沙

流水高山自古今，花前不负酒杯深。广寒仙骨耐霜侵。　　末世文章成落拓，中年丝竹费沉吟。逢君容与话秋心。

鹧鸪天

梦到河阳竹马哗，红楼夜短渺无家。眼明最喜春三月，年少争夸果一车。
丹荔子，白芦花，南门傃忽斗长蛇。隔墙岁岁棉如火，空对斜阳噪暮鸦。
萧瑟江南事可伤，春风容易到秋霜。桃花许拟门中艳，梅蕊徒留雪后香。
寒范叔，瘦东阳，多情偏怕宋家墙。翻怜寂寞金闺里，忙煞熏篝理晓妆。
疑似无情似有情，金尊檀板目将成。难从濑饭希琼宴，错把吴箫和玉笙。
桃叶渡，牡丹亭，却嫌恩怨太分明。白头黄脸由来惯，欲上瑶台第几层？
窗内茶烟槛外花，参差杨柳度蒹葭。寥天故纵凌云鹤，恶浪无妨泛海槎。
思宛转，梦交加，月光琴韵胜琵琶。云英不作秋胡妇，漫怨成阴子满桠。

无 题

新歌一曲唱归鞭，美艺柔情苦纠缠。幻想欲翻交响乐，高楼从作奈何天。
山头望眼凝天末，身外浮名误眼前。至竟多情成薄倖，夭桃秾李为谁妍？

渡江云

夏日青岛作

断崖天作障，半规沙岸，行客水为家。雪涛开笑口，锁骨铜肤，两两浴明霞。

人鱼成队，滚轻球特地喧哗。风渐凉，相将归去，辘辘响钿车。　　消他，笙歌堤岸，灯火楼台，又高城不夜。君不见酒旗舞袖，玉盏银叉。千金一掷休辞醉，算一生能几春华。秋近也，东西各自天涯。

浣溪沙

大风雨泛舟过小青岛作

浩浩天风信快哉，扁舟一棹去还来，碧琉璃软雪皑皑。　　天色常新人自乐，诗魂有托海无猜，雪莱踪迹傥追陪。

浪淘沙

夜立海滩得句

月瘦大星稠，人立滩头。沉沉暗海惑明眸。耳畔时闻喧鼓吹，龙怒蛟仇。
远处塔灯浮，指点归舟。海山信美苦难留。待见嫦娥追话别，海上中秋。

水龙吟

劳山

化工何物灵奇，四时高挺危崖秀。生驹奋鬣，长鲸翻海，狮蹲龙走。曲道盘空，平林如陷，山前山后。想夜深风冷，铦峰戟立，山鬼啸，惊星斗。　　难得新凉晴昼，共清游同车良友。刚疑无路，前村又是，明花昏柳。匹练高悬，喧雷飞雾，可能无酒！看振衣千仞，浩歌一曲，试摩天手。

蓟门

蓟门虎阜各流连，燕子归来路几千？比翼纵违浮海愿，听歌犹有卖文钱。
迢迢绛阙宵如岁，渺渺蓝田玉化烟。天授灵心输慧眼，未应临命始湣然。

为鲁迅逝世志哀集龚定庵句

万千种话一灯青，喜汝文无一笔平。吟到恩仇心事涌，回肠荡气感精灵。
非将此骨媚公卿，绝业名山幸早成。何处复求龙象力，九流触手绪纵横。

水调歌头

大明湖月夜

南北各湖水，今昔感芳年。举头为问明月，何事向人圆？照眼蒲塘十里，迎面荷风一抹，着意媚清涟。万事付消逝，流水驻飘烟。　　嫩莲实，心未苦，转凄然。少年行乐，翻有忧患逼华颠。轻重泰山毫发，夭寿颜回盗跖，醉梦亦钧天。星命诚如此，随遇且流连。

平型关

首捷轰传五大洲，溯从甲午算深仇。合围势已成三匝，敌忾人能撼万牛。
夹道壶浆欢父老，同舟风雨念灵修。举头西北神州在，百战英雄尚黑头。

望海潮

穹穹天碧，溶溶云白，茫茫水腻如油。舵动万钧，人几一粟，征衣报道深秋。身世等浮沤，羡奋飞海燕，来去夷犹。九万长风，定巢遥在海边头。　　惊心岁月悠悠，记去年此日，司马无裘。箫断凤凰，梁倾玳瑁，天乡岂是温柔。咄咄复休休，问仲宣底事，远赋登楼？收拾闲情，水西桥外有神州。

齐天乐

南　归

乱离翻易成归计，重寻昔时游钓。如此山川，依然灯火，骨肉容情啼笑。悲歌未了，正苏季无裘，孟嘉吹帽。恨失温犀，怪形深渚与临照。　　风流难问江表，典琴思买剑，心事多少。雨雪南行，旌旗北望，野宿貔貅万灶。胡尘净扫，待放马长城，斫龙三岛。净火烧红，待言天路好。

先母忌辰泣赋

十载江湖望故山，慈亲线断客衣单。南归尚欠还乡愿，罗带岗头墓木寒。
孤灯客舍泪潸然，无母而今廿七年。空说丹青传大姊，可怜此恨也终天。
烽火南州逼近畿，艨艟时见敌旌旗。高堂老父亏林下，避地重添几缕丝。
骨肉东西各一方，月明此夜共心伤。天人无处传消息，香火鸡豚总渺茫。

满江红

登粤秀山

陟彼高岗，好容我振衣嘘息。十年事，山灵知否，咸阳火色？张俭望门留命在，伍胥去楚差头白。海天愁、风雨敝裘归，恩仇急。　　何处认，燕然石？有时听，山阳笛。叹几登鬼箓，几存党籍！广武功名成竖子，粤陀歌舞俱陈迹。笑玄都道士比刘郎，今犹昔。

鹧鸪天

顽石无端欲补天，痴将红粉换青毡。好春在眼何曾久，上帝存心一样偏。

烟袅袅，思绵绵，似人回首故嫣然。岭南莫续江南梦，已忍伶俜过十年。

不许相思不化灰，铜山容易见花开。当初掷果浑无赖，反说投梭讳自谋。

垂玉箸，劝金杯，天台尽处是悬崖。闻琴解珮寻常事，底苦重翻赤凤来。

西江月

夜 饮

好客能消夜永，当筵莫放杯宽。狂歌拔剑尽悲欢，已是好春将半。　　彩笔宁干气象，缁衣独耐高寒。天河洗甲靖楼兰，珍重少年心眼。

赠梁永泰

丹青古有绘流民，梨枣今雕战士身。四万万人同奋起，旧邦会见命维新。

刘郎不敢题糕字，小子将如木刻何？雅正未闻凭复古，榛芜剪辟莫蹉跎。

望江南

定仙来书，告以今吾先生病殁上海，感逝伤乱，不能为怀。中夜彷徨，歌以当哭。

中夜起，感逝热中肠。一枕自怜无梦到，百年难遣是愁长。烽火故园荒。

中夜起，刁斗正声声。应颤危弦咨后嗣，毋忘家祭告中兴。心事自分明。

中夜起，兰蕙痛余芳。一代才华归乐府，十年桃李满门墙。弦管奏心丧。

中夜起，无语独彷徨。翻泣伯鸾遗德耀，未闻有道愧中郎。洒泪白云乡。

惜 别

江河南北血玄黄，百载仇逋誓索偿。终望阴云能作雨，可怜爝火欲争光。

销魂有曲翻三叠，握手何时再一堂？谁信仲长真哑口，为留双眼看沧桑。

九龙车站上作，时将返广州

宗邦多难一身轻，前路归程是去程。惜别重持子严手，分甘长系女婴情。

青袍短剑禁风雨，白发扁舟约弟兄。指点西湖湖畔路，太平有日共归耕。

知　己

死生祸福等埃尘，知己如何报善人。抚瑟自传弦外意，论心共证劫余身。
艰难敢望输朝圣，寂寞无妨坐达晨。冰雪聪明金石固，乐园好与祝长春。

临江仙

雨过天青新月上，平分两地清辉。凝眸欹枕忘眠迟。薰风闲小扇，烟篆薄柔丝。
莫笑童心居浊世，泪痕久满征衣。十年忧患证衿持。相逢当战伐，有愿共安危。

木兰花慢

粤北车中

一宵山几叠，知甚处，转归程？叹锦绣山川，庄严观阁，轻付膻腥。伤情、路
隔骨肉，哭西风，四野乱离声，倦眼时摩秃笔，壮怀翻负长缨。　　身轻、原自等
飘萍，双鬓未星星。便天涯行役，从夸腰脚，未计阴晴。相倾、女兵肝胆，卷重帘
为指大河横。有约黄龙痛饮，并骖同入神京。

征　途

征途归路两迢迢，绕砌沉吟过一宵。三纸无驴成碌碌，百年求友本寥寥。
长空星斗天应醒，乱世文章韵不娇。自哭自歌还自负，少年豪气不曾消。

高阳台

叶上丹砂，泉垂白练，秋光欲到还迟。老却梅春，黄花缠满东篱。门无车马喧
鸡犬，返牛羊红日斜时。蓦惊心，身在田园，梦绕旌旗。　　岭南漠北连烽火，叹
毒延断腕，祸误燃眉。风雨空梁，凄凉不数乌衣。危巢辛苦衔芹土，凭远飞何日忘
归。重叮咛：携手长安，此意依依。

晚　泊

炊烟淡接白云低，江纳山洪水涨堤。红日已沉妨夜发，欲回地轴向天西。

一剪梅

四会夏正旅伴合影

客路穷冬换岁朝，不道功名，敢道尘劳？江山风雨咽寒涛，与子同仇，与子同袍。　　队列随依塔影描，身也殊长，心也同高。海珠终是汉家桥，丽日帆樯，皓月笙箫。

题知堂文选

先驱老去承浮躁，荼苦曾闻辩苦茶。千古伤心吴祭酒，一钱不值却名家。

尚仲衣哀辞

一席高言见至情，何堪小别断今生！联床土屋珍孤本，草檄深宵共一灯。
风雨如磐天未曙，去留无主气难平。盖棺论定人心在，黑帖当年有大名。

水龙吟

哭陈迹（庆之）

彩毫管领风云，中兴早寄殷勤意。崇陵蔓草，故宫离黍，凄凉如此。梦接沙场，声填石鼓，一棺先闭。便江南塞北，胡尘入海，更何处，同悲喜！　　漫说纷纷生死，最难忘文章知己。秋坟鬼唱，春雷电掣，江山才思。高阁杯盘，荒城霜雪，摧心危涕。望云旗冉冉，星河耿耿，倏阴风起。

江城子

过始兴翁源分水山

初阳迎客映林鲜，绕青峦，泻银湍，石磴萦迂山下到山颠。矫矫长龙长几许，移险步，暂忘言。　　粉书索笑地为笺，语销魂，气凌云。曳杖欹冠额上汗珠圆。过最高层泉就下，应不远，杏花村。

一　月

一月沙场过，劳人眼欲迷。颓垣乱鸦下，荒垅剩牛饥。
营火余残烬，阴风满大旗。感怀新伙伴，掩涕视征衣。

百　卷

百卷从军未免痴，一朝零落劫灰飞。残编点检重珍惜，夜雨山祠欲下帷。

题易婉莹纪念册

硝烟满眼洗朱铅，霜露征衣路百盘。战血玄黄丹竹暗，山头一吼壮新军。

偶　成

家住青山未买山，闲中犹自惜朱颜。壮心也寄三更梦，不夺松亭夺马关。

四国吟和景翁原韵

德　国

七国纷崩未一年，第三帝国欲盟天。俾侯壮语将毋验，孙子遗规早重全。
网密依然地下阔，交疏不信轴心坚。法西末运同嚣妄（沙文主义亦有译为嚣妄主义者），服色憎人褐与玄。

英　国

卖弱渝盟策自存，反苏俨作万邦尊。幸悬孤岛分天堑，差免强仇逼国门。
浴血便教龙可斩，快心岂竟象能吞。飘零一叶征秋落，米字旗头日易昏。

法　国

廿年一梦感兴亡，惨淡花都泣故王。公社犹支三月战，雄关讵止一夫当。
寻常逐客心犹热，二百豪家血早凉。报复愈残时愈促，康边苦况又谁尝？

苏　联

揭竿曾讶涉沉沉，见树应知更见林。革命英雄称集体，惊人哲理辟唯心。
油田水闸浑如画，黑土红军不可侵。帝国包围终粉碎，廿年前事况如今。

寄松年

知心何必先知面，万里神交倍有情。闻道幼年传笃厚，几曾薄俗误聪明。
高楼有约同听雨，大地何时竟洗兵？试展舆图论和战，眼前鸭绿大江横。

水龙吟

雪朋先生挽词

海涯老却成连，白头无命迟羝乳。忧时肠热，望京眼暝，还乡心碎。弱指危弦，分明当日，海翁深意。独苍皇急劫，阴阳短景，轻付与，东流水。　　信是精金纯色，此情芳，秋荼如荠。辛勤卅载，披荆只手，乘风万里。满路豺狼，满天霜雪，满门桃李。有羊昙未醉，低徊前事，洒西州泪。

患　难

患难相依岁月更，霜痕刀影话宵征。兴亡有责存三户，风雨无时痛二陵。
自古成功欺草寇，几人求福到刍灵！盐车汗马寻常事，辽海何曾老管宁。

蝶恋花

出入青楼黄歇浦，暗卜金钱忽忽流年度。满地落红翻覆雨，白头料理商人妇。
隔水美人嗔欲语，才说西家又拟东家住。一曲红衣朝复暮，楼台灯火昏山坞。

落　叶

落叶传徂岁，轻裘拥薄凉。分愁蛩入户，惊梦鼠跳梁。
意气倾屠狗，功名等烂羊。家家砧杵泪，安得救耕桑。

大　风

大风一夜撼山丘，茅屋飘摇地若浮。争得山中忘岁月，可怜江左剧风流。
中兴心事南园记，迟暮登临北固楼。壶缺杯空愁未洗，长城胡马又嘶秋。

浣溪沙

黑龙潭

半日清闲伴胜游，九边尘土荡高秋，千章林木护寒流。　　寂寞古祠行欲遍，也从天汉认金瓯。莫教轻白少年头。

昆明西山华亭寺怀杨升庵

苍茫烟霭倦凭栏，夫妇才华史上难。难与俗人论祸福，谪居却对好湖山。

游金殿

新岁发清兴，言朝金殿行。老松遮岭密，冷雨著衣轻。气运占中夏，天门尚大明。苍凉怀古意，未忍托荒荆。

贺新郎

宿响应寺不寐

夜醒房栊黑，一声声凄凉入耳，蛩吟败壁。牢落闲愁吾与汝，看尽清光盈昃，更听尽深宵刀尺。绝塞苦寒沙漠热，地东西南北鸣锋镝。三匝树，绕乌鹊。　　归舟望海和天碧，誓中原水西桥畔，泪珠休滴。过岭涉江寻常事，多少长征足迹。红烛照柳营霜檄。慷慨悲歌壶敲缺，向沧洲却养回天力。潜热迸，火花坼。

别昆明

脱轨星球定住难，乾坤俯仰思无端。十年人海空皮相，六月天池息羽翰。
火焰将心凝北极，风光入梦定西山。吟鞭东指腾空去，不踏红尘万里还。

水龙吟

飞机中作

眼前云海茫茫，人来云上苍穹下。撑空鹏翼，排风螺浆，浑欺造化。赤日当头，烟消雾散，水光相射。看平畴骤缩，棋枰一局，山连锁，分平野。　　休说行空天马，走雷霆飞龙骇哑。通辞有路，微波可托，电绳高挂。天地比邻，江山易改，神仙真假。笑腰无十万，居然有鹤，听先生跨。

草　屋

草屋依山傍茂林，夜鸣蛙鼓昼鸣禽。山居可是归山计？一径蓬蒿自在深。
当风台上快披襟，眼底云山望欲沉。风景不殊沧海远，倚栏独寄百年心。

听塔斯社诺米罗斯基纵谈苏德战事

万里江山雪地坚，元戎白兔力回天。要凭一战分文野，不见孤城尚管弦？
生死瓮中容佩剑，俘囚域外转归田。褐衫成败都如电，好对拿皇一爽然。

鼎公近作七律一首，知友多有和作，因亦次韵

狂热无因似旧时，苍黄未肯染生丝。飘零旧瓦空飞虎，风雨荒祠吊佛狸。

西线战云犹漠漠，东隅初日故迟迟。一尊强送兴亡事，翻笑东坡浪赋诗。

寇机逞凶，书此寄恨

机雷催地坼，火海接天浮。生死差锥末，流离满道周。断肠青玉案，留目绛云楼。临槎徒挥泪，杭州误汴州。

先君殉难周年志恸

岁月骎骎倏一春，烬余痛定重悲辛。麻衣未许归田里，朝暮长街逐马尘。

仁乌无力护忠贞，天道人情两不平。生死一身拼骂贼，要同汗马论勋名。

酒满金尊客满堂，归来三径未全荒。独怜忧国成衰病，禅榻茶烟日月长。

卅年无母梦松楸，哭父天涯更国仇。破虏中原遥誓墓，会陈家祭泣椎牛。

临江仙

雨洗芳林迎月上，雨声尚滴虚廊。天时人事两茫茫。相思难著句，无客等投荒。

漓水长流流不断，低头转忆珠江。相逢战伐惯羊肠。可怜乌绕树，争似燕栖梁。

风　雨

风雨殊萧瑟，兵戈忽岁年。交游从总角，耆宿许齐肩。

劫火家何处？军书箭在弦。回头余怅惘，桃李本无言。

赠展鹏

一回相见便心倾，劫后尊前貌太平。过客光阴付弹指，误人章句愧知名。

江南自顾殊萧瑟，天末犹教托死生。远近荒鸡如有意，长鸣为报近天明。

无　端

无端小醉逞高谈，回首前尘百不堪。破梦檀槽常午夜，冲寒鼓角动丁男。盈庭有女希秋瑾，对客论文举剑南。子未杀人母投杼，可怜三告误曾参。

题兄弟五人合影

五处乡心十六年，艰难告语转欣然。童痴顾我今犹昔，世事从渠海变田。

居易安称牛马走，急难共赋鹡鸰原。天涯尚有思亲泪，一滴何时到九泉？

易方同过穷庐，感成一绝

相看各自换征衣，旧事如烟不可追。不卖灵魂穷卖稿，可知留命接朝晖。

贺新郎

敬题亚子先生画象

绝岛生还日，最关情家山迢递，国门咫尺。一夜江陵文武尽，梦断龙威禹穴。但换得苍鬓华发。万户千门忧时泪，尽淋漓染透如椽笔。心事涌，额纹摺。　　娲皇未补金瓯缺，到而今断残山水，萧闲风月。千古知人辛青兕，彭泽看同诸葛。只易水还堪疗渴。愿作别山慷慨士，拜东皋终许传衣钵。桓筝响，胜吹笛。

题画两首为柳亚子先生

鸭绿江头涕泪多，遗民南望意蹉跎。如何祖逖中流誓，转作王郎斫地歌。
内应终期行木马，中兴共约罄金驼。短衣匹马携红袖，不信还逢醉尉呵。
（辽东夜猎图）

表里山河六大洲，生民卸甲泯恩仇。不容刘豫终齐帝，岂有钟仪尚楚囚。
柿本齐名浮世绘，樱花无恙美人头。扬眉揽辔怀秋水，一笑春帆废旧楼。
（樱都跃马图）

寿柳亚子先生

四代绵延历一身，天行作健史前人。南迁谁似东坡老，西笑宁为北面臣？
青草反刍禁榨乳，彩毫应手妙批鳞。当筵愿上先生寿，整顿乾坤面目新。

桂林告急

避贼车雷动九衢，恍同沸鼎乱游鱼。朝臣束手兵能战，野老吞声友共吁。
大地渐开新气运，纤儿竟坏好家居。补牢犹及亡羊后，亿兆黎民愿执殳。

传八路军克复洛阳

脱兔趋河洛，中州拔帜还。军行鱼得水，风动虎归山。

急难和吴越，群情辨理顽。官仪仍汉国，父老共汲澜。

亚师八步寄诗，殷殷垂念，谨次原韵

怀人容易坐宵分，差喜鸳鸯未失群。生死师徒瞿式耜，去留燕赵望诸君。不平偶亦思游侠，独善偏怜仗卖文。泪湿蟫鱼亡命草，几年灯火负辛勤。

阮囊羞涩配诗囊，头脑依然重武装。定乱终殊生马角，惩凶已报利鱼肠。披图俾相曾长叹，折轴沙文漫自狂。跃马樱都明日事，分无风雨更相妨。

涸鲋为李易安作

泥滑鞋穿客到门，危城一面倍情亲。相怜涸鲋勤濡沫，不吝分粮与馈贫。

逃难来渝，旧友颇有过访者，感赋一律

乱离一面不寻常，相忆相望七载强。犹是关山腰脚健，几人忧患鬓毛苍。云中应异眉公鹤，海上曾归属国羊。斗室纵横天下事，好凭大笔扫槎枒。

九　尺

九尺同囊粟，东方未免饥。耕耘劳笔砚，穷病两夫妻。落落防三宿，辽辽动五噫。长安今咫尺，无语看残棋。

木兰花慢

敬寿亚子先生

执鞭从桂岭，又今岁蜀江漘。信抗疏功名，传经心事，白发孤臣。浮云几曾蔽日，惜年时恩怨误比邻。偶尔栖皇麟凤，终教旋转乾坤。　　蜡丸三百字殷勤，忧乐共生民。便岭海迁流，更生刘向，初度灵均。清尊好倾北海，八千年说与寿灵椿。更祝明朝破虏，分湖永固龙门。

日本投降

彻夜山城爆竹鸣，降书已报屈东京。八年终见吴为沼，一网而今寇是惩。鸭水朝宗仍澹荡，燕崖拔地拥峥嵘。计程巴峡穿巫峡，涕泪衣裳快杜陵。

夜　雨

长夜巴山雨，秋风老杜家。盘盂穷接漏，雨脚尚如麻。
仰屋三人倦，比邻一笑哗。周遭多广厦，此处是京华。

赠张七焕明

联床风雨漓江上，又向巴山共草庐。难得高情追管鲍，由来中表重程苏。
石门把臂山衔月，旅枕惊魂寇在途。留命桑田无限意，闭门好读马家书。

呈夏长青先生

京华风雨一蓬庐，意外还回长者车。一代风骚承楚汉，五更鼓角逼吴趋。
从知入蜀诗成史，却为平戎夜校书。检点平生师事意，春风座上愧三隅。

读报有感

密云终望来时雨，大地何堪再劫灰。功罪是非如此事，弹冠人笑李陵台。

毛主席飞抵重庆

低首擎天柱，倾心柳丈诗。斯人关绝续，所念在疮痍。
行事伊周上，修名马列齐。孙门遗策在，携手倘相期。

菊英父女索句，赋此送别

流转天涯接孟邻，解衣推食见情真。身藏人海真成隐，乐在箪瓢任食贫。
夜雨叩门时秉烛，秋风上道急归轮。送行我自添乡思，握手还期粤海漘。

得友人书口占

人生难遭是多情，夜雨巴山不可听。忧患故人无恙在，开缄一笑抵河清。

汤火一首呈亚师

汤火胸怀老少年，几拼热血荐轩辕。推排今古无余子，疾苦民氓有代言。
三策天人元佑党，一麾江海乐游原。绵山老泪胡尘里，愿乞高文与共传。

齐天乐

重庆夜思

碧山不怕归无准，翻忧故人千里。矮屋欹斜，高坡上下，宁我京华憔悴。寒窗静倚，正万类沉酣，月明如水。对此茫茫，危弦到手变宫徵。　　平生流转岭海，一身艰净土，知是何世。乞食吹篪，悬门抉目，前后同归吴市。稽山信美，想俯首横眉，此时情意。籁籁空林，恶鸦声乍起。

施葛来书，缕述知友近况，感赋两绝

东坡海外疑生死，却喜平安报白沙，万里关山双足茧，输君先看木棉花。
胸中奇怒郁崔嵬，劫火冤飞玉轴灰。梦里黄花诗史在，麻鞋辛苦贼中来。

浪淘沙

街柝报三更，布被如冰。心当黑夜转清明。去住一身同是客，且住嘉陵。
行役惯生平，未怨飘零。烽烟才扫又刀兵。如此英雄如此事，如此苍生！

读停战号外

一纸长街报息兵，始疑终信涕还倾。好将玉帛酬先烈，愿见山河奠太平。
成败原看民向背，崎岖不碍路光明，楚弓楚得君知否？惭愧迢迢客帅旌！

没　顶

兴灭持危气力遒，戴侯邱相亦千秋。论勋倘许酬高位，没顶由来是逆流。
青史无私严笔削，黔黎有眼辨亲仇。区区原子宁终秘，神圣英雄一梦休。

除夕借谭浏阳韵

一年又向今宵尽，红烛伶俜影伴人。多感最难几木石，久游原不悔风尘。
逢场谢舞输长袖，守拙归耕惜健身。劫火故园应未烬，西湖回首不成春。
汴州脱难寄符离，后笑明朝属阿谁？出塞本来疑燕颔，渡江无奈别蛾眉。
穷年口腹都为累，乱世文章怕入时。草长莺啼花满树，江南计日待丘迟。

悼郁达夫先生

沉沦一卷震当时，藐尔名流采石矶。问业自惭称弟子，投荒谁分陷虾夷。
郭邀赴难原同道，鲁阻移家早见几。海外东坡真不返，千秋惆怅毁家诗。

危　苦

烽烟危苦此栖迟，出峡看恢汉旧仪。莫笑封侯乖骨相，早嫌游宦负心期。
劳形倘异牛旋磨，学道曾闻豹有皮。喜得金闺知己在，泪痕乾处浦江湄。

哲甫先生写示近作，谨次原韵

咫尺天涯市与乡，传笺翻累绿衣忙。三余有味甘寥落，一烛无言接混茫。
避地渐同居屋脊，感时直欲废河梁。放翁八十饶诗健，长吸犹堪尽酪浆。

出峡杂诗

来是飞车去放船，飘流比似地行仙。朝天门外人如海，记取先生出峡年。
出峡无由听啸猿，避人见说匿岩峦。幽情却想黎斯特，汽笛呜呜骇女仙。
险滩处处欲吞舟，崖岸横伸似截流。水绿如蓝凉气重，骄阳晒不到黄牛。
千里川江百丈纤，迎头浊浪扑孤船。漫言人力争天力，如此消磨总可怜。
转徙关津百战身，为鱼（为黄鱼也）无奈客囊贫。鸡林鸭水归无路，佩绶封侯大有人。

史迹仙踪指顾间，才过白帝又巫山。倘容大地勤探访，胜坐寒斋读马班。
同舟客指秭归城，千古王嫱更屈平。虚实沉江共怀土，汉宫昏似楚王庭。
挥戈直北指幽燕，破梦凄凉十九年。生杀亲冤随反复，凭谁呵壁问苍天！
风雨连江浊浪高，楼船浮荡等鸿毛。八年魂梦萦沧海，先到长江解郁陶。
小姑照水大江心，野色千秋不受侵。僭号彭郎忒无赖，公然血手污贞金。
虎踞龙蟠讵妄言？自缘人事不关天。道旁父老谈先主，岭海驰驱四十年。
船到南京换夜车，避渠冠盖满京华。明朝黄浦滩头路，容我流连瓦子家。
存殁无常动热肠，真成转眼换沧桑。不论官阀详言行，却过西州也姓羊。

来常州音乐院幼年班

避俗亲童稚，荒城动管弦。问名惭本业，弹指惜华年。

寂寂安穷巷，涓涓傥大川。骚怀今异昔，要变两当轩。

七　绝

常州舣舟亭传为乾隆南巡泊舟处，附近有东坡洗砚池，当系好事者所托名，姑妄听之而已

寻幽访胜出郊原，一发青山远接天。至竟乾坤有余地，眼前景物不论钱。

孤亭悄立运河边，御驾当年众口传。别有会心寻足迹，千秋怅望两当轩。

皇皇大笔真天子，洗砚荒池托逐臣，今日砚池无恙在，龙碑磨蚀已荆榛。

常州顾塘桥访东坡遗址不得

撤瑟当年说大苏，我来凭吊独踟蹰。得泉凿井非耶是？曲港斜桥水半枯。

上海书摊见我旧所藏书，慨然购归，即题其上

冷摊日日对残书，无意签题见故吾。得失乘除成一笑，珠还真个劫灰余。

鹧鸪天

存殁一首为黄渠成杨应芬作，时方从报上得黄死讯

旧事东湖锁梦魂，相濡相煦共朝昏。正欣红豆生南国，偏有黄杨厄闰年。

言到口，口难言，人天存殁渺知闻。多情且味云台句：君向潇湘我向秦。

答客问

担经求道几重关，已愧雕笼闭白鹇。岂为清谈期客至，无妨翠袖倚天寒。

枯鱼浪说过河泣，害马今知行路难。一代兴亡归眼底，教人搔首忆筹安。

浣溪沙

夜听延安电台广播

侧耳深宵探电波，捷书连报定三河（辽河、淮河、永定河代表三大战役）。羲和听命鲁阳戈。　　画饼比同天堑险，降旗原自石城多。少年先已学秧歌。

听全国进军令广播

电波六合传军令，横渡长江百万师。王气凋伤民气盛，红旗浩荡白旗衰。

西飞冲正嗟何及？南粤臣陀得几时？真见东征西怨后，生民翘首望云霓。

上海解放

启户凭栏接晚霞，逾墙弃甲散虫沙。半生茹苦甘熊胆，一室开颜脱虎牙。秽史百年钱滴血，香风十里鬼随车。而今净扫妖氛了，百姓同声咒四家。

浣溪沙

耒阳夜思

短发飘萧战劲风，纸窗布被五更钟。波涛心事梦魂中。　　到处劳民供饱食，相期忘我为贫农，品题人物看三同。

志愿军

国际歌声壮，堂堂志愿军。直趋狐兔穴，志灭虎狼群。
卧火身如石，冲冰义薄云，难详最可爱，愧煞中书君。

从莫斯科飞抵柏林

晓发苏京午德京，终朝三国壮哉行。相逢一笑欢宾主，共产宗师此降生。

晓发魏玛

平林夹道如人立，晓雾迷蒙赋载驰。如此人文如此土，车书终见一东西。

吊布亨瓦尔德集中营，台尔曼即于此遇害

半日驱车日向沉，擎空铁网气阴森。无非无是惟吾国（据向导云：集中营门额原揭一标语曰：莫问是非，惟视吾国），为虺为蛇毒乃心。赭服在身潜铸剑，红旗迎面忽如林。焚尸炉火回烧贼，犹为遗书感不禁（一九五一年冬曾为台尔曼狱中遗书译稿任校勘之役）。

红场得句

闪闪红星耀五洲，巍巍陵墓共千秋。翻天覆地寻常事，赤帜分明最上头。

浪淘沙

西伯利亚

极目雪皑皑，万里飞回。白桦兀立战寒威。比似海船天际出，始见船桅。

戍客几欢哀，铁树花开。荒陬到处起楼台。赫赫沙皇翻宝座，十月风雷。

岳　坟

少小常闻说岳王，今来谒墓几沧桑。精忠竟预人家事，毅魄长应礼国殇。

二圣若非环脑后，九哥安得免心慌。铸奸应说前冤了，知否杨么换表彰？

满江红

长江大桥

百炼长虹，跨两岸江南江北。真个是人欺天堑，天输人力。映日迎风旗影丽，腾空照水车行直。想千年黄鹤要飞回，论今昔。　　烟侵雾，鹰鹯慑。雷转辘，蛟龙怯。更通途如砥，优游行客。国际阿哥尊老大，遐来指点添奇迹。算四年胜似卌年强，强无敌。

敬悼柳亚子先生

识面倾心过卅年，平生知己契人天。方称硕果循遗策，遽报除名为犯颜。

一纸飞书心耿耿，两京托命意拳拳。诗才一代终鸣盛，地下相逢胜屈原。

齐天乐

观马师曾、红线女合演新编粤剧关汉卿

诗云红豆生南国，今朝别饶新意。春满羊城，人归鳌背，番禺蛮腥净洗。新声变徵，有七百年前，九儒心事，写入么弦，窦娥冤愤动天地。　　生平恩怨细数，敢编还敢演，肝胆双美。辣手批鳞，同仇并命，不易千金一字，骊歌乍起，看百姓牵衣，尽成知己。滚滚卢沟，两情千万里。

清平乐

万里长城

城高天近，扑面寒风紧。万里蜿蜒望不尽，何处孟姜足印？　　当年政筑长城，为防牧马南行。今日长城内外，熙熙民族家庭。

沁园春

哭大哥

千尺崩松，一瞑随尘，呜呼长公！算少年哀乐，箫心剑气；重洋风浪，贾傅终童。攘臂呼号，望门投止，悄对春泥祝落红。重嗟赏，有大声硕影，缺月疏桐。

抚予兼启予蒙，比入洛当年愧士龙。每谈瀛酒后，审音灯下，从开眼界，更拓心胸。显晦三朝，苍茫六合，归去西湖负老农。痴心事，尚商量方药，密信潜通。

日下一律赠重华

日下重逢岁月新，刀丛虎口验坚贞。无穷青眼高歌意，早是红棉觅句人。

思旧有情殊向秀，偷生自古薄梅村。拍天火海终烧贼，楼观嵯峨武水滣。

浣溪沙

夜校萧邦传

伏案深宵点勘忙，惊才逸响念萧邦。曲中深意在沧桑。　　虐政竟严归骨禁，生前死后总流亡。覆棺瓶土属家乡。

念奴娇

建党四十周年纪念

倚天回首，算年几册许沸腾岁月。掌舵有人方向定，稳泛惊涛出没。围剿无功，长征有路，踏破岷山雪。行程二万，昆仑听命三截。　　从此百姓翻身，大山掀倒，日昃花旗折。革命洪流流不断，文武同敷功烈。三面红旗，千秋青史，到手开新页。东风浩荡，长空国际歌彻。

浣溪沙

赠吴作人，谢其熊猫画幅

墨气淋漓笔欲飞，熊猫入画创新题。古人不作自为师。　　抱竹可图医俗士，翻身如见乐骄儿。刚柔铁骨与冰肌。

浣溪沙

赠萧淑芳

韵事千秋漱玉家，归来堂上斗烹茶，一篇金石思无涯。　　倘许仲姬论伯仲，又嫌承旨枉才华。今人忒胜古人哟！

香山寺遗址

山环高树树环山，陛上层阶倚断栏。萧寺兼无萧字在，百年血债记西番。

无　题

青鸟西飞去却回，黑桃皇后委空台。丹枫自是经秋艳，黄竹犹当动地哀。
汲井缲丝牵玉虎，朝元消息问金龟。多情始信东墙女，暮雨朝云枉费才。
回头无望去无踪，月下敲门一狡童。狼籍杯盘成草草，低沉更鼓故逢逢。
分无獭髓疗伤颊，谁觅鸾胶续败弓。佳节酬君明日是，依然红杏嫁东风。

咏　史

周公王莽事难知，寿夭何能定是非。观行听言详志意，拜伦幸夭雪莱悲。
五丈原头落大星，谯周渐负老臣名。天文那得关人事？都为投降作证明。
百万伏尸千里血，秦王虎视逼唐且。二人五步看吾剑，小国堂堂大丈夫。

消　寒

图绘消寒矢旧盟，焚香重祷海神灵。恍同梦后欢难拾，莫讶人前笑不成。
香枣胡夸金谷树，寒梅方称玉壶冰。美人隔水浑无赖，变调琴挑不可听。

云　山

云山叠叠海漫漫，匝地周天任往还。巧计欲严金屈戍，素心妙解玉连环。
言愁白发三千丈，历险黄河十八弯。忆昔艰难今坦易，且从萧艾辨芳兰。

鹧鸪天

赋发陵

生小吴侬不解愁，爱看海柳篆烟浮。学书偷展乌丝格，顾曲同尊菊部头。
弦欲语，语还休，泪痕湘竹几时收？风前珍重同心结，迤逦红墙十二楼。
向晚彤云冻几重，晶宫门外衍长龙。后期顿失三生石，陈迹终思五老峰。
翻手雨，打头风，冬青一树领春红。宫墙不是无余地，不为乌孤待蚁封。

新年得伍君来书，有距离虽远，感情不变之语，诚哉其有心人也，诗以纪之

万里鸢天一纸书，等闲别已二年余。岁寒今乃知松柏，路远无妨问起居。
朝四暮三聊复尔，独醒众醉最关渠。燎原初仗星星火，况复归心遍九区。

论交一首赠柏园

廿载论交不等闲，腥风血雨夜漫漫。问名争说陈惊座，使气原轻项拔山。
守道防随流俗转，禁书常约闭门看。而今都喜圆鸥梦，斩将堂堂过五关。

旧事为柏园作

吐哺匆匆辍夕餐，望门敢信世途宽。便容复壁消长夜，早趁晨风约外滩。
一卷随身姑避地，兼旬伏案未偷闲。逢人尽说专员某，说到柴书转解颜。
打事长憎厂卫专，抄来瓜蔓几沉冤。谈天故自奇驺衍，投阁今朝异子云。
李代桃僵三字狱，韩潮苏海一家言。先忧后乐差无负，贞下由来要起元。

浣溪沙

赠日本朋友

碧海深同急难情，雄鸡四处报天明。一闻佳句便心倾。　　都下相逢人换旧，
敌前已见志成城。穷途艾岸两灾星。

西江月

纪念延安讲话发表二十周年

搏虎小资狂热，谈龙大事胡涂。阳春下里别归趋，看是为谁服务。　　屈指廿
年化育，倾心四海喁于。百家腾跃纪延都，马上又传词句。

偶得李叔同篆书一轴，感而有作

跨海求师意愿深，新声容易起民喑。吁天已兆三开党，切拇终铿八度音。
避寇同仇明节概，忧生出世太消沉。当年黑夜原垂尽，十月催将五四临。

为我空军击落 U−2 飞机喜赋

敛影收声窜九天，吠尧叛国几尤愆。全民怒甚千夫指，荡寇丰功又一篇。
傀儡丝牵隔大洋，元凶原自白宫藏。谩云警告徒虚语，血债终须计息偿。

过　客

过客停车远自东，聚观白叟到黄童。论心何必人相识，放眼从知路本通。
脱口呼名今感旧，湿衣扑面雨还风。临分不尽殷殷祝，破尔长宵晓日红。

主　客

安步当车主客心，病床一面慰情深。去留当日原无奈，消息逢人或可寻。
顶地站台凭指引，回天史迹对沉吟。鬼雄精爽应千古，肯信长哀万马喑！

摸鱼儿

有客归自苏联，言莫斯科今年十月革命节冷落景况，感成一解

又今年庆兹佳节，长街流水车马。衣冠济楚人心别，落寞迥殊闲暇。牵旧话，
指陵额双题今已成单也。泪泉欲泻，有一队长龙，蜿蜒尽处，宿草石碑罅。　翻覆
事，记否漫漫长夜？回天神力曾夸。悠悠千载存公论，嗤彼鬼谋曹社。休叹诧，待
地火熊熊一震开聋哑。坚冰自化，定春代严冬，天容朗朗，来与辨真假。

采桑子

咏物二题

刀光旗影纷成队，凛凛登场。草草收场，一样家门一样腔。　年来年去灯期
又，煞费周章。细与平章，遮莫厮争叔夜光。（走马灯）

扶摇乍得天风便，剪剪星眸，戛戛鸣球，夸道人间最上头。　彩丝一系儿童
手，似纵还收，说去难留，俯仰随人也合休。（风筝）

蝶恋花

游　仙

下到黄泉高碧落，南北东西，东北丁南角。何处天台能采药？六龙过处秋云薄。
楼阁玲珑仙绰约，悄悄金铺，隐隐钧天乐。驻足徊徨前又却，双成万一追前诺。

临江仙

夜馆灯青人倚枕，流萤掩映窗纱。池塘阁阁闹官蛙。十分春色好，总似说由他。

佳客入门身是客，题名为托高华。今生已分属伊家。忍寒同倚竹，解酒细烹茶。

寒　夜

激切严寒夜，低徊远道书。弄晴还作雨，看碧忽成朱。

佛相天魔舞，人情鬼趣图。漫言回劫运，出语愧浮屠。

物　性

浮瓜说地灵，读史仰先型。虚誉终污渎，承颜甚小星。

瞻乌安止屋，闻雁愧留声，物性知难夺，鸱鸮与鹡鸰。

人民大会堂元宵联欢会

开岁能勤节日闲，良宵老少焕朱颜。高才绣虎归三海，大力驱狼靖九关。

灯火华堂新际会，丹青粉壁壮江山。曲中春色先春到，紫燕黄莺次第还。

读红旗一九六三年第三与第四期合刊

生气飞腾万马鸣，发聋振聩疾奔霆。蚍蜉撼树知耶未？一代雄文继列宁。

笔阵堂堂识本师，湘江流泽遍天涯。半稊论战今三次，至竟人间有是非。

所　闻

却彼深渊辩断崖，过河卒子肆安排。江山半壁儿皇帝，衣钵真传女秀才。

高弟相形师道坠，陈言可笑圣经来。知谁临命成追悔？万岁声中苦口开。

渔家傲

听革命歌曲比赛会

一派新声惊屋瓦，红旗三面明如画，奕奕雷锋光四射，台上下，热情奔涌瞿塘马。

后浪推前高复大，学宫路接亚非拉，团结起来无产者。传火把，东西南北驱长夜。

糖多令

乍暖又轻寒，楼高风更酸。渺征车山外关山。闻道主人夸好客，天南北，纵游观。　　尔汝问亲冤，啼痕间酒痕。百年心十样蛮笺。临别一言应惘惘，倘想像，旧宫门。

作　态

一月俄惊一岁迟，何曾昨是始今非，子矛子盾空双绝，狐撑狐埋不几时。

作态真同蛙鼓腹，盗名已愧豹留皮。师门经典堂堂在，肯听降幡换赤旗！

重有感

诘屈解卑语，喧呶粉墨场。白头甘作贼，黔首痛偕亡。

无疾千夫指，多才九尾长。欺人徒自卖，合唱不成腔。

黔　驴

闻道黔驴技，知渠技若何？相牙纷犬子，学舌是鹦哥。

妄念邪侵正，胡言战与和。圣经夸烂熟，耗矣也差讹。

北京西山蓝旗营杂咏

昔日穷滩土带沙，耕耘终岁莫宁家。而今十里桃如斗，千万斯箱夜载车。

扎根须正更须深，贫下中农利断金。老少传歌声不断，城狐社鼠尽寒心。

移石平田混北南，跑牌夙夜女如男。累累果实三年大，不待霜髯卅样甘。

老矣依然斗志强，长征干部不寻常。解从阶级详恩怨，鼎鼎蓝旗此脊梁。

顽石无灵却有灵，少年哀乐象衰兴。江山故宅新文藻，传世偏高不肖名。

（四王府，传曹雪芹曾卜居于此。）

日日香山画里过，层重松柏郁嵯峨。枫林一夜明新火，绿艳红酣簇绮罗。

奇花去国故园贫，兴复群才体国勤。兰子如尘随化育，果然天力让畴人。

浮水沙罗大叶圆，封王今日见番莲。本来投赠关情谊，顺逆依违倘爽然。

绝代高名播海涯，向阳长领百花开。墓门一念应无憾，犹及名登党籍来。

糖多令

海客说瀛洲，摩挲镜里头。伴参军曾赋悠悠。莫讶终场人不语，尽堪忆，去年秋。
整顿旧兜鍪，风波稳钓舟。眼中人了了熏莸。比似颍琴安只凤，暂群鸟，乱喧啾。

颂大庆

经络邦家血比油，今朝人物称风流。幕天席地眠能稳，凿井探源力尽遒。
若问起家凭两论，从头计日只三秋。熟赢熟绌孰付予，功罪昭昭六大洲。

巴拿马纪事

开岁春雷第一声，运河怒作不平鸣。妖邪终莫逃三打，敌忾重开动九城。
百变黎丘仍捣鬼，两端首鼠等寒盟，国分大小无高下，荣辱关头甚死生。

媚　骨

硬骨相形媚骨轻，流芳遗臭可忘情？大夫晚节依新莽，斗士虚声托列宁。
浪说传家有衣钵，何曾过渡藉和平。却思补绔钳而口，末裔延陵是典型。

浪淘沙

读南方来信

血泪满田庐，凶美奸吴，英雄儿女奋歌呼。战略村中酣战斗，丑类骈诛。
心事托家书，辗转长途。熊熊烈火凤凰雏。风雨同舟忧乐共，永好邻居。

我国第一颗原子弹爆炸成功，喜极赋诗

一声霹雳动乾坤，四海同歌不世勋。热核即今无霸主，寒心相对有瘟君。
销兵大地催开会，仗义登坛快发言。天末频传好消息，唾壶击碎笑王敦。

通县焦王庄斗争会上

翁媪青年八面来，红旗猎猎斗争台。坏人丧胆贫农奋，十六年来第一回。

农村新景

子女携书父荷锄，出迎朝日上征途。下田上学东西路，绝好农村新画图。

耕读乖离几许年？愚民政策固三权。少年一代真堪羡，能武能文得两全。

复查阶级

电炬中宵照簿书，三分过半莫含糊。真成覆地翻天后，重溯敲筋吸髓初。
区划最应严敌我，权衡不厌细锱铢。从知反右兼防左，错漏相期一个无。

义　旗

阴霾冲破义旗高，抗暴青年卷怒涛。何事将军盘马队，指挥棒又指挥刀？
旧说沙皇哥萨克，冬宫惨淡血星期。出蓝丑剧添奴相，早到妖狐露尾时。
天涯学子党佳儿，侃侃高言剥画皮，虎穴往来危不惧，甘将热血染征衣。

鹧鸪天

零落凄凉白帝城，哀猿谁听泪三声。直饶后主羞先主，自怯长亭更短亭。
人草草，态惺惺，不成胜会怨居停。章台路与灵和殿，冶叶倡条枉负名。

清明偶成

健步郊原过墓田，清明时节日中天。看他地主真无后，塚上无人挂纸钱。

点绛唇

欧陆成墟，羽林军尽流荒岛。西风残照，鼠戏空娱老。　　异代萧条，虎狗重
颠倒。山君恼，非啼非笑，饥胜侏儒饱。

川　决

众叛亲离藐独夫，一回画十一惊呼。昔防民口今川决，不少金躯痛烬余。
男拒征兵纷毁证，群申抗议母将刍。星条旗下无前例，盘屈无妨上坦途。

参观顺义地道战遗迹，听老民兵马胜谈斗争经历

艰危百战老民兵，重价头颅变姓名。抵掌伸眉谈往事，蜿蜒地道费经营。
深到黄泉几许重，羊肠到处乱西东。栅栏板壁随开阖，不怕烟熏毒气攻。
扪壁蛇行不计程，土龛深处密遮灯。偶然透亮开枪眼，不灭凶仇恨不平。

拓口安梯便探看，人民今日坐江山。辉煌胜利来非易，郑重叮咛世接班。

采桑子

欧阳海赞歌

人人尽说欧阳海，血泪童年。一举冲天，心系金门上虎门。　　　重槌响鼓勤培育，彻底完全。万马骈阗，学步英雄竞向前。

记　事

巍巍铁塔耀红旗，石破天惊又此时，一代歌风开国际，万年公社首巴黎。
通衢筑垒无强敌，金像簪襟礼导师。蕞尔叛徒供斥唾，工人手与学生携。

哀捷克斯洛伐克

三十年间两覆邦，一翻凯撒一沙皇。早甘木偶违师道，况向金元拜大王。
揖盗开门民愤积，同仇攘臂义旗张。不须对洒铜仙泪，一事当先是武装。

珍宝岛

示警罔闻妄逞强，新沙皇继老沙皇。窥江屡窜神州界，玩火狂随美国狼。
犯我犯人严壁垒，狐狸狐骨却周章。海青击处天鹅落，笑尔黄粱梦不长。

南乡子

欢呼我国人造地球卫星上天

喜报沸京城，绕地巡天放卫星。队伍摩肩衔首尾，游行，锣鼓殷和万岁声。
广乐玉琮琤，红自东方化太清。夺彼天工凭自力，经营，更有新功待勒铭。

浪淘沙

车中望狼牙山

一脉太行山，极目无边，狼牙如簇耸嶙峋。青史千秋容作证，赤胆忠魂。
恶战直忘身，白日尘昏，悬崖一跃气逾振。百万军民争继武，净扫妖氛。

减字木兰花

听毛主席五月二十日庄严声明广播

金声玉振，长短电波传广远。反帝高潮，不断奔腾不断高。　　庞然大物，草动风吹惊失色。弱可摧强，失道终亡核霸王。

织伪装网

人群奔涌大操坪，后进争师子弟兵。岂羡渊鱼来结网？为防沙鹫逞飞霆。
挑灯夜战欢忘倦，分组程功拙亦能。老矣犹堪参战备，一回感念一飞腾。

从清风店行军至柳陀

晓发清风接曙光，红旗猎猎气昂昂。煌煌指示循声读，宝象高擎更亮堂。
赳赳新兵著老夫，自将腰脚试长途。麦田过雨如新沐，望处黄金遍地铺。
男女休耕听乐来，满街满院满台阶。为君服务心无贰，革命歌声响巨雷。
佳气郁葱朝气盛，新兵活跃女兵多。随编快板奔前后，一路行军一路歌。
半日行军 E7 里强，行行已到柳陀庄。康庄大道开前景，五七光芒万丈长。

冉　庄

叱咤风云旧战场，蜿蜒地道战玄黄。英雄儿女歼倭寇，老树洪钟识冉庄。

七月六日听冉庄老民兵谈地道战往事

八年抗战仗兵民，统帅英明教导勤。平野难凭山设险，深沟更进地藏身。
随通随塞机关活，能守能攻技法新。丧气敌酋剩长叹，但遭痛击不逢人。

西江月

前诗意有未尽，补以小词

地上密连地下，民兵直是天兵，导师教导记分明：热烈还须镇定。　　四面同时夹击，双雷应手轰鸣。千仇万恨指东瀛，决不饶他狗命！

谒革命先烈张森林同志墓

革命先锋队，清河第一人。启蒙宣宝论，拼力靖胡尘。
骂贼终全节，临危迳献身。典型千古在，誓墓继忠贞。

满江红

建军节

八一红旗，奋卷起农奴长戟。定方向，光芒万丈，古田原则。五井三湾旗鼓壮，千山万水云天碧。运淋漓大笔写长征，开奇迹。　　驱倭寇，歼逆贼。鸭水暖，花旗折。更护吾珍宝，沙皇股栗。百炼真成高典范，三支再立新功绩。红宝书光照我全军，强无敌。

菩萨蛮

挖鱼塘

烂泥没胫沾双肘，铁肩挥汗圆如豆。水浅意弥深，同心炼赤心。　　愆尤殊缺失，攻错他山石。珍重再生年，东风赛二天。

写行军三句半一组后作

枕上连哼三句半，欲将俚句励同袍。自知手法粗疏甚，弓手新来学大刀。

浣溪沙

团结学习汇报会上作

一对红追一对红，谈心深处两心通。好将行动验纯忠。　　冰炭行看成水乳，触蛮互应似笙镛。导师思想起东风。

浣溪沙

前词成不数日，形势又有新发展，真所谓逼人而又喜人了

一对红招一串红，战书往复比纯忠，逼人形势疾飞龙。　　各作批评先自我，应无恩怨到渠侬。茫茫九派总朝东。

唐县得句

十里霜林映日红，飞车出没乱山中。大兵不为寻幽赏，有事权充垩石工。
异邦同志白求恩，名载雄文世代传。遗爱千秋萦想念，匆匆无分拜坟园。

守　夜

风定寒方重，深宵肃站岗。明知鱼在水，仍警鼠跳梁。

独叶悠悠下，繁星熠熠光。愿君安睡足，抖擞接汀茫。

早　操

冲寒整队上军操，号令森严胆气豪。人影疾徐齐进退，西天斜月在林梢。

清平乐

元旦拉练

新年报警，推枕衣裳冷。灭烛打包神色定，进止全凭军令。　　一回伏傍沙丘，一回散卧田头。假想敌情如绘，关心固此金瓯。

如梦令

感　事

卅载岸然道貌，一跃俨然大老。作态自评量，百姓还加小小。完了完了，黑手与官俱杳。

南乡子

星期日积肥

肩背挽荆筐，来往寻肥半日忙。早计一年休误却，春光，更有掏圊姊妹行。换骨尽多方，坐想行思绕太阳。四体不勤迷五谷，皇皇，耗矣尼山数仞墙。

长相思

帮　厨

干一行，爱一行，套袖围裙新换装，米盐炉灶旁。　　进厨房，亮心房，彻底完全仔细量，远输标尺长。

忆秦娥

欢呼我国科学实验人造地球卫星发射成功

新消息，又传赫赫新功绩。新功绩，卫星二号，自调频率。　　交亲鼓掌仇攒额，沙皇沙姆俱穷蹙。俱穷蹙，山君纸扎，巨人泥足。

179

一剪梅

曹社奸谋鬼弄姿，阳举红旗，阴反红旗。沐猴扑攫上天梯，袍笏登场，蚤虱乘时。　　覆雨翻云计出奇，蛊惑人心，泄漏天机。冰山一霎乍倾颓，梦觉黄粱，命绝乌丝。

自　励

畏首复畏尾，一身余几何。五中期尽瘁，四纪仰除魔。
烈火腾雏凤，高台辨法螺。眼前多少事，努力莫蹉跎！

重看红灯记彩色影片

一家三代本三家，同一藤生几苦瓜。阶级深情逾骨肉，乾坤正气压奸邪。
死萦电码余无憾，恨入心田怒发芽。岂独红灯千载亮，艺林也自茁奇葩。

采桑子

初批骗子

侧轮意外鸣车铎，梦到陈桥。心在黄袍，比德居然舜继尧。　　才能识力归天授，躲舌唠叨。羊角扶摇，一跌糜躯落九霄。

水调歌头

清风店一年

一载清风店，朝夕挹东风，感情深到深处，生死矢全忠。经历胼胝手足，迎接斗争风浪，横扫害人虫。一步一脚印，万里蹑前踪。　　辨阶级，认路线，拓心胸。加强专政支柱，思想壮军容。台后捉将黑手，肘后难藏白本，骗局一场空。鬼火成何济，赫日耀天中。

八一南昌起义纪念

斩木当年抗独夫，洪都新府变红都。一时胜负原常事，百战辉煌扩远谟。
制胜武装文四卷，欺人说教斥三无。此生自计真天幸，犹得戎行紧步趋。

新闻纪事

遏制狂言历廿年，终知无力阻天旋。能和能战斯无碍，谁友谁仇故了然。

独抱僵尸贻笑柄，还交沙帝角强权。垣街一事须清醒，原则从来不换钱。

清平乐

夜抄大字报

灯明一室，大字严诛伐。秋夜静陪人运笔，入耳春蚕食叶。　　战旗恰像心红，文开一代新风。喜此风华年少，弗如一叹由衷。

采桑子

元凶自毙

陈桥故事翻新谱，双叠阳关。巧附孤山，梅鹤相将起异军。　　迢迢天路茫茫夜，鼠窜狐奔。吊影惭魂，蜡炬成灰泪自干。

七绝一首

胶漆夫妻说会之，箕裘父子有分宜。一家今见兼双绝，驿角犁牛一女儿。

水调歌头

痛悼陈毅同志

河岳惊动色，千丈忽崩松。早萦天下忧乐，破浪趁长风。赫赫半生戎马，落落八方坛坫，伟略秉元戎。淮海得名巧，飞将合词宗。　　审棋局，详笔阵，故雍容。命轻任重，曾不自计毕全功。后死续飞捷报，泉下倘收旧部，穷迫彼髡凶。有日重公祭，告尔五洲同。

木兰花慢

闻斯诺逝世，赋此志悼

蹇驴趋间道，天西北，闪红星。算莽莽山川，纷纷王霸，独此关情。纵横一挥健笔，乍人间刮目看长征。解自微风苹末，前知四海翻腾。　　高名初不限文名，泾渭辨分明。对荒唐遏制，不迷不屈，还我传经。骑鲸、偿逢问讯，料开颜新旧结良朋。犹及握迎医使，可无遗恨平生？

夜 读

连宵灯下读新诗，得过偿劳快朵颐。本自强音鸣盛世，难能翰藻发沉思。
诛心岂有三篇老，换骨先从两手胝。洗刷精神消贵族，同怀好副百年期。

即 事

浓妆打粉上门来，费尽功夫费尽才。主客相形时势异，鞠躬如也此书斋。

宿老乡家，见双燕巢于梁上

庭前父老话桑麻，窥栋穿檐海燕斜。小鸟也随人换世，不飞王谢入农家。

七 绝

居停主人谈白求恩旧事，主人是抗战期间的老八路

老兵夜话白求恩，绑腿芒鞋健步前。舍己利人衣补绽，艰难岁月念骈肩。

七 律

一九七二年五月五日，参观唐县白求恩纪念馆，然后再步行九十里到军城，谒白求恩旧墓，即在墓前听白求恩生前战友讲与白求恩共事经过，并由当地老民兵讲述身受白大夫治疗旧事

每诵雄文仰大名，为支义战涉重溟。灵方早已追卢扁，路线兼能奉列宁。
冒险沙场将药裹，安身土炕啜藜羹。还看上马神枪手，迸发连珠殪鬼兵。
经营惨淡育群才，晋北燕西几去来。检病时时亲粪秽，对人处处敞胸怀。
弥留信念深心坎，不朽高勋载口碑。壮丽两年超一世，墓门瞻仰重低徊。

拉练杂诗

碎石嶙嶙道路长，四围山色郁苍苍。山鸣谷应歌声起，一队文兵过太行。
白日当天口舌乾，高坡上下十三弯。当年烽火求恩路，救死扶伤几往还。
老矣童心尚火红，不趋坦道乐蚕丛。攀援蹉跌饶豪兴，一笑依稀浪漫风。
主人指点晾经台，传说唐僧此地来。唐县远非唐地尽，不妨人事任推排。
易水潆回黄石口，小村生客接长途。儿童见惯知来意，老屋千秋白大夫。
行行忽到木兰村，女代爷征迈等伦。旧说姓花原有据，村前盆地号花盆。

假名托古异唐僧，文献流传算有徵。争认乡亲虽好事，总殊苏小但风情。
高山叠叠列平田，人力强能制老天。虹吸长河上千尺，归山再作出山泉。
龙门真胜禹功强，凿石穿山日夜忙。稳把大钎深一击，健儿身手铁姑娘。
天风越岭卷沙黄，衣薄难降老大娘。犁地刨坑急挑水，一朝栽尽白薯秧。
沿途借宿扰山家，送枕送灯还送茶。鱼水亲情随在见，老区传统不争差。
因地为台合管弦，一传消息动山村。曲终不尽深深意，文艺真当起大军。

浣溪沙

游柳陀养鱼塘，两年前曾在此参加挖泥劳动

荒野低洼两载前，羡鱼今对水澄鲜。挖泥曾此汗双肩。　　刷羽有时观鸭浴，绕堤无意扰鸥眠。周遭陵谷变平田。

插秧遇雨，归无雨具，吟啸徐行，遂成一绝

云垂平野树浮烟，雨脚如麻点水圆。念此甘霖消旱渴，湿衣徐步故欣然。

唐多令

答静闻

岑水念筝琶，心香奉马家。托微词梦里黄花。老去倚声添兴会，浑不似老兼葭。
鬖发幸犹鸦，迷途回五车，隔幽并同滚泥巴。望处灯台光万丈，许吾辈，稳浮槎。

蝴　蝶

映日翩翩蛱蝶飞，诗情画意不吾欺。倘逢老圃询然否，记取披寻蛀叶时。

水龙吟

观电影卖花姑娘

可怜慈母心肠，病偿恶债供驱使。宁拼残命，不教骄女，再沦奴隶。女会深心，积钱换药，卖花嚣市。挈丧明小妹，归持药裹，家未到，娘先死。　　愤怒乡亲攘臂，斩重门誓歼魔鬼。阿兄越狱，生还相见，情兼悲喜。更说穷根，都缘剥削，要坚斗志。乍华灯明处，众人恁地，尽盈盈泪？

破阵子

答孟兄见怀之作

少小欢同心素，书声每羡黄塘。齐物不迷蝴蝶梦，怀古还寻独漉堂。回头几沧桑。　　好是风雷大地，快传铁锁沉江。万里玉关春浩荡，九秋黄菊竞芬芳。心安是故乡。

蝶恋花

老树著花春几许？一阵狂风似欲归尘土。屈指韶华真自误，枝头听尽流莺语。赖是东君勤庇护。十万金铃长作繁华主。烂熳山花相尔汝，此情深处逾前度。

蝶恋花

万寿词

山水钟灵高岳麓，爱晚亭中天下深忧乐。水击三千惊海若，朝霞灿烂芙蓉国。

十月炮声传地角，古老名都气势争磅礴。千里驱驰甘茧足，清湘黄浦红旗矗。

阶级区分明敌友，谁主沉浮一问雄狮吼。星火乍看飞井口，惊涛巨浪回天手。

路线斗争排左右，每值危机每仗时匡救。百炼千锤尊领袖，凯歌竞为长征奏。

外患百年终一扫，压顶三山霎似冰山倒。收拾金瓯连绝徼，风流人物今朝好。

继续自强勤督教，革命长途废弃防中道。红色江山期永保，上层建筑应新造。

文治武功同显赫，马列遗规又见添新页，蕞尔叛徒惊失色，行为世法言为则。

大德巍巍光立极，万语千言难与传胸臆。永祝无疆开寿域，丹心一片人千亿。

忆秦娥

前　题

湘江碧，寒冬来报春消息。春消息，霸王丧气，瘟神敛迹。　　丰功旷世曾无匹，祝辞万国同今日。同今日，泽延西海，星高南极。

奉命养猪，小华南岗竟来助我，感赋一律

肉食毋忘饲养劳，故应朝夕务猪槽。堆盐昨夜方飞雪，越俎来人竞代庖。

阶级情怀铭五内，精神药石破三高。推心年少随忘老，老杜陈言抵弁髦。

连日披读近人诗集，因书所感

束发偏耽近代诗，同光以降各矜奇。贞元绝续看谁健，桑土绸缪托兴微。
失望颇嫌多月露，守贞无谓比夷齐。思量还是兼葭好，老契昆山望起衰。

颐和园看荷花同静闻

火伞明侵擎雨盖，看花有客此凭栏。亭亭相间红兼素，似欲开残却未残。

逼 宫

逼宫忽报动干戈，兵柄人持倒太阿。终见宪章成废纸，徒劳死士挽颓波。
残棋一局身同殉，浩气千秋石不磨。喋血到头明训酷，和平选票等南柯。

惜分飞

告别清风店

遵命当兵遵命返，重整云璈象管。比似枫林晚，灵台喜见红光满。　　鱼水深
情无极限，换骨金丹九转。细柳三年半，迥殊三宿空桑恋。

高阳台

谒柳亚子先生墓，同静闻成谷

哭绝陈根，事违临穴，长年屡恨来迟。远近松楸，可同死傍要离？献身民主新
连旧。更难能私淑乌伊。夜漫漫，灯塔双明，命托肤施。　　艰难岁月重回首，许
狂生骂座，小友传衣。一柱擎天，尊前大笔淋漓，泪盈老眼迎新世，壮秧歌如海红
旗。宠纶音，兴会无前，一代声诗。

七 律

上海解放日报以维护战鹰的有心人为题报导次英工作成绩，可纪也。

报端特表有心人，世事由来怕认真。墨守成规徒废日，要凭实践指迷津。
力供战备谋谟远，心系元戎学习勤。且喜虚怀当誉默，再求锤炼造精纯。

八声甘州

咏 梅

对悬崖百丈傲坚冰，烂熳待山花。有劲松相伴，乱云飞渡，莫碍明霞。谁冒孤

山处士？可笑欲当家。欢喜漫天雪，战斗生涯。　　经惯桑田沧海，恨乌川黑水，侵岸流沙。觑危巢寒雀，秃鹫肆腾拿。比高低浮花浪蕊，一枝春坐见息纷哗。这才会，心肠铁石，诗思清嘉。

鹧鸪天

崇向携爱华返黑龙江

忍泪前行故避人，别肠辘辘系衰亲。不闻滚滚乌龙水，唤女声随万里云。
初识字，率天真，欲留无计睇雏孙。谁知忽诵唐人句，道是天涯若比邻。

贰　臣

非时非地托非人，低首沙皇作贰臣。左右无常均祸害，厚颜犹自詈申申。
卅年前后两西行，叛道离经负取经。托号维奇明自卖，化名终竟现原形。
日暮途穷涌逆流，葫芦依样拜尼丘。九原倘遇沉沙鬼，应叹悠悠亦寡头。

拜伦次瑶华韵

一觉扬名笔有神，救亡仗义惜无根。岂真家世为魔障，未及稽山剖二心。

江城子

喜晤重华

十年怀想渺关山，乍开门，认苍颜，执手忘言一笑脱拘挛。真个别来无恙在，谈往事，万千端。　　老来换骨得金丹，究根源，辨亲冤，身滚泥巴容易洗心魂。抖擞又迎新战斗，齐扫荡，腐儒冠。

水仙花

银台金盏送香清，切削曾劳刃发硎。好是凌波虽步弱，也随阳气入春正。

金缕曲

次英与纪全结婚，题纪念册赠之

喜气生门户，看今朝并肩携手，佳儿佳妇。一个功臣当誉默，一个春风座主。正符合修文经武。岂有赤绳真系足？是一条红线穿灵府。为革命，相尔汝。　　先忧后乐同甘苦，指征途永无歇手，永无停步。新事直须新样办，破尽儒门规矩。也不用亲迎箫鼓。女嫁男婚心事了，待扶床快弄孙儿女。新一代，更飞举。

水龙吟

寄夏瞿禅，谢其惠书"风夜行垓下阴陵大泽"作满江红字幅

奇情奇境奇文，夜风吹客行垓下。神飞故垒，乾坤一掷，争雄王霸。赤帝乘时，乌骓不逝，儒冠遭骂。算悠悠青史，英雄竖子，都应与新评价。　美恶无容假借，早知名词家班马。觉翁一谱，乍惊长老，谁欤来者？倘附神交，难禁腹痛，宁添词话。（四十三年前曾在亡友陈庆之斋中获观先生赠伊清平乐手稿）。矗六和高塔，湖山装点，已灵光亚。

晨课一首，爱华四岁时事也

窗开四扇接朝曦，晨课雏孙有定时。拂罢几尘携小凳，坐依姥姥诵唐诗。

鹧鸪天

读董老遗诗

破旧持新历五朝，及身赤县赤旗飘。八千里路云和月，若比长征只末梢。
酣战斗，辟顽嚣，夹心无改赋情豪。一生好事全终始，经典拳拳马列毛。

小重山

窃国元凶早定评，不须迟此日，总平生。血腥魔手攫金陵，儿皇帝，荼毒遍生灵。　窜海小朝廷，厚颜犹自浣，郑延平。出奇丧礼露真情，刽子手，相伴牧师行。

祝英台近

傍沙门，承父荫，炙手遽如许。傀儡登场，大小听分付。奈何佛本慈悲，杀心难测，几番动开边师旅。　逞狂怒，乞灵监谤巫臣，遮羞便无布。欲转金轮，蕞尔一抔土。可怜前面深河，盲人瞎马，尽深夜独驰将去。

洞仙歌

年来德语老宿，相继殂谢。念旧思来，固不仅山阳邻笛之悲也

佉卢文字，尽雕虫末作，海内提名仰耆硕。怅琼瑶到手，久化烟埃，何况又连

岁音书渺邈。　　象胥勤八大，说到行年，还得铅刀几回割？后劲托方来，弹指光阴，惊数老相随冥漠。剩惜别阶前摄真容，只华表巍巍，莫寻归鹤。

八声甘州

我国登山队再次登上珠穆朗玛峰

倚长天报道再攀登，人间最高峰。亘层峦峭壁，危崖绝径，雪吼冰封。氧气弥高弥薄，步步窒心胸。北麓登山顶，黄鹄途穷。　　却有风流人物，尽行依宝典，气贯长虹。奉翻身奴隶，识路作先锋。拓千秋濛鸿新境，只决心一下万难空。女神喜，立觇标处，猎猎旗红。

望海潮

重听黄河大合唱

源从天上，名传天下，黄河万古奔腾。声竭渡河，心悬破虏，宗爷遗恨难平。玩火又东瀛，遍岭南漠北，铁骑纵横。泪尽胡尘，年年父老望霓旌。　　管弦疾走雷霆，伴英雄歌手，迸发豪情。风急浪高，山深林密，兵民竞请长缨。西北耀红星，指敌前敌后，荡涤膻腥。换了新天，惜君犹未颂河清。

满江红

和夏瞿禅"过柴市怀文文山"作

日薄虞渊，问枯木残阳能几？但痛惜金瓯伤缺，汉家旗靡。疾不可为仍下药，志如见夺毋宁死，尽从容南响了生平，应无愧。　　流不尽，遗民泪；压不下，顽民气。听声声击断，西台如意。大节要看降与战，岂论一姓兴和废。记髫年先识五坡名，崖山字。

满江红

郁达夫先生殉难三十周年纪念

志事平生，梅花岭长怀英烈。又争料炎荒遗蜕，一般芜没。立马扶桑存大愿，牧羊北海同奇节。想难中犹及听东京，降书揭。　　茫茫夜，铮铮铁。春波绿，秋笳咽。却虔修薄奠，情深苦力。稗史无疑疏凿手，讲堂幸礼生花舌。惜匆匆奇字问佉卢，悭涂乙。

木兰花慢

总理逝世志痛

一朝天下恸，泪眼对，半旗垂。挺大节桓桓，忠心耿耿，盛德巍巍。新机兆开五四，数峥嵘岁月挟风雷。赤帜金书八一，南昌视此丰碑。　　艰危曾未蹙横眉，正气慑蛟螭，称股肱元首，文经武纬，地北天西。凄其试听巷哭，信无言桃李下成蹊。一息犹存后死，千秋永继遗徽。

长相思

追怀总理，想到就写，略无诠次。至其生平硕德高勋，自有千秋国史在，又何待小子之喋喋乎？

里三重，外三重，鹄立长街砭骨风，白叟到黄童。　夜色浓，泪痕浓，缓缓灵车西复东，肯信断音容！

忆当年，方少年，猎猎红旗飘半天，岭南春到先。　剪凶顽，挫权奸，马上周郎万口传，飒爽气无前。

义旗扬，起南昌，旋转乾坤第一枪，沸腾连五羊。　黑西方，亮东方，星火燎原势莫当，会师朝井岗。

不知疲，不知危，尽瘁人民死不辞，无畏更无私。　高听卑，坚不移，俯首横眉各得宜，仪型旷代稀。

车御风，弹爆空，决死南飞敌计穷，精神振万隆。　身毒疯，罗刹凶，正气堂堂战黑龙，西飞俄复东。

发延安，定西安，理屈妖姬折巨奸，盈盈鳄泪悬。　雨翻云，仇报恩，狼换新毛旧肺肝，斗争殊未完。

名相怜，实相捐，虎穴龙谭几岁年，皖南纷讼冤。　本同根，底相煎！卖报昂然坡道边，夹心心更坚。

护元戎，对针锋，尊俎渝州佐折冲，先尝琥珀钟。　一穷通，贯始终，今日真崩千丈松，情怀切九重。

嫉蛾眉，哆南箕，兵部不甘下首揆，寒林叶乱飞。　斧三挥，遏祸机，目注荧屏机影微，忠奸定是非。

电波长，隔重洋，右写横书译送忙，哀思极八荒。　事业昌，德行光，称颂无分大小邦，伊谁伯仲行？

松苍苍，柏苍苍，八面人趋大广场，花圈如海洋。　泪淋浪，气激昂，纪念

189

碑前儿女行，填填誓愿长。

思无穷，痛无穷，化为力量亦无穷，人心直感通。　　继前踪，竟全功，鹏翼垂天九万风，红旗代代红。

鹧鸪天

言病言痊信复疑，终伤无力哭群医。毒疽附骨驱难去，续命将身愿总痴。

心力瘁，子民肥，金躯火化骨余灰，撒归大地连江海，灌溉壅培洽素期。

齐天乐

题朱竹垞为"蒋京少作梧月词序"手稿，为尹瘦石作

少年倾倒风怀案，为翻孔门名教。风起云飞，陵迁谷变，转爱翁山同调。栖栖岭表，更代北燕南，莫安朱鸟。老去填词，补题凭与寿梨枣。　　生平飘尽涕泪，欲言还结舌，心事幽渺。陵树萧骚，宫花郑重，合忆曾伤马草。归田计早，怅遥睇茅山，失呼贫道。也似移家，未终阳羡老。

渡江云

余自一九二六年暑假一度还乡之后，即未再履惠州土地，今忽忽五十年矣。深宵默念，赋此寄意

壮游初未冠，等闲半纪，旅路与年长，信音来故里，寒尽春回，海水换红桑。西湖西子，苧萝村簇焕新装。堪想像，木棉如火，烨烨烛天闾。　　投荒，坡仙野吏，天女维摩，动千秋怅望。今日更风流人物，远迈龙塘，京华久客无归梦，总难忘濯足沧浪。随兴到，山歌不改村腔。

水龙吟

朱总司令挽词

眼前如此江山，几番涕泪悲元老。风雷老将，一身终始，旧邦新造。九月滇池，挥戈直指，晴川芳草。但皇冠换了，苍黄翻覆，依旧是，狼当道。　　霹雳冬宫号炮，动神州东方欲晓。南昌赤帜，井岗扁担，奇传海表。万水千山，三军六辔，从容吟啸。算天生元帅，万人心上，写凌烟照。

水调歌头

一九七六年七月二十八日地震波及北京，露宿檐下作

中夜破岑寂，恍上夜行船。梁尘簌簌飞散，未免太狂颠，乍觉风号电扫，直见山崩石裂，万骑响惊弦。落地浑悄悄，狼藉碎花盆。　　走相告，真地震，应今番。下楼键户，扶老携幼尽渠先。错落帐棚相望，一念同殷急难，情重鹡鸰原。喜得精神好，语录润心田。

兰陵王

胥之哀辞

忒难测，相见才过半日。方私忖，同院隔棚，风雨容教共晨夕，病情变顷刻，束手群医惨戚。空遗此盈把骨灰，应有馀花未开坼。　　从游，记畴昔，正毒肆虾夷，仇涌羊石。元瑜书记陈琳檄。奈不辨牛李，但论恩怨，有人疆土坐付敌，负渠绕朝策。　　踪迹，到京国，衬北海风光，东壁图籍。观心特地珍心得。迥忘却垂老，欲抛微力，殷勤犹问，秃几许，作赋笔。

水调歌头

主席逝世后三日瞻仰遗容，泣成长调

百姓俱墨绖，四海泪翻腾。巨星竟陨中夜，天柱一声崩。缅想光辉半纪，荡尽百年魔怪，天白应鸡鸣。手造新国史，启后有遗经。　　继马列，丰宝库，绪纵横。遵循阶级路线，反覆语叮咛。目注人民卅亿，胸列雄兵百万，挥斥几秋蝇。革命不停步，涕泣念重生。

忆秦娥

主席追悼大会在天安门广场举行，触景伤情，词以当哭

天安门，当年曾此迎朝暾。迎朝暾，巨人挥手，旋转乾坤。　　今朝变幻惊心魂，人人脸上纷啼痕。纷啼痕，城楼依旧，不见天颜。

人长别，千秋万代垂勋业。垂勋业，超秦迈汉，起斯恢列。　　五洲四海同悲咽，誓言字字坚如铁。坠如铁，继承遗志，扫除妖孽。

临江仙

银幕勾栏传色相，少年未怨风尘。扶摇羊角起青苹。莺穿乔木，百转闹秾春。

春色满园关不住，奇情欲附金轮。龙袍苦索称腰身。时乎雌雉，错认绛侯亲。

偶 成

仰首伸眉论四凶，一舒愤懑众心同。颇闻酒肆空尊檻，此意还须问醉翁。

三姝媚

风云多变幻，总难当今朝眼花撩乱。燕剪莺梭，问一春花事，欲教谁管？冶叶倡条，系锦缆春波桥畔。密意重重，有约双文，凤巢偷换。　　好景分明在眼，奈一霎成空，酒阑人散。病榻缠绵，尚几番招惹，药炉烟断。涕泪无时，天涯近，隔花人远。莫讶乌纱覆顶，青丝难绾。

鹧鸪天

跋扈飞扬积岁年，居然鸦翅欲遮天。导师告戒多深至，直当秋风过耳边。窥重器，立私门，六郎转眼又伶官。谁知一样黄粱梦，姓氏徒凭秽史传。

虞美人

管城食肉谁家子？水月偷名字。石榴裙作护身符，假得虎威到处窜妖狐。含沙鬼蜮窥人射，指鹿随言马。拂云委地叹无常，尚想北门学士借馀光。

读史二绝和钟三

谈言论政去陈言，常恐先输祖逖鞭。垂老行藏迷顺逆，德难毕竟过才难。美新媚魏拜车尘，圆海真看有后身。一赋述行哀冻饿，中郎犹是有心人。

满江红

赠李春光

大笔淋漓，惊破了青楼妖梦。宁不识天罗地网，广张遥控？民口难防川决口，巫臣监谤中何用！忽传呼粉碎四人帮，欢声动。　　谈往事，随嘲弄。杀威棒，逼供瓮。总横眉冷对，逆流汹涌。自是一嘶腾万马，羞他百鸟朝孤凤。看八方书信寄深情，从群众。

春光好

大字报，反潮流，动神州。八亿挥戈上阵，赋同仇。　　为党为民为国，甘心俯首为牛。怀袖一函深郑重，起高丘。

木兰花慢

总理周年祭

心丧哀未歇，总仿佛，见容颜。恨瘯狗呲牙，妖蛇吐舌，毒雾弥漫。敷天、浩然正气，誓丰碑耿耿寸心丹。百姓一褒一贬，千秋了了忠奸。　　曹参顺接鄜侯班，元首察机先。算功高周勃，罪浮吕后，铁案如山。倾盆、顿飞泪雨，这一年真个不平凡。今日慰灵祭告，更期高处登攀。

浪淘沙

谢尹瘦石画马

千里健嘶风，昂首天东，四蹄腾跃草茸茸。可是樱都迟揽辔，负了诗翁？　　旧事忆渝中，劫后重逢。杜陵曹霸一时同。地覆天翻供粉本，万紫千红。

青鹤曲

一篇长恨动心魂，逮降圆圆更彩云。今日别翻青鹤曲，羽毛先见落纷纷。
纷纷坤角春申浦，有人少小生齐鲁。不堪漱玉认乡亲，宁信师师同族谱。
照影方夸出水莲，现身俄作沾泥絮。舞台偶尔露峥嵘，玩偶家庭大雷雨。
做戏功夫用做人，说真是假假为真。洋场十里多奇事，女囚侑觞献曲艺。
自首书成换自由，狗洞出来充志士。国防戏剧闹蜂衙，登场争演赛金花。
自信杨花契本性，谁知主角属人家。登天别有青云路，购机祝寿贼作父。
飞机买将炸红军，尔手分明满血污。间关万里赴延安，大木无端从里蛀。
怙恶长孤教诲恩，荒唐尚怨锁烟雾。韬晦悠悠春复秋，一朝脱颖冲斗牛。
将军翘指称旗手，覆雨翻云两秃头。文攻武卫昏天日，透过居功乱三七。
折戟沉沙吊游魂，结帮谋叛又密室。周公挺挺如山岳，未许流言损毫末。
黑笔图分宰相权，北门学士蓬间雀。蓬雀啁啾附野鸡，朝朝暮暮趋丹墀。
连衣裙统连珠炮，棍子抡来帽子飞。从来两面骄和谄，一见洋人陪笑脸。
国家机密泄无余，自我贴金光艳艳。倘成漫记续西行，斯诺复生应手敛。

193

骄奢西后毒且辣，随心好恶判生杀。专场专宠百花残，批孔批林三箭发。
积怨当初有定评，野心终莫逃明察。明察难回悔祸心，忽啼忽笑费猜寻。
真情私嘱留酒果，伫待明朝传好音。谁传好音彪与狗，钓鱼台下忙奔走。
龙袍一袭拟唐宫，预演登基朝武后。鼎湖龙去万民哀，头裹乌纱酿祸胎。
既定方针腾杀气，可知雍正智囊来。安刘必勃传高祖，办事放心真不负。
一击雷霆力万钧，枭卢失色倾孤注。百姓欢呼除四凶，九城罗鼓连西东，
沐猴星散香车杳，堆凤蓬飞镜殿空。

感　事

莫借鸡虫掩乱萌，辋川难慰热中情。一般凝碧池头事，摩诘终惭雷海青。

读总理少作七绝

豪情胜概大江东，面壁期收破壁功。血荐轩辕同此志，稽山千古两周公。

浣溪沙

译事云荒几岁年，灯前落笔忽千言。据鞍可似马文渊？　　莫为邯郸忘故步，思齐瘾懋愧前贤。人间留得晚晴天。

临江仙

旧曲游园惊梦，新声换演江妃。追踪吕后拜荒祠。无端鸣汽笛，人鬼惜分飞。
不免破颜一笑，匠心运到深微。质高数黟剪裁宜。可知供事例，冤苦几黔黎？

满江红

题陈毅诗词选集

将略诗才，的今日风流人物。早撑拄东南半壁，龙骧虎跃。未向泉台收部曲，一麾天堑通南北。听亚非出访数行程，十万八。　　真肝胆，光日月。吠尧犬，徒自绝。总无私无枉，人民裁决。公与周侯模楷在，彼哉吕后身名裂。感遗嫠扶病理遗编，心同热。

摸鱼儿

译瓦格纳论文艺术与革命，感成一解

想当年，硝烟街垒，挟枪浑忘生死。榜文追捕图形影，辛苦望门投止。辞故里，

历多少，炎凉毁誉人间世。卖文谈艺，要顾念穷寒，剧场开放，敢犯麦加利。天边信，旷代君王知己，用钱随尔如水。剧场构筑从心愿，演尔未来新戏。言与事，正好趁，万愚节日粗排比。一堂济济，但鬓影衣香，金章紫绶，不见婆人子。（马克思称瓦格纳之节日会演为万愚节。）

水龙吟

慰柏园

长年郁怒填膺，一朝迸发惊雷震。眼前异类，老来从贼，效忠劝进。贱价灵魂，负心竟忘，宰衡忠荩。似者般堕落，无穷憎恨，张挞伐，申民愤。　　蓦地玉山倾倒，扣心弦全场加紧。当初革命，本期拼命，身行实践。扫尽妖氛，夺渠奸魄，堂堂战阵。喜复苏神志，会将群力，扭乾坤转。

鹧鸪天

因孙维世昭雪沉冤，怀念孙炳文烈士

生死悠悠五十年，刀丛大节壮乾坤。斗顽支左纡筹策，大会高台挹绪言。移旧国，换新天，腾芳真见后昆贤。人生应破彭殇论，正命从来重泰山。

金缕曲

东山纪事

奔走传消息，有同时电波语句，荧屏颜色。爆竹喧腾罗鼓闹，填咽街衢巷陌。喜领袖英名副实。一网四凶今定论，听一辞众口诛奸贼。重唤起，谢安石。　　半生行事堪踪迹，早驰驱海西岭表，奋挥长戟。铁骑渡河趋滇海，统帅夸称得力。好身手制熊北极。秀出风摧容不免，却云何鬼瞰高明室？公道在，判曲直。

水龙吟

人民解放军建军五十周年纪念

峥嵘五十年间，山河刷洗空前史。南昌故郡，一声枪响，高标赤帜。星火燎原，江河南北，关山内外，把太行王屋，全盘推倒，新希望，开人类。　　接力长征万里，勉承传导师遗志。壮拼热血，老全晚节，臣心如水。坏我长城，几深痛恨，九阍魑魅。惹多情老帅，言词断续，制英雄泪。

念奴娇

喜听十一大新闻公报广播

九城人海，庆三中全会，欢声才歇，又庆庄严十一大，破立全循师说。党有新章，国临大治，任务如眉列。驱除奸宄，迎来安定团结。　　领袖能领吾侪，歌呼跨进，世纪二十一。工业红旗追大庆，大寨红旗农业。四化如期，百花争艳，迅补前亏缺。恢弘传统，永怀多少英烈。

水调歌头

毛主席周年忌辰、纪念堂同日宣告落成，感赋

一再遭大故，地震更天崩。年时危难奉命，国手算全枰。创者知人善住，继者矢忠竭力，鼎鼎好门生。挥手除反侧，遗愿告功成。　　纪念堂，添史迹，壮神京。千秋领袖师表，遥接列宁陵。穷理两分思想，决策三分世界，拱北灿群星。旗展十一大，迈步续长征。

西　河

答青山隽渝州

迁谪地，升庵旧迹曾记。投荒真有好湖山，水穷云起。笔花才欲放辛夷，刀兵重剧天际。　　树三匝，何处倚，小舟断缆难系。乘风归去不堪寻，旧时燕垒。识名误信续虞初，盈盈相望秋水。　　农村赤帜卷海市，脱凡胎深入闾里，携手共歌新世。幸雄心老护词场疆对，回指吟鞭，都门里。

广州暴动忆事诗

暴动当年震穗城，镰刀大斧战旗明。襟头红布飘盈尺，奔走从教认小兵。
印机轧轧接朝曦，顷刻传单雪片飞。济济贤能欣在位，舟行端仗好篙师。
满地猴衣乱作堆，伪官逃命改装来。须知牙眼还牙眼，早晚拘归审判台。
大会歌呼屋瓦惊，异邦战友助欢腾。并肩携手同生死，俎豆千秋血谊亭。
演讲街头立板车，人多地窄静无哗。会心笑处频颔首，好处原来属大家。
破门收贼走深宵，贼遁楼空恨不消。财货当前如土芥，曾无人动一毫毛。
工农队伍接城乡，手上梭标间土枪。何物妖言无政府，敢通工贼阻津梁。
头脚纵横睡未宁，一宵霜露倏天明。凄凉赤卫军前讯，镇海楼头落大星。
虏云四面压城闉，浴血孤军勇献身。助虐戈船来隔海，开门揖盗彼何人！

胜负难分一战中，不挠不屈是英雄。离离野草烧难尽，左右江连海陆丰。

（此乃五十年前旧作，当时传闻张太雷同志阵殁粤秀山前线。）

读史偶书

功成告庙意如何？血雨腥风卅载多。正讶南山迟放马，却从笼底扑鹦哥。

假道连呼好弟兄，忽然压境发强兵。从来霸业都如梦，可笑仪秦浪得名。

满庭芳

全国科学大会

唤雨呼风，移山缩地，神话无复神奇。百年挨打，格致汲新知。缩小又还加大，论差距今昔中西。争知道厉阶祸水，蠹国恨山鸡。　　须眉，真夔铄，现身大会，共证心期。喜积薪后起，结队攀追。瞻望光辉峰顶，贾余勇甘作人梯，为整个提高水准，九亿促雄飞。

主　客

丹黄楮墨日忘疲，主客论年并古稀。无复九儒连十丐，且容秃笔答明时。

高阳台

郭沫若悼词

文涌新潮，工承创世，绩溪顿失光华。马上行吟，武昌柳亦藏鸦。扶桑十载溶经史，断分期周续商家。赋归来，万丈长缨，十八胡笳。　　涅盘初识腾雏凤，更新诗旋律，学步咿呀。访柳山城，衡门许我狂挝。抑扬儒法纷然否，算者番守默堪夸。极荣哀，亲见驱除，封豕长蛇。

水龙吟

伤心民

东湖遥接香泉，艰难看与时俱长。岁寒松柏，年来已惯，玉龙相向。驺衍谈天，九州内外，一堂神王，每酒酣耳热，忘形尔汝，论心事，憎开党。　　难得殷勤濡沫，照覆盆光微心广。天旋日转，武城弦诵，扶风绛帐。变异无端，伤哉长者，竟沦魔掌。望岭云万里，只鸡何处，起秋坟唱？

高阳台

题涉江词稿寄程千帆

万里关河，八年烽火，三吴辗转三巴。异代清才，一般人瘦黄花。新蔬问价跚蹒惯，算阿侬同此生涯。冷看他，语学鲜卑，曲弄琵琶。　　由来入蜀添神契，道疏狂待理，感慨名家。绛帐春风，催将桃李芳华。方期月桂环冠冕，怎无端横祸飞车？慰情钟，董理传书，后死秦嘉。

热河离宫杂咏

寇患兵灾几劫灰，荒凉苑囿坏池台。鸠工正待新修复，访古真看古迹来。
峰峦环抱水潆洄，万壑松风动九垓。塞北江南同入画，刚柔浓淡巧安排。
游踪竟日任东西，迎客时时见磬锤。好景眼前行不到，思量有日架飞梯。
北门锁钥费经营，几度天鹅击海青。万里归人三十万，碑文恰证启明星。
播将龙种收跳蚤，别有麒麟落犬羊，变起宫廷西太后，百年流毒尚翻江。

鹧鸪天

祝第四次文代会

盛会回头十五年，冲寒破雾出新天，椎心岂独缘伤逝，放眼由来在向前。
挥象管，拨鹍弦，著花老树有余妍。真能从此消翻覆，四化光辉遍大千。

浪淘沙

悼李元庆

劫火炼金身，重睹阳春，浑忘老病励精勤。大会堂前才握手，遽哭斯人。
论乐溯同门，历下湖漘，连天烽火逼平津。求道间关终得道，不负艰辛。

木兰花慢

一九四三年柳亚子先生生日，尹瘦石为绘百寿图长卷，谨题卷后

始安图百寿，惜小子一年迟。为跃马樱都，辽东夜猎，僭补芜词。淋漓、共看大笔，数人间极恶法西斯。恨彼忠奸颠倒，摩挲元佑残碑。　　差池人事费寻思，国手算全棋。问谁明邪正？谁严进退？谁决然疑？须眉信翁矍铄，到头来青史总无私，东亚卢梭如在，依然比似先知。

水龙吟

题瘦石六十寿辰纪念册

几回八桂三巴，羿楼门下同从事。长街偶语，翩翩年少，谦谦君子。泽畔行吟，苍髯华发，老莲知已。摄流民笔下，无声有恨，纷扰攘兵戈际。　　犹忆柳诗尹画，瞥金书震惊红卫。劫余身世，相看未老，尽饶豪气。骋逐霜蹄，草原风雪，不妨千里。愿年年争报，葡萄酒熟，伴将军醉。

满江红

悼茅公

终贾年华，早承受马家衣钵。看欧战谁非谁是，定渠优劣。时代风涛三部曲，漫漫长夜坚求索。老斫轮八十尚忘疲，腰如约。　　论鲁迅，同濡沫。评硖石，原才涸。惜春蚕丝尽，未完行脚。老辈大名分鼎足，王扬无用轻卢骆。总不曾水调拟歌头，输妖鹤。

木兰花慢

宋庆龄名誉主席挽词

焦心悬病变，终失望，剧亲丧。念雄健温文，精严慈惠，脱屣金张。问何物，新生活，但无聊挦扯旧纲常。鼎鼎天人三策，从违关系存亡。　　梯航、经历几洲洋，奋斗为新邦。总殷勤点检，送粮输药，千万斯箱。决罗网，狮子吼，正非徒花朵溢芬芳。一代女中尧舜，声华日月齐光。

石辟澜同志殉难四十三周年感赋

文字知名石不烂，相逢真见挽狂澜。无衣歌处同风雨，四十三年一指弹。
毛瑟毛锥两擅场，华南新报放光芒。寇仇我友严泾渭，入木三分讨逆汪。
一月沙场采访忙，昼同跋涉夜连床。不教缺失贻讥笑，诤友叮咛意倍长。
翁江一别邈山河，待旦遥闻夜枕戈。宁死不伤群众命，丰碑千古耐摩挲。

摸鱼儿

为女排赋

乍流星飘然掠网，翻腾随手来往。一传二送成攻势，蓦地一锤如响。分哨岗，别合构铜墙铁壁坚屏障。心灵眼亮，对压顶斜球，投身抢救，扑地反双掌。　　比分数，一霎扶摇直上，有时交迭升降。不愁怯阵防轻敌，打好翻身硬仗。歌声壮，君不见五星熠熠红旗扬。龙飞老将，记惨淡经营，今朝倘许，告慰九天上。

水龙吟

哭孟纯表兄

平生如弟如兄，一朝撒手兄先去。连床夜话，早年每羡，丰湖学府。物换星移，莺飞草长，江南羁旅。乍相逢认得旧时容貌，详聚散，分甘苦。　　犹忆东南半壁，几殷勤，绸缪桑土。国仇须报，悠悠卅载，断从甲午。迎接春风，玉关羌笛，天山飞度。幸善承遗志，鹿车桓嫚，伴佳儿女。

浪淘沙

赠钱文燕医师

血脉与肝脾，问切深微。回春妙手起山妻。也似程高传郭玉，天水名师。

心系病床帷，昏夜忘疲。医才医德口皆碑。一语两途同寿世，良相良医。

水调歌头

寿钟敬文八十

回首逾半纪，倾盖始神交。荔支方缀小品，旋买奈良刀。一夕陀城灰烬，九日翁江风雨，感愤秃霜毫。惊破黄花梦，讲幄亦危巢。　　向光明，知曲折，耐煎熬。天旋日转，容易天堑驾天桥。漫道看朱成碧，已见传薪接力，岁岁醉蟠桃。学自民间积，名播五洲遥。

临江仙

喜晤蕊秋

识面卅年弹指过，也曾度日如年。苍黄翻覆辨亲冤。巴山呵夜雨，珠海速归船。

尽道劫波经历惯，到头劫到新天。真成留命验桑田。丹心仍好在，南北共骈阗。

偶　感

身后文章信有名，版权余荫抵铜陵。谁来坐索谁捐献，损志多财理倘明。

减字木兰花

新年寄楚君

故人高谊，顺借好风传万里。岭树燕云，最是西湖系梦魂。　日舂瓶粟，夜展禁书还共读。濡沫东湖，薄酒何时再一壶？

读俞钟二老新岁唱和，不觉亦动乡思，为赋两绝

去里行盈六十年，真成落户到幽燕。天涯何处无嘉树，不见红霞拥木棉。

含笑逢春笑口开，醉人香气类新醅。浓香纵逊清香好，稍慰乡情岭外来。

逝　者

相逢萍水附朋侪，狼藉杯盘有好怀。南国佳人甘作贼，北门学士竟同台。

不长难倒浑无准，逃墨归杨事可哀。倘借鸡虫论往事，海青德胜辋川才。

八声甘州

病中惊闻杨荫浏先生逝世作

忽无端凶耗破空来，失声但哀呼。记如磐风雨，如山节操，顾影咿唔。翻证古今宫徵，乐史告成书。后起多佳士，敢忘前驱。　袅袅二泉映月，仗南归抢救，写定音符。更尧章哑谱，复活劫灰余。算生平雕虫余事，郑文公犹识旧规模。遗笺在，界朱丝格，光我蓬庐。

为四川温江王光祈先生纪念馆题

人杰由来应地灵，孤儿殉道客重溟。乐坛留得丰碑在，百世人犹仰典型。

谒杜甫草堂

夙愿初偿访草堂，柴门花径任徜徉。诗名历久传弥远，真个光芒万丈长。

老杜生涯剧苦辛，多君敷说倍情亲。也应深受诗人教，故遣词降百态新。

眉山谒三苏祠

高名父子连兄弟，政骏机云萃一门。能校短长论新法，牛呼司马亦公言。

大名少小识东坡，公在吾州惠爱多。自顾生平多坎壈，每从公处借诗哦。

题王光祈墓碑亭

归骨当年但有灰，故人高谊慰泉台。壮怀空寄黄钟律，未上昆仑绝顶来。
荒冢难寻剩一碑，委泥蒙垢几多时。一番刷洗无残损，真似山灵与护持。
别构碑亭遂永思，高文清节两堪师。即今乐府开新局，应有遗经待发挥。

浪淘沙

悼王人艺

噩耗动悲声，影事胧明。指间风雨早知名。暂种丛中参黑跋，看汝峥嵘。
苦乐共毗陵，濡沫心情。不堪朋旧数凋零。腹痛难禁延庆路，他日重经。

念奴娇

乐记、声无哀乐论学术讨论会上作

唇枪舌剑，不伤人，不碍寒光闪烁。愈辩愈明真理在，好是百家腾跃。然否公孙，评量中散，何谓无哀乐？正言若反，千秋终佩才略。　　且喜寒尽春回，涤瑕荡垢，上下容求索。松绑催开新局面，更与商量旧学。大壑跳鱼，长空飞鸟，郑重看花约。悠悠来日，殊途同此拼搏。

鹧鸪天

赠江定仙

一见倾心笑夙因，本来湖广是比邻。交情似补三株树，呈艺能教四座春。
天换旧，海扬尘，岁寒曾与励松筠。而今历劫都无恙，知己同怀要细论。

浣溪沙

海鸥杯比赛，女排又传捷报，词以美之

巾帼英雄数女排，已看连冠到三回。而今又夺海鸥杯。　　大历才郎仍任重，
巫山神女是初来。新人老将共云台。

金缕曲

得楚君逝世电报，赋此志哀

噩耗伤怀抱，算当年七条好汉，惟君终好。颊上伤痕容作证，颠踬羊肠鸟道。
随处有天涯芳草。未免客途多感喟，几殷勤同励冰霜操。相望远，扶桑岛。　　救

亡初觉春来早，却无端蛾眉谣诼，难防宵小。曲折道途光明在，毕竟新天换了。重分隔蓟门岭表。有约愿为东道主，问何时游子浮归棹。归去也，剩凭吊。

浣溪沙
谢吴祖光新凤霞合作画幅

早耆神童颂凤凰，更传刘巧擅新腔。丹青粉墨焕文章。　　不信才华妨命运，已从坎壈入康庄。鹿车轮椅并流芳。

重华寄示吊容小玲新作，次韵奉答

健儿装束女儿身，粉墨登场忆此君。一纸祭文今四纪，尚逢野老识孤坟。

好事近
青岛凤鸣诗词协会成立，来书索题

浩瀚与嵯峨，东海遥连东岳。旷代幼安豪放，更易安婉约。　　积薪相望后来人，歌啸湛山角。且爱古今师友，共短长商略。

鹧鸪天
永忠宁婴由滇转闽，赠以小令

水利原期广禹功，代名个旧记行踪。于今闽峤移家后，转业翻忙土木工。新局面，老门风，海天寥廓愿无穷。他年日下重相见，莫执拘虚笑老翁。

水龙吟
谈饮酒，应吴祖光解忧集约稿

步兵烂醉厨头，中情为拒婚司马。滔滔人世，或醒或醉，谁真谁假？不曰仙乎，麴车过处，流涎如泻。识刑天猛志，醉人可恕，且采菊，东篱下。　　不落孔门窠臼，看中庸好生评价。花开一半，酒当微醉，放而非野。鲁迅曾言，耍颠李白，有时不耍。倘颓然终日，荆州书札，待如何写？

赠梁茂春

秉笔多君爱直言，脊梁挺挺铁为肩。茂才力学加深识，新乐春秋信可传。

鹧鸪天

答张汀石

卅载睽违万里余，不凭远近定亲疏。登楼便望天涯路，纡道还传海外书。

翻角徵，寄江湖，风波出没念渔夫。劳君重话萧笺事，何日论文酒一壶。

飞近广州，瞥见灯光灿烂，纪以小诗。

南飞入夜速归人，万簇灯光夜景新。却似人来九天上，俯看平地着星辰。

鹧鸪天

广州起义六十周年纪念大会

岁宿周天历五巡，当年曾与扭乾坤。小兵八十垂垂老，恋旧还来访故园。

新气运，旧山川，国情今日契真言，好随老凤腾雏凤，重念前贤启后贤。

晤张太雷烈士之女茜蕾同志

红旗浩荡拥元戎，阵殁长教咤鬼雄。麾下小兵今老大，尚凭虎女识英风。

鹧鸪天

亲人三代二十一人齐集深圳，分别来自惠州广州香港，可纪也

三代连枝廿一人，寒冬一室坐生春。亲疏不问人穷达，存殁还详鬼故新。

香海上，圣明湝，羊城鹏港往来频。只余万里燕山隔，未易乡关着老身。

鹧鸪天

返抵秀水湖老屋，面目全非矣

背井离乡六十年，梦魂常绕秀湖边。今朝策杖归游子，到眼真同海变田。

寻故旧，话亲冤，乡音无改倍缠绵。本图悄悄随来住，谁分华堂盛酒筵。

携四弟夫妇、七弟及撷常拜父母藏骨处

默立岗头想废茔，思亲难禁涕沾膺。休言轻背无神论，白发孤儿未忘情。

政工旧友集重华家畅谈竟夕，真盛会也

抗倭携手赋无衣，牛鬼蛇神岂所期。劫后纵谈惊屋瓦，老年重返少年时。

广州喜晤七姊，分别已逾六十年矣。

还乡不是实还乡，行色匆匆又北航。一饭临分强鼎食，白头有姊话家常。

鹧鸪天

惠州西湖芳华洲逍遥堂重建落成，赋此寄意

报道湖山复旧观，逍遥堂又耐盘桓。倘容思古幽情发，且逐坡仙觅屐痕。

欣盛会，聚群贤，天涯游子曰归难。回头忽忆年前事，可信重来有后缘。

老葵评校手缮石头记影印出版，谨借十年句为贺

十年辛苦不寻常，脂砚无惭伯仲行。崛起朱家张一帜，且容冷眼看名场。

局促书斋夜吐光，十年辛苦不寻常。样书破例酬知己，打响亲闻第一枪。

论交歇浦旧同窗，味到酸咸惯共尝。换得晚晴天气好，十年辛苦不寻常。

鹧鸪天

翻检积年函札，忽见心民遗诗数首，因复印寄有关老友及其遗属

死别吞声几度秋，乍看遗墨切恩仇。刚柔合拟绵中铁，邪正教知去与留。

欣换世，远传邮，育才桑梓愿云酬。如何厄劫无前例，卷地妖风一命休！

浣溪沙

赠惠州盲人聋哑人协会

解道身残志不残，有恒水滴石能穿。赛歌竞技捷频传。　　膑脚还修孙子法，

失明终著海伦文。几多奇绩出人间。

适园感旧

适园旧事梦魂中，乞竹移花岁有功。一炬深连家国恨，阐幽椽笔念河东。

（柳亚子先生为先君作墓志）

鹧鸪天

声翁来京备述浩如怀念之意,词以答之

老友群中最老人,喜闻蒸气息氤氲。摘词若得江山助,入乐能教耳目新。

歌与哭,总情真,难忘昨夜写星辰。萧黄云殁应吴逝,珍重沧洲百炼身。

鹧鸪天

声翁招宴北海仿膳,席上感赋

盛会良朋广桂林,乱离早觉此情深。曾悲故鬼添新鬼,但愿琴心洽道心。

新继旧,古延今,平生气类切苔岑。夜莺云雀衔泥燕,一样人间报好音。

鹧鸪天

宜萱以所摄院庆会上金奖得主合影见惠,词以答之

屈指交情六十年,眼经沧海变桑田。惊才初露陀斯卡,更有书声杂管弦。

遵大路,换新天,牛棚何事尽相怜。桑榆毕竟霞光耀,领约红巾且并肩。

点绛唇

周广仁与刘硕勇缔姻于七月二日,缀词为贺

党庆良辰,看君次日成婚事。仁人硕士,胜业存鞬寄。　　海雨天风,浩荡俄生指。谐双美,赤绳牢系,携手迎秋霁。

鹧鸪天

北海灯会

曼衍鱼龙电把关,不拘灯节赏鳌山。且随人海冲灯海,偶利三余应四难。

同老少,凭阑干,相机一闪驻欢颜。行行不觉凉宵永,孙女扶归兴未阑。

鹧鸪天

陈宗俄悼词

寡鹄将雏几苦辛,眼看儿女各成人。西归此去应无憾,天上重谐大鹤魂。

调粉墨,理丹铅,谢娘咏絮认前身。难忘坎坷征途远,齐鲁巴渝白下门。

司阍一绝

投老司阍诧见闻,逢人挥泪说元勋。梦回曹鬼真谋社,功罪千秋要细论。

浪淘沙

河南沁阳朱载堉纪念馆落成索题

让国说延陵，挂剑多情。还观周乐判衰兴。聪德并高看后劲，钟秀朱明。
图史绪纵横，历算音声，煌煌乐律广门庭。西国威家迟百载，四海公评。

赠苏木

韩潮苏海说文章，口给何如木讷强。能爱能憎能辩证，能祛邪气发幽光。

惜分飞

萧淑娴挽词

乐苑声华腾早岁，远取乐经西海。赤县跨前代，归帆争趁天风快。　　桃李盈
门怀母爱，最忆湘南土改。一面伤难再，新声复调千秋在。

红　旗

堡宫平地落红旗，七十年间几是非。毕竟有人收拾起，飘扬留待再来时。

贺新郎

和湛邦寄怀张学良将军

事变惊环宇，最关情家山破碎，群魔狂舞。甘受恶名无抵抗，整我枕戈师旅。
奈内战连年如故。逆耳批鳞穷述说，便鬻拳兵谏心逾苦。终定约，抗骄虏。　　御
风伴送君归去，又争知朝三暮四，翻云覆雨。官样文章传北寺，辗转川黔禁锢。空
怅望沙场金鼓。明史研将须发白，叹年华大好都虚度。同命鸟，赵贞女。

赠陶周伉俪

性情识力勤陶冶，音乐因缘贯欧亚。远人容有动心兵，要须周匝辩诚诈。
偕行喜有素心人，一样钻研几冬夏。乐道安怀挽鹿车，舒曼维克传佳话。

齐天乐

寿江定仙八十，时其门生正筹印江氏全集

共和开国添骄子，今朝八旬初度。夏水长流，宝刀不老，新事随翻新谱。敦煌
暂驻，绣柏拍飞天，光吾门户。未竟楸枰，早春余勇尚堪贾。　　江湾难忘溽暑，

望师门咫尺，相伴来去。弹指沧桑，关情桃李，喜见生徒接武。重洋寄语，佐海屋添筹，曲刊全部。廿一开秩，九旬重祝嘏。

生日玉渊潭即兴

秋菊熔金地吐馨，女孙邀赏祝遐龄。老夫别有游园趣，俯首蓬门仿列宁。

水龙吟

观曾竹韶为朱载堉造象

虎门再现销烟，造型锤凿开生面。行人驻足，名师谁氏？南丰俊彦。负笈花都，欧西非北，行踪几遍。独关情故国，连年烽火，还急趁，归轮转。　　也拟移宫变徵，奈无端朋侪遽殒。诗称凝固，流成建筑，一身兼擅。句曲风神，又随君手，坐临乐苑。喜复生漱玉，双修福慧，举梁鸿案。

木兰花慢

寿阳翰老九十

一身风雨里，挟书剑，赋从军。算西发岷峨，南驰岭峤，北指幽燕。无端变生时腋，乍滕王高阁展红幡。道远由来曲折，投身左翼文坛。　　稗官银幕与勾栏，下笔起波澜。便初继庐陵，千秋异代，敢换新天。江南自开北国，抗冤诬终竟靖妖氛。伫看新秩廿一，期颐争献桃尊。

木兰花慢

田鹤长女陈晖为其筹刊遗集，感成长调

子期思旧赋，警邻笛，起山阳。记身在亭间，心存天下，数汝轩昂。新腔别开境界，倏终朝青眼刮师襄。颇愧缘深骨肉，要知丝慎苍黄。　　汤汤江汉远相望，讲幄映湖光。便蜀道能行，历城好在，巧遇文鸳。河梁寄怀属国，换新天曲韵重淋浪。一样中郎有女，殷勤重理宫商。

寄刘思同谢其手自刻印先人遗诗

思君每系海王村，同气运枝好弟昆。最是感人陈世德，殷勤蜡版播清芬。

即　目

防盗人家铁作门，似言财宝此中存。老夫所有琴书耳，不信偷儿肯屈尊。

败 瓦

败瓦颓垣迹已陈，史无前例此栖身。忽充背景供留影，未免撩人话劫尘。

临江仙

题张西曼遗集

纲领煌煌催赤化，人间窃火英雄。几多志士蹑前踪。登坛说法，口语斡罗工。

洗耳渝州聆谠论，一朝拓我心胸。蓟门亲见万旗红。千秋贞石，铭墓托周公。

鹧鸪天

赠毛宇宽

远别重逢乐有余，怡怡三口凤将雏。颇闻两岸风帆稳，且喜双眸雾障除。

寻故旧，惜居诸，更番留影几蜗庐。披图陡忆无前例，自爱危墙著老夫。

鹧鸪天

题与缪天瑞合影

识面曾充递信人，书棚且寄劫余身。今朝合影论交旧，弹指匆匆六十春。

名与姓，假还真，知情最是永嘉陈。却缘哀挽稽山老，肆应真同蠖屈伸。

水龙吟

洪辛之逝，悲不成文，痛定追怀，勉成长调

平生同好同心，常州一见真如故。高楼灯火，良宵烟酒，忘形尔汝。比事论文，北欧群鬼，东亚雷雨。算凉山恩怨，回头修好，终不走，冤家路。　　好是新天日月。两家春，开明儿女。燎原星火，发蒙开窍，艰难起步。猎猎红旗，南昌故郡，顿成新府。叹辉煌史剧，凭君挥洒，怎骑鲸去！

新诗剩稿

静　境

绰绰是她的衣裳？
不，落叶敲窗。
轻盈是她的步履？
不，曲港跳鱼。
芳醪变成苦酒，
极乐转入深忧。

在盼望中，
在猜想中，
消磨了春天，
催老了华年，
心爱，几时才再度相逢，
让我细说相思的苦痛？

悔　罪

如今，莫说欢欣，莫说忧愁，
铅块重塞住我的口，
我的心不沉重也不轻松，
它已经是完全冰冻。

我无言跪对着夜色苍茫，
手中的利刃闪寒光，
涕泪说出我忏悔的罪言，
罪愆，从出世到今天。

鲜红的血涌出我的胸膛，
我甘心死在她手上，
天使，你也不用替我祈福，
　一刺消尽生的怨毒。

花　影

花影在墙上，相伴我孤零，
多谢邻家送来一片光明。

你舞时袅娜，你静时苗条，
谁描得出你醉人的娇娆。

拥抱，不见你灵活的腰身，
亲吻，不见你柔媚的朱唇。

花影，你好比心上的女郎，
只容许人在寂寞中默想。

空　潭

莫非这也是痴？
向空潭投影。
不关是潭水浊，
水涸了，你信？

认不出你倩影，
便模糊也难，
破碎的诗琴呀，
弹也无从弹。

收集天上光华，
向心头照耀。
清水缩进污泥，
从此夜无晓

莫怪它不知道，
感谢你深情。
它更何从回答，
无影也无声。

秋　花

萧条，肃杀，人间早没有，
却还渴望着灿烂的春光。
一片枫叶或是一串虫吟，
都给我不少低徊和惆怅。

是你的灵香招引嫦娥，
替垂死的宇宙添点活气？
只有你，当冷落的秋天，
使人重感到温柔旖旎。

我整日夜

我整日夜写不出一句诗，
我有的只是郁闷与伤悲；
我有的只是郁闷与伤悲，
我天天都无从见到你。

我天天都无从见到你，
怎怪我只有郁闷与伤悲；
怎怪我只有郁闷与伤悲，
再远一点的前途就是死。

我还有什么希望除掉死，
我永要捱受忧郁与伤悲。
在你面前摆着残忍与仁慈，
我祸福的权衡全看你。

神圣的名字

我心头有一个神圣的名字，
只要你偶然把她提起，
便会有太阳冲破层云，
沉迷的雾散开给光明，
木叶浮鲜，清溪漾水晶，
冷酷消灭了，只有温驯。

天知道我有几多忧患，
跟着心跳跟着血循环。
可是如今忧患得收场，
血管心房再没它的份，
她占尽我心血和灵魂。
这占领，我幸福的殿堂！

末　路

谁不知道
末路
是我今天
快要走的路

天下哪里有
饥民想望丰盛的酒筵，
泥涂的龟鳖要上天，
粗声的乌鸦找黄莺作对？

这许是痴心，

许是幻想，
可怜在这人间，
哪里容得它存在！

一下现实的巨锤，
我眼看着我希望的琉璃，
碎成齑粉！

命　运

命运伸出手来，比我先，
用力捏紧她的双肩，
我爱你——话还未通过我的咽喉，
它已经把她推进他的心头。

可惜她，羔羊般驯良，
不识有狼的牙，熊的掌，
纵然僵和冷是他的心，
又怎知道我的心是假还真？

天，一刀劈开我这颗心，
热血见证它的痴和真！

月　夜

多好啊，今夜的一片月色，
还有风的轻柔，露的闪烁。
虫声和我的心一齐颤荡，
来，秋虫，你弹琴，我和着唱。

草茵，你变水草，长，更要长，
露水从脚底涨到我头上，
纵然从躯壳漂去我灵魂，
这解化够补偿一世辛酸。

行路人的悲歌

不管天阴，不管天晴，
我只是举步向前行。
路人惊奇：我泪夹着汗，
我登山，山上先有人的足迹，
路边的花已经尽数凋残，
别人糟蹋，我无从怜惜。

不管天阴，不管天晴，
我只是举步向前行，
我有眼不看指路牌，
谁希罕那走熟了的坦途。
任乌鸦啄，烈日晒我的尸骸，
我也要走没有人烟的荒土！

回　忆

头皮硬不过回忆的凶顽，
它伏伺到你无聊，你失眠，
便拿起狼牙的烙铁冲入脑门，
烫你的神经，看糜烂的创痕。

驱逐它，像是肉连着皮，
分不开，除非毁坏了自己。
可怜荒岛受尽波浪的皮鞭，
空怅望满载游客的漂海船。

点起希望的灯照耀灵台，
叫新生把回忆迎头打败！

鹦　鹉

粒粒红豆同个样，

看花了鹦鹉那双眼睛。
一粒红豆一个样,
厌烦叫鹦鹉变成精明。

银链子一辈子也拉不长,
一双翅膀飞不出笼架。
侮辱,就是你有我没有,
干嘛要显出两排白牙!

"我爱你,你占领了我的心!"
不说了,学人说话是傻瓜。
我不说是小姐有好处,
替一双情人瞒住了妈妈!

鱼

——青岛水族馆

水面一块灰暗,
罩定了
那一角的阴凉。
这灰暗从朝到晚,
变换它的方位,
只有不早不晚,
才有一会儿
见不到它的影踪……

天——
记得是拱圆的,
现在却变成了方格子。

抬起头,
从前是一簇簇树林,
从岛上望向水面,

有时还打发几片叶子，
也许就是联络感情，
教会了比对冷和暖。
如今，摆在前面的
是一盆盆花树，
亲近是不用提，当然
漂亮就是骄矜，

可是，却比树叶凋得快，
骄矜有它自己的收场——
也算是一场相处。
过去抚摩一下——凭吊一下吧，
多憔悴的可怜相——
砰！（当心玻璃！）

一个人影投进来，
小小的眼睛容不下，
还是不如闭上好，
一闭上，
却梦见鲸鱼张口！

邂　逅

像女神乘着轻软的花车，
她向我走来，距离可远。
我心跳再没有高低，
象琴弓摩压过度的琴弦。

于是有微笑解开嘴角，
问讯给双颊添上火光。
为怕周遭扰乱她的倩影，
我留心把眼睛闭上。

你的一笑给我欢欣，啊，怅惘，
路轨看似成排，何曾亲近。
要亲近除非翻过地平，
天知道那是在什么时辰！

跟洪水的搏斗

没来由的洪水又发疯，
闯上平原又闯上低洼。

忙着逃难蚂蚁出地洞，
田地留不住一只老鸦。
城墙抖着在抵挡水势——
水就下，如今展开平面——

干着急有什么用！何况叹气！
要就动手，再不要楞住双眼！

紫铜的胳膊撑住城门，
上木椿，上铁链，上锁。
堆上沙袋，城墙变水堰，
不放房屋卷入汹涌的水涡。

自己命运自己支使，
进门的宾客不该是鱼虾。
水是水，陆地还是陆地，
让人类替自然分一次家。

割禾新景

一刀，两刀，三刀……
一亩，五亩，十亩……
黄黄的稻田上走动着
黄黄的军装，

黄黄的军装，
伸出来了
光亮的，紫铜色的胳膊。

嗦嗦声是在割禾，
蓬蓬声是在打谷，
泥水溅满两脚，
汗水流到颈，流到腰，
不管太阳移到天中心，
乌鸦躲到密叶的树中心
黄黄的军装却还是走动着，
在田中心。

盖住了嗦嗦声，蓬蓬声，
从南到北，东到西，
飘荡着雄健的身影，
碰触着每一个人的耳朵：
"嗨嗬嗨，我们军民要合作！"

黄黄的稻田上转动着，
黄黄的军装，
渐渐的
广漠的稻田只剩得
轻捷的军装，
一堆又一堆
搭靠起扑打过的稻草
村妇挑着谷，
浮着笑，
走过积水的田塍，
嘴边传出质朴的催请：
"同我一齐去吃饭，
阿哥呀姑娘！"

　　　　"我们自己煮好饭了，
　　　　我们是帮忙不要钱。"

　　　　"真的是这样好呀，
　　　　到底是读书明理，
　　　　悔不该开初生疑心！"

苦　旱

"在山泉水清"可不是诗人说错了，
哪一潭溪水，只要你留心，
不摊着凝滞的苔绵，中午的太阳
也不给现出鲜明的倒影。

不止是禾苗在梯田，
便在平原也一起低着头，
它们已经吸尽了末一丝水气。
风也倦了，不倦也得倦，
再没有白云承受它的逍遥。

浪游人，你披汗赶路，
莫非是以为山路走不得车，跑不得马？
你该知道，不独山路，便在禾田上面，
灰硬的土块也断不会粘陷
你的车轮，你的马蹄。

亢旱急杀了老农夫，
忘却水车，记起龙王，
烧香许愿那甭说，可是他们
竟也怀疑到龙王的神明，
龟坼的田地扛不进庙堂，
只好扛起神像，不怕冒渎了，
亲眼看一看旱田，渴水的禾苗……

可怜相也许会收到更大的慈悲。

失望引来了对神的暴动，
他们，反了，扛起神像，
扔在荒地晒一个透，
教他也领受一下旱热的味儿。
然而龙王却静静的，没一点动作，
造不出雨，也疏通不了太阳。

大热天怕着秋凉，
秋凉会伴着米荒。

沙洲树

北风扑抓住树叶，
树叶捱不过冬天，
秃枝架着鸟巢，
有鸟巢却没有鸟雀。
即使有
也不过一阵盘旋，
结束了对废墟的凭吊。
偶然会有一两只蚂蚁
过不惯深穴的冬眠，
（也许是粮食蓄积得不够）
在树上跑一次来回。
头顶上空空的，
抱回了一团失望，
因为找不到花蕊果实或者树脂。

一切都是寂寞，可是，
一切都由他，
秃枝老干依然是倔强，
静静的，慢慢的，

放大了层层的年轮，
在中间再划出一个圆圈，
记上了一年苦难的支撑……

季候不曾失过约，
春雷击破了萧条。

一夜间，树皮上一个个疙瘩
闪出了嫩叶和苞蕾
花叶做了老树的耳目，
老人并没有丧失聪明，
返老还童的丰姿，
浸入清溪，
显得更加鲜润。
可是，世界变了，
归来的鸟雀追不回过去的安闲，
惶急的飞啼代替了
平时温柔的歌唱，
宁静的空气揉杂上干涉。
原来寂寞的沙洲，
也避不开人类开荒的巨手。
沙地上顿着坚实的步伐，
歌声散播到四近，散播到天空，
急滩再不是自然的主调，
却让热闹解消了寂寞的气氛，
新叶盛得起更多的雨露，
为人类磨钝太阳的芒刺。

死马行

横阻山溪，
躺着一匹马，
像要用雄伟的躯干

联接起溪水分开的两岸

水苔长上了马背，
松乱的鬃毛，
一条条显得粗胀，
马尾顺着溪水流，
像是失掉光芒的慧星，
骤然剩得一片乌黑。
两脚弯向前，
一半斜踏在岸上，
还不曾忘却上阵的飞腾。
头是倒下了，无可奈何地，
可是眼睛还是圆圆的，发着光，
上阵的号音，也许还填满那一双耳壳，
颓唐全派不到它一份。
要不是战后，
要不是脖子下面的伤痕，
谁指得出它死亡的实证。
我看见过死禽兽，
我也曾走过战场，
鲜血网住一堆堆尸骸，
一句老话总是靠不住，面目如生。
只有今天，死马呀，
你给我新奇的感觉，
怎教我不为你徘徊，为你感叹！
然而，我对你
对你总有说不出的憎恨——不，怜悯！
试想，
故乡饿着肚子的农夫，
眼看着土地在荒芜
总留不住你的气力，

你却渡过大海，

驮起了杀人的凶手，

跑上南国的山野。

没有你，也许

海贼追不上难民，

做不出对老弱的袭击，

也抽不出一片空闲

给农家放一把无情火，

老百姓的谷仓，

不至于括完了末一撮粮食。

哦，没有你，也许

死到头上的凶手，

逃不过我追兵的铁手——

而今，敌人是死不完，逃完了，

却半路丢弃了你，

你这枉死的冤魂！

罪恶要不要记在你帐上？

算了吧，死给解开了冤仇结。

我不是念佛的老太婆，

不会说超生的祝祷，

安息吧，战马

让南国温暖的国土，

掩盖你这一场愚昧的空无。

河岸上

河岸上，新种起小树一行行

太阳还赛不过青山高，

只有对岸披上了阳光。

肩上扁担，手上镰刀，

为了过河割草砍山柴，
一群妇女起来真够早。

她们纯真可不是痴呆，
瞥见有一块木牌竖起，
从左到右字体是横排。

"认一认字吧"有一个提议，
"反正摆渡船还靠在对岸"
为了学习也为了好奇。

这个精神，这个动，这个员，
整个意义虽然搅不清，
约莫是为了我们抗战。

"问一问好不好"那边有人，
当军的，正在浇水，
（害羞闷住了任何的响应）

该不该怨自己学不快？
我认字不算不用心，
三个月只认得百多个方块。

是这些字特别不好认，
还是做先生的不够好？
死记死记记得人发昏。

可不可以改来过一套，
一千字不要一千个花样，
让人拿笔画自己来拼凑？

讲得出便写得成文章，
不要讲"乜介"却写成"什么"，
养孩子也没有这个凄凉……

——嗬，仓圣庙还在供香火！

一点灯光

我一个人站在山脚下，
伸手是一把乌黑，
树，本来是近的，
现在却远到不知去向，
像是要跟大路
斜向地球的边沿，
只有流水是熟悉的，
潮水般响着，
幸亏是天高，
缓和了紧密的节拍。

我一个人站在山脚下，
望远方不会难过望眼前，
那就望远方吧，
至少我可以看到
天角落几点星星——

可不知什么时候，从树背，
闪出一点灯光。
虽然小，灯芒
冲不散层层的夜色，
却已经有了光明的种子。
你知道：
多少人得赶夜路？
多少人失掉他的家？
这一点灯光
将指示他们一条去路
给他们行路的心情，

一点慰安，一点温暖。

我一个人站在山脚下，
凝望着
远处的一点灯光，它
动不像动——
留住吧，
支持着黑夜中的光明，
支持到东方天发亮！

说不出话

说不出话，有什么办法？
像是白发的母亲
等待着游子的归讯。

像是苦旱的农夫
呆望着龟坼的田亩。

像是篮球的守卫
眼见对面的劲敌
来一次中的的远射。

像是慈祥的护士
药箱空空的
守护着重伤的士兵。

有什么话说啊，
除了加深额上的皱纹
或者噙住眼角的一滴泪珠
或者迸出一声无可奈何的叹息。

最深的感情是无言。

（说是无言干吗还写诗？
你就不怕自己打嘴巴？）

也许吧，自己打嘴巴，我承认，
可是——
难道来年的瑞雪
只该给踩下一些脚印？

山　溪

细细的流，慢慢的流，
局促在山岩底下，
一块石头就是一个岛屿。
你站在溪边，
看得清水底的沙石。
自从它，山溪
跟随雨季
丧失掉急流的呼啸，
它的存在
便越不过小小的山岗。
除非来到溪边，
行人想不到有一条溪水。
它的宾客不过是
点水的蜻蜓，
或者偶然有几个顽童
进行他们的石头攻击，
山溪临时做了军火库。

可是岸壁上，
山岩的小树上，
都粘挂着干枯的草叶。
石罅给冲洗过，
同时印上薄薄的泥巴，

水中心一团团茅草
这才指点出
它涌涨的陈迹。
什么河，什么海，不吸收过
它排泄的山洪？
七万二千吨的巨舶，
浮在海面就好比一片浮萍。
你知道吗？
海水的源头
不也是这些小小的山溪？

山溪，
我为你祈祷滂沱的春雨！

韶关的大火

火，依照流水的方向，
（水流没有它的快）。
烧下去，一幢房子又一幢房子，
烧下去，碰不到一条水龙。
人伏在山坳，望着发愣，
渴血的日本飞机，机关枪和炸弹，
硬定了大家的心肠。
爆炸的，呼啸的声音
从树林吓散了末一只小鸟。
急滩变得静悄悄的，
让火在放肆。

火焰朝上冲，
冲透屋顶，冲过树顶，
像是要冲脱底下的土地，
一直冲上九重天。
可怜的织女啊，

会不会担心银河变温泉？

高射炮停止了悲鸣，
渴血的飞机已经飞远，
这时候才轮到难民的痛哭，
接替大火曲的原始伴奏。
父母，子女和夫妻，
一个哭一个，一个哭两个，
三个两个哭一个，
哭过生命哭财产，
还从火堆，热泪遏住了燃烧的火堆，
找寻亲人或者财产的骸骨，
火烧头发，烧衣服，
管他！

多少人家
多少功夫才盖起一所房子，
今天却没有一点顾惜，
拆掉，跟火焰抢先——
一片空旷终于斩断了火头。

白天缩短了，
焦黑的木柱和瓦砾，
增加了大地的阴沉。
江面扩大了（？）
隔岸望见
墙壁，剩下来的木柱，
绵长的行列，
像是船桅卸了帆。
无家可归的难民，
蚂蚁一般挤坐着，露天，
计算着自己的损失，

亲人，家财，亲人兼家财。
冷静的计算忽然引出
绝望的呼号，
同时却又逗怀中的孩子安睡，
快朝嘴角塞奶头，
摇篮歌，里面还闪动惨绿的灯火。

（中华民国三十二年一月五日
日本军阀又在中国的地面
多打上一个仇恨的火印！）

黄昏小唱

太阳，先从窗前然后到山头，
一步步收敛了它的光彩。

黄昏，却从山头，慢慢的，
踱到了窗前。

要不是啼声，还不会知道
叶底下栖息着鸟雀。

书本的铅字
全给混合了灰暗。

我一个人，不点灯，
靠在窗前，
搔起头发这才觉到
自己的存在

眼睛失去了一切寄托，
周围昏沉沉，
要说话，找不到对手，
空空的，抓到手的只有寂寞啊，
寂寞！

231

偶　成

生活逼人走上了铁索桥，
谁也不要想挨户走路。

关切吧，尽你的心，
现实却还是无情的现实。

你一条路，我一条路，
没有人保得住，
走呀走的，不会有一天
越走越远，
远到听不到一声呼唤。

古人说：动如参与商，
别说碰头，见面可也没有份。
可是在天上，一颗星
容易照到千万里，
光芒连接起光芒。
只有地面的生灵，
一重山，不，一片鹅毛
便够堵住了望眼——

唔，
比得上星星只有一颗心。
让我们烧起泼旺的心火，
你和我，永远的，
依偎着心头的温热。

施　粥

施粥的白旗像是招魂幡，
多少饥民给招到一块。
他们影子一样踱过了大街——

轻飘飘的可并不洒脱，
沉垫垫的可并不结实，
只有动证明他们还在活。

施粥还没有到时候，瘦骨头
撑不住身子，
躺着，蹲着，靠在树上。
干瘪的身子
倒下来的阴影也显得寒伧。

稀饭啊，有人吃得肥腻了，
拿来松一松胃口，
今天的饥民
却老实拿来救命。

稀饭也各色各样，
饥民不敢想望
肉丸子，鱼片和葱姜。

失神是他们的眼睛，
望着行人，还不免有点难为情
为什么偏偏是他们
占尽了落拓穷酸那一份？

难道他们没有家！——
家在广州，家在香港
不肯拜鬼子做干爹，
这才回到祖国，丢掉了家乡。

一年间换过了三个头衔：
义侨，摊贩，饥民。
今天，从粥瓢上面接受了慈悲
同时却也接受了轻蔑！

我和人间靠拢

穷房子也具有一扇门，
一扇门划分了内和外。

门，替我挡住了闲人，
遮过了人生的零乱和污秽。

划分了，可不是隔断——
狗吠，鸡啼，小贩的叫唤。

行人手上闪动的火炬，
上下坡的脚步和笑语。

还有天上飞机的翱翔，
江上的汽笛在报告夜航，
都教我和人间加紧地靠拢，
我的心也跟着加强了跳动！

夜行人

街灯
从黑暗分过尺来宽的空间，
算是给光线一点回旋，
不至于给闷死在玻璃泡里面。
狗吠的声音——
人走路。

孤独的行客啊，
你不比蝙蝠
东飞西撞永远不碰壁，
又没有一双从黑暗看出光明的猫眼，
一潭潭的泥水
正在死心眼地等候你一下不留神
拿你的破鞋开玩笑。

你找你回家的路吗？
听你呼呼的那股气！
着急是徒然的，
定一个方向不更好？
向有光明的地方走！
向有声音的地方走！
向是人的地方走！——
你的家总是在这地面上，
在这地面上呀你的家，
还不是应该安顿在
这样的一块地方！

春天的说法

老树，瘦伶仃的，
绿叶脱光了之后，
曾经挂满了霜雪，
雪消了
瘦伶仃越发是瘦伶仃。
一阵风来
便发出稀冷的几声叹息。

为了赶牛，牧童一举手
得连皮给拗下光秃的枝条，
只有皮底下的一点润，一点青，
说出了蕴藏的生命。

来了，
太阳再不吝惜它的光辉，
破空爆出了一声春雷，
于是老树也结束了冬眠，
从枝上绽出了青绿。

也许你会奇怪吧，嫩绿？
是春天了，为什么
世界还是那么荒凉，那么萧条，
连我托命的老树
也是那么忧郁和苍老？

也许吧，我告诉你，嫩芽：
世界的荒凉和萧条
得消失在你的青葱，你的长大上。
那还成什么春天啊，
要是没有你！

小　河

一条小河流过大门口，
天天流，夜夜流，
多少年啊，
前头的流入了大海，
停留住的却还是那一片脏，
只有岸上残破的房屋
屋面前凌乱的瓦缸，
构成了一片寒村的调和。

寒村的房屋
住着寒村的人家，
寒村的人家
造成了河水的脏相。

难怪得他们？
祖宗的遗产
好歹只有一份穷，
朝朝皇帝一样得纳粮，
何况还要"有吏夜捉人"，

管得什么干净什么脏!

敢保有一天,
收到谷子自己先吃饱肚皮?
瓦片也有翻身时!

井

井,沉默,平凡,
辘轳也找不到一架,
明亮但是不闪光的水面,
平正的,浑圆的,
像是一面镜
却不曾照出过一片娇嫩的脸庞。
水面平不了多少时候呢,
打水的从朝打到晚,打上又打下,
一张口的清水洗干净了
地面上的污秽,
人身上的污秽。

粗糙的麻绳,
给井栏拉出了印痕,
密密的,深深的,
巨人额上勤苦的皱纹啊,
一乡的滋润和清凉,
靠你刻上了一笔清账。

《兼堂韵语》（续编）

版本：《廖辅叔的乐艺人生》中央音乐学院出版社，北京，2008年。

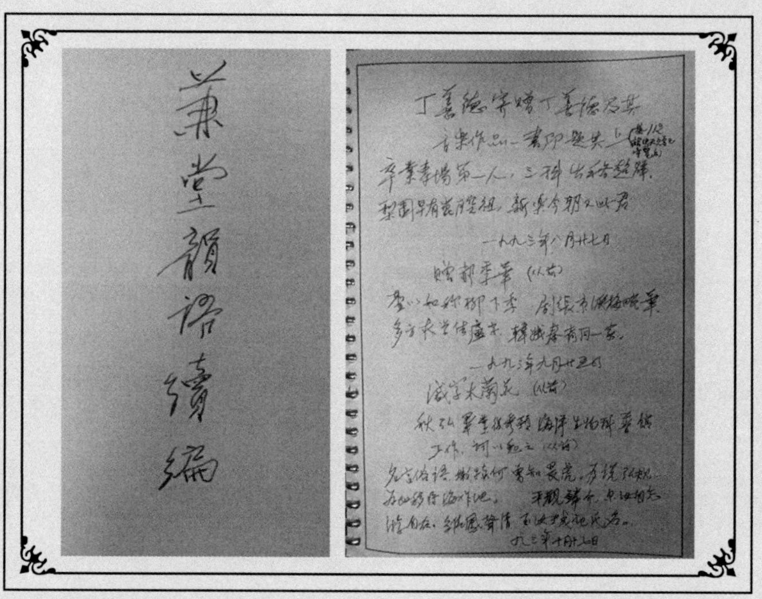
蒹堂韵语续编

《兼堂韵语》续编

黎达[1]新年来访，谈及题字，书此赠之

身外功名忘达士，心头忧乐系黎元。

见林见树应全见，世道由来海变田。

1991 年 1 月 10 日

郑定原[2]远道索书，报以小诗

律明燕乐称元定，赋创骚经数屈原。

昔日儿童君亦老，传家且喜有芸编。

1991 年 3 月 4 日

赠徐山[3]

作史三难才学识，译书译则信达雅。

君家早有徐文定，迻译典籍先华夏。

学山巍巍好攀登，审音阐美融欧亚。

1991 年 5 月 6 日

寄吴定贤[4]

吴头楚尾寄生涯，定力远惭奠万哗。贤俊故园新得友，网罗文献足名家。

---

① 黎达：中央音乐学院离休干部。
② 郑定原：系廖先生的亲戚，惠州文化界人士。
③ 徐山：原中央音乐学院音乐研究所翻译。
④ 吴定贤：惠州文化界人士。

临江仙

送迅之、迅勇①兄弟远游

越海御风三万里，壮游不负年华。生当动乱思无邪。双肩真得力，三角欲飞沙（言儿戏旧事）。　　难弟难兄元季又，德里本聚陈家。情深不碍隔天涯。故乡明月好，早晚照归槎。

1991 年 7 月 4 日

水龙吟

为惠州纪念孙中山诞辰一百二十五周年征集书画作

神州长夜漫漫，春雷乍起香山蛰。笑摧土偶，昂承大寇，堂堂正气。田号三洲，湖翻七女，仆来多继。看旗飘黄鹤，超洪迈郑，欢声动，龙旗靡。

空说埋将帝制，换登场几番狐祟。变生肘腋，神劳征伐，飞鹅展翅。万古云霄，天人三策，一新形势。记当年小子，也曾囊笔，效驰驱至。

1991 年 8 月 9 日

张广斌②索书，即赠一绝

张乐洞庭鱼出听，广平铁石度梅魂。

斌斌应是和文质，更运人工化自然。

1991 年 8 月 26 日

叶灯③从事法文翻译工作，顷请苏木索书，赠以小诗

中法文缘不等闲，卢梭远矣近罗兰。

赏音别有新园地，幻想终场又卡门。

1991 年 11 月 24 日

---

① 迅之、迅勇：国立音乐院常州幼年班陈长泉之子。
② 张广斌：廖先生的小友。
③ 叶灯：中央音乐学院音乐研究所法文翻译。

小诗一首，应修海林①之请

百川浩浩终归海，万木森森共作林。修史乐坛近硕果，别开生面话浮沉。

1991 年 12 月 2 日

冀（瑞铠）② 陈（南岗）③ 联姻贺词

伯乐识才临冀北，文星属意在陈思。赤绳兼绾同心结，按健调簧合鼓吹。

1992 年新年

寿张富义④六十

南阳同里张医圣，潞国齐名富郑公。教子能收义方效，寿觞好与祝乔松。

1992 年 1 月 26 日

赠李茂林⑤

盛事流传拜善言，今人不让古人贤。茂林修竹兰亭胜，落笔爽当千幅笺。

1992 年 1 月 26 日

林超夏⑥遗孀许文竹不时过访，颇有索书之意，书此赠之

许行首倡尊劳动，文艺多应共此情。竹胜丝弦不如肉，美声原自自然生。

1992 年 2 月 28 日

钟敬文⑦九十祝寿会上作

民风淳厚识天机，教泽绵长被海涯。廿一开将新世纪，举杯重与祝期颐。

1992 年 3 月 20 日

---

① 修海林：中国音乐学院音乐学系教授。
② 冀瑞铠：中央音乐学院管弦系教授。
③ 陈南岗：原中央音乐学院附中校长。
④ 张富义：中国书画收藏家协会副秘书长。
⑤ 李茂林：美术界人土。
⑥ 林超夏（1914—1976）：中央音乐学院作曲系教授。
⑦ 钟敬文（1903—2002）：民俗学家。北京师范大学教授。

赠王凤岐①

凤经烈火无凡鸟，人为亡羊警路岐。新旧推移随世变，不妨洗耳辨妍蚩。

1992 年 3 月 30 日

祝贺绿汀②九十寿

民族精魂存绿绮，神枪射手速汀茫。伫看廿一开新纪，重为期颐举寿觞。

1992 年 4 月 19 日

浣溪沙

大年③考取秦皇岛燕山大学，题纪念册为贺

端木贤才误汉阴，桔槔无故责机心。可知泥古碍通今。　　万变新机凭学理，

宏谟四化念纶音。期成东箭与南金。

1992 年 8 月 14 日

维倩国珍④夫妇来京索书

曼倩能猜器下物，王维独擅画中诗。每因乡国思珍异，宅相兼应验女儿。

1992 年 10 月 1 日

赠上海美术颜料厂

六合风光凭点染，五般颜色变神奇。不资植质寻原矿，说论稽山赖发挥。

鹧鸪天

观张丽绣花舞，间又挥毫画竹

利屣长裾飐鬒云，氍毹平地转风轮。高招疑自公孙氏，巧艺如传沈寿神。

俄放笔，写琅玕，依稀重见管夫人。忽思静婉张家事，后起真教证积薪。

1992 年 12 月 2 日

---

① 王凤岐：中央音乐学院音乐研究所研究员。
② 贺绿汀（1903—1999）：作曲家。上海音乐学院教授，原院长。
③ 大年：系廖先生的侄孙。
④ 国珍：系廖先生的外甥女。

赠王宝社

时代声音启乐坛，前修后劲衍薪传。新闻鼻带生花笔，报告还成绣虎文。

1993 年 2 月 19 日

集龚赠张定和①

一门鼎盛亲风雅，翠墨淋漓茧纸香。各有清名闻海内，大吕合配黄钟撞。

1993 年 3 月 7 日

黄澄钦②寄赠所作东坡寓惠诗意画册，酬之以诗

逐屋私拟岭南人，画笔诠诗若有神。识得清湘时序意，转因寓惠益情亲。

1993 年 3 月 31 日

水调歌头

为俞曼筹建桂林老年宫作

老老随幼幼，人我两心同。幼苗苗壮成长，左右顾书丛。要补蒲杨驹质，直愍桑榆暮景，佳气郁葱茏。百尺更进步，轮奂老年宫。　有所为，有所乐，乐融融。优游颐养，八桂山水甲寰中。乘兴挥毫泼墨，适意调丝品竹，棋局角雌雄。莫道南丁老，赫赫立新功。

浣溪沙

赠张小曼③

佳客差同倒屣迎，问名深愧负虚名。吴江遗札感平生。　南社传薪资后劲，中郎有女振家声。切磋试尽老夫能。

1993 年 6 月 29 日

---

① 张定和：作曲家。就职于中国歌剧舞剧院。
② 黄澄钦：惠州籍山水画家。
③ 张小曼：张西曼女儿。民盟中央原调研员，中俄友协全国理事会理事。

丁善德①寄赠《丁善德及其音乐作品》一书，即题其上

卒业专场第一人，三科出手各超群。梨园早有昆腔祖，新乐今朝又此君。

1993 年 8 月 27 日

赠郝季华②

圣以和称柳下季，剧张京派梅畹华。多方求学怯卢字，韩娥秦青同一家。

1993 年 9 月 25 日

减字木兰花

秋弘③毕业后参与海洋生物科普馆工作，词以勉之

名言俗语，嫩犊何曾知虎畏。为说弘观，为地移将海作池。　　平观鳞介，尔汝相忘游自在。雏凤声清，玉汝于成记氏名。

1993 年 10 月 17 日

林慧文④寄赠所著惠州古城的传统风俗，因集龚诗一绝为报

收拾遗闻归一派，狂胪文献耗中年。一州掌故闲征遍，为溯黄农浩渺前。

1993 年 11 月 19 日

读书偶题

尤物尤人细说愁，一扬一隐细推求。算来恰似灵飞赵，不及仪惊殿里头。

1994 年 2 月 15 日

赠卢文波⑤

萍水相逢护老人，自然亲切见天真。助人事事皆君任，信是来从解放军。

1994 年 7 月

---

① 丁善德（1911—1995）：作曲家、钢琴家。上海音乐学院教授，原副院长。
② 郝季华：中国音乐学院教师。
③ 秋弘：系廖先生的表侄孙。
④ 林慧文：惠州民间文艺家协会常务副主席。
⑤ 卢文波：空军某部医务工作者。

张肖虎①住医院邻室，竟因我打吊针不能起床，为护职务，可感也。

同业长甘苴蓿盘，比邻病室忽兼旬。偶然高谊应无二，护理居然到大难。

1994 年 7 月

以输液比喻协奏曲，戏成两绝

静观输液疑通乐，协奏三章定体裁。慢板居中前后快，大瓶前后两瓶催。
从来比喻多瘸腿，大小瓶原蕴量殊。拟不于伦游戏耳，病床无赖且咿唔。

1994 年 8 月

失火纪事

楼隅火势异城门，输液牵瓶转地安。乍聚一堂斑白叟，计年一揽即逾千。
弭患消灾疾奏切，归巢老叟尽从容。笑余遇事多奇巧，少长成围护乃翁。

1994 年 8 月

富义告以哲嗣张淮将与梁颖琦女士完婚，诗以贺之

柔情乐道画眉张，敌忾争传急鼓梁。吉日亲迎双博士，倘论佳偶拟三强。

1995 年 8 月

好事近

贺中国书画收藏家协会成立

雅兴寄收藏，过眼也殚心力。摩挲硬纸，更丹青水墨。　　　私人爱好本寻常，
大处系邦国。保护即今张网，看民间文物。

1995 年 12 月 29 日

赠乐为②，贺生日也

诸葛隆中比丈夫，一君远祖一夷吾。即今后劲悬弧日，老眼无花看凤雏。

1996 年 1 月 17 日

---

① 张肖虎（1914—1997）：作曲家。中国音乐学院教授，原副院长。
② 乐为：系廖先生的外孙女婿。

鹧鸪天

重读纪初①复印孟纯②遗诗感赋

哀乐中年唱和频，一行中表特情亲。符离睢上为纾难，黄浦滩头误结邻。

千古事，百年身，翩翩书记阮如陈。难能羌笛翻新调，万里春风度玉关。

1996 年 1 月

茂春③雕赠水仙花，书此谢之

仙子凌波伴老翁，同心难得是梁鸿。精雕持赠成年例，学士还兼侠士风。

1996 年 1 月 30 日

赠王治平，为其屡刻印相赠也

治乱循环历岁年，平颇路径且回旋。缶庐牧甫俱千古，洗眼今朝看后贤。

1996 年 2 月 2 日

好事近

题乐为爱华④结婚纪念册

少小学操琴，爱乐自甘清职。两字看来真巧，兆鸳鸯比翼。　　向平婚嫁遂初

心，婚嫁又家室。三事好依舒曼，到白头如一。

1996 年 4 月 21 日

任绍奎⑤远道索书，报以二十八字，君乃习工笔仕女者

洛神图卷疑三绝，王蜀宫娥见六如。愧似人知霜鬓满，神交且寄数行书。

1996 年 4 月 27 日

---

① 纪初：孟纯女儿。
② 孟纯：即刘孟纯（1904—1982），系廖先生的表兄。民革成员，原全国政协副秘书长。
③ 梁茂春：中央音乐学院音乐学系教授。
④ 爱华：系廖先生外孙女。
⑤ 任绍奎：惠州籍书法家。

戴云华①逝世志悼

登堂拟拜小仓山，问字翻从阁索文。弹指光阴成隔世，更谁巴管与还魂！

1996 年 5 月 28 日

孟纯表兄一九七三年为其幼女纪全生日作满江红，
二十三年后纪全请书为堂幅，纪以一绝

清词丽句早知名，知己深逾骨肉情。

今日兼葭依玉树，远维四代系朱绳。

1996 年 7 月

香港回归有日，感赋长句

昔年亡命此栖迟，触目撩人米字旗。

诬指惑民腾赤化，为言猾夏始红夷。

五洲估客纷成市，百劫惊涛尚费词。

割海金瓯今补缺，倘教云左九原知。

含垢悠悠百五年，说香说臭了迍邅。

分甘共惜长流水，定限容私造孽钱。

两制一邦宏远略，九州百世纪新篇。

蚍蜉撼树谁家子，鬼也装迯作笑传。

1996 年 7 月 14 日

浣溪沙

何乾三②哀辞

新系新生记始基，新班开讲费操持。网罗文献见精思。两手分伸遵导引，九儒乱打辨毫厘。高丘无女重堪悲。

1996 年 7 月 19 日

---

① 戴云华（1934—1996）：中央音乐学院管弦系巴松教授。

② 何乾三（1932—1996）：中央音乐学院音乐学系教授。

得陈安邦①赠书，遥寄一绝

陈父为余小学时代同班同学

旧友冥茫厄短年，得书喜见后昆贤。虎额才绝还痴绝，今又人添怪绝传。

1996 年 7 月 28 日

元翔②升学空军工程学院外语系，为赋一绝以壮行色

木鸢去矣铁鹰强，开物天工待发扬。补短取长重鞬寄，学成好与佐天防。

1996 年 8 月 9 日

自　嘲

老眼难谋雾障除，笔端轻重欠功夫。为酬亲旧还书债，可笑连朝放墨猪。

1996 年 8 月 24 日

乐为夫妇与启慧挟余往游香山，启蕙、爱华先后任驾车往返事，戏成一绝

半日香山续旧游，雨余山色正宜秋。自惭不是尼山叟，却有驱车女冉求。

1996 年 9 月 7 日

老　兵

无复昂然把式牢，黄金华发两飘萧。老兵回味当年勇，犹自摩挲旧宝刀。

1996 年 9 月 11 日

浪淘沙

欧阳美伦③远自美国的长途电话祝寿，感成一解

呼唤越重洋，问讯称觞。一家情胜电波长。入耳语音通肺腑，字字铿锵。

世事几沧桑，自守宫商，齐家文物数君详。愿得迅翁书札在，为解迷茫。

1996 年 9 月 25 日

---

①　陈安邦：惠州籍书法家。
②　元翔：系廖先生的孙女。
③　欧阳美伦：美籍华人音乐家。

乃雄①索书，报以一绝

岭南江表晚燕南，情话缠绵有阿咸。为道天涯念亲旧，梦中谈兴久弥酣。

1996 年 9 月 30 日

赠马育弟②

青木关前初洗耳，白云溪畔喜扬眉。问名已自知千里，五十年来副所期。

1996 年 10 月 1 日

元翔来书报告入学情况，纪以一绝

古国名都远寄书，女兵问字演怯卢。张还用弛通文武，人影戎衣称武夫。

1996 年 10 月 2 日

宁婴③有诗祝寿，同时全家拍来贺电，
随送鲜花，依韵和之

闽南蓟北路迢迢，电信能传未觉遥。独惜花来人不到，无缘桃酌共良宵。

1996 年 10 月 11 日

赠小萌④

文静能兼武术精，繁花秾实出勾萌。千秋人物知何似？应似杨门穆桂英。

1996 年 10 月 14 日

李能才⑤远道来访，谈五十年前旧事

虎头能事成三绝，温尉才名著八叉。客里相逢谈往事，天山万里接三巴。

1996 年 10 月 19 日

---

① 乃雄：系廖先生的侄子。
② 马育弟：国立音乐院常州幼年班学生、大提琴家、原中央乐团大提琴首席。
③ 宁婴：系廖先生的侄女。
④ 小萌：系廖先生的侄女。
⑤ 李能才：原黄埔军校同学会理事。

贺姚启慧①直升硕士研究生

进士有人称不栉，学名今日衍前修。看君百尺竿头上，海国家门细讲求。

1996 年 10 月 26 日

赠谷山②

陵迁谷变情无改，水远山长信可通。琐琐劳神深感印，朵颐屡快九旬翁。

1996 年 12 月 3 日

赠曹卡民③

歌剧翻新有卡门，思潮破旧先民约。操笔从军今木兰，热心转业亲音乐。

1996 年 12 月 12 日

清平乐

题迅之继红结婚纪念册

同窗同命，红烛交相映。隶首莫争新妇胜，亿兆算来俄顷。　　八年迅速光阴，两情隔海弥深。舒曼前标三事，好充偕老南针。

1996 年 12 月 19 日

即　事

寒斋吟啸是生涯，老树经秋尚着花。九十不妨顽健在，登堂喜接贝婷娜。

1997 年 1 月 11 日

打油一首，用独木桥体寄大年

奖金杯垫话童年，赤子心情表大年。今日附爷摊汇款，超前千倍贺牛年。

1997 年 2 月 9 日

---

① 姚启慧：中央音乐学院音乐学硕士。留法学者。

② 谷山：廖先生的小友。

③ 曹卡民：原中央音乐学院《音院信息》主编。

西江月

新年赠妻一解

五纪行圆佳偶，六和记宿新街。金钗无有有荆钗，几许艰辛骇怪。　　屈指平生交好，只余尔汝长偕。（敬文陈原均悲丧偶）且容知足且开怀，且共迎春岁岁。

1997 年 2 月 15 日　枕上作

水龙吟

小平同志逝世感赋

十年历尽风霜，东山终为苍生起。扶倾反正，培根固本，乱丝堪治。救彼差池，行兹改革，闭关重启。看施为饶有神州特色，毛思想，新威势。　　牛角面包偏嗜，想当年勤工滋味。一朝闻道，立功修德，峥嵘六纪。割岛回归，百年垢辱，凭君湔洗。恨余生竟欠，推将轮椅，履香江地。

1997 年 2 月 21 日

纪事为次英①装置音响作

眼花差幸耳能听，可恼骚音乱正声。为使正声如老意，儿曹音响费经营。

1997 年 4 月 4 日

杨琢君②校庆发言，兼及儿媳乐事，
赋此寄意

张负雏孙弄晚秋，今门可托幸无尤。登台难得君姑道，儿媳融融乐事稠。

1997 年 4 月 6 日

赠高淑明③

指点江山振国风，仙踪史迹旅情浓。佉卢鞮寄通寰海，主客逢迎促大同。

1997 年 4 月 10 日

---

① 次英：系廖先生之子。
② 杨琢君：高级工程师。
③ 高淑明：就职于金华国际旅行社。

年来属稿字不成字，幸得君华①抄录，
诗以劳之

涂鸦满纸难成字，难认难排恼手民。为便他人宁自苦，誊清感汝独劳神。

1997 年 4 月 11 日

浣溪沙
乐为爱华结婚周年纪念小聚

日月跳丸瞬一春，小楼今夕庆良辰。酒肴随分上杯盘。宜室宜家翻旧说，佳儿佳妇乐尊亲。灵台神矢果然神。

1997 年 4 月 21 日

八宝山悼送吴作人②归来有感

世态纷更庆吊忙，今朝叹逝昨称觞。（前二日方赴钟敬文九五祝寿会）

寻思天地无常意，好为书城惜景光。

1997 年 4 月 30 日

黄翔鹏③哀辞

事功未竟殒中途，正道斯人迈百夫。如此才难兼德美，一回感叹一哀呼。

书卷埋头自著书，曾无哗众较锱铢。深沉邃密遗编在，回也如愚故不愚。

四纪交情不偶然，连床客舍话缠绵。难忘委宛谈心愿，问学还期再少年。

1997 年 5 月 14 日

洪月华④告余，有传伍康妮⑤在捷克逝世者，
怆然赋此

抗沙护国痛陈词，削职除名志不移。添室忧怀今已矣，狄疑转恨负襟期。

变色当年寄意深，路遥不改两同心。远方客至书同至，五九年来直到今。

异国传经一女郎，千秋胜业赏孤芳。交情不共尘缘断，尚有辞书待寄将。

1997 年 6 月 4 日

---

① 君华：系廖先生的外孙女。
② 吴作人（1927—1997）：画坛大家。曾任中央美术学院院长、中国美术家协会主席等职。
③ 黄翔鹏（1908—1997）：音乐史学家。原中国艺术研究院音乐研究所所长。
④ 洪月华：中央音乐学院附中教授。
⑤ 伍康妮：50 年代中央音乐学院第一位留学生（捷克）。

临江仙

观曾竹韶①制贝多芬胸像

弦管风雷旋大地，乐坛乃挺奇葩。英风哲理思交加。咽喉箝命运，欢乐自无涯。

造像传神知几辈，克师共认名家。而今新作出吾华。威严含婉约，特色故奢遮。

1997 年 6 月 12 日

赠姚启慧

观书行散日艰辛，脚力疲来眼又昏。仗我杖藜还代目，老夫何幸遇姚君。

1997 年 6 月 14 日

次尚巢②九龄童韵

请缨自古美终童，好事应羞叶好龙。面对雏孙行跨灶，老人一乐豁眉峰。

1997 年 6 月 23 日

南乡子

和宁婴庆香港回归韵

日出米旗收，帝国余威到此休。比似百川朝大海，东流，东国明珠返九州。

功烈著千秋，赴义当年掷几头？细说沧桑争岁月，悠悠，后辈终承壮志酬。

1997 年 6 月 24 日

附：邱宁婴原韵

南乡子

香港百年收，风雨烟云亦可休。大厦参天争璀璨，潮流。华夏欢腾闹九州。

屈辱染春秋，鸦片毒枭大炮揉。难忘中间多少泪，悠悠。告慰炎黄以酒酬！

1997 年 6 月

听洛杉矶现场直播音乐会，有《我住长江头》一曲

清歌一曲江头尾，远越重洋进万家。有道歌时声带泪，可知徐淑与秦嘉。

1997 年 7 月 6 日

---

① 曾竹韶：著名雕塑家。中央美术学院教授。

② 尚巢：系廖先生的八弟。

水调歌头

白内障手术后作，时已先配助听器

助听又消障，耳目再聪明。亲知今复晤对，不似隔纱屏。往日风雷一噫，此际丝弦四部，听处觉声清。扁鹊如可作，应自补难经。　　书生气，只典籍，最关情。一编在手，菅管亥豕莫逃形。间就晴窗弄笔，无复僵蚕曲蚓，满纸乱翻腾。读写无挂碍，即此等延龄。

1997 年 7 月 16 日

意难忘

为胤智纪初乔迁作

命运敲门，道太初有业，大智知仁。更楼延世泽，格物育畴人。镜莹合，赤绳缠，结大好因缘。问家声，千秋金鉴，万选青钱。　　好音为报乔迁，是高楼广厦，足与回旋。开帘星在户，迎客酒盈尊。鸿案孟，鹿车桓，定偕老颐年。安乐窝，桐巢凤子，竹长龙孙。

1997 年 7 月 17 日

赠蔡长中[①]

君家远祖始造纸，后劲操持四宝全。中道从容长坦荡，游虾随意上毫端。

1997 年 7 月 20 日

行年九十，见者皆谓不似，因成一解

早年忧患落江湖，兵火迁流粤桂渝。九十平头浑不似，桑榆好与补东隅。

1997 年 7 月 25 日

赠王家骏[②]

村遇三家行化雨，驾如八骏疾追风。堆盘苜蓿犹堪嚼，操业原来尔我同。

1997 年 8 月 25 日

---

① 蔡长中：书法家、中国收藏家协会理事。
② 王家骏：教师。

卜算子

调永忠①

妇唱换夫随，新事开生面。白任抄胥白捧场，京兆渊源远。　　今古本殊科，赐蠡知谁健。身在闽边心在燕，半子明过半。

1997 年 9 月 8 日

赠姜夔②

问名难忘野云飞，妙绝鹰扬与凤仪。教学余闲仍博览，几回商略见精思。

1997 年 9 月 19 日

赠关文靖③

祖认为猴达尔文，子称其鹤林和靖。讲筵尔汝亦同行，且听门生详胜景。

1997 年 9 月 18 日

尚巢索书，即以弄孙事应之

牙牙学语识仪文，老父逢人说阿悬。岁月催人君亦老，含饴好与弄雏孙。

1997 年 9 月 30 日

尚巢夫妇携九岁外孙董哲来京，纪以小诗

九岁黄香能尽孝，同龄青主论夷吾。声清莫负夸雏凤，早报佳音到敝庐。

1997 年 10 月 4 日

周瑞娟④年逾二十，即举行书法展览，并赠我隶书横幅，报以小诗

论书各自见功夫，书圣曾师术大家。灵气湖山钟淑女，看君笔阵已成图。

1997 年 10 月 13 日

---

① 永忠：系廖先生的侄女女婿。
② 姜夔：中央音乐学院作曲系教授。
③ 关文靖：系廖先生的亲戚、留学澳洲。
④ 周瑞娟：惠州籍女书法家。

读报告文学《风雨人生彭士禄》
记先烈彭湃幸免敌人屠刀的儿子
精研巧制苦程功，核艇沉潜固海封。名父无惭斯虎子，昂然一扫八旗风。

1997 年 10 月 14 日

赠豫剧演员马莉
剧曲中州张一军，多师请益返精纯。问名音义转秾利，棒打枭郎回绝伦。

1997 年 10 月 15 日

赠孙逸平、安家宾[1]仁术伉俪
习医人物论同道，前有香山后会稽。寿世活人归一揆，折肱比翼作良医。

1997 年 10 月 17 日

黄澄钦从惠州远道来访，盛意可感
神交万里籍苏髯，俯仰千秋有赏音。今我迎君几倒屣，乡情自觉较秋深。

1997 年 10 月 26 日

清平乐
和宁婴
耽诗成癖，见事抒胸臆。脱尽俗情存本色，可爱稼轩绳尺。　　卢沟、滇海，闽江，而今儿女成行。一事相关翁媪，痴聋妙启汾阳。

1997 年 11 月 2 日

浪淘沙
为三峡大江截流作
人定夺天工，挥手分洪。长江半截半朝宗。水力奔腾成电力，利溥民丰。
世变愿无穷，代有愚公。龙王瞠目认英雄。高峡平湖今在望，好挹巫峰。

1997 年 11 月 13 日

---

[1] 孙逸平、安家宾：赴美医务工作者。

赠周仲平①

仁术宗师推仲景，故乡胜迹说平湖。客中一事堪称幸，为有乡亲遇敝庐。

1997 年 11 月 16 日

浣溪沙

为老艺术家合唱团作

老柏乔松气郁葱，无分春夏与秋冬。相看恰似老门风。　　一唱雄鸡天下白，诸君一唱众心红。茫茫九派总朝东。

1997 年 11 月 17 日

和湛邦②新年试笔

非凡举世认牛年，治国言同烹小鲜。香岛回归待濠镜，金瓯补得女娲天。

1998 年 1 月 5 日

谢汪毓和③八宝饭

五色谐调饭似诗，高情美味系精思。曼殊应自涎垂口，倘见馋翁快朵颐。

1998 年 1 月 30 日

陶亚兵④博士论文获青年优秀著作提名奖，
赋此贺之

新岁评书盛会开，明登佳构信佳哉。曾无门户苞苴网，知是精严审议来。

1998 年 2 月 3 日

浣溪沙

戊寅新正欧阳小华⑤寄赠四十年前旧照，触发历年旧事

旧事回眸四十年，说诗几度夜灯前。迷人漫道压城云。　　呹鬼喝牛濡沫切，饲猪敢替火头军。西风有话到巴山。

1998 年 2 月 5 日

---

① 周仲平：惠州籍医务工作者。
② 湛邦：即余湛邦（1914—2008）。民革成员，原国务院参事。
③ 汪毓和：中央音乐学院音乐学系教授。
④ 陶亚兵：廖先生的博士生。哈尔滨师范大学艺术学院院长。
⑤ 欧阳小华：中央音乐学院编译室译审。

赠梁力文[①]诗

功凭独手追南阜，意在冬心笔老莲。九畹乡情来万里，恍如一室坐清芬。

1998 年 2 月 11 日

金缕曲

为小平东山再起赋

奔走传消息，有同时电波语句，荧屏颜色。爆竹喧腾锣鼓闹，填咽街衢巷陌，喜领袖，英名副实，一网四凶今定论，听一辞众口诛奸贼。重唤起，谢安石。

半生行事堪踪迹，早驰驱海西岭表，奋挥长戟。铁骑渡河趋滇海，统帅夸称得力。好身手，制熊北极。秀出风摧容不免，却云何鬼瞰高明室?! 公道在，判曲直。

（纪念小平逝世一周年）

1998 年 2 月 19 日

长相思追思词

（一）里三重，外三重，鹤立长街砭骨风，白叟到黄童。夜色浓，泪痕浓，缓缓灵车西复东，肯信断音容！

（二）忆当年，方少年，猎猎红旗飘半天，岭南春到先。剪凶顽，斗权奸，马上周郎万口传，飒爽气无前。

（三）义旗扬，起南昌，旋转乾坤第一枪，沸腾连五羊。黑西方，亮东方，星火燎原势莫当，会师朝井冈。

（四）不知疲，不知危，尽瘁人民死不辞，无畏更无私。高听卑，坚不移，俯首横眉各得宜，仪型旷代稀。

（五）发延安，定延安，理屈妖姬折巨奸，盈盈鳄泪悬。雨翻云，仇报恩，狼换新毛旧肺肝，斗争殊未完。

（六）名相怜，实相捐，虎穴龙潭几岁年，皖南纷讼冤。本同根，底相煎！卖报昂然坡道边，夹心心更坚。

（七）护元戎，对针锋，尊俎渝州佐折冲，先尝琥珀钟。一穷通，贯始终，今日真崩千丈松，情怀切九重。

（八）车御风，弹爆空，决死南飞敌计穷，精神振万隆。身毒疯，罗刹凶，正气堂堂战黑龙，西飞俄复东。

---

① 梁力文：惠州籍青年画家。

（九）嫉蛾眉，哆南箕，兵部不甘下首揆，塞林叶乱飞。斧三挥，遏祸机，目注荧屏机影微，忠奸定是非。

（十）电波长，越重洋，右写横书译送忙，哀思极八荒。事业昌，德行光，称颂五分大小邦，伊谁伯仲行？

（十一）松苍苍，柏苍苍，八面人趋大广场，花圈如海洋。泪淋浪，气激昂，纪念碑前儿女行，填填誓愿长。

（十二）思无穷，痛无穷，化为力量亦无穷，人心直感通。继前踪，竟全功，鹏翼垂天九万风，红旗代代红。

（献给百年恩来）

1998 年 3 月 5 日

为曹卡民生日作

传经求友识斯人，艺事抒心德润身。五五云何称吉日，卡民卡尔共生辰。

1998 年 3 月 19 日

纪事两首爱华临蓐前后作

梦境依稀兆弄璋，起呼老伴细参详。同时消息传来巧，医测胎情属小郎。

1998 年 4 月 19 日

梦兆居然应太翁，三春午夜赋维熊。同堂四世真堪弄，堕地啼声撼晓钟。

1998 年 4 月 24 日

元翔二十岁生日，诗以赠之

堕地三朝看汝来，笄年从俗看成材。新知传译吾家事，尽力无妨自作媒。

1998 年 4 月 30 日

曾孙乐正①满月，不时挥舞双手，
借此做点小文章

生男有志系桑孤，指画谁知甚意图。摄管操琴随出手，等闲莫与拨盘珠。

1998 年 5 月 24 日

---

① 乐正：系廖先生的重外孙。

慰　情

年逾九十见孙曾，道是来迟自慰情。安得一年长一尺，搀扶耄老御街行。

1998 年 5 月 26 日

老　境

老境悄然至，无歌也踏摇。

看花常触刺，听笑每讹烧。

外力助闻见，机心甚桔槔。

事功日趋巧，未恤汉阴嘲。

1998 年 6 月 17 日

纪全①五十生日作

古方新证认游龙，人力原能夺化工。第六排行吾与汝，期颐方半日方中。

1998 年 6 月 19 日

浣溪沙

接读郑伯农②令曲，意美调谐，喜极次韵

长夜神州接曙光，当年曾醉百花香，清声雏凤有元方。劫运劈头临学府，书生失据剩周章，还经三载寄戎行。

1998 年 6 月 28 日

附：郑伯农原韵

浣溪沙

读《兼堂韵语》呈廖老

常记京津凿壁光，程门立雪探书香，风狂雨骤走他乡。四十一年弹指过，抚今追昔读华章，满园桃李泪双行。

1998 年 6 月

---

① 纪全：系廖先生的儿媳妇。

② 郑伯农：中国社会主义文艺学会会长、中华诗词学会常务副会长。

赠张永树[①]

盛业渊源溯涅阳，活人活国各当行。还看绝学开新局，自袖神针渡远洋。

1998 年 8 月 23 日

重逢花烛抒怀

一、兵火因缘不偶然，一从歇浦一幽燕。沧桑几变人依旧，有味糟糠六十年。

二、击红撞白几周旋，试玩台球第一番。生长岭南三十载，同舟初泛荔支湾。

三、不论名位不论钱，不立条文订百年。互信互尊还互励，忧悸且著祖生鞭。

四、珠江失色转翁江，寻事昏官下令忙。差遣无端传黑夜，扶携月黑过黄塘。

五、鼓舞人心笔阵开，戈戈战报巧安排。手抄油印分工好，也似齐眉举案来。

六、山高风冷敢登攀，为剪凶仇接大难。同伴迫归还笑语，早餐正待拍拖还。

七、英髦八百聚香泉，雪恨同仇竞向前。人各有才分小队，用长配短识能员。

八、寄寓山村野趣多，养鸡种菜和弦歌。相逢有客言心事，眼力曾无小错讹。

九、杀头耸听可心寒，信约无凭任合难。鹤叹东坡争易迢，飘然西去觉心安。

十、流离八桂又三巴，夜雨秋风老杜家。炉灶当门供饮啖，冷看冠盖满京华。

十一、彻夜山城炮竹鸣，争知惨胜枉欢腾。东归问路春申浦，两月三迁太憨生。

十二、回归本业就童蒙，弦管声声解固穷。眼见勾萌成直干，小池一样育蛟龙。

十三、生死关头定去留，不教谩语上心头。枪声一断逃兵散，从此长为孺子牛。

十四、雨横风狂亘十年，有人起哄有人怜。依时送饭私供养，患难恩情又一篇。

十五、牛鬼蛇神浪得名，白头厮守倍关情。为酬坎坷偿顽健，扶杖康衢赏晚情。

1998 年 8 月 25 日

抗洪赞

啮岸洪峰势接天，抗洪队伍聚英贤。英贤出手强中手，万里堤防保万全。

昼夜无时守大堤，不知饥饿不知疲。救人舍命波涛恶，生死牌前有誓词。

赤诚胆气高科技，动地惊天广禹功。金字书将新信史，军民百万锁蛟龙。

1998 年 8 月 27 日至 9 月 8 日

---

① 张永树：中国针灸学会理事。泉州市中医院教授。

赋日之泉赠杨佩云[1]

清泉汩汩出扶桑，夸父当年惜未尝。留著健儿肆鲸吸，年年润透绿茵场。

1998 年 9 月 21 日

小立[2]升学西安电子科技大学，赠以小诗

冯相畴人聚一家，积薪且喜后来夸。汝来不负春天好，立足名都领物华。

1998 年 9 月 27 日

儿孙帮我装防盗门戏题

老人惯自随人意，又听儿孙置铁门。幸免慢藏讥海盗，且凭阿堵掩穷酸。

1998 年 9 月 29 日

顺宁[3]索书

岭表关东记远游，南归海角结菟裘。恢张闿范持门户，更拥灵童次上游。

1998 年 10 月 17 日

小正新招

耳能聪也目能明，道是灵童似有徵。每听老人呼宝宝，立回青眼现欢情。

1998 年 10 月 23 日

生儿愚鲁一解

东坡生子甘愚鲁，坎坷生平来反语。我对重孙意若何，喜看灵气生眉宇。

1998 年 10 月 26 日

题张（准）[4] 毕（小卫）联姻纪念册

琴出斯家传绝艺，书排活板启宗风。有缘跨海成连理，责上双肩意万重。

1998 年 10 月 31 日

---

① 杨佩云：系廖先生的孙辈亲戚。
② 小立：系廖先生的侄孙女。
③ 顺宁：系廖先生的八弟妹。
④ 张准：留德学生、提琴制作大师和古提琴修缮高级技师。

赠刘英法①

采药连年累往还，病魔对汝举降幡。器械几案随营造，妙手重教见鲁班。

1998 年 12 月 12 日

寿周广仁②七十

派衍稽山翁，名同南海弟。

独逸谙语文，维克专琴艺。

名师出高徒，从游梅伯器。

日月换新天，足迹遍国际。

跨国话参赛，获奖君嚆矢。

工作不论价，余事甘凝寄。

急难直忘身，保琴几断指。

指间骤风雨，门下盛桃李。

古稀今不稀，偕老入新纪。

1998 年 12 月 17 日

欧阳小华欲为瓦格纳译稿出版提供赞助，书此志感

饲猪曾记诘营房，又为刊书欲解囊。可是三生缘分重？每逢缓急总相将。

1999 年 1 月 3 日

浣溪沙

澳门感旧

亡命三番去复来，乱离兄弟切胸怀。等闲曾此拟蓬莱。 巧取强侵终放手，香江濠镜后先回。一匡犹待统澎台。

1999 年 1 月 22 日

---

① 刘英法：系廖先生的女婿。
② 周广仁：钢琴家。中央音乐学院教授。

赠曲文①

高山流水传名曲，石破天惊有大文。九万里风专使在，九天上下足回旋。

1999 年 1 月 23 日

贺张涵秋②田彪新婚

张驰得宜文武道，田园杂兴石湖诗。高才高德还高第，信是双修福慧齐。

1999 年 1 月 30 日

赠张月明③

月挂疏桐依定慧，楼从文选奉昭明。素王可称无冠号，妙笔生花播正声。

1999 年 2 月 3 日

小正开始长牙戏作牙韵歪诗

小儿学语像牙牙，太姥昌言访伯牙。咬不使牙推咬字，菜根可咬正需牙。

1999 年 2 月 3 日

澳门回归，湛邦寄诗索和，即次原韵

亡命投奔记少年，鹊鸽急难杂悲欢。

本来禹域边冲口，竟变中华以外天。

游子回家情倍切，金瓯补缺梦连圆。

积年垢辱随湔洗，妈阁巴堂耐细看。

1999 年 3 月

浣溪沙

重华④函告蕊秋步韫逝世消息凄然赋此

共乐分忧话始兴，一希秋瑾一南丁。半棋交谊断幽明。　　桂嶺春风无限意，
巴山夜雨几回听。重逢尚奋劫余生。

1999 年 3 月 25 日

---

① 曲文：飞行员。
② 张涵秋：留美学者。
③ 张月明：中央人民广播电台记者。
④ 重华：即杨重华（1919—2002）。原广东人民出版社社长。

陈秀兰长年为我装裱字画，顷来索书，酬以小诗

四灵诗派推师秀，五彩回文詠若兰。绝艺汤强师法在，金闺今见创新班。

1999 年 4 月 8 日

富义家惠将为涵秋婚事赴美，诗以赠行

经年儿女忙亲事，又为娇娃渡远洋。好是向平心事了，名山胜水任徜徉。

1999 年 4 月 20 日

巴黎女高音张缦远道来访，书此谢之

浮海先人历世长，乡心无改后昆强。难能列国传华乐，三日韩娥恍绕梁。

1999 年 4 月 23 日

继昌小萌新婚祝词

武卫娇娃配武夫，珠联壁合兆吕符。海榴结子原萌甲，佳话千秋继鹿车。

1999 年 4 月 25 日

痛悼我驻南使馆殉难战士

笔尖到位气昂扬，直把传媒作战场。要使群情天下达，霸王面目甚豺狼。
凌空夜爆杀机蛮，一死千秋重泰山。未竟事功君好去，中华儿女接君班。

1999 年 5 月 11 日

赠黄旭东①

旭日瞳昽万里红，玉堂学士出华东。千秋铅椠勤商略，好为宫商振学风。

1999 年 5 月 12 日

小正开始走路

入门笑口向人开，学步扶床几去来。千里原从跬步始，一时未免稳中歪。

1999 年 5 月 16 日

---

① 黄旭东：原中央音乐学院学报副主编。

答客问，记小正事

答客问年伸食指，逢人说马望西墙。看来听力钟双耳，解赏童声乐正扬。

1999 年 6 月 9 日

赠杨自强①

饮水首揭自由书，光武难降强项令。后劲多君像老夫，十年板凳无妨冷。

1999 年 7 月 12 日

赠刘绮文

妙悟文姬通绿绮，清才苏蕙詠回文。手头一运神机算，棣首应敬叹积薪。

1999 年 7 月 13 日

苦　热

大地真成烈火炉，八方热气逼肌肤。睡余汗欲浮身起，奇句伊谁仲则如？

1999 年 7 月 28 日

赠胡月英②，其夫袁仕根

复旦光华昭日月，沸天鼓吹聚豪英。问年共道逾强仕，根到深时本自荣。

1999 年 8 月 2 日

赠胡淑仪③，其夫张活松

秦掾素琴报徐淑，文山大笔和昭仪。水清为有源头活，松老依然骨格奇。

1999 年 8 月 3 日

同事见面有呼余为爷者，可笑也

不唤先生径唤爷，老夫耄矣讵非耶？友朋也预亲人列，四海何当共一家？

1999 年 8 月 5 日

---

① 杨自强：系廖先生的孙辈亲戚。
② 胡月英：系廖先生的外甥女。
③ 胡淑仪：系廖先生的外甥女。

贝多芬换位，瞒不过小正的眼睛

据琴原位贝多芬，何事今朝不现身？戏遣骄雏寻觅去，行行斜指露台门。

1999 年 9 月 8 日

即　事

脱抱婴儿下地游，直趋书案不回头。太翁牵手随行走，到此真成孺子牛。

1999 年 8 月 12 日

和大强①韵

一面难忘窘厄年，追思家难感绵田。羡君告老还乡里，一室融融瓜瓞绵。

1999 年 9 月 16 日

蓝广浩②寄赠画册，报以一绝

广武声名叹嗣宗，浩然烟树念庞公。降将大任劳筋骨，三绝功成日未中。

1999 年 9 月 23 日

为梁力文题画四首

寄迹山陬不入城，爱从泥土挹芳馨。

天寒尚待佳人倚，共听春雷再发声。（竹石）

生香真色白清幽，楚水湘云杜若洲。

有日得为君子佩，好循泾渭辨薰莸。（兰花）

周遭屏障有青山，谡谡松泉耐听闻。

无客悠然甘寂寞，可能飞瀑洗心肝。（山居）

尾叉眼突异常鱼，瓷瓮破缸意自如。

美色娇容备观赏，一生无分到江湖。（金鱼）

已卯重九

---

① 大强：系廖先生的侄子
② 蓝广浩：惠州文化界人士。

赠青梅①

青藤门下有走狗，梅溪意外迎贞姬。老夫有愿传衣钵，喜汝夜课追狄鞮。

1999 年 10 月 14 日

乃雄与尚巢夫妇先后从加拿大与深圳前来北京。
为此会面，可云巧遇，不可无诗

聚此东西南北人，算来原是一家亲。参商遇合宁前定？时至天涯亦比邻。

1999 年 10 月 24 日

吴冠中评张大千为媚俗画匠，实获我心，
诗以志快

媚俗丹青浪得名，弄姿笔体亦畸形。力排众议延陵叟，画匠难逃月旦评。

1999 年 10 月 27 日

题中国近现代音乐教育史纪年

厚今尊古各精研，非古非今冷百年。

多士有心能补阙，追踪乐教此新编。

钩沉辑佚自辛勤，玉石金沙鉴别真。

岂独千秋存史料，明明乐史有传人。

1999 年 11 月 5 日

为晓钟②翠韵新婚作

倚竹佳人飘翠袖，行厨力士覆洪钟。神机妙算成佳配，地久天长乐事同。

1999 年 11 月 20 日

满江红

岁晚书怀

一岁将除，又恰是一棋将尽。猛回首，百年前事，犹深积恨。八国强梁腾杀气，

---

① 青梅：中央音乐学院图书馆助理馆员。
② 晓钟：系廖先生的侄孙。

九城内外丛灾难，警钟鸣，群起撼三山，终如愿。　　新文化，开新运，抗暴日，赢二战。更人民民主，邦基永奠。取次回归迎港澳，国逢大衍欢华诞。甚妖言，末日我寰球，如常转。

1999 年 12 月 13 日

题沈红辉①纪念册

诗家佳句在翻新，好鸟枝头细入神。词翰丹青同一手，清才又见管夫人。

1999 年 12 月 24 日

寄张谨槎李菊红②伉俪

逸怀九日陶潜菊，伟业千秋博望槎。校友多年对朋友，知音不碍海涯赊。

1999 年除夕

青君同宾③自津来访，喜出望外，不可无诗

千禧到位一元新，启户欣然接故人。

往事春申仍历历，相知可贵在精神。

新纪新诗第一篇，欲求新意落陈言。

曙前黑暗防兵劫，急难相呼亦夙缘。

2000 年 1 月 5 日

浣溪沙

欧阳美伦教女弹贝多芬罗曼斯钢琴曲，以甜为喻，即问世间甜者何物，其怀中幼女忽插嘴说，妈妈怀中宝宝很甜。赤子纯真，语妙下。感怀身世，情见乎词，作浣溪沙。

慈母怀中最是甜，娇儿一语耐详参。不提糕饼解人馋。　　尔汝相形知我苦，雏年失母断回甘。几番热泪湿征衫。

2000 年 1 月 15 日

---

① 沈红辉：工笔花鸟女画家。

② 李菊红：原中央音乐学院钢琴系教授。80 年代定居香港。

③ 青君、同宾：廖先生的老朋友。

富义以花笺征诗纪念吴祖光①创作生涯六十五周年，
书此应之

冉冉神童夔铄翁，山城风雪辨归踪。新机水乳融传统，诗句还从枕下工。

2000 年 1 月 28 日

春节长途电话不断，多情人多，可感也

万里玎琅电话催，春正祝愿趣摊牌。一椻南北经行惯，似此多情惬老怀。

2000 年 2 月 5 日

比利时种杜鹃花

腿前烂熳杜鹃红，异种欧西人域中。生色欲争春意闹，五香恨与海棠同。

2000 年 2 月 7 日

集唐一绝

物换星移几度秋（王勃），蒹葭杨柳似汀洲（许浑）。

劝君不用分明语（罗隐），欲采苹花不自由（柳宗元）。

2000 年 2 月 9 日

七　绝

元遗山有尘世难逢开口笑，老夫聊发少年狂集句一联，甚惬我心。现在我又取刘贡父赠东坡之四海共知霜鬓满以对老夫聊发少年狂，并为此足成一绝

补贫有道健而康，余热依然待发扬。四海共知霜鬓满，老夫聊发少年狂。

2000 年 2 月 14 日

小正玩钥匙

笑口迎人自解颐，层重玩偶已无奇。竭来遇事能施计，启屉居然试钥匙。

2000 年 3 月 10 日

---

① 吴祖光（1917—2003）：著名学者、戏剧家、书法家。曾任中国剧协副主席。

感　事

未来艺术逞长言，嘲讽先闻马与恩。今日连遭翻覆手，翻怜亡友①诤言贤。

2000 年 4 月 16 日

丘挺②索书，即就其姓做文章

目无圣讳直呼丘，挺挺行文撼万牛。论世知人成结契，西湖惜未与同游。

2000 年 4 月 24 日

鹧鸪天

中央音乐学院五十周年院庆献词

学府巍巍五十年，恍如赤日丽中天。栖身河北丁沽渚，定位京西阆苑门。
团又系，院连班，五湖四海聚群贤。脱胎换骨迎新我，修到红时合又专。

反正从头治乱麻，二回解放没争差。昔年国际难参赛，今日桂冠赢我华。
追素质，警歪邪，创新应识学无涯。宫商律吕融西法，烂熳行看放百花。

2000 年 5 月 7 日

小正诵李白静夜思，改举头望明月为望小鸟，
其有奋飞之意乎

骄儿朗朗诵诗声，静夜轻抒李白情。明月翻新成小鸟，可能有意在飞腾？

2000 年 5 月 21 日

采桑子

和宁婴参观炮轰金门前沿阵地作

炮声断续双单日，蔽海硝烟。往日硝烟，分合因时例可沿。　　同胞血自浓于水，历历千年。奕奕千年，玉帛忙时剑戟闲。

2000 年 6 月 4 日

---

① 亡友指姚锦新。
② 丘挺：惠州人，就职于中共广州市委党校。

附：邱宁婴原韵

采桑子

隆隆炮火英雄岛，弥漫硝烟，饱受硝烟，鱼水情深守前沿。　　古榕默默听潮落，难忘当年，不忘当年，鸟语花香海浪闲。

1998 年 5 月

赠刘欣欣[①]

膝琴逾冠始求师，愧我无成起步迟。垂老欣然接新秀，著书更喜启来兹。

2000 年 6 月 7 日

七　绝

黎达巴西木花开成簇，并以摄影相赠。观其得此成绩，以为暗合郭橐驼遗法云

顺天致性厚培根，赢得娇花一簇鲜。微笑拈花施法在，不劳诠释悟心传。

2000 年 6 月 10 日

启慧硕士论文顺利通过，闻当拟赴法深造云

审音论乐如天启，慧业今归女状头。学海无涯人未厌，取经去也又南欧。

2000 年 7 月 4 日

元翔留学新西兰，赋此以壮行色

负笈重洋万里飞，壮怀不负百年期。图强祖国需才亟，早晚莘莘秀士归。

2000 年 9 月 7 日

贺新郎

国庆抒怀

新纪酬佳节，这百年，半为奋战，半为建设。首揭义和团序曲，惨淡京华碧血，记辛亥王朝终结。浩荡新潮腾五四，伴启蒙德赛双飞翼。试利器，马恩列。　　红楼硕彦传新说，结新盟，申江一角，南湖一叶。出手为孙先定策，勃勃生机南粤。恨北伐，中途夭折。怒火冲将滕王阁，举武装怒目无顽敌。星星火，燎原烈。

---

① 刘欣欣：哈尔滨师范大学艺术学院教师。

五井农奴戟，笑草头，妄言围剿，连番碰壁。一片金瓯收拾好，好是这边风色。处弱势，故宜游击。御敌国门原自误，且长征踏破岷山雪。根据地，备抗日。抗倭终屈倭奴膝，又谁知，燃箕煮豆，相煎何急。迎战三年迎解放，十一人民开国，新民主，一朝飞跃。全面小康今在望，望前途初级还高级。言任重，争朝夕。

2000 年 10 月 1 日

赠李柏荣、王祝平①伉俪，皆长年从事教学工作者

后凋松柏称尼父，兼树蕙兰修屈平。尔汝皋比先后拥，老迁真欲祝殊荣。

2000 年 10 月 4 日

阅报有感

侵略偷翻进入名，琵琶遮面莫逃形。东西谬种遥呼应，军团阴魂散未曾。

2000 年 11 月 23 日

八声甘州

闻杭州将重建雷峰塔，因引白蛇故事别成一解

记当初高塔镇雷锋，白娘子蒙冤。竟无辜弱女，拘囚上钵。幽壤千年。浪说圣湖一景，联想带创瘢。甲子俄崩圮，永释婵娟。　　今日民殷物阜，念湖山揽胜，十景须全。待浮屠重造，夕照映长天。好招邀素贞母子，伴小青此地再团圆。还堪笑，禅师多事，自惹尤愆。

2000 年 12 月 8 日

木兰花慢

江定仙②挽词

缔交宫角徵，痛今日，独存予。记朗诵分题，逢场呈艺，好客良图。轮车，待迎父爱，悔失言。无故戕狂徒。最是轻财重义，解囊急济穷途。　　巴渝重见惜居诸，村舍榜今吾。算新诗人乐，身居学院，采到延都。猗欤，首文代会，领风光自与效驰驱。也似未完棋局，追思但有唏嘘。

2000 年 12 月 25 日，江兄逝世二日后

---

① 李柏荣、王祝平：廖先生的小友。
② 江定仙（1912—2000）：作曲家、中央音乐学院终身教授，原副院长。

蛇年新正，左因①约同前辈陈原、同辈钟少华
来舍叙旧，成三绝句

新纪新正客满堂，老翁联袂话沧桑。经过地覆天翻后，当日孩提亦退藏。

埋头堡垒忒分明，调合真成太憨生。松柏后凋存本性，守穷且结岁寒盟。

岭南辗转落燕南，墨线无端屈黑监。劫后重罗书满屋，相逢好与味酸咸。

2001 年 1 月 29 日

忘机一绝

雁南燕北各分飞，节候随人不失期。佳客满堂同贺岁，一来一去自忘机。

2001 年 2 月 7 日

乐辩得句

乐融西法比龟兹，物议于今有是非。佛法一般能汉化，讲经曾未拒阇黎。

2001 年 3 月 16 日

道歉一解，讽美霸也

谍机犯境罪名重，孤霸还图再逞凶。道歉不甘终不免，今朝领教到真龙。

2001 年 4 月 13 日

《西洋音乐在哈尔滨》书成索题

西乐东来百纪年，北哈南沪著先鞭。太阳岛上群英聚，辑佚钩沉信史传。

2001 年 5 月 9 日

小正每闻国歌辄能起立敬礼，可喜也

小耳居然辨国歌，应声敬礼没差讹。看来音乐吾家事，四代传人有足多。

2001 年 5 月 17 日

---

① 左因：中央音乐学院教授，原副院长、附中校长。

水调歌头

建党八十周年纪念呼声渐觉升温，固书所感

大地惊变色，瓦解报苏东。细参当日情势，坡滑异途穷。彼固背离师说，我起中流砥柱，猎猎战旗红。高兴莫太早，蕞尔害人虫！　四坚持，三代表，壮军容。登高望远，邻舍后院故相通。海峡要须一统，世界要须多极。反霸众心同。马列南针在，江汉总朝宗。

2001 年 5 月 30 日

鹧鸪天

金钟奖颁奖到户，感极得句

默默耕耘不计年，自甘寂寞寄芸编。探幽远广西游记，换羽移宫别一天。

人有约，室腾欢，金钟颁奖到家门。提名高手多前逝，寿占便宜转赧然。

2001 年 6 月 25 日

渡江云

北京申奥成功喜赋

不眠人出户，广场大道，增益笑声哗。电波传喜讯，别有情怀，乐极泪如麻。喧天锣鼓，破夜色，灿烂烟花。十年盼，北京申奥，成事没争差。　吁嗟，百年往事，笑骂由人，指病夫东亚。今日我，健儿身手，虎掷龙拏，五洲来日迎佳客，竞绝技、多逞才华。预报效，纷纷志愿行家。

2001 年 7 月 16 日夜

鹧鸪天

整理照片，见有一张老教师九人合照，九人中除萧淑娴"文革"初期稍受冲外，其余八人均为牛棚老字号。世事沧桑，值得一记

盛会居然九老图，文革劫后聚燕都。无端阶级归资产，老九加封要扫除。

排罪状，不含糊，牛棚经岁肆揶揄。而今无恙高高坐，罪状谁来问有无？

2001 年 8 月 1 日

呓词一首

气盛河东柳，回文念若兰。

每歌芳草句，应节泪沈澜。

鼙鼓天南急，琵琶马上弹。

南丁名籍甚，转失画图看。

2001 年 8 月 16 日

题赠美国华文周刊《中华文萃》

炎黄苗裔几春秋，足迹经过五大洲。华夏文明白深广，多君有力扩交流。

2001 年 9 月 1 日

临江仙

赵沨①挽词

急难华年琴作剑，新声起振中州。巴山滇海更星洲。归欤归乐府，黑线混亲仇。

荆棘剪除桃李盛，老兵赫赫新猷，填胸余热不言休。新篇随口授，命断痛开头。

2001 年 9 月 2 日

题张（大年）顾（春芳）新婚纪念册

节屈清秋廓九天，天成佳偶恰芳年。同心同好原同学，偕老看将雪满颠。

2001 年 9 月 17 日，吉期为 10 月 8 日

九月十一日纽约恐怖大爆炸

浩劫惊心震五洲，连人爆炸百层楼。须知恐怖乖人道，单极强权自结仇。

枉死无辜太可伤，如何赡恤议赔偿。宽怀小立忙前夜，给假今朝免祸殃。

（长泉之子在七十层工作，昨因忙夜班，今朝给假回家，幸免大难。）

2001 年 9 月 28 日

---

① 赵沨（1916—2001）：音乐学家、音乐教育家。原中央音乐学院院长。

大强为我终身荣誉勋章喜极赋诗，感次原韵

眉白虚名愧季常，裁诗驰贺感情长。故家子弟严敦在，矫俗犹飘翰墨香。

2001 年 10 月 8 日

小正忽发奇想，将来要从美国带回好东西给太爷吃

骄儿承诺语恢奇，长大供予快朵颐。借问佳肴何处得，我携自美返航时。

2001 年 11 月 3 日

赠萧民元①

民贵君轻传亚圣，礼齐德立导黎元。天涯游子弘文意，不碍重洋隔一天。

2001 年 11 月 7 日

乐为将挈小正与德国朋友远游宁沪，
其为小子志在四海之起步乎

生男蓬矢挽桑弧，占训昭然励远漠。今日骄儿让梨岁，江南已与上征途。

2001 年 11 月 12 日

田彪涵秋生女四日，寄来照片，出此致贺

伟节高名称怒虎，平原妙墨起秋鹰。娇娃今日临人世，咏絮清方合有名。

2001 年 12 月 14 日

浣溪沙

敬文以百龄高寿逝世，书此志悼

珠海翁江共简书，感怀酬唱转燕都。难忘涸辙沫相濡。　　　　　密切情缘关系户，
艰难时世岁寒图。千秋绝学辟榛芜。

2002 年 1 月 11 日

---

① 萧民元，文化界人士。

黄翔鹏遗著之出版，有赖周沉①之筹划，感成一绝

量度宫商几呕心，辉光耀眼判真金。遗编金石弥珍重，漱玉千秋有嗣音。

2002 年 2 月 11 日

---

① 周沉：黄翔鹏夫人，中国艺术研究院音乐研究所副研究员。

文史掇英

廖仲恺先生生平鳞爪

说起来已经是 50 多年前的旧事了。每当我在广州东山百子路上走近一幢简单的楼房的时候，总不免放慢脚步，流连瞻仰，不忍遽去。说实在的，它并没有雕梁画栋，珠帘绣幕，也没有什么名花异树，凉亭假山，总之一切都是非常朴素的。如果它是普通的人家，倒也罢了，如果你打听一下这家的主人，那就不能不引起你的惊讶。大名鼎鼎的"孙中山的荷包"，在野的时候掌管全党的经费，执政的时候，历任财政厅长、财政部长、军需总监，这样一位终身掌握财经大权的廖仲恺先生，身后的遗产竟只是这样的一幢"洋楼"！而且这样的一幢"洋楼"也不是用他的钱盖起来的，绝大部分的建筑费是出自廖夫人的外家，廖先生顶多是发薪的时候拿得到一两百块钱，就用一部分来应付一些临时支出。在当时贪污成风的官场，正如邓演达说过的，一个人当上三年军需，不用审判把他作为贪污犯拉去枪毙，是决不会冤枉了他的。廖仲恺先生的廉洁真可以说是奇迹。

刚才说的廖先生发薪的时候拿得到一两百块钱，那还是广东政府全盛时代的好光景。到了后来大小军阀，特别是滇桂军阀杨希闵、刘震寰之流，各据地盘，截留税收的时候，廖先生更是左支右绌，捉襟见肘。为了黄埔军校的经费，他不得不亲自跑到杨希闵的鸦片烟床上去"坐索"。有一次是到了这个地步，黄埔军校连饭也开不出来了，先生只好把廖夫人的首饰拿出去变卖，才使黄埔军校得到一笔伙食费。

古语说："俭以养廉。"廖先生操守的廉洁是和他生活作风的朴素相得益彰的。他平时生活极有规律，没有任何嗜好，起居作息都有一定的时间。有人说过，只要是到了睡眠时间，即使是有金山可拿，他也照样的置之不理，决不肯打乱他的生活日程。但是到了孙中山先生的三大政策在国民党内引起了争议，斗争越来越激烈的时候，他就夜以继日地忙个不停，甚至于通宵不眠，表现出惊人的毅力。我曾经有幸听过他的演讲。他穿的是一套布西装，领带已经旧到没有一点新鲜的颜色。由于当时没有扩音器，座位靠后了，听不太清他演讲的内容。从他的表情看得出他的态度是非常诚恳的，话是从心坎里流出来的，平易之中却带有坚定的意志。而且不因为官做大了，就摆起架子来，他是警卫员也不带一个的，同当时那些前呼后拥，汽车两旁站着腰挂"驳壳"的马弁的"老虎蟹"比较起来，他真是够平民化的了。不幸的是他却正是吃了这个亏，国民党右派看准了他的轻车简从，竟敢在光天化日之下，在国民党中央党部的大门口，对他来一次灭绝人性的谋杀！

照国民党右派老爷的主观想法，杀害了廖仲恺，就可以把左派吓倒，广东就会成为他们的黑暗王国。然而结果却出乎右派老爷的意料之外，他们凶狠的面目彻底暴露了，革命的力量团结得更加紧密，以当时黄埔学生为主力的东征军，一举捣毁了陈炯明的老巢惠州，随即以破竹之势乘胜进军，克复潮汕，统一广东，为北伐奠定了基础。东征军张贴的标语，一张是"孙总理精神不死"，再一张就是"廖党代表精神不死"。散发的照片也是一张孙中山，一张廖仲恺。他的文章《革命派与反革命派》指出有人将国民党分为稳健派与激烈派，而"他们口中的稳健派就是反革命派"，是击中了国民党右派的要害的。这篇文章也随着东征军的推进而广为散发。

他的相片是同史坚如、陆皓东、邓铿、朱执信等人的相片一样挂在国民党中央党部礼堂的。清党之后，有一个姓邓的家伙气势汹汹地把他的相片拿下来，说他是"引狼入室"的"罪魁祸首"。当然，反动派的叫嚣丝毫无损于廖先生的光辉，只是暴露了他们自己的丑恶。说到这里，还有必要提到那个姓甘的家伙。廖先生在世的时候，他故作进步，亦步亦趋。从现在留存下来的一些照片里，人们还可以看到这个无耻文人，投机政客总是不离先生左右。可是廖先生一死，他就立刻躲开，再不敢沾一下边了。历史不为奸险的小鬼留情，我们不妨看一看这号人堕落的事实：一会儿是窃号左派，搞那臭名昭著的"LY"；一会儿是拉同乡关系，投靠实力派，最后是变为政学系的一个小伙计。

在孙中山领导下的国民党有两位最孚众望的人物。一是朱执信，一是廖仲恺。他们同样的不畏艰险，同样的公而忘私，同样的跟着时代前进的步伐，开始突破资产阶级民主革命的局限，最后是同样的为革命献出了宝贵的生命。朱执信遇害之后，广州创办了一所执信女子中学。为了纪念出生入死的战友，先生竟在身负重任的百忙之中，每周去执信中学给学生们上英文课。想起先生的高风亮节以及先生死后某些人的所作所为，我不禁默诵韩愈《柳子厚墓志铭》里面"呜呼！士穷乃见节义……"那一段话，然后不胜感慨系之地把"子厚"这个名字改换一下，再继续念下去"闻仲恺之风，亦可以少愧矣！"

先生是富于感情的人，但决不是温情主义的，他立身行事，原则性很强。故老相传，他少年时代会应过秀才考试。考试是在府学举行的。为了应试方便，他从鸭仔步老家住进了惠州府城廖氏宗祠，同廖家子弟朝夕相处，大家都很器重他。经过辛亥革命，虽然"中华民国"仍然不过是一块有名无实的招牌，但是时代究竟是变了，人也随着时代发生了应有的分化。有些廖家子弟却还是抱着那本老皇历，看见"吾家仲恺""发迹"了，于是跑去找他，什么乡谊啦，宗谊啦全拉扯上来了。他们的想法是"任人唯亲"，而先生的原则却是"任人唯贤"，结果自然是不欢而散。

最近我发现了先生的两首五律，题为《吉林岁暮杂感》。此诗不载《廖仲恺集》，可以说是佚诗。结尾四句是："松柏励初志，风霜改素颜。遥知南岭表，先见早春还。"显示出作者高尚的情操和乐观主义精神。他的诗词留下来的不多，他自题所作曰《双清词草》，集中许多的诗篇都是在被陈炯明拘禁期间写的。从《吉林岁暮杂感》的发现，可以推想到他的诗词定多散佚。全体而论，也许可以说是词胜于诗。由于先生真的是"馀事作诗人"，艺术上不如大兄忏庵主人下的功夫多，但是清新俊逸，特别是他的思想境界，却是乃兄所不及的。既无愧于双清之名，真希望能有一本"廖何诗词合集"出版。这又何止是一人之幸啊！

署名尚斐

原载《文丛》第 1 期 1979 年 9 月

记惠州西湖朝云墓

数年前接到广州中山大学一位老朋友的来信，说他重游惠州西湖，想去凭吊一下朝云墓。走到大圣塔下，只见一片荒烟蔓草，什么朝云墓，什么六如亭，统统影子也不见了。找人一问，原来是在"破四旧"的叫嚷声中，给砸烂了。他之所以万里迢迢给我写信，是为了发泄一下心中的闷气，我看了也只能付之一叹。

惠州西湖与苏东坡的缘分是不浅的。杨万里早就已经说过："三处西湖一色秋，钱塘颍水及罗浮。东坡原是西湖长，不到罗浮便得休？"苏东坡在惠州前后三个年头，据苏辙的墓志铭所述，"人无贤愚"皆得其欢心。"疾苦者畀之药，殒毙者纳之窆，又率众为二桥，以济病涉者，惠人爱敬之。"他对惠州西湖，屡有题咏，惠州西湖从而也像杭州西湖一样成为全国知名的风景区。当时他身边除了儿子苏过之外，只有王朝云不像其他侍妾那样看见苏东坡一贬再贬，先后散去，而是崎岖万里，同甘共苦，终于病死惠州，留葬西湖，博得了苏东坡的悼念，也引起了后人的感叹。东坡文集里面，不论是诗，是词，是文章，是书信，都无例外地提到朝云，如七律的"不似杨枝别乐天"和"苗而不秀岂其天"，《殢人娇》的"白发苍颜"，如《西江月》的"玉骨那愁瘴雾"，都不是泛泛的闲言语，而是包含着真挚的感情以至深沉的哀思的。朝云对待苏东坡也不是普通的妾妇之道而是对苏东坡的了解和爱慕。她说苏东坡"满肚皮不合时宜"，这就不是一般肤浅的认识，而是不恭维的极高的恭维。她唱苏东坡的《蝶恋花》唱到"天涯何处无芳草"就忍不住热泪盈眶，说明她对苏词的了解也是很深刻的。苏东坡患难之中遇到这样的一位知己，无疑感到极大的安慰，所以王氏生日还要来一首祝寿诗说"万户春风为子寿，坐看东海起扬尘"。她死后，东坡与李端叔书，说她"学书，颇有楷法"，又说她"学佛，临去诵六如偈以绝"，可见她不同于一般的侍妾。刘克庄提点广东刑狱，过惠州，曾有诗云："吾儿解记真娘墓，杭俗犹怜苏小坟。谁与惠州耆旧说，可无抔土覆朝云？"

"昔人喜说堕楼姬，前辈尤高断臂妃。肯伴使君来过岭，不妨扶起六如碑。"说实在的，惠州西湖的王朝云比起杭州西湖的苏小小来，该是高出一头的吧。

刘克庄之后，关于朝云墓、六如亭的题咏，真是代不绝书，光是清朝就有潘来、陈澧、韩荣光、宋湘、丘逢甲以及其他许多大小名家的作品，大画家石涛也曾根据黄砚旅舟过六如亭的七绝"丰湖水碧草芊芊，蕴玉埋香五百年。过客停桡访遗迹，六如亭畔吊婵娟"的诗意写了一幅山水画。陈澧（兰甫）《甘州》词序说："惠州朝云墓每岁清明，倾城女士，酹酒罗拜。"陈兰甫先生是到过惠州的，他曾依照苏东坡的江郊诗序的提示去寻访惠州城北的磐石小潭，他关于惠州女士酹酒罗拜朝云墓的叙述应是可信的。词写得很好，近代各种重要的词选都选刊了这首词。现在抄录于此以供欣赏：

> 渐斜阳淡淡下平隄，塔影浸微澜。问秋坟何处？荒亭叶瘦，废碣苔斑。一片零钟碎瓦，飘出旧禅关。杳杳松林外，添做荒寒。　　须信竹根长卧，胜丹成远去，海上三山。只一抔香塚，占断小林恋。似家乡，水仙祠庙，有西湖如镜照华鬘。休肠断，玉妃烟雨，滴堕人间。

词中的"塔影浸微澜"，出自苏东坡的《江月》诗"一更山吐月，玉塔卧微澜。"刘克庄叹为玉塔微澜，画所不到，并记以诗云："不知若个丹青手，能写微澜玉塔图？"朝云死后，东坡葬之于栖禅寺大圣塔前，面对西湖，"玉塔微澜"遂与朝云墓及六如亭构成一个胜景的复合体。

我少时看到的朝云墓是嘉庆年间伊秉绶修葺过的。墓前立一石碑，高几寻丈，中间一行擘窠大字"苏东坡先生侍姜子霞王夫人之墓"是伊秉绶写的隶书，他的隶书本来就有劲健之称，"字愈大，气势愈壮"。这14个字更是他的神来之笔，一看到这块碑，立刻使人有胡寅论东坡词的那种感觉，"逸怀浩气，超然乎尘垢之外"，借用黄山谷论东坡书法的话，即"挟海上风涛之气"。墓的四周丛林茂草，郁郁葱葱，说它是荒寒吧，固然也可以，但与吊古之情不是更加合拍吗？六如亭，据东坡给李端的信，是栖禅寺的和尚盖的，亭前刻着一副对联：

> 不增不减，不生不灭，不垢不净；
> 如梦如幻，如泡如影，如露如电

是道光年间林兆龙题的。站在亭前，仰望孤山顶上的大圣塔，一清幽，一雄伟，照望西湖，近水远山，或隐或现，这时就会感到戴熙对惠州西湖的评语"西湖各有妙,此以曲折胜",的确是一代画师运用审美眼光观察得来的结果。

自从孤山有了朝云墓,孤山成了西湖的一个中心,只要是来游西湖的都忘不了看看朝云墓。更有甚者,由于朝云墓是苏东坡选中的坟地,在一般人的心目中苏东坡是天文地理无所不通,无所不晓的,当然也懂得"风水",朝云墓的所在地也是一定是"牛眠地"无疑,于是乎不少人就把朝云墓的周围看作是自己身后的归宿。久而久之,这里竟变成了老百姓的北邙山,惠州人经常以"去宝塔下"作为人死归葬的隐语。丘逢甲的《惠州西湖杂诗》也没有遗漏这一点:"世间更有痴儿女,乱葬朝云墓上来。"

当我粗通人事,懂得去朝拜朝云墓的时候,清明拜墓的盛况已经没有了。就历史论历史,朝云墓的确经历了不少次忽盛忽衰的反复。近代惠州诗人江逢辰说到朝云墓的变迁,提到元朝有"梅松千株,守墓百家"。到了清朝乾隆年间,杭世骏曾因高明府方显,"摄倅惠州",赋诗托问:"握手不殊南浦,关心先问西湖。岸上已无杨柳,水边应有菰蒲。坡老亭今湮废,朝云墓久荒芜。风景何如卿国?烦君寄写新图。"这位高明府究竟做过什么好事,愧无所知,倒是嘉庆年间伊秉绶来守惠州,确实做了一番事业。除了大修朝云墓之外,苏东坡所写墓志铭也重新补写刻石,并请吴锡麒和乐钧新作墓志。伊秉绶之后,道光、光绪直到民国先后修墓的尚有六七人之多。抗战期间六如亭倒塌了,日本投降之后再度修复。陶铸领导广东工作的时候,朝云墓又来了一番更新。不过,就说是荒废吧,过去的荒废,总不外乎是由于年久失修,加上"雨淋日炙野火燎"的缘故,从来没有像60年代那样加以破坏。与此形成对照,值得特书一笔的倒有这样的一件事,那就是南宋绍兴二年虔州农民起义军的谢达部队打到惠州的时候,除了加意维护苏东坡的白鹤峰故居之外,"并率其徒葺治六如亭,烹羊致奠而去"。(见洪迈:《夷坚志》甲志卷第十)这是一段可与黄巾拜郑玄后先媲美的故事。今天,还有更值得我们高兴的一条消息:不久之前曾在南京为莫愁塑像的林斌结伴游览惠州西湖之后,已经立下宏愿,要塑一座朝云像来为湖山生色。看来还是陈兰甫先生说得对:"坡公诗云:'丹成逐我三山去,不作巫阳云雨仙。'余谓朝云倘随坡公仙去,倒不如死葬西湖耳。"

署名尚斐

原载《文丛》第2期1980年3月

民主革命的彗星邓演达遗事

　　凡是留心 20 年代，特别是北伐前后的中国政治的人，几乎没有不知道"邓演达"这个名字的。北伐军之所以能够在不到三个月的时间内就从广州一直打到武昌，是由于有了广东这个巩固的后方。巩固的后方的前提是广东全省的统一。广东的统一则是得力于以黄埔学生为中坚的武装力量。黄埔学生之所以能够战无不胜，攻无不克，则是由于有以周恩来、恽代英、萧楚女、熊雄等人为核心，配合着以廖仲恺、邓演达为代表的国民党左派的政治领导。廖仲恺被刺之后，那些号称国民党左派的家伙如汪精卫、陈公博之流实际上只是一伙投机政客。说到真正忠于孙中山的三大政策，最后献出了自己的生命的坚定左派，无疑是不能忘记邓演达。他的一生真像是一颗有声有色，敢说敢干的民主革命的彗星。说是彗星，正因为是出现的时间并不长，惊人的一闪之后就是倏然失落了。

　　邓演达之崭露头角，可以追溯到学生时代。他考入黄埔陆军小学堂，年龄最小，却也是全班的尖子。当时担任陆军小学堂学长职务的邓铿（仲元）是追随孙中山革命的同盟会会员，经常注意学生思想动态，积聚革命力量。论才气，他非常赏识廖尚果，曾经鼓励他多加努力，争取个第一名。但是廖尚果颇有狂生的味道，居然顽皮地回答道：考第一名还是让邓演达来吧，不用麻烦到我了。

　　记得我还未入学的时候，看过我哥哥的一些同学到我们家来玩，其中也有邓演达。我管他叫"阿达哥"。说来也怪，别人并没有给我留下什么印象，只有他邓演达我始终记得相当清楚。当时他长得还不太高，腰围饱满，站得挺直，脚步非常稳重，真是一步一个脚印的样子，也不随便嘻嘻哈哈的说笑。哥哥出国之后，我有时会翻开他留在家中的书稿，也包括他一些同学的作文。说实在的，看我哥哥的文章我可真起劲，因为看到了一些新的东西，可是这位"阿达哥"的作文我却看不下去，因为有许多字认不出来。那并不是由于太艰深，而是太潦草，颇有唐人描写怀素的狂草所说的那样："奔蛇走虺势入座，骤雨旋风声满堂。"可见落笔时文思泉涌，要不赶快写下来就像是要从笔下溜走似的。据同他一道工作过的老朋友说，每当他起草什么的时候，誊写的人总是疲于奔命。你一张还未抄完，他第二张稿纸已经送过来了。这一点我特别了解，因为这是我从小领教过的"快手"。"虎豹之驹，虽未成文，已有食牛之气。"这句话用在邓演达身上，实在是非常恰当的。

我哥哥从海外归来，他一听到消息，就跑来找他。恰巧家兄出去了，他留下一张字条。那种笔体依然是龙蛇飞动的老样子，我也很多字看不懂。别致的是写到后一半，却来了一段德文，我当然更不懂。第二天，他来了，急忙忙的，没有说上几句，又叽哩叽噜的大说其"茄门话"，我只好在一边发呆。那时他是第一师的工兵营长，他在邓铿统帅的第一师之下已经过了几年的南征北战的生活。然而他却自学德文，不仅能读，而且能讲。据他自己说，他正在省吃俭用，积下一笔钱。一有机会就要去德国留学。但是他出国的愿望由于革命工作的需要一直不能实现，直到他在黄埔军校受到蒋介石一伙的排挤，无法工作，这才实现了他留德的计划。

邓演达在德国的时间并不长，还不到一年半他就赶回来参加国民党第二次全国代表大会，并在这次大会上做了一个题为《中国国民革命与世界革命》的报告，突出地阐发了中国革命是世界革命的一部分的意义，博得了与会代表的赞赏，认为"学识渊博"，真有"士别三日，即更刮目相待"之感。国民党第二次全国代表大会是国民党历史上最彻底地贯彻孙中山三大政策精神的大会，邓演达即在这次大会被选为中央执行委员会候补委员。

邓演达每到一处工作，总受到上级的器重。当时邓铿的第一师是广东军队中唯一忠于孙中山的武装力量。邓演达初出茅庐，邓铿即倚他为左右手。不光是平时多找邓演达商量大计，即使是在检阅部队，召集军官讲话的时候，也要他当场解答一些军事技术问题，因此得到全师上下的敬重。后来经过邓铿的推荐，直接见到孙中山，孙中山也非常赏识他，并调邓演达为团长的第三团拱卫大本营，破格提为少将参军，亲笔题赠照片及对联。当孙中山为了讨伐陈炯明，亲率部队围攻惠州的时候，特别函召邓来"协助攻城，以资熟手"。到了创办黄埔军校，孙中山又派邓演达与廖仲恺、李济深等七人为筹备委员，均可见孙先生对邓倚畀之深。

关于邓演达与蒋介石的关系，可以说是在黄埔军校开始的。当时邓演达是教育长。在"中山舰事件"之后，邓演达曾赶到蒋介石的东山住所，劝告蒋以大局为重，特别要和进步力量站在一边。本来蒋已对邓怀疑，这一来更加证实邓已经站在他的对立面，于是将他调离黄埔，改任第一军政治部主任兼黄埔军校潮州分校教育长。他的哥哥邓演存曾就这一次任命对廖尚果说过，这是蒋介石明升暗降的一种手段。原来"中山舰事件"之后，蒋介石把第一军的政治工作人员，从军政治部主任周恩来到连指导员全部撤换，只剩下一个孙文主义学会的缪斌（这个缪斌抗战期间跟汪精卫去南京当了汉奸）。北伐开始，蒋介石又任邓演达为总司令部政治部主任，攻下武汉之后，邓又是行营主任，好像邓演达真的成了蒋介石的亲信。可是邓演达却不管蒋介石如何打算，依然是"我行我素"。正因为他对蒋介石认识得太清楚了，反他来也最能打在节骨眼上，因而引起蒋介石极深的忌恨，最后终不免死于蒋介石的屠刀之下，也可以说是"求仁得仁"吧。

顾名思义，邓演达是总政治部主任，但是他却是跟作战部队一起行动。从广州到韶关，从韶关到来阳，从来阳到衡阳，从衡阳到长沙，除了交代任务或者别的什么特殊工作短时间回到政治部之外，他是毫无例外地同苏联顾问铁罗尼一道在前线东奔西跑。到了部队逼近武昌城，他更正式担任了攻城司令。这一战也真不简单，武昌守军的枪弹从他的右胁穿过，衣袖打穿了，战马也被打死了，铁罗尼的翻译纪德甫就是这一役壮烈牺牲的。可是邓演达却没有受伤，到了10月10日终于攻下了武昌城。

邓演达和廖仲恺都是广东惠州人，生平行事也很有相同的地方，他们都是执行孙中山"三大政策"的国民党左派。廖仲恺任人唯贤，不像一般的官僚军阀靠同乡办事。邓演达也是这样。北伐期间，邓演达声名赫奕，有些惠州人谈起邓演达也常常流露出得意的神色，说惠州这一下子又出了一个了不起的人物，可是再说下去扫兴的话又出来了。有人插嘴说，大人物又有什么用？邓演达根本不提挈惠州人，他心目中只有一个廖尚果。说实在的，邓演达固然相当器重廖尚果，但当总政治部成立的时候，廖尚果不过是秘书，并没有因为同乡同学的关系而给予特别照顾。当时有些老同学还为此替廖尚果抱不平，找邓演达当面提意见。他们不知道邓演达有他自己的安排，当然一切都是服从工作的需要而不是由于私人感情。到了北伐军逼近武昌的时候，为了争取国际舆论对中国革命的支持，他特派廖尚果访问日本，这无疑是对廖尚果的极大的信任。

1927年7月，以汪精卫为代表的武汉政府与蒋介石的南京政府合流，邓演达看到形势的逆转，自己已经无能为力，只好化装为查电线的工人沿京汉铁路赶上离华回国的苏联顾问一行，并同他们一道去了莫斯科。12月间离莫斯科去柏林，1930年5月取道东欧进入土耳其，再转巴格达经由波斯湾乘船直驶印度，然后返国。在印度的时候曾专程到菩提伽耶释迦牟尼证佛处走了一趟，并带回好些菩提树叶——即古代写经的贝叶分赠亲友。抗战期间我见到他的弟弟，也听他谈起这件旧事，说他家里还存有那种树叶。

1930 年邓演达回到上海，有时约他的老朋友见面，见面的方式很特别。登门拜访，怕牵累老朋友；到自己住处来，万一机关被破坏，对老朋友也不利，所以常常是"人约黄昏后"，在僻静的马路上边散步，边聊天。如果老朋友懂德语，干脆就用德语交谈。在上海说洋话是家常便话，既可以瞒过"三道头"，又可以说得痛快。现在追摄一下那种情景倒也是够滑稽的：一个体格魁梧的汉子，满口洋话，穿的却是一件文绉绉的长袍。他回家总是步行，算是一种锻炼。这种散步对他来说实在是非常需要的。因为他总是昼伏夜出。他曾经开玩笑的说，他过的是"耗子生活"。

1931 年 8 月邓因叛徒的告密不幸被捕。关于他的生平最后这一段时期的遭遇充满了传奇性的故事。比较近乎情理的是：邓氏被捕之后，蒋介石特派大队人马将他从上海押送南京。据说那个押送的队长想串演一出"义释曹操"的活剧。他认为解到南京，一定凶多吉少，于是向他建议半路逃跑。交不了差怎么办？他说那扔掉乌纱帽拉倒。面对这生死关头的抉择，邓演达的考虑却太天真。他认为蒋介石要杀他是没有法律根据的。要是他一逃走，那就变成了"逃犯"，可以格杀勿论，那才是死得不明不白，不干不净，因而谢绝了那位队长的建议。蒋介石当时的思想也颇为矛盾。他承认邓演达是不可多得的人才，上海一家小报曾有两句话相当恰切地形容蒋介石的思想活动："杀之可惜，纵之可畏。"蒋介石最初是想劝降，邓演达不为所动。九一八变起，又听人这样说过，蒋介石曾经找他谈话，问他对日本侵略有何感想，希望打个圆场，言归于好。邓的答复很明确，要谈感想吗，当然有的。要不是你背叛总理的遗教，连年内战，排除异己，民穷财尽，日本敢这样猖狂吗?！蒋介石什么也没有捞到，反而自讨没趣。但是最使蒋介石震惊的，一般人都认为是黄埔军校历届毕业生联名要求蒋介石释放他们的邓教育长。蒋介石靠他起家的是黄埔军校，军校的学生这样倾向邓演达，他的江山还能坐得稳吗？正当蒋介石彷徨无计的时候，广东地方军阀和南京蒋政府开了一个分赃会议，蒋介石被迫下野。他在离开南京之前的一个晚上，派他的卫队长带领卫士赶到了囚禁邓氏的炮垒，说要他移居汤山。汽车开到半路，又诡称汽车抛锚，要他下车，他刚出车门，枪声突起，随即殒命。时为 1931 年 11 月 29 日，年仅 36 岁。

宁粤妥协的条件之一是蒋介石释放那些囚禁南京的所谓政治犯。胡汉民、李济深等都因此获得自由。邓演存满以为他的弟弟也将会平安出来，特地准备好了一应衣物。谁知消息传来，却是秘密杀害！至于当时敢于出面营救，仆仆宁沪之间的则是孙夫人。当她得知邓氏已经不在人间,当即面斥蒋介石伤天害理,祸国殃民。在她发表的一篇宣言中,指出蒋介石"阴狠险毒,贪污欺骗,无所不用其极",杀害邓演达即是明显的例子。她称邓氏为"艰苦卓绝,忠勇奋发",这无疑也就是邓演达的千秋定论了。

南社老诗人柳亚子曾为邓演达的遇害写了四首七绝,沈雄悲愤,雄称生平,谨录于后。以结此文:

> 恶耗传闻杂信疑,伤心此度竟非虚。爰书三字成冤狱,谁向临安求岳飞?!
> 鸥刀鸩酒血流红,玉敦珠盘正会同。自坏长城檀道济,忌才岂独是枭雄!
> 举幡太学惨舆尸,黄鸟歼良又此时。哭过中山陵下路,沈冥天意总难知。
> 北海当年重豫州,避人一面竟无由。胥门抉目观吴沼,太息乾坤剩几头!

署名尚斐
原载《文丛》第 3 期 1981 年 7 月

柳亚子先生言行小记

　　柳亚子之得名由于创立南社，南社之得名由于提倡革命。然而南社之所谓革命，鲁迅早在50年前就已经做过精辟的分析："即如清末的南社，便是鼓吹革命的文学团体，他们叹汉族的被压制，愤满人的凶横，渴望着'光复旧物'。但民国成立以后，倒寂然无声了。我想，这是因为他们的理想，是在革命以后，'重见汉宫威仪'，峨冠博带。而事实并不这样，所以反而索然无味，不想执笔了。"其实，鲁迅先生的评论还是忠厚的。辛亥革命以后南社的分化，沉默的只是其中的一部分，此外则投靠北洋军阀者有之，投靠蒋介石南京政府者有之；像柳先生那样，敢于在蒋介石的反共的鼓噪声中昂然高唱"世界光明两灯塔，延安遥接莫斯科"，到了1949年终于发出了"联盟领导属工农，百战完成解放功。此是人民新国庆，秧歌声里万旗红"这样的欢呼来的，真可谓凤毛麟角。1935年柳先生《浙游杂诗》里面有关于苏曼殊的一首诗说："名场画虎惜行严，孤愤佯狂有太炎。更忆图圄陈仲子，曼殊朋旧定谁贤？"今日盖棺论定，恐怕不愧为贤者的正是柳先生自己。

　　我初次读到柳亚子先生的诗，是在我刚进中学的时候，有一本图文并重的《天荒》杂志，即有他一首七律的手稿。柳先生的题诗有句曰："谁遭流民图郑侠？空教绝技擅僧繇！"对画家提出了一个严肃的任务：如果不关心民生疾苦，什么丹青妙手也是白搭！稍后则因为我当时偏好苏曼殊，凡是有关苏曼殊的文章一篇也不肯放过，这就更进一步认识了柳先生。例如苏曼殊因上海城隍庙开辟大商场，担心经营面食担的此后将没有活路，柳亚子指出他具有朴素的社会主义思想。苏曼殊之所以说"遭逢身世有难言之痛"，是由于讳言生母的改嫁，自己是所谓"拖油瓶"，柳亚子又指出他对妇女问题的见解是保守的。凡此种种，使我觉得柳先生虽然以旧诗鸣海内，究竟不同于旧式文人。但是使我认定柳先生可亲而又可敬的，则是抗战前

在上海一次书画展览会上看到他 1926 年在广州谒廖仲恺先生墓的一首七律之后。它的颔联"何止成名嗤阮籍，最怜作贼是王敦"，把国民党那些假左派、真右派统统骂倒了。1941 年皖南事变之后，有一次我同几个知心朋友谈起国民党的人物，认为最孚众望的是朱执信和廖仲恺；现在是除了公认的孙夫人和廖夫人之外，就应该数柳亚子了。说来也真巧，第二天一看报，赫然有一条新闻，说柳亚子被蒋介石国民党开除了党籍，因为柳亚子就皖南事变的问题打电报给蒋介石，斥责他倒行逆施，破坏团结，破坏抗战。于是我们几个人面面相觑，然后长叹一声：国民党真的容不下一个好人啊！后来我在桂林看见柳先生，把这段旧事告诉他，他不禁破颜一笑，比之为"孔北海乃知天下有刘备"。

先生 1942 年初从沦陷的香港脱险归来之后，定居桂林。他名所居曰"射日斋"，后又改名"羿楼"。他的女儿无垢有一个儿子，他给这外孙取名为"光辽"，念念不忘抗日以至收复东北失地。他还找人画了两幅画，一幅是"辽东夜猎图"，一幅是"樱都跃马图"。樱都跃马图矗立着一座幸德秋水纪念碑，象征战后日本革命的胜利。当然，幸德秋水并不是科学的社会主义者，他所坚持的始终是无政府主义。可是由于他是"大逆事件"的牺牲者，而"大逆事件"又是日本政府镇压社会主义运动的事件，因此幸德秋水也被认为是社会主义的代表人物了。抗战期间他已经找了不少人在画上题字；日本投降，他更兴高采烈，洋洋洒洒，连四周的绫边都题得满满的。说起抗战，他老先生虽然不能挥戈杀敌，用笔用口却实在是很积极的。他衡量一个人也总是看其是不是真的抗战。当然，他也不免上了某些人的当。1944 年日本侵略军包围衡阳，桂林也岌岌可危。国民党报纸大肆吹嘘衡阳守军如何"忠勇"，还搞什么捐款慰劳，保卫桂林。先生激于爱国热忱，当场认捐 1 万元。1 万元，在当时，通货膨胀已经到了恶性循环的程度的时候，也许算不了什么，但是对柳先生来说却是倾箱倒箧的壮举。柳先生是不事生产的，子女都是知识分子，穷教书的，日常生活全赖柳师母苦心经营，有时也接受一些老朋友的馈赠。现在一掷万金，有人说起这件事，柳师母不无懊恼地说："这是家中仅有的一点钱了。"后来事实证明，衡阳并不是睢阳，守将更不是张巡、许远。这一年夏天到秋天这一段时间，他先是避居八步，不久即返桂林，然后是经桂林向重庆逃难。

桂林有一块元祐党碑，是蔡京为了排挤异己，把与司马光有关系的人统统称为奸党，除了请宋徽宗赵佶视书刻石，立于端礼门之外，还要通令全国，一律刻石立碑。这一股风也同样吹到了桂林。无独有偶，800 多年之后，蒋介石也袭用了蔡京的老谱，诬蔑共产党为"奸党"。柳先生是喜欢访寻史迹的，当然不会忽略了这块

元祐党碑，而且赋诗纪事，一开头就是："大书深刻锄奸党，万口千声颂圣人。"既然"奸党"今天有了新的含义，那么"奸党"的对立面原来的蔡京，今天无疑指的就是蒋介石。他对蒋介石是早就领教过的，他对蒋介石的不满可以追溯到中山舰事件。1945年他59岁生日，有人说他是与蒋介石同年生的，他一听立刻忿火中烧，于是借诗发泄道："薰莸异类羞同齿，马谲曹奸举世诃。"

他之所以痛恨蒋介石，是恨他假抗日，真反共，也直接违反了孙中山的三大政策。1944年4月12日，他写了一篇七古，从蒋介石骂到吴稚晖，结尾是义正词严的呵斥："追原祸首属纤儿，撞坏家居摧户牖。痛定思痛今何时，忍见豺狼更咆吼？"到了5月，他58岁生日，桂林文化界为他举行了盛大的庆祝会。会是由田汉同志主持的。这不是一般的庆祝会，而是一种在特定条件下的斗争方式。以祝寿为名，让大家各致祝词，借古喻今，指桑骂槐，寿星公本人当然也讲一讲他的感想。他自己认为对中国革命并没有做出多大的贡献，他也不如朱执信、廖仲恺那样长期在孙中山左右工作，他一生只见过孙中山两次，但是他很崇敬孙先生，特别是他晚年重新解释了三民主义，定下了三大政策，显示了自强不息的精神。可笑的是现在却有不少人在那里曲解三民主义，连叶青也在大讲特讲。殊不知如果没有三大政策，就不成其为革命的三民主义了。当他提到叶青这个臭名的时候，大家不约而同地发出鄙夷的哄笑。这样一号人当时却是蒋介石靠他同共产党打笔仗的黑秀才，岂不令人齿冷！

对蒋介石政府的种种措施，先生都是相当的敏感。本来以5月4日为青年节是陕甘宁边区西北救国青年联合会所规定的，毛主席在延安五四运动20周年纪念会上的讲演《青年运动的方向》中说："现在定了五月四日为中国青年节，这是很对的。'五四'至今已有二十年，今年才在全国定为青年节，这件事含有一个重要的意义。"可是国民党却觉得这个规定不利于他们欺骗青年，于是改以3月29日黄花岗革命烈士纪念日为青年节。柳先生反对国民党的反动措施，他认为青年节之所以定为五月四日，是因为五四运动标志着中国革命新民主主义阶段的开始，因而具有进步的意义。如果改为3月29日，那就是回到旧民主主义的老路上去。他奋然写了一首五律："卅四年前血，沧桑一泫然。牺牲仁者勇，依附党人偏。数典浑忘祖，殷忧欲问天。官蛙声聒耳，浮薄误青年。"他自己对于青年也是非常关心的，只要青年有一点进步，他总是热情鼓励，而且尽力所能及去帮助他们。他所居羿楼的客人也有不少是青年，甚至于可以说青年客人比老年的还要多。他从青年身上感染到一股新生的活力，而且肯虚心倾听青年的意见。他自己说过，他性子很急，到了真所

谓文思泉涌的时候，总觉得那支笔写得不够快，于是随意挥洒，越来越了草，有时勾画几下就算一个字，几乎近于速记，或者说是怀素式的狂草吧。这样写起来固然痛快，可是却难为了排字工人。因此他的文章非得在付排之前找人誊清不可。替他抄写文稿的原先有一位女同志，他称赞她抄起来"居然楚楚可观"。可是那位女同志是有职务的，没有多少工夫可以腾出来为他效劳。这样，抄写工作就由我承乏了。反正我当时是一个"无业游民"，可以自由支配我的时间，尽可乐于从事。碰到他考虑不够周到或者引用诗文小有出入的时候，我就把它空下来，等到见面的时候请他改定或订正。他听了就说："弟言是也"。这种谦逊的精神是可与沈衡山先生媲美的。

皖南事变之后，蒋介石反共的活动越来越猖獗，国统区的抗战形势也随之越来越危急，柳先生忧心忡忡，幻想美国出面约束蒋介石。1944 年华莱士来华访问，1946 年马歇尔又以特使的名义来华"调处"，他每一次都写信向他们介绍中国的情况，希望美国能正视现实，支持真正抗战有功的军队。写给马歇尔的那封信，因为杜鲁门接替罗斯福担任美国总统，扶蒋反共的做法更加露骨，先生的措辞也更严厉。他正式批评美国的外交政策走入歧途，要求马歇尔"速撤驻华之兵，速罢袒蒋之吏"，这才谈得上中美两国人民的友谊。当然，他老先生的用心是善良的，然而写这样的信却实在是对牛弹琴，与虎谋皮。他信后署名总是写上他的头衔："中国国民党第二届中央监察委员"，因为这是忠实贯彻孙中山三大政策的中国国民党第二次全国代表大会选出来的，从而准确无误地表明了他的政治立场。

他给马歇尔的信是说罗斯福逝世之后，美国外交政策走入歧途。实则他对罗斯福的做法也是有分析的。他在重庆是住在津南村，距离市区比较远，我有一次写信给他，恰值罗斯福逝世，信中也就提到罗斯福在第二次世界大战中的作用，他老先生的回信承认"罗翁一代人豪"，但在处理国共关系这个问题上却还不如邱吉尔对南斯拉夫反抗希特勒的帮助那么果断，信末附录近作，其中有一首七绝："法西浪学邯郸步，专制难消赢吕风。未必远东无铁托，棋差一着惜罗翁。"

他对毛主席是非常钦佩的，在重庆的一次宴会上，听到有人谈到延安近事，他高兴得跳起来，三呼"毛主席万岁"，并赋诗纪事曰："尊前跋扈飞扬意，低首擎天一柱来。"半年之后，他在重庆中苏文化协会与青年画家尹瘦石联合举行"柳诗尹画展览会"，《新华日报》以整版篇幅刊印"柳诗尹画展览会特刊"，刊头题字是毛主席的手笔。高悬展览会大厅正中的就是这首七律。他觉得只说"擎天一柱"还不够显豁，于是改为"延都一柱"，表明是对毛主席的歌颂。字写得特别大，谁一进

门，迎面看到的就是这幅字。至于"延都"这个字眼也是有正名的作用的。他说，领导全国的政治中心是延安，写作"延都"即有一国的首都的意思。与此相应的，重庆虽然被蒋介石定为陪都，实际上并不具备首都的资格。因此延安题为延都，重庆则只可称为渝州。这是他的所谓"春秋笔法"。这种春秋笔法的运用，还见于他所写的一篇论述反法西斯战争的文章。文章结尾是各给中、苏、美、英四国元首称一声万岁。斯大林、罗斯福、邱吉尔都只带一个头衔，只有蒋介石前面加上了"坚持团结抗战到底的"限制词。意思是如果不是"坚持团结抗战到底的"就不配称万岁了。

毛主席飞抵重庆震动了山城，先生称毛主席是"弥天大勇"。他诗写好了，没等发表就写给我看，信中说他当初听说毛主席要来重庆，非常担心，怕蒋介石不守信义，"因有展堂、任潮之前车也"。展堂即胡汉民，任潮即李济深，都是曾经被蒋介石软禁过的。到他亲自见到毛主席，听了毛主席对局势的分析和此行的任务，"不觉大喜过望"，于是写了那首"一别羊城十九秋，重逢握手喜渝州"开头的有名的七律。

毛主席那首《沁园春·雪》也是那个时候传出来的。据我所知，事情的经过是这样：先生要完成他亡友林庚白的遗愿，编一本《民国诗选》。林庚白的原书是十年前着手的，取材当然有不少的局限，先生要把选诗的范围扩大，首先想到的就是毛主席的《长征》。他根据当时流传的版本抄了一份，请毛主席校正在传抄过程中出现的错字。但是毛主席却另外写了那首《沁园春·雪》寄给他。他当即依韵和了一首。柳诗尹画展览会上先生抗战以来身边携带的诗稿全部陈列在一张桌子上任人翻阅。在他最新的一册诗稿上有他的和作和毛主席的原唱。看的人多了，当然立即不胫而走。

先生晚年念念不忘的一件事是编写南明史。太平洋战争爆发，他历年搜集的材料都散失在香港。他在桂林写过一篇追记旧藏史料的文章，开列的书目真是洋洋大观。桂林学术团体先后请他做有关南明史的报告，更希望他在桂林能把南明史写完。他在祝寿会上也说到他编史的计划，并成立了南明史编纂委员会。可惜的是政局的动荡使他安不下心来。桂林告急，逃难重庆；抗战结束，蒋介石又挑起了大规模的内战，他连上海都住不下去了。南明史永远成为他的一部未完成的著作。

先生生平写诗，不主故常。早年论诗，反对同光体和那些风花雪月的陈词滥调，指斥"郑陈枯寂无生趣，樊易淫哇乱正声"。陈衍的《石遗室诗话》及《近代诗钞》收罗了许多不三不四的人的作品，偏偏绝口不提柳亚子的名字。柳先生也不

乎，索性刻一个图章，自称"诗坛草寇"。他对于自己的诗是颇为自负的，其所作论诗绝句有云："黄炉早哭林庚白，青史今推柳亚庐。"他认为"林诗深刻柳诗大"。严格说来，他的诗正如前人评论苏诗所说的那样，"如武库初开，矛戟森然，一一求之，不无利钝"，但是不时有出人意表的佳句，而且有时一连叠韵十数次，却能不露凑韵的痕迹。虽然这只能算是作诗的末技，倒也能看出他的才气和功力。有一次大家谈起和韵的问题，觉得最好是突破原韵字义的限制，另出新意，可是有些字即所谓险韵者几乎令人无从下手，他说也不一定。记得好像是田汉同志，当即插话说，即如吹嘘的那个嘘字，还能变出什么新花样？柳先生听了，略加思索，立即说："中山主义传千古，鲁迅精神付一嘘。怎么样？"当时真是一座惊叹。

一般而论，他写诗总是直抒胸臆，不假雕琢。有时客人来了，请他写字，或者代人求书，他就问清楚求书的人的情况，只要他认为值得他动笔，他无不答应下来，甚至低头默想一阵，算是打好腹稿，随即铺开宣纸，一挥而就。另一方面，遇到应该斟酌的地方，他也不肯马虎了事。例如柳诗尹画展览会开幕那天，题名录前面有他写的一首诗，末两句是："崛起西南张一帜，郑虔杜甫本同时。"第二天去看，诗页已经换了一张，"郑虔杜甫"改为"杜陵曹霸"，他特别给我解释：首先是郑虔杜甫与柳诗尹画的次序不适应；其次是郑虔陷贼不死，大节有亏；三是尹擅画马，比以曹霸更为合适。可见简单一句话还是大有讲究的，并不是一味的任气使才。而且他对于自己也一样的严于解剖。他承认自己还不脱名士习气，说教养是出身于封建士大夫家庭，15岁即考上秀才，读的是四书五经，对以五四运动为标志的新文学运动史来说他算得是一个"史前人"，后来一个筋斗翻到了社会主义，旧东西那里能够轻易地洗伐净尽呢。他喜欢接近年轻的一辈，正是想借助青年的力量，使自己更好地接受新思想，真的跟上时代前进的步伐。这也许就是柳亚子之所以为柳亚子的主要的一点吧。

原载《文史资料选辑》第69辑1980年5月

青主（廖尚果）事略

青主原名廖尚果（1893—1959），惠州市城区人。由于社会的影响先后不同，现在知道青主这个名字的是比知道廖尚果这个名字的要多得多。大概只有上了年纪的与德意志文化关系比较密切的人才对廖尚果有所了解。1956 年，中国共产党举行第八次全国代表大会，为了便利参加代表大会的各国代表团的阅读，大会特设翻译处，将大会文件译成许多种外文，其中德文部的一些同志谈到笔译要求高的时候，就曾指出当年留德同学中间的廖尚果是能够用德文写作的首屈一指的人物。不过这究竟是属于小范围之内的事情，真正在社会上达到相当知名度的名字却是青主，而且是在音乐界。因为记在青主名下的，在数十年来音乐会上传唱不衰的保留节目就有《大江东去》和《我住长江头》。除此之外，他的音乐美学著作《乐话》，提出音乐是"上界语言"的唯心主义论点，曾受到严厉的批评，同时也因此更加出名。

他从小跟父亲读书，就显示出特异的天禀。在他 10 岁的时候，清朝还未废科举，他去参加童子试，考了个第一名。兴办新式学堂之后，他直接考入惠州中学，成为惠州最早的中学生之一。后来父亲受到实业救国思想的影响，送他去广州工业学校上学，不久又转学黄埔陆军小学堂。当时陆军小学堂的教师已经有许多加入了同盟会，邓铿是主要的负责人，非常器重廖尚果，鼓励他争取考个第一名。他却俏皮地答复他的老师，第一名已经有邓演达，不用再麻烦我了。他平时作文，想什么敢说什么。有一次作文题是"内忧外患，交相煎迫，我国应如何自救"，他竟洋洋洒洒，写了十多张作文格纸，结论是"救国之道云何？破坏是已！"当时革命这个词还未十分流行，破坏即如现在说的打碎国家机器，亦即等于造反，这是"大逆不道"的话，要诛九族的，幸亏那位老师没有为了保全自己，跑去向督办告状。要是跑去告状的话，他就没有命了。

　　武昌起义的枪打响了。这个要求破坏的热血青年自然不甘落后，于是与一些同学取道香港转赴潮汕，参加攻打潮州府衙门的战役。潮州知府陈绍棠是从惠州知府任内调来的，双手早已沾满了惠州人民的鲜血。现在是仇人相见，分外眼红，攻进府衙门之后，青主亲手开枪击毙了他。这一仗使他获得"革命军功牌"。我小时候还把它拿来当玩具。

　　民国成立，他以"民国功臣"考取留学官费，远航德国。他原先的志愿是学习陆军，黄埔毕业生①学陆军是顺理成章的。可是当时中国的驻德公使是袁世凯的北洋政府所派遣。北洋政府与国民党支配下的广东政府是敌对的。而学陆军按规定必须有公使馆的介绍，不难了解，公使馆是不会给他写介绍信的。青主的志愿落了空，只好改习法律。1914年，第一次世界大战爆发，年轻的廖尚果还不认识帝国主义战争的反动本质，为此赋诗表示他对现代战争的惊叹："斗智争奇会战忙，飞船巨炮破天荒……少年当此宁非福，吞吐风云入绣肠。"在坦能堡战役中。德国司令兴登堡痛歼沙俄军队。他更由此联想到祖国的危难，希望能像兴登堡那样痛歼强敌。"……君不见鸦片之恨犹未平，满蒙烽火又相告……斩尽楼兰报国仇，琼筵房肉餐个饱。吁！兴登堡，天长地久，范勚吾曹。"在第一次大战期间，他写了不少有关中国情况的文章，投到德国报刊那里去。那些报刊的编辑因此约他撰写特稿。他德文写作之所以有那么高的水平，正得力于这一时期的大量投稿。那时他已经认识他未来的德籍夫人亨利希氏。她开初为他文章的修改也出了不少力。他俩同时又开始了唐诗的翻译，主要是高适、卢纶等人的边塞诗，在德国杂志上发表。1919年，梁启超出访欧洲，旅游德国时，留德学生为梁开了欢迎会。青主还选李白的《清平调》请她谱曲，在欢迎会上用中文演唱。这是他俩采用古诗作曲的开始。

　　他在柏林大学学的是法律，兼听哲学、社会学的课。德国是军国主义国家，是以纪律严格著称的，可是大学却相当的自由，听不听课，学校是不管的，只要你每学期依时交费注册，满了三年即可报考博士试。青主有时就干脆不上课，跟私人学音乐。教师就是后来的夫人，在中国她以"华丽丝"的名字发表了不少采用唐宋诗词谱写的歌曲，同时又是上海音专的教师。

　　第一次世界大战以威廉帝国的失败而告终。中国则以对德宣战，派出过一些华工为战争胜利出过力，俨然也是战胜国之一。然而事实很惨。本来德国从前以暴力

---

　　① 武昌起义在1911年10月10日（农历辛亥年八月十九日），青主当时距离毕业还差一个学期差一点。民国成立之后，这批学生一律取得毕业资格。

从中国夺去的胶州湾、青岛等地理应归还中国的，却由于欧美帝国主义国家与日本的勾结统统转到了日本手上去了！青主别的事便不上劲，只为争回北京观象台的一部分天文仪器出过一把力。那些天文仪器是八国联军攻占北京时被德国侵略军抢走的。他联合留德学生制造舆论，要求德国政府把这些天文仪器归还中国。依照凡尔赛和约的规定，这套国宝是由中国收回了。

青主留德 10 年。获得了法学博士的学位，当时所艳称的"洋翰林"。又附带学了一整套的音乐本领，光是乐器他就学会了弹钢琴、拉小提琴、吹长笛。他学了的确不少，然而正如梁启超题他的女儿令娴《艺蘅馆日记》所说的那样："吾病在爱博，是用浅且芜；又患在无恒，有获旋失诸。"他对每一种乐器都没有达到独奏音乐会的水平。他晚年回顾起来，自己也不免后悔，那可是"悔之晚矣"。

1923 年，孙中山在广东组织大元帅府。他曾一度任大理院推事。这是他作为法学博士学用一致的一次。可是时间并不长。他到底是洋翰林，又不熟习那老一套公文格式。邓演达在黄埔军校当上了教育长之后，他跟邓进了黄埔军校，做了校长办公厅的秘书。邓演达从德国带回来的德文马克思主义书籍让他饱览一顿。有什么心得就写成文章在黄埔军校所办的刊物上发表。1926 年 7 月，邓演达就任北伐军总司令部政治部主任，他也调去当总政治部秘书。总政治部随军向北推进，他因为德籍夫人刚从德国回到广州，语言不通，需要他就近照料，因此留在广州总政治部后方留守处。留守处并不是一个普普通通的留守机关，它管辖广东、广西、云南的政治工作，广州更是到处都可以看到总政治部的宣传品。恽代英、熊雄、萧楚女等人的文章都被印成小册子。每逢革命纪念日，广州都有热火朝天的群众大会。留守处主任孙炳文经常出现在群众大会上。廖尚果也是一位引入注目的人物。他讲起话来，写起文章来，总是非常激烈。有的老同学曾经劝他讲话稳重一点，他的答复则是引用《共产党宣言》的那句话："不屑于隐瞒自己的观点和意图。"

北伐军在两湖战场上节节胜利，革命形势迅速发展，青主于是奉命访问日本，开展国际的宣传工作，争取国际的支持。在日本革命组织的支持下，他阐述了中国革命现阶段的任务是反帝反封建，澄清了一些人对中国革命的误解，反击了反动派对中国革命的中伤和污蔑。他的演讲有的是在日本报纸和杂志上发表的，文章的署名还标明是"独逸法学博士"（日本译德意志为"独逸"）。

既然"不屑于隐瞒自己的观点和意图"，总政治部宣传品所包含的革命纪念日，除了武昌起义，黄花岗七十二烈士，陈其美、朱执信、廖仲恺的殉难纪念日等等之外，"三八"妇女节、巴黎公社、劳动节、十月革命甚至于李卜克内西及卢森堡殉难纪念日都要开会纪念，发表纪念文章。他写的文章得到群众的欢迎，有人想转载他的文章，征求他的意见，他总是欣然同意。他还念念不忘他是黄埔军校出身，喜欢说自己是军人。有一次，林楚君听过他的演讲之后对我说，"你的'大佬'真滑稽，他总喜欢说自己是军人，谁不知道他是法学博士呀！"有时他忙得抽不出时间，文章又要赶着交卷，那只好由他口授，我笔录，然后加以整理抄写。他有些话的确是共产党都不一定说得那么彻底的。这正是当时常说的"感情革命"，不免是近于偏激的。

他讲话念念不忘自己是军人，做起事来又常常露出他音乐家的面目。当时他的德籍夫人也在总政治部参加国际宣传工作，他把孙中山的黄埔军校四言训词译成德文，由她谱成歌曲发表。他从日本回来之后，请孙炳文讲他出国后的政治形势。他说，浙江佬（蒋介石的嫡系人物）的反共活动渐渐猖狂起来了。他随即译了一首德文歌曲《四面敌人》，再把五线谱译成简谱，发表在他编的刊物上，作为对右派猖狂活动的回答："四面敌人，四面敌人。对这些封豕长蛇，用不着我们害怕。害怕什么，害怕什么！"为了纪念十月革命，他要大家学唱《国际歌》。当时《国际歌》还没普及到群众中去，他于是亲自教唱。没有钢琴，他吹起他的长笛，起调领唱。劲头来了，他又挥动他的长笛，权当指挥棒。气氛的热烈，可想而知。

大革命期间广州还兴起过一件新鲜事，称为"择师运动"。学生认为某些教师在政治上或业务上不能胜任，可以要求学校辞退他们，也可以向学校提出他们认为合适的人选。广东法官学校正是这样引起领导班子的改组的。广东法官学校原是孙中山生前为了提高法官素质而创立的，但是领导权却一直掌握在右派手里。随着革命形势的发展，法官学校的学生闹起来了。由于当时的司法部长是徐谦，所以很顺利地得到了改组。改组后的广东法官学校成立了校务委员会，廖尚果法学博士的资格又一次发挥作用，当上了副主席，而且负实际的责任。在改组法官学校的同时，还开办了一个法官训练班，照样由他负责。新设的课目公然写明是"马克思主义原理"。主讲的教师则是共产党员张秋人、熊锐以及苏联顾问米仁等。暮气沉沉的法官学校从此面目一新。逢到纪念日地游行，他亲自领队出发。游行是要沿途散发宣传品或告民众书的。有时别人起了草稿请他审阅，他认为不够理想，不惜放弃睡眠，连夜赶写一份，交给群众讨论通过。法官学校一下子变成了朝气蓬勃、誉满全市的学校。可是好景不长，1927 年 4 月 12 日，蒋介石悍然发动反革命政变。4 月 15 日，广东也紧紧跟上。青主总算是死里逃生，躲了起来。到了张发奎、黄琪翔回师广东，他因邓演达的关系就任黄琪翔统率的第四军政治部主任。政治部的工作人员有相当一部分是邓演达的旧部，其中不少是中共地下党员。他们主编的刊物《灯塔》发表了一些直截了当的革命言论，讲三民主义离不开三大政策。因而招来汪精卫、陈公博一伙的忌恨，向黄琪翔提出了警告，而且准备采取行动。可是他们的计划还来不及实现，共产党领导的广州起义已经打响了。汪、陈一伙除了血腥屠杀共产党之外，还指责黄琪翔包庇共产党，给共产党提供了暴动的机会。具体的证据则是任用"著名共党"廖尚果做第四军政治部主任。廖尚果被列入了国民党政府通缉的名单。于是隐姓埋名，开始了署名青主的自称"亡命乐坛"的生活。

亡命乐坛之所以可能，是因为他在上海有一位同学萧友梅任国立音乐院院长。在他来沪之前，萧先生早在报上看到了廖尚果"被捕"的消息。一些留德同学还试图营救。大家认为最具备营救条件的是朱家骅。但是朱家骅却说是证据确凿，无能为力。大家只好干着急。现在见面了，萧先生简单一句话充分表露出他惊喜之情："你是人还是鬼?!"新学年开始，他的德籍夫人接到了音乐院的聘书。对青主还一时无法可想，等到《乐艺》发刊才能开始工作。家用不足还得由一些老同学分头接济。后来，一位慷慨的同学给他开办书店的本钱，让他迈开了"亡命乐坛"的脚步。

书店的名称有点怪："X 书店"。出版物以乐谱为主。创作的是他的德籍夫人华丽丝和他署名青主的为唐宋诗词谱曲的单张艺术歌曲及一本《清歌集》。翻译的则是舒伯特、舒曼、贝多芬、燕生、格力格等人的作品。说来可笑，有一个从新加坡回国的华侨，简单地以为单张歌曲即等于《毛毛雨》。《毛毛雨》当时正在风行。于是同 X 书店订立合同，要 X 书店出版乐谱一律由他包销，不得批发给别的书店。X 书店满以为销路有了保证，于是大量刊印，不幸的是那些单张歌曲运到新加坡之后，买者寥寥。于是那个老板指名要 X 书店印行《毛毛雨》一类的歌曲，否则取销合同。X 书店当然坚决不向《毛毛雨》看齐。新加坡那家书店于是也不履行合同的义务。打官司吗? 鞭长莫及，只好自认晦气。X 书店从此陷入周转不灵的窘境；接着又因为代售革命刊物，被国民党政府公安局捉人罚款，最后是关门大吉。幸亏萧友梅在这期间替青主打通了商务印书馆接受书稿的渠道。《乐艺》季刊也定期出版。更进一步，又得蔡元培先生出面疏通了南京国民党政府，撤消了对廖尚果的通缉令。青主可以自由行动了。

综计他"亡命乐坛"这一段时间（1928 至 1931）在 X 书店出版了单张歌曲《大江东去》，民歌体的歌曲集《清歌集》（所选歌词有《水浒》里面的《赤日炎炎似火烧》，《红楼梦》里面的《好了歌》及刘禹锡的《望江南·江南好》等等，都是比较通俗的作品），翻译出版了海涅的《抒情插曲》。那部音乐美学的著作《乐话》，本来是预备在 X 书店出版的，X 书店关了门，改列入国立音乐专科学校丛书，在商务印书馆出版。这样一来，发行量自然比 X 书店出版大得多，推销的范围也大得多，因而也受到了更多的批评，甚至定为唯心主义的音乐美学的标本。只是到了近几年才有了实事求是的、全面的、公允的评论。此外他还为商务印书馆《万有文库》乐理类写了一本《音乐通论》。是一本比《乐话》较为系统的乐理著作。歌曲方面则有他夫妇联合署名的专集《音境》以及在《乐艺》季刊及音专校刊上发表的论乐文章数十篇。除此之外还有一本诗集《诗琴响了》，一本为《万有文库》特约写作的外国文学家评传《歌德》以及一部《豪福童话》的译稿。

短短四年间译著如此之多，不能不说是丰收的年份。如果这样写下去，将来编印全集真不知会有多少卷。但是从他少年开始，他的志愿是在于经邦济世，顶多是像古人所说的"余事作诗人"。即使不能旋乾转坤，做点实际工作也是好的。他的一些老同学也这样看他。所以在他可以自由行动之后，就不安心于音专的工作。恰巧他的一个留德同学正在筹办欧亚航空公司，邀他前去襄助。他去了。邓演达游欧归来，他又立刻与他秘密会见。邓演达被捕的消息最先是在英文《大陆报》登载的。我看了告诉他，他显得非常着急。到了邓被杀害的消息得到证实之后，他翻译了海涅的诗篇《国王与刽子手》寄托他的哀思。抗战开始，他有一个时期离开航空公司，参加抗日工作，做了李济深的幕客，与邓演达创立的第三党常有联系。在他担任第七战区长官部编纂委员会副主任的职务的时候，就曾经引用一些与第三党有关系的人士。他断断续续地挂着国民党政府的职衔做一些"策反"工作。收到过特务组织"杀狗团"的警告，他可不在乎，照旧和南社老诗人柳亚子叠韵唱和。柳老是坚持孙中山三大政策的元老，赠廖诗有云："……吾曹未合老诗人，要共斯罗斗身手。天将以余为木铎，险阻艰难意良厚。廖生廖生定我从，平生怀抱休孤负。……"

日本投降之后，他回到上海，出任同济大学教授。为了让学生多认识新兴的德国文学，他要我把历年收存的苏联刊行的《国际文学》德文版交给他，他要多介绍德国的反法西斯文学。说到这里，顺便提一件旧事：1944 年，桂林文艺界为柳亚子诞辰举行庆祝会，他起立发言，引用了贝希尔的十四行诗《摩拉将军》，以这个西班牙的法西斯将军为标本来影射蒋介石。当时桂林报纸报道祝寿消息的记者特别提到这件事，大概也是会心不远的吧。

解放之后，院系调整，他转到复旦大学。复旦大学没有德文专业，又转到南京大学。课余翻译计有德国女作家安娜·西格斯的小说《一个人和他的名字》，迈耶尔的《德国音乐与民歌》及波兰女音乐美学家莉莎的《音乐美学问题》。落叶归根，他终于回到本业上来了。

他 1956 年退休后定居苏州。1959 年因患癌症，去沪就医，终因发现太晚，不幸逝世。溯生于 1893 年，享寿 66 岁。

他从小接受的是儒家的正统教育，稍能独立思考，即对老庄思想极感兴趣。在文学上他特别喜欢陶渊明、王维、苏东坡，养成了旷达的胸怀。逢到戚友有丧，他常引庄子"大块赋我以形，劳我以生，逸我以老，息我以死"那段话作为慰问的依据。对于死生之际的道理可谓具有深彻的领悟。直到重病在身，辗转床褥的时候，他仍能吟出这样的诗句："难得晴明难得暖，不求名位不逃禅。半窗红日多情甚，照我虚堂自在眠。"

现在他是永远地安息了。青主这个名字却依然会继续流传，因为音乐会上不断有人爱唱《大江东去》。

原载《惠城文史资料》总第 4 辑 1988 年 10 月

惠州晚清两位诗人

——江逢辰与李绮青

说起惠州晚清的诗人，大家都会公认江逢辰和李绮青两位是杰出的代表。我们不妨说，他们的名字已经越出了省界，取得了全国性的地位。可惜的是到我略懂人事的时候，江逢辰已经逝世多年，李绮青除了民国初年因母丧一度回惠之后，一直定居北京，直到逝世，我始终没有接触过他们的音容笑貌。因此我现在要谈他们，除了一些有关文字资料之外，颇多得自传闻。但这些传闻，都是别人的亲见亲历，还是比较可靠的。

江逢辰（1859—1900），字雨人，一字孝通，又号密庵。在惠州人民中间他是以江孝子出名的。20 年代惠州尚未拆城之前，出大西门转入去黄塘的大路，就可以在路口看到刻着"江孝子阡"字样的石碑，西湖上又有一座江孝子亭。丘逢甲《惠州西湖杂诗》对此也有题咏："携履寻碑遍洞天，锦囊零落鬼才篇。排云长爪呼阿奶，留镇湖山孝子阡。"他的孝名不仅在惠州广泛流传，徐珂的《清稗类钞》也有一段题为《江孝通恋母》的笔记："归善江孝通孝廉逢辰，孤高自喜，人世一切营谋若未知也。性孝母，家贫，不可为活。尝游番禺梁节庵按察鼎芬门。梁后至鄂，乃言于张文襄，延江至鄂，分校某书院，即主于梁。后回粤，又数年死。临死犹恋寡母也。"

《清稗类钞》是一部汇钞诸家笔记的专书，搜罗甚富。缺点是没有标明出处，不知道他钞自何书。这段纪载的内容也基本属实，只是将进士误为举人（孝廉）。结末说他临死犹恋寡母，没有交代清楚。事实上他的母亲已经前死。当他母亲卧病的时候，他是亲尝汤药，衣不解带。旧日的书生是"君子远庖厨"的，现在他要亲自煎药，又不能掌握煎药的火候，一下子把水烧干了，药烧焦了。他于是抱药罐痛哭，大呼对不起母亲。母亲死后，他更是恪遵古礼，枕块寝苫，穿的是麻衣，吃的是番薯芋头，所以办完丧事，他也以哀毁过甚，委顿而死。随之而来的就是江孝子阡和江孝子亭的建立作为对他的德行的表彰。

他列名丰湖书院和广雅书院都是在梁鼎芬教导之下。梁早年以弹劾李鸿章出名，极受张之洞的赏识。梁有一诗题曰："归善江生逢辰，执业甚恭，考其文行，佳士也。赠之以诗。"诗曰："水木清深讲舍开，得人胜获百琼瑰。义犹兄弟真投分，行尽江山识此才。风气晚趋嫌薄朽，根源早出要渊赅。余生报称知无日，觉世修身汝可裁。"由于梁与张之洞的关系，江氏也列名张氏的幕下。张之洞结伴登高，列举同游的名字，江逢辰的名字列在陈三立的前面。张之洞招宴宾客，江在席上极谈惠州风物之美，用苏东坡原题诗韵曰："吾乡风物由来美，未览图经动谪仙。白鹤洞天谁可比？黄茆瘴疠岂其然？收香么凤常栖树，出水鲥鱼贱卖钱。更有梅花似庾岭，时闻铜弩出龙川。"他当时的职务是执教于湖北尊经书院。

光绪十八年（1892年），江逢辰年已33，才考中进士。会试之前，有人向他建议，如果他肯通通关节，即现在的所谓"走后门"，凭他的才学是不难取得美缺的。江逢辰据实向梁鼎芬汇报，并征求梁的意见。梁说他当时自己是不走这条门路的。于是江也就只凭他的本领去应考，结果只捞得一个户部主事，做所谓穷京官。不久，中国与日本爆发了甲午战争，那些糊涂官僚连作战的地点都搞不清楚，一听见打仗就弃职逃窜。他却是岿然不动，坚守岗位。眼看种种腐败景象，忧愤至于呕血。战争结束之后，他充任会试弥封官。有人拿着3000元来求他通通风声，他严肃地顶了回去。他亲历了官场的黑暗，看到清廷战败割地之后照样鬼混，毫不振作，因此弃官南归，写了一首《蝶恋花·丙申三月出都》："惆怅年年闻好语，花草阑珊逐渐春难主。又被流莺催别绪，何心便控珠鞍去。望眼低迷三月暮，无限情怀没个悲欢处。落尽木棉飞尽絮，日斜肠断人归路。"词的开头指斥那些祸国殃民的家伙好话说够了，好事却没有做过一桩。现在自己要走了，却又有点恋恋不舍。颇有屈原"仆夫悲余马怀兮，蜷局顾而不行"的感叹。梁启超的《扬州慢·送江逢辰归山》开头那一段话："战鼓催心，征衫渍泪，乾坤无限秋声。望青山一发，又商略归程。"是可以与江的原作互相发明的。

江逢辰离京南归，赋诗送行的不少。梁节庵只说他"省母衔恩"。曾刚甫的两首五律，其中的"忧愤终何补，倾危势已深"，"莽莽春无王，凄凄去所亲，未应从屈贾，歌哭损天民"。则说明他的南归是有更深的家国之感的。何翙高的七绝：《送江孝通户部出都》："忍泪吞声立片时，斯人宁有出山期！过江风雨夜来疾，鼍愤龙愁动我思。"简直是绝望的号叫。后来梁启超在日本写《饮冰室诗话》，收录了何氏这首诗，说是"其风格直逼杜集"，末后附记云："孝通名逢辰，吾乡畸士，今既死矣！"痛惜之情，溢于言表。事隔近20年，第一次世界大战结束后一年，梁启超出访欧洲，中经德国，向德国学术界做关于中国文化的报告。当时先兄尚果（青主）适在德国留学，担任梁氏演讲的口译工作。当梁启超得知青主是惠州人的时候，立刻关切地询问江孝通诗集有无出版。青主答应返国之后，搜求江氏遗稿送给他。后来我还因此把江孝通诗集抄成一大册，为他与梁氏见面作准备。可惜当时梁启超对南方孙中山的革命政权是采取敌对态度的，所以他们一直没有会见的机会。如果江孝通诗集当时能够送到梁氏手上，相信他是会像对待曾刚甫的《蛰庵诗存》那样写一篇情文兼至的序引的。

江的诗作集李、杜、韩、苏诸家之长，又能自出新意。例如他和陈元孝《燕台怀古》诗中的"先王白刃劫无术，死士黄金买得来"一联就是对荆轲刺秦王的批判。《邺中怀古》的"奸雄直欲千秋掩，儿女难捐一割缘"则把曹操这个历史上的特殊人物写得富于人情味。结句的"老来欲作乔家婿，话到东风转惘然"的说法那简直是跟曹操开玩笑，也是未经人道的。至于他的《题屈华夫诗集》劈头一句就是"岭南谁似此才奇，留得沧桑一卷诗"。再则曰："放逐三间屈大夫，《离骚》千古寄哀呼。不图苗裔承家学，同是艰难泣路隅。"替屈翁山叫起了撞天屈。说到屈翁山的思想内容那就更明显了："南国相思托兴遐，西台如意尽情挝。激昂似击祢衡鼓，悲壮如闻越石笳。""西台如意"是南宋灭亡之后谢翱登西台哭吊文天祥，击碎竹如意的故事，作者毫不含糊地点出屈翁山反清复明的志节。处在屈翁山的著作由于语触忌讳，横遭削板的清朝统治之下，没有相当的正义感和勇气，是不敢这样放言无忌的。

梁启超称江逢辰是"吾乡畸士"。畸士即是畸人。《庄子·大宗师》说："畸人者，畸于人而侔于天。"那么，所谓畸人就是与众不同的人，与现实社会格格不入的人。有的甚至于说"不耦于人，谓阙于礼教也"。然而鲁迅早就说过："表面毁坏礼教者，实则倒是承认礼教，太相信礼教。""所以我想，魏晋时所谓反对礼教的人……他们倒是迂夫子，将礼教当作宝贝看待的。"具体的例子是阮籍居丧饮酒，实则倒是因母亲逝世，痛极呕血的。江逢辰也是这样，母丧哀毁，连性命都断送掉了。平时平易近人，有时却又充满反叛性格的。他书画篆刻，无所不能，求他墨宝的多得很。他也总是极力满足众人的要求，同时又每每开点小玩笑。据说他的岳父要他画一幅画，这当然应该是欣然应命的了。他画的是什么呢？石头底下隐隐约约爬着一只螃蟹。惠州的俗谚有云："大石压死蟹。"凡是有谁碰到迫于压力，非做什么不可的时候，就引用这句俗谚。这不能不说他是近于玩世不恭的一手吧。又如惠州有一个诨名叫做"小刀就"的人，真姓名倒被人遗忘了。他看见求江夫子写字那么容易，也就照样买了宣纸，登门求教。江夫子为此特意新作一副对联送给他："锋芒犀利鱼肠剑，文采风流犊鼻裈。"鱼肠剑是专诸把匕首藏在鱼肚里面，借上菜的机会刺杀吴王僚的故事。隐小刀。犊鼻裈是司马相如与卓文君临邛卖酒，穿起犊鼻裈（即惠州的所谓牛头裤）当跑堂的故事。像司马相如这样的大文学家这样做可以说是文采风流，换在庸夫俗子逗引寡妇私奔，那就是生活作风有问题了。江夫子是兴到笔随，亦庄亦谐。可见过去君子之所以要"避文士之笔端"也是有道理的。

《江孝通诗集》里面有一组《西湖棹歌》说明他对民间的写作也很有兴趣。歌中所说如"东坡去后看明月，曾照东坡湖上游"。指出西湖历史的超越的地位。"拜神好到摸仔庙，打鱼莫到放生池。"活画出普通老百姓添丁求福的心理。"人心好似西湖水，一波才伏一波兴。人情好似西湖塔，到底一层隔一层。"运用方言俗谚点破了人情的亲疏冷暖，同时却又充满民间的气息。

写诗之外，他也填词，词集名《孤桐词》及《华鬘词》。清末大词人王鹏运称"其词于宋人白石、碧山为近"。白石是姜夔，碧山是王沂孙。他因此自题所居为"追白揖碧之居"。如果细加比较，他是词不如诗，与李绮青的词胜于诗正好相反。

他的诗功极受李绮青的推重。李氏的侄子彦和（煦寰）就读北京，跟李氏学作诗词，李氏曾经对他的侄子说："可惜江雨人已经不在，要是你能跟他学诗，一定会突飞猛进。他写诗的功夫实在太深了！"李氏这番话毫无一点文人相轻习气，是难能可贵的。

现在就要说李绮青了。

李绮青，字汉珍，晚改汉父，别号倦斋老人。《岭南历代词选》选录了他的词，却没有写出生卒年。《惠州史稿》不举生年，只说他1929年病故于北平，这是不确切的。考他的六十自寿诗中有"试数庚寅推旧历，回头二十八年春"的话。他是庚寅科进士，60岁刨去28年，庚寅年他32岁，逆推32年就是咸丰九年已未，即他的生年。他在挽梁鼎芬诗中"衰迟怜我老"句下自注曰"师与绮青同已未生"。可见他生于成丰九年已未是确实无疑的。咸丰九年即1859年。至于他死于何年，我记得1925年年初，他还和过叶举的四十自寿诗。1926年年初，我离开惠州的前一段时间，路过都市巷，见他老家正在为他做七。门前吊着蓝字灯笼，贴出了"〇虞追荐。〇〇含悲"（原文如此——编者著）的对联。可见他的卒年很可能就是1925

年。此外，他的侄子彦和从法国留学回来是在 1926 年，写的一副挽联是从法国寄回来的。这个时间也以 1925 年为最可靠。在没有更有力的其他证据之前，他的卒年不妨暂定为 1925 年比较适当。

他读书真可以说是"过目不忘"。有一次，不知是什么性质的考试，他依命题当场做了一篇文章，竟是集《文选》句。可见他的记忆力是惊人的。他写文章也几乎说得上是到了"笔不停辍，文不加点"的地步。他晚年旅居北京，卖文为生。他们那个时代的所谓卖文，并不是像我们现在这样向报纸杂志投稿，而是替人家写寿序、墓志之类。在旧社会，每遇有某一大官或富翁要为老太爷或老太太甚至是为自己或太太祝寿的时间，便有人写一堂富丽堂皇的寿屏作为礼物。如果某一大人物死了，他的孝子贤孙便要为他树碑立传，请名人写一篇铺张扬厉的墓志刻在大块石碑上面，企图永垂不朽。这样的文章决不是我们所理解的多少块钱 1000 字，而是若干百元写一篇。听他的侄子说，碰到这样的生意，他可以躺在藤椅上面逐句口授，由他的侄子笔录下来，就是一篇骈四俪六、雍容华贵的文章。

他写序最出色的一次是 1913 年（民国二年），岁在癸丑。暮春之初，梁启超仿兰亭故事，大集名士修禊万牲园。梁给他的女儿令娴的信说："今年太岁在癸丑，与兰亭修禊之年同甲子，人生只能一遇耳。吾昨日在百忙中忽起逸兴，召集一时名士于万牲园，续禊赋诗，到者四十余人（有一老画师为我绘图），老宿成集矣。"这是他远追王羲之的遗踪，一觞一咏，畅叙幽情。后来汇集诸人所作刊为一册，李绮青写了一篇序，这可不是等闲之笔了。

他的才华曾使他在风尘中找到了知己。他在他夫人的墓志中自己承认"余少不羁"，用来反衬他夫人的婉顺。他不羁的一个例子是他上京会试，在广州勾留的时候，恋上了一个姓何的妓女。试期近了，他依然没有动身的意思。何氏问他为什么还不上京赴考。他老实对她说，他已经没有上京的旅费了。何氏一听，立刻剥下她手上的一双金镯子交给他："够了吗？"李大受感动，当即对何氏说，在会试揭榜之前，不要嫁人，等候他的消息。如果他榜上有名，那就立刻回来娶她。发榜之日，他果然高中，于是娶了她回来。不幸她死得很早，他诗词里面有不少怀念、哀悼她的作品。

袁世凯遭时窃位，当上了北洋政府的大总统，多方延揽清朝的旧臣来充实他的班底，一时间很有点前人所说的"一队夷齐下首阳"的样子。李绮青的诗句"颇闻幕府收遗老，未忍空山惜病身"，就透出此中消息。他还写有无题诗暗喻遗老入幕剪辫子："楚宫恩例分明在，欲入章华要细腰。"他本人也因梁士诒的关系做了袁世凯的入幕之宾。可是到了袁世凯要做皇帝的时候，他又写诗加以讥讽，而且点明筹安会的名字。这倒不失为识时务的俊杰咧。

他生平还有一个优点是对新鲜事物的感觉。电影初入中国的时候，他就对它很感兴趣。他写了一首五古，说电影的兴起是由于电学的昌明，又写了一首长调《沁园春·观电影戏》对它来一番具体的描写："黑幕低垂，万目齐看，微露曙光。有稠人来往，层楼耸峙，忽呈车毂，旋见舟航。偶说闲情，居然真个，拍掌儿童笑若狂。凝眸处，奈如泡电影，一霎收藏。俄而桦烛辉煌，又傀儡纷纷再出场。便鹳鹅成列，叱咤垓下；虫沙俱化，震动昆阳。蜃阙将收，蚁柯才醒，惊见山僧乍熟梁。更三点，费百钱薄笨，归卧匡床。"词中"拍掌儿童笑若狂"，大概是指银幕上亲吻的场面。那时亲吻是很新奇的事情，鲁迅那篇《为"俄国歌剧团"》里面也有过类似的描写："兵们拍手了，在接吻的时候。兵们又拍手了，又在接吻的时候。非兵们也有几个拍手了，也在接吻的时候，而一个最响，超出了兵们的。"

他中进士之后，就被派去当地方官，先是做知县，后来升知府。每到一处，都有诗词纪录当地的名胜古迹。例如他任吉林宁安府知府的时候 因为这里旧称宁古塔，是顺治年间吴汉槎（北骞）因受科场案牵累流放二十多年的地方。顾贞观寄吴汉槎宁古塔的两首《金缕曲》感动了纳兰性德，于是借他父亲明珠的力量，使他终于生入榆关。这是词坛上有名的美谈。李绮青发思古之幽情，为此盖了一座亭子名为忆槎亭，并集温庭筠、李商隐的诗句"词客有灵应识我，人生何处不离群。"刻成对联悬于亭前。这副对联既显示出作者尚友古人的高旷胸怀，又对诗人的谪戍做了达观的解释，真不愧是天衣无缝的集句名联。此外他还写了一首慢词《忆旧游》。

他做地方官，当然捞了一些钱，他总是把这些钱开列清单分送各亲友。有人对他的母亲夸赞她儿子的慷慨，她总是说，衙门钱，一简烟，散了倒痛快。他写到自己做官的时候，还直接引用韦应物"邑有流亡愧俸钱"的诗句，也说明他与一般脏官还是有所区别的。

民国初年，惠州人士曾组织过一个宏汉学会，定期出些题目征集惠州老少作者的诗文，李绮青负责出题阅卷。所出的题目除了经史、地方掌故与文物考据之外，还有山水、花木、游览题咏的诗词。有时他也就所出的诗词题目发表自己的作品征人和作。课卷汇齐之后就从惠州寄往北京，请他评定甲乙，并发给一定数目的奖金。这对于推动惠州文化的发展是发挥了作用的。有时他来访的文友看到了这些课卷，还叹赏惠州文风之盛，他也因此得到了对家乡怀念的感情的满足。遇到家乡有什么兴建的时候，他常常撰文纪事。有一年重修红棉水榭，他就写了一篇骈文，历述水榭的兴废以及目前水榭的修葺，然后笔锋一转，情不自禁地抒发了他的乡情："于是昔年裙屐，复集宾筵：佳日壶觞，顿增游舫。喜黄楼之复旧，如滕阁之重新。而余方王粲离家，管宁居海，梅花讯息，徒盼于江鳞；竹枝歌词，空怀乎水调。羁旅之思，其能已乎！"的确，他的"羁旅之思"在他的笔下是随时流露出来的，如"江天旅雁何时返？好趁南云付远书"，"湖边亦有三间屋，何日言归自采志？"然而他的这种心愿是永远得不到满足的了，他终于病死北京。而且身后萧条，丧葬费用还亏得梁士诒的资助。他的结局正如他的侄子从法国寄回来的挽联所说："兰成老去尚天涯。"

他文学上的成就以词为最大。他有一首七绝诗："早岁痴心学倚声，雅词深契玉田生。近人侈语吴君特，七宝楼台未易成。"玉田生即张炎，吴君特即吴文英。照他的口气来说，好像吴文英还属于比张炎更高的层次。他的说法颇近于朱竹垞的"倚新声、玉田差近"。曾刚甫祝他六十寿诗中有这样的一联："诗鬓久怜花县宰，词源近溯玉田生。"与他自己的说法相一致，叶恭绰《广箧中词》则说："汉父丈为词卅载，功力甚深。清回丽密，可匹草窗（周密）、竹屋（高观国）。"钱仲联《近百年词坛点将录》借梁山一百单八将比拟近代词人，定李绮青为"天英星小李广花荣"，许为"岭南词场之射雕手，上接翁山。持节龙荒，铜琶乱拨，雄丽绵密，得未曾有。"并举"暖风吹遍蛮花，海天更产英雄树。"（《水龙吟·木棉》）作为汉父词赞。真是见仁见智，本来也很难强求一致。就作品论作品，一个人的作品总不能浑然一色的。婉约与豪放也可以在一个人身上交错出现。不过一个人总有他比较属于主导的一面。据阿汉爷——到了他的晚年，不管老少，也不管当面还是背后，都管他叫阿汉爷——自述填词的经过，他学词的精汇是多得张韵梅（景祁）的点拨。据谭复堂的评论："韵梅早饮香名，填词刻意姜张，研声划律，吾党六七人奉为导师。"可见如果一定要把他归入那一派，些么，还是不如尊重他自己的意见，说他是"雅词深契玉田生"吧。这也是与张韵梅的影响相契合的。

他的《听风听水词》收录他开始填词到民国元年壬子的作品。前面有一篇自序，详叙张韵梅有关词史、词律及词家渊源评比的言论，接着就慨乎言之地说："今韵梅墓木拱矣，余亦萍飘人海，牢落终岁。绮语之绩，分亦将了。久以少作，不敢示人。自惟年逾六十，精力衰耗，已无涂乙之暇晷，而词家如韵梅可与就商者尤无其人也。"这段话实在有问题，问题就出在他对张韵梅的揄扬，好像张氏一死，中国词坛只剩得一片荒凉，这是不符合事实的。按他说这话的时候他已经过了60岁，那就是1919年前后。清末词坛名家王鹏运、文廷式和郑文焯等人虽已先后殂谢，朱彊邨和况周颐依然健在，稍后的如张尔田、王国维等等更是正当盛年，怎能说"可与就商者尤无其人"呢？这可是有点高自位置而不免近于妄自尊大了。这是不能为尊者讳的。他的词集还有一本《草间词》，那是借吴梅村"草间偷活"的词意作为遗老的标志的。诗集名《倦斋吟稿》，取径晚唐，七律特擅胜场。骈文负一时盛名，好像没有结集付印。

客中无书——有书也已经在史无前例的文化浩劫中扫地以尽，所以有些引文仅凭记忆，难免讹误。敬祈宽容的读者，特别是故乡父老予以曲谅，如蒙指正，尤深感幸。

原载《惠城文史资料》总第 5 辑 1989 年 9 月

追怀亡友林楚君

1986 年 5 月 17 日突然收到楚君逝世的电报，这真是沉重的一击。本来已经有好些时候说他病状时好时坏，却总不愿听到这不幸的消息。为了赶上追悼会，只赶写了一副七字的挽联用电报拍往广州：

> 党籍同登悲失伴，
> 中郎有女克传家。

一方面是哀悼失去一位长期患难与共的老朋友，另一方面也为他有一个克传家学的女儿感到宽慰。因为前些年中山大学老校友、北京师范大学名教授钟敬文由穗返京，说起他从中山大学经济系主任卓炯那里听说楚君的女儿丽琼教学颇得好评。大家听了都非常高兴。

收到噩耗后三天，我才从记忆里陆续把往事联缀起来写成一首《金缕曲》：

> 噩耗伤怀抱，算当年七条好汉，惟君终好。颊上伤痕容作证，颠踬羊肠鸟道。随处有天涯芳草。未免客途多感喟，几殷勤同励冰霜操。相望远，扶桑岛。
> 救亡正喜春来早，却无端蛾眉谣诼，难防宵小。曲折道途光明在，毕竟新天换了。惜分隔蓟门岭表。有约愿为东道主，问何时游子浮归棹。归去也，剩凭吊。

词中所说的七条好汉，是他中山大学学习时期参与组织的一个文学集体。在此之前且先说他家庭的一些情况。他家有一个做泥炉子的小作坊，属于手工业工人成分，所以不属于上流社会。后来虽然上了大学，仍然被街坊邻舍称为"炉子店阿仔"。也正因为这样，他比较能够接近劳动人民，容易接受革命教育。即使遭受挫折，也能够始终如一，坚持马克思主义的信仰。

"五卅"惨案发生，接着广州又发生"沙基惨案"，那时他已经在广州上学，受学联的委派回乡宣传。事后有人告诉我，这次宣传工作做得别特出色的是林长兴（这是他的原名，"清党"后才改名林楚君），一讲就是几小时，听的人都围拢来，给他喝了两瓶汽水。

他考入中大之后，曾与几个爱好文学的同学组织"红晖社"，顾名思义，有点"赤化"的色彩。他们一共七个人，所以在当时广州的日报《国民新闻》创办副刊《红晖》的时候，自称为"七条好汉"。后来七条好汉各奔前程，有的销声匿迹，有的官运亨通。据我所知，仅林楚君配得上古人的诗句："惟有黄花晚节香。"

"清党"，之后，林楚君受党派遣，先后到顺德、惠阳从事农村武装斗争，面颊上那一道伤痕就是在一次战斗中坠崖受伤留下的纪念。1927年年底，我在香港看到他，他说，听到广州暴动的消息，本准备前往参加的，因时间短促赶不及才放弃了赴义的计划。

在香港的那段时间，我们连固定的住宿地方也没有。好在他认识一个在一所私立学校工作的朋友，让我们晚上到那学校去睡在教室的课桌上，第二天大清早趁学校还没有开门就离开。这当然不是长久之计，不久我们只好分手。到了1928年夏天，我们才在上海再见面。他说他可以想办法转到复旦大学去上学。如果我要去的话，他也可以帮我想办法。可是我当时正跟我哥哥计划搞一间以出版乐谱为主的书店，没有同他一道去复旦。

在书店里，我又是校对，又是管帐，有时间还要应付门市。他常到书店来看我，书店也成了他的一个中转站。他看见我忙这忙那的，很少时间看书，于是向我提出劝告，认为这样下去对前途不利，还怪我哥哥不让我上大学。他不知道各人有各人的问题，那是不那么容易解决的。但他对我的关心和鼓励却使我永志不忘，也就是词中所说的"几殷勤同励冰霜操"。

中国有一句老话，说是"文人相轻"。楚君与我不仅不会相轻，他还像杨敬之那样"到处逢人说项斯"。但是有一次却被人挡了回来。那是他对他旧日的校长说，惠州现在写诗写得最好的新的一代是廖某某，那位校长却一句话打回来说，最好的是某某人。事后他把这件事告诉我，我倒以为他们两位都不免近乎主观。楚君许久没有回惠州，怎么能说没有人写诗写得比我好的呢？那位校长既然还没有读过我的作品，怎么可以一口咬定最好的是某某人呢？也许那位某先生写的诗的确是很好。遗憾是我至今没有机会拜读他的作品，也就没有发言权了。

　　我和楚君真正共事是在广东第四路军（第十二集团军）政治部。那是抗战初期上海沦陷之后，我从上海回到广州，参加政治部的宣传工作。楚君已经先在那里。一看见我，他就向在座的人介绍，他就是广州暴动的斗士。我很奇怪他竟是那么随便讲话。后来才知道他们都是一些志同道合的知交。这样一来，我虽然初来乍到，一下子便交上新朋友了。当时抗战初起，负责人很想延揽一些合格的干部来开展工作。这些新来的人又都是所谓"同少校"级，所以楚君曾有"政治部的少校与众不同"的略带自负的说法。但是原有的一班旧人看不惯，特别是感到他们的地位受到威胁，从而产生了矛盾。到了第四战区政治部成立的时候，楚君不仅不能调来战区政治部，反而调到一个工兵指挥部当政治指导员，亦即所谓"下放"。直到广州沦陷，十二集团军退到翁源之后，政治部主任考虑政治大队队长新任人选时，我乘机提出林楚君。首先他还犹豫了一会，最后还是这样决定了。楚君于是重返政治部。政工总队成立，他被分配到训育室工作。在团结干部，端正学员对抗日战争的意义及抗战必胜的理论根据的认识方面，他都发挥了很好的作用。

　　政工总队是培训政工队员的组织。是十二集团军接受广州沦陷的沉痛教训，为加强部队政治工作而设。招收了800多青年队员，结业后组成政工队分配到各个连队。部队增加了这一股新生的政治力量之后，不久就打了一场称为"粤北大捷"的胜仗，以致各级部队的军官也提出扩大政工队伍的要求，于是又设立政工队员补训班，负责人仍然是政工总队的一部分工作人员，只是人选更纯粹。班本部除了楚君和我之外，负责的是王鼎新（解放后任澄海县长，"文化大革命"被迫害致死），还有一个梁劲夫（即马特，解放后任北京师范大学教授。同样死于"文化大革命"），加上各个班的干事，大多数是地下党员，所以工作非常顺当。据《广东党史资料》第十四辑那篇《战斗在第十二集团军政工总队内的中共地下党组织》的记载，"……王鼎新、林楚君、廖辅叔……平时与政工队团结战斗，在政工队员被怀疑或被拘禁时设法掩护、救援和保释，做了不少有利于我们的工作。"在这方面楚君是做得非常出色的。

　　他在补训班担任"敌情研究"及"日语口号"两门课。他根据大量的具体材料阐述日本不能支持长期战争的弱点，证明阿特丽提出的"日本的泥脚"的说法绝不是主观的臆断而是有凭有据的，也就是孟子所说的"贤者以其昭昭，使人昭昭"的实证，所以特别富有说服力。有一次去医院慰问伤兵，也对就医的伤兵讲了一大通，更加坚定了听众抗战必胜的信念。大家都说林队长真是"驶得"！

　　皖南事变之后，我们先后离开了政治部，安插在不重要的地方，真的是投闲置散。我们每天相对而坐，广东话称为"打乌蝇"，谓无事可做也。但是浪费光阴是可惜的，也是不对的，我们于是自己找点事情做。楚君放声朗读英语，我则从中苏文化协会借来苏联出版的《国际文学》德文版，选译一些德国流亡作家的作品。楚君学英语也有他特别的方法，他选读《联共党史》的"辩证唯物主义与历史唯物主义"那一章的英文本。既学习了理论，又学习了英语，真是一举两得。

这一段时间可以说是我们生平最艰苦的一段时间。我们两个人同桌而食，食的是非常粗糙的"军米"。淘米之前先将米放在玻璃瓶里，用一根小木棒把那些糠皮舂破，然后将米倒出来，再舂第二瓶。吃的菜是用一小块肥肉煎点油出来将它炒熟的。就是这样一道菜、两碗饭过日子。他常常说："政治上做个好人不会是那么容易的。真是那么容易，好人也不会是那么稀罕了。我们生活苦一点，遇见什么人都能挺起腰板，不像那些叛徒总是缩头缩脑，不敢抬头看人。"

不要以为他嫉恶如仇，便得出他凛然如不可犯的结论。正相反，他是平易近人的。从不摆架子，还保存"炉子店阿仔"的本色。他有一个"勤务兵"，很喜欢读书，但是感情很脆弱。他一得病，竟然哭了出来。楚君于是温言抚慰，给他讲故事，买吃的东西。小兵感动了，学习更加积极。后来他跟楚君来到政工总队，接受政工总队的培训，成为一个出色的政工队员。又如遇到有人做了错事，我有时不免产生急躁情绪，楚君却能平心静气地引用孟子的话说："纣之不善，不如是之甚也。"气氛一下子缓和了下来。虽然他因此有时吃了亏，那是别人对不起他，他是问心无愧的。

1943年我离开韶关，在桂林住了下来，结束了我们两人"相濡以沫，相煦以湿"的生活。重新见面是在解放后的1950年。当时我在天津，他来北京参加理论干部学习班，特地跑到天津来看我，畅谈了解放以后广东各色人物的种种表演，他还建议喝了少量的酒。我因此想起一段饮酒的旧事，那是在始兴东湖坪王鼎新宿舍里。他的生活一向是非常朴素的，只是有时喝一点糯米酒。凑巧王鼎新那里有一本汇印伊秉绶书法的《默盦集锦》。其中有一副对联写的是："诗到老年惟有辣。书如佳酒不宜甜。"我笑他喝甜酒，正中伊秉绶所指的弱点，他引苏东坡的诗句说："薄薄酒，胜茶汤"嘛！

近年来屡次听到他疾病缠绵，生活也不大愉快的消息，都没能亲自去看他一次，1984年曾有过返穗讲学的设想，他知道后立刻写信给我，欢迎我住在他家里。可惜因为当时我又有去西德访问的计划，所以到中大讲学没有成为事实，错过了一次相聚的机会。不料从此就没有再见的机会了。

记得有一次在广州一些老朋友将要分手的时候，各人题字留念。楚君题的是："士不可以不弘毅，任重而道远。"所谓"道远"是要"死而后已"。现在楚君是用他的一生写出了一份合格的答卷。我，作为他患难与共的老朋友，自然应该牢记这一句临别赠言，随时督促我自己，警戒我自己。

原载《惠城文史资料》总第 7 辑 1991 年 2 月

陈景吕先生遗事

60 多年前，因为家庭的关系，惠州教育界和文化界的前辈先生，有许多都是我见过面的。当时我年纪很小，长辈聚谈时，一般是坐在客厅的角落里，听他们谈话，从中得到不少文化的、历史的知识。但在我的印象中，总觉得他们威严得很。我们年轻人一见到他们，就不敢随便乱说。他们那方面呢，即使正在自由谈笑，回头一见到我们，也会立刻换出一副矜持的模样。但是也有人提出异议：陈景吕该是一个例外吧。我一听，觉得有理，我自己就有这样的经验。我同他的儿子是比较谈得来的，有时会到他家去串门，谈得起劲的时候，如果他在家，他也会来参加我们的谈论。有一次谈到写诗的问题，他认为，我国传统的说法是"诗言志"，现在讲新文学，写诗还要包含深奥的哲理。比起旧诗来，新诗还更难写呢。可见，他是多么"平易近人"，而且，也不像有些老先生那样对新文学一味排斥。而那时白话文还没有取得完全正统的地位，学生作文仍然以文言文为主哩。

按照科举时代的"学位"，他是拔贡。所谓拔贡，是每 12 年由各省学政从本省每县秀才中选拔一名品学兼优的贡入京师，经过礼部复试和廷试的筛选，合格的可以任为京官、知县或教职。本人屋门口也可以挂上红漆金字的牌匾，刻上本人的名字，借以光耀门楣。张友仁和他的《六十自寿》诗有句云："茅茹文苑久蜚声，硕学而今重老成。"也是以拔贡为根据讲他的学问造诣的。

说来也巧，按规定拔贡可以担任的职务之一是教职，陈景吕一生大部分时间也是在教育界渡过的。

民国初年，他有相当长的一段时间是在惠州教育会和劝学所工作。有几件事特别值得一提。一是定期举行通俗讲演，地点在府学宫。讲演的内容有关于伦理道德的，有关于历史的，有关于小说故事的。在那种讲演会上居然听到了莎士比亚的戏剧《威尼斯商人》的故事。这是我第一次听到欧洲的文学作品的故事。回想起来，我相信主讲人当时所依据的底本很可能是林纾译的《吟边燕语》里面的那篇《肉券》。莎翁的戏剧故事通行的译名是《莎氏乐府本事》。虽然当时已经出版了好几种译本，但都不及"林译"的流行。所以根据《吟边燕语》是很自然的。

二是在府学宫经常有各种挂图和广州出版的报纸供市民自由阅览。我印象最深的是关于法国巴黎蜡人馆的报导，说蜡人馆收藏的中国伟人只有孙中山。还有提倡公共道德的，介绍外国马戏的，使我们开扩了眼界，懂得了遵守社会秩序的重要性。

还有一件事给我留下极深印象的是推广普通话。

说起普通话，他在惠州读书人中间算是比较有基础的。他应拔贡的考试，曾经上过北京，对普通话算是有过感性的认识。这在当时是非常难得的机会。他耳边听过不少，口上也一定讲过，虽然总不免是所谓的"蓝青官话"。民国七年（1918年）北洋政府教育部正式公布注音字母，作为统一国语的第一步。当时惠州有些在广州高等师范读书的学生，学了注音字母回到惠州，最先请他们教授注音字母的就有陈景吕先生。有一次惠州女师开游艺会，他就抓住这个公众集会的机会宣传注音字母，并用国语演说。当时根本没有扩音器，会场也不怎么安静，加上国语对惠州群众来说又是那样陌生，在场的人像我一样听不大懂的一定不少。不过他这种做法却是值得大书特书的。我们现在不是还要花大力气来推广普通话吗？我们不是应该对这位先行者表示敬意吗？

惠州当时有一个文化组织称为宏汉学会，每年出题征文，本县的文人不拘老少，都可应征。后来又扩大范围，每年定期由各小学选送高年级学生参加作文比赛。看了宏汉学会这种弘扬文化的做法，劝学所也不甘落后，而且除了作文之外，还有"修身"一类的试题。作文的题目是《公理强权孰为可恃论》。这可不是泛泛的论题。那时正是第一次世界大战之后，以英、法，后来又加上美国为代表的协约国打败了以德国为代表的同盟国，一时公理战胜的叫嚷甚嚣尘上，中国也将八国联军强迫清政府树立的克林德碑拆毁，改为"公理战胜"的牌坊。但是巴黎和会却遵照战时与日本商定的密约，把德国在远东的权益，包括占据的青岛，统统转让给日本，中国代表的抗议毫无结果。这是有强权、无公理的典型的事例，也是赏给公理战胜的叫嚷的一记响亮的耳光。因此这条作文题目是颇有现实意义的，也说明五四运动已经对惠州文化界发生了不容忽视的影响。

那些试题由他与有关同事集体商定之后，随即密印加封。也就从封题那一天起，到比赛开始止，他始终没有回过家，也不许家人来看他，这是为了严防泄密。这件事一时传为美谈。

陈景吕这种认真负责、公正无私的工作态度，赢得了大家的信任和敬重。1921年，惠州创办了一份日报《循报》，不久又在《循报》的基础上发刊一种杂志，名为《循报月刊》。陈景吕被推为主编。他熟悉惠州掌故，而且留心时局，对新文化的态度也比较开明，可谓驾轻就熟。本来在此之前，惠州中学曾经出过一本《学生杂志》。那是学生习作汇编的性质，只出过一期，所以《循报月刊》算是惠州按期出版的第一本杂志。它大概参照商务印书馆办《东方杂志》的办法，办成一份综合性的刊物，每期都有国内、省内、县内的消息，有论说，有诗文，有小说以及诗钟、灯谜等等。这是当时一般杂志通行的做法。小说还发表了青年作家用白话写的作品。此外也转载国内一些杂志发表的比较有意义的文章，例如王光祈那篇介绍德国人热心研究中国文化的文章，我就是在《循报月刊》上头一次看到的。

1927年大革命失败之后，我离开广东，同他的联系中断了。只听说过他在惠州中学执教一段时间之后，又曾经做过惠州中学校长。他任用一个老朋友管总务。陈景吕是书生办学，不懂实际事务，一切都让他那位老朋友专管。谁料结果弄到帐目不清，追究起责任来，陈老夫子只好卖掉他自己的那间老屋去填补亏空。与此相对照的是那位老朋友自己竟盖起一幢小洋楼。所以有人叹息道：陈景吕办学一场，结果是自己卖屋，某某起屋。

抗日战争期间，他在韶州师范学校教书。据《韶关文史资料》第七辑那篇《从湘江书院到韶州师范》所说，"当时在韶师任教的老师，日日夜夜都和学生融合在一起，白天上课，一早晚还教学生唱抗日救亡歌曲，讲史地爱国典故或进行时事形势分析。师生们是由于爱国主义的激情使他们坚持在艰苦抗战的环境下读书和教学的。"陈景吕是文史教师。这里所讲的教师的劳绩，无疑也有陈景吕先生的一份。

汪精卫汉奸傀儡政权的"考试院长"梁鸿志，因为狗咬狗吃了亏，曾经写过一首诗发牢骚，当时国统区的报纸多有转载。陈景吕为此写了一首七律《诛梁鸿志》，在韶关报纸上发表，结句云："万年遗臭污青史，论定何须待盖棺！"充分表现了这位爱国老人对汉奸卖国贼的憎恨和鄙视。

抗日战争开始，我也曾投笔从戎，——不，囊笔从戎，回到广东。有一天忽然收到他老先寄来的六十自寿诗，索我和章。我遵即依韵奉和。第二次世界大战爆发之后，他写过一组七律，题为《四国吟》，分咏德国、英国、法国和苏联。诗中用了一些洋典故。他写信作文，也渐渐的用"的呢了吗"取代"之乎者也"，可见他并不是抱残守缺、食古不化的老夫子。解放之后，他应聘进入广东文史馆，说明他数十年辛勤的文教工作是得到人民正确评价的。

原载《惠州文史》1991 年第 3 辑 1991 年 10 月

记木刻家梁永泰

在亡故的师友中间，一提起梁永泰的遭遇就使我特别难过。假如他不死，今年也刚过古稀之年，比我还小 14 岁。然而，呜呼哀哉，他已经死了 36 年了。他死时只有 35 岁，时为 1956 年，正是创作力量最旺盛的时候。这是多大的损失啊！

梁永泰，惠州桥东惠新西街人，1921 年生。家贫，靠母亲在广州做杂工维持生活。为了减轻母亲的负担，中学还没有念完，他就辍学谋生。当时我刚从沦陷的上海回到广东，参加第十二集团军政治部的宣传工作，和他在同一个办公室。抗战开始，政治部的负责人延揽了一些比较进步的爱国人士。大家坐在一起，海阔天空，无所不谈。梁永泰听着这些老大哥的谈论，好像有些开了窍。大家也把他当成小弟弟。总的来说，他完全是一个天真烂漫的小伙子，一边工作，一边唱歌。因为我和他同是惠州人，我久离家乡，一见面就特感亲切。他那时已经开始搞木刻，而且出手不凡，我为此写了两首七绝诗给他：

> 丹青古有绘流民，梨枣今雕战士身。
> 四万万人齐奋起，旧邦会见命维新。
>
> 刘郎不敢题糕字，小子将如木刻何？
> 雅正未闻凭复古，榛芜剪辟莫蹉跎。

他是勤奋的，他非常重视鲁迅关于木刻的指示。鲁迅对麦绥莱尔的木刻技巧的分析："作者的手腕是很好的，但我以为学之恐有害，因其刀法简略而黑白分明，非基础极好者不能到此境界。偶一不慎，即流于粗陋也。惟作为参考，则当然无所不可，而开手之际，似以取法于工细平稳者为佳耳。"说到中国木刻家的病根和补救方法，鲁迅认为："现在中国的木刻家，最不擅长的是木刻人物，其病根就在缺少基本工夫，因为木刻究竟是绘画，所以要学好素描。"又如鲁迅特别欣赏克拉甫兼珂"注意于背景和细致的表现，也将使观者得到裨益。……克拉甫兼珂的新作《尼泊尔建造》是惊起这种懒惰的空想的警钟"。凡此种种都是他身体力行并常常引述的名言。说来也真巧，鲁迅特别向我国木刻学徒推荐克拉甫兼珂工细平稳的风格使梁永泰铭记在心，就在抗战期间国际邮路非常阻滞的时候，他居然找到一篇德文的研究克拉甫兼珂的艺术的文章。他激动而又略带羞怯地要我帮他译出来，好让他细心揣摩。我当然乐意立刻满足他的要求。他就是这样苦心孤诣地随时注意丰富他的知识的。

他既注意当前的美术动态，也重视美术的历史的演进。除了苏联的作品之外，他也博览西欧的作品。即以德国而论，珂勒惠支的作品藏在他的身边是不成问题的，但是他也钻研丢勒的艺术。这就不能不使我惊叹了。

按照通常的习惯，美术家大都喜欢在他所作的画面的一角签上自己的名字或者依照他的名字的外文拼音的开头字母排在一起或者交织成图案。梁永泰也不例外，但他别出心裁，请一位从苏联中山大学回来的同事用俄文把他的名字拼出来，然后将永泰两个字的起首字母"Ю"和"Т"排在一起，把"Т"这个字母上头的一横延长到Ю的直线上，形成一座牌楼的样子。这种用俄文字母拼音签名的办法，恕我孤陋寡闻，我还没有看见过第二个。梁永泰却一直是这样签下去，不怕别人骂他亲苏或者拿卢布。

初到政治部的时候，他还是一个未成年的小伙子，他职务的等级是少尉。后来他从第十二集团军政治部转到第四战区政治部，又转到铁道部门做一些文教工作，后来又再回到第十二集团军政治部。在这一段时间里他的木刻已经在各地报刊上连续发表，而且得到了好评，各方面都认为应该破格提拔。不到三年的时间就被越级任命为少校。这是少有的提拔，说明他是名副其实的拔尖的新秀。

1943年春天他在曲江举行个人展览会。有木刻、有炭画、有粉画，有许多是到工矿体验生活的收获。展出之前，他夹着一大摞大大小小的作品给我看，要我写一篇介绍的文章。我看到一幅煤矿工人劳动的炭画。我原以为工人劳动总是使劲地抡起大锤的，可是画中的工人却是平稳地敲打。我向他提出画中的工人好像是不太卖力似的。他说工人劳动正是这样实实在在地一锤一锤地敲打的，不可能长时间地猛力抡大锤。这就是细水长流的道理，亦即是"飘风不终朝，骤雨不终日"的注脚。可见没有实际生活的体验，是搞不好创作的。这也给我上了很好的一课。说到写文章，我本来是坚决不在那些官办报纸上发表什么东西的，可是看到他那热切希望的样子，我实在不能加以拒绝，同时我也不愿意无原则地捧场，于是引用鲁迅的一段话做结束："但这是开始，不是成功。是几个前哨的进行，愿此后更有无尽的旌旗蔽空的大队。"

不久，我离开曲江，先去了桂林，后到了重庆。没有多久，他也来了。凭他那副木刻刀，他倒是到处都找到了知己。他是一个人来重庆的，家小留在曲江。有一回，他托回广东的同乡带一笔钱回曲江给他的妻子。后来陈原从广东写信来，说他家里并没有收到他的钱。他还叹息道，战争把人的心也打黑了。

1946 年我在南京国立音乐院工作。承他不远千里给我寄来一幅他新刻的苏联大诗人马雅可夫斯基像。签名还是那个牌楼一样的俄文缩写字母。这幅佳作一直保留着陪我从江南走到华北，一直到史无前例的"文化大革命"，才同我其他画册一道被抄走了。

1952 年成渝铁路建成通车，我在《人民日报》上看到他那幅《从前没有人到过的地方》的木刻，刻画了那原始丛林中的飞禽走兽对隆隆开来的火车表示惊奇的情景。这使我又一次看到他那自强不息的意志和出色的成就。

1956 年外文出版社就第二届全国美术展览会版画部的作品选出古元、李桦、力群、张漾兮等 27 人的 40 幅木刻汇成一册，题为《新中国的木刻》，用多种外文出版，其中赫然就有梁永泰的一幅套色木刻《小渔港》。我当时正在中共第八次全国代表大会翻译处工作，外文出版社给翻译处每人赠送一册。我一看见梁永泰的名字真是欣喜若狂："泰仔啊泰仔，你真是好样的!"我不禁想起孔夫子赞美颜渊的话"吾见其进也，未见其止也"，用在他的身上非常恰当。然而万万没有料到，孔夫子另一句关于颜渊的话"不幸短命死矣"也同样无情地应在永泰身上!

1956 年为了准备参加全国举办的建军 30 周年展览，他与部队画家柯华一道去外伶仃岛写生，以便提供新作。他们一到驻地，目睹祖国壮丽的景观，心情无比激动。还没有与部队负责同志订出具体的计划，与各方面做好联系工作，他们就迫不及待地到处观赏，甚至于动起笔来。海防哨兵的警惕性是非常之高的，又都是神枪手，看见他们口讲指划的样子，怀疑他们是偷绘地形的间谍，于是瞄准他们扳动枪机，两人应声倒地。及至弄清他们身份的时候，已经返魂无术了。后经总政治部查明真相，追认二人为烈士，子女教育由政府负责到大学毕业。

1961 年广东省美术家协会编印一本《梁永泰画集》，算是他留给后人的遗产。要是他能够多活一些年月，即使不能像齐白石那样活到 90 多岁，只要能活到克拉甫兼珂（1889—1940）那样的年纪，他也一定会给我们贡献更多更好的作品。然而这一损失终究是无可补偿的了。

原载《惠城文史资料》总第 9 辑 1993 年 2 月

李煦寰生平史料的一点补充

　　李煦寰先生的生平行事，《韶关文史资料》《惠城文史资料》及《惠州文史》等发表的几篇文章已经说得相当详尽了，这里只想就我所知道的一些琐事做一些补充。遇到各家记载有出入的地方，也不揣谫陋说出我认为比较符合事实的看法。当然，我不敢说我的看法就一定正确，只是知无不言，宁候明教。

　　李煦寰最初上的小学是府两等小学堂，好像他是第一届毕业生，而且是年纪最小的。我看过一张当时毕业生与老师的合影，他比别的同学矮一个头。有些文章说他早年"父殁家贫"，这不符合事实。他的生父雨珊逝世时，他好像已经是第四路军（也许是第一军）的政训处长，他还回惠州主持老太爷的丧事。他的继父望山1938年还来广州一次。1938年10月惠州沦陷，他逃难到了高椅岭。可见他们两位老人都度过颐养天年的岁户月，李煦寰也不是孤儿。

　　李煦寰天资聪明，是早露头角的。我听我父亲说过一件事。1917年春节，惠州的瀹新灯社，从阴历正月十三到十五，一连三晚假座惠州女子学校悬灯结彩，任人参观。同时收集各家收藏的古董、字画及各种新奇器物公开陈列，普及文化知识。本乡先贤如杨起元、叶梦熊、邓承修、江逢辰等人的画像都挂出来，加上说明，鼓励后生小子向他们学习。特别引起大众兴趣的是"打灯谜"。那一年李煦寰刚好寒假回家，跟大家挤到灯棚那边去。当时主持灯谜的都是惠州学界的老师宿儒，亦即李煦寰的世伯世叔，看见"阿煦"手里拿着撕下来的一大叠谜面纸片，却还望着一条谜出神，到了看客已经渐渐走散了，他才恋恋不舍地说，"不猜了！"于是领奖回家。可是过了一会，他又赶了回来，说是行到大东门浮桥头，终于把那一条也猜出来了。惹得一班老先生都在啧啧称赞，阿煦啊，你真是满载而归了！

　　旧日读书人按例于本名之外起个别字。煦寰字彦和，取和与煦相应的意思。这个"彦和"恰好又是南朝齐梁年间文学理论名著《文心雕龙》的作者刘勰的别字。他的伯父李绮青有《题煦侄小照》三首七绝，其中第二首说从他的别字做文章："表德矜严取彦和，缥缃事业莫蹉跎。他时亦是雕龙手，俪体文章比我多。"这里特别指出，李煦寰擅长骈文。他写过一首《广恨赋》，是选取往古帝王、大臣、名将、美人、文士等等的生平恨事加以咏叹的。这是仿效南朝江淹《恨赋》的写法，所以题为《广恨赋》。李绮青看过写下批语，认为"词藻颇富"，同时指出青年人不宜多作此衰飒语。至于李煦寰的骈文作品，最有意义的应推他在法国留学时为里昂华侨举行孙中山追悼大会所作的祭文。我记得其中的一些片断。一开头破空而来，显示孙中山的逝世震动之大："天柱崩摧，地维震坼。星斗沉光，风云黯色。哲人遽萎，悲深泰岳之倾；神驭不迴，痛甚鼎湖之泣。"叙述孙中山的革命历程："广卢骚之民约，靡独止乎鼓吹；仿列宁之劳农，实欲求其建设。"指出孙中山从民主革命到"以俄为师"的思想的发展。对于孙中山的不幸逝世，记得有这样的话："凤德何衰，遽兆两楹之噩梦；鸿图未毕，空留万古之仪型……况复国会会议，端赖匡持，社会问题，还资解决。京尘甫憩，便丁化鹤之年；大道方孚，即会伤麟之日。是则洒苍梧之血泪，讵能喻此酸辛；动黄竹之哀歌，无以宣其凄咽者矣。"他自己也认为这篇祭文是他努力的结晶，他回国之后曾经请胡汉民、张继等国民党元老提意见，他们看过之后对李煦寰说，严格说来不能说这篇文章毫无疵累，但是用典雅的偶句押韵的赋体骈文来叙述孙中山的革命事业，应该说是难能可贵的。顺便说一句，有一篇文章提到胡汉民的时候，称他是立法委员，这"委员"二字显然是院长的笔误。

他在法国里昂学成归国是在1926年。有的文章说余汉谋当时是军长，他即到余汉谋处工作。其实余汉谋当时不过是陈济棠部下的一个团长。他团部里面不可能有相当优厚的职位可以安置这位带着洋太太的洋博士。据我所知，好像他是在国民革命军总司令部军医处工作。不久即告离职。1928年他携同法籍夫人和岳母去了上海。

他在上海遇见他的留法同学王独清。王独清原是创造社的成员，曾写过一首长诗《11 Dec》（英文12月11日，广州暴动的日子），讴歌广州暴动的壮举。国民党为此严加查禁。但是李煦寰照旧同他来往，并答应王的聘请让他的法籍夫人去王所主持的由创造社同人起骨干作用的上海艺术大学教法文。他交友范围的广泛于此可见。

大家知道，1928年李煦寰曾在张继手下担任中央政治会议北平分会的秘书，有

"秘书王"之称，但是他仍然不安于位，没有多久，他就写信给廖尚果，请廖为其代谋内政部卫生司的工作。因为当时廖尚果有一个留德同学是学医的，提过内政部卫生司司长的缺还虚悬着，可以为李进行联系。但是李煦寰迫于生计，急欲解决经济困难。他的异国娇妻是不了解中国文人安贫乐道的道理的。李煦寰说到家庭问题，曾有"贫贱夫妻百事哀"的感叹，既不能为五斗米折腰，又不甘心应酬敷衍，所以在北平工作不久，又回头打卫生司的主意。结果是两边都不能如意，只好回广东找余汉谋。在余汉谋那里有一个好处，他可以我行我素，不必与别人苟且敷衍，别人也不能在余汉谋那里挑拨他们的关系。从这个时候起，他姓名李煦寰三个字勾划结成一个整体的花押，乍看起来好像是"查照"两个字。从此以后，许多人都不呼他本名而代之以"查照"。熟人则呼为老查，年轻的称他为查公或查叔。

他的生平，严格而论是文人气质占主导地位的。虽然是官做大了，看书的时间相应的少了，但是一有机会，他还是显示出文人本色。有时批阅公文后，案头还有空白纸张，他会奋笔疾书洪亮吉的《冬青树》乐府的序文。即使在病倒卧床的时候，烧一退，他又会静静地吟诵起他的伯父李绮青的《秋柳》。他对他伯父的文采是相当佩服的，他认为阿汉爷的词有些是的确可传的。最近钱仲联主编的《中国近代文学大系·诗词集》已经在1991年出版，其中就选有李绮青的作品六首，可见还不能说是李煦寰的偏爱。但是他"爱而知其恶"，他曾经对我说过，阿汉爷的《倦斋吟稿》印成之后，寄了好多本给他，让他分送知友。可是这些遗老老气十足的东西，如"井蛙终底怜孙述，南粤宁能属赵佗"之类，哪里敢送给人呢！简直是"唔埋得鼻"（掩鼻介）。

中国有一句老话："学而优则仕。"李煦寰读饱了古书，却改行去学医，学成之后再去法国深造，获得里昂大学药学博士学位回来，可见他当初是想改弦易辙，不走"学而优则仕"的老路。回国之后，他也曾想过办制药厂，却由于缺乏资本，落得一场空。结果还是走上了做官的老路。他在余汉谋那里，因为与余汉谋有金兰换谱的关系，可以我行我素，大局面却还是在蒋介石的控制之下。他当初还企图搞一个有点独立性的"小王国"，结果是越来越失去它的独立性。广州沦陷之后，余汉谋受到了"革职留任"的处分，李煦寰考虑到当时的形势对他不利，于是主动辞去第四战区政治部主任的职务，集中力量组织政工队，加强部队的士气，以便扭转败局。有的文章说他被免去第四战区政治部主任的职务，是不符合事实的。他的辞职报告还是主任秘书左恭起草的。他专任第十二集团军政治部主任（后又按国民党的正式编制改称政治特派员）之后，引进了郭冠杰、陈卓凡、王鼎新等人担任工作，原有的人员陆续调离。同时，招收了以广东青年抗日先锋队为主要力量的爱国青年，组成政工总队，隶属十二集团军军官补训团，在香泉水集中训练。当时从事实际工作的各级干部都有不少中共地下党员，所以思想相当活跃。不久传到军官补训团那里，说是马克思主义泛滥成灾。于是派来余汉谋的亲信坐镇政工总队，找政工队员个别谈话，刺探他们的政治思想。李煦寰当时是顶住的，看见政治教官宿舍里的马列著作，还声言有我在，你们可以看。但是旧势力毕竟是强大的，有过这样的事：李煦寰听说某人做事很不道地，叫我找人去核实。我向他汇报了，真有那回事。还提出委令已经发出了，怎么办？他说，可以撤委嘛。但是过不了几天，那个人还是走马上任去了。有时政工队员看到什么不合理的人和事，向我投诉，我随即如实向他反映。他说："是应该把他调开。"结果那个人还是没有调走。可见李煦寰并不是说什么就能做到的。据说，有些调离人员，说起政治部的新变化，曾经恨恨地说："那些人非闹至老查杀头不可。"事实如何呢？他们的估计也不是太离谱。经过"粤北大捷"，余汉谋恢复了原先的职位，不久又晋升为第七战区司令长官，战区政治部一职当然是非查公莫属了。他去重庆请示"机宜"，可是一个月又一个月总不见回来，一时猜测纷纭，说是被软禁了，扣押了，弄得人心惶惶。后来终于回来了，政治态度来了一个大转弯。不久就发生了"廖锦涛事件"。有些人被捕了，有些人走散了，另外一批人则是弹冠相庆了。

看起来他的心情多少是有点矛盾的，也是苦闷的。当时我和林楚君同居一室，投闲置散。忽然有一天一个老朋友来找我们，说他的儿子被捕了，问可不可以找查公想想办法。我和楚君于是去找查公。他答应去打探，并答应给那青年转送衣物。他还回过头来问一些"政大"队员的去向。我们回说不知道，我还补上一句，林冲雪夜上梁山是古今一概的，他没有说话，点点头。总之，他那一次政治态度的变化，终归是有难言之隐的。公开的和私下的谈话常常有很大的不同。我们的猜测可能是，他当初比较开明的那一套继续搞下去，会影响余汉谋的整个局面，他只好委曲求全。我和楚君谈到他的问题的时候，曾经不止一次有过这样的假定：如果有一天他真正的解甲归田，我们三个人一起坐在惠州西湖的一条艇仔上，也许他会把心腹话无保留地说出来。可是随着时间的流逝，我们各奔前程，再没有凑在一起的机会。现在林楚君走了，李煦寰也走了，这个问题从此成为一个永远的问号。这是死者、生者都同样深感遗憾的。

李氏的文学见解是属于正统的那一面，大抵是词的功夫比较深。抗战期间，商务印书馆出版的线装《全宋词》，共40大本，书一到曲江，他立刻买了一套；将每一册所收的作者都用毛笔写在封面上，他认为重要的则加大笔划，如苏轼、秦观、辛弃疾、周邦彦、李清照、姜夔、史达祖、吴文英、王沂孙、张炎等人。对王国维过分贬低吴文英和张炎的说法则表示不满。他自己的作品，我看过一些，现仅就记忆所及追记如下。有些是零星片断的，也可以窥见他文章成就的一斑。

忆旧游·题照赠廖尚果，时客法国里昂

记挑灯说剑，击钵联吟，肝胆相倾。醉凭阑干曲，望桥边落日，添酒如渑。籁亭夜深高唱，手欲摘春星。甚如此英游，而今顿歇，空自销凝。　　傅伶，十年事，奈几度因循，依旧飘零。揽镜徒悲咤，叹题桥未许，漫说功名，客窗唤回残梦，愁听乱鸡声，又一霎东风，和将晓角吹恨醒。

注：廖与李是黄埔陆军小学堂同学。籁亭是黄埔陆军小学堂校园中的一个亭子。

高阳台·唁友人悼亡

凤去台倾，鸾飞镜掩，天涯目断王孙。十二屏山，重重阁住行云。杏花细雨帘垂地，燕归来依旧黄昏。最堪怜，惨绿年华，刻意伤春。

真成荡子从军别，对楼头柳色，尚忆眉痕。热遍薰檀，何曾唤起真真。刘桢平视终虚弱，展生绡我亦沾巾。问东风，未老韦郎，可续兰因？

注：荡子：现在是管游手好闲，不务正业，甚至于败坏家业的人叫做荡子。但在古典诗词里则是指浪游不归的男子，不含贬义。

二十七岁自寿诗七律八首第一首断句，时客法国里昂

游目已空三万里，立身常懔九重渊。

却忆老泉当日事，且容发愤自今年。

注：李氏自云，三万里，九重渊，两个数字乘为三九二十七，恰符二十七岁之数，颇见巧思。

谭遂将军挽歌（依陈田鹤歌曲《哀挽一位民族解放的战士》的旋律填词）

罡风太无情，吹落了青天长星。倭奴未灭，良将先零，长使英雄热泪倾。……挽联一束

挽女政工队员容小玲

铁般意志，雪样精神。去路正光明，不分竟迷蝴蝶梦。

水咽香泉，云飞南浦。登场零粉墨，那堪重说凤凰城。

注：《凤凰城》为吴祖光所作话剧，容小玲曾参加该剧的演出。

挽抗日阵亡将士

生而为英，死而为灵。仗诸先烈不断牺牲，争取中华民族之自由解放。

冤各有头，债各有主。愿我同胞加紧奋斗，清算东洋鬼子的血海深仇。

挽十二集团军副官长黄延桢

文渊韬略，阳夏禗期。风谊式朋僚，长使元戎怀勋勣。

任咸寡妻，韩邱弱息。秋原归旅榇，怆教慈母泪龙钟。

挽廖计百先生

履贞行素，殉道成仁。海内遍哀思，愍节永昭民族史。

博我以文，视吾犹子。天涯空哭望，怆怀愧读放翁诗。

注：廖先生于 1942 年 2 月 10 日军三屠惠州时被焚殉国。

挽抗日殉国抗工人员

……醜虏尚稽诛，宁看中国音年，只手碎槌武士道。

……巴渝遥望祭，好买西川素锦，万家齐绣女儿神。

注："万家齐绣女儿神"一句特别表彰了殉国的女政工人员，作者自认为惬心贵当之作。

挽十二集团军高级参谋汪醒吾（代余汉谋作）

非才之难，惟致用难。休言僚婿姻亲，即今力瘁身歼，万里空归羁旅骨。

微子之恸，而谁为恸。说到死生交谊，此后男婚女嫁，九泉且放托孤心。

挽伯父汉父公，时客法国里昂

兰成老去尚天涯。最怜麦秀余悲，独向词章寄孤愤。

丁令归来失华表。独愧缥缃世业，愧无才调继前贤。

注：李绮青初字汉珍，晚改汉父。

原载《惠城文史资料》总第 10 辑 1994 年 2 月

关于梁永泰生平史料的若干补正

在我动笔写关于梁永泰的文章之前，我曾经托我在广州的老朋友杨重华找梁氏遗属提供材料。由于想要的材料迟迟不来，我只好就我记忆所及写成短文《记木刻家梁永泰》。到了杨重华转来梁永泰遗孀老慕端从美国写来的材料的时候，拙文早已付印了，当然不可能改写。不过老氏的材料有些地方是可以补充拙文的疏漏以至纠正我的讹误的，实在应该摘录出来以补拙文的不足。

梁永泰的母亲是一个剪纸艺人，能剪各种花鸟虫鱼，又能刺绣花鞋花帽。就凭这套手艺，她挣到一些钱维持她寡母孤儿的生活。永泰的艺术才能无疑也得自他母亲的遗传与熏陶。

老文说永泰1937年在国民党政府第七战区政治部从事抗日宣传工作。那是她记错了的。第七战区政治部1941年才成立。永泰1938年春天参加工作的机关是第四路军（第十二集团军）政训处。7月，第四战区政治部成立，他调到那里工作，分配到第三组，开始与黄新波共事。当时他们都很年轻，所以大家都管他们叫波仔和泰仔。

1942年秋至1943年春他在粤汉铁路艺术教育队工作。他计划创作一套《铁的动脉》作为他在第七战区政治部创作的抗战画集《血的动脉》的姊妹篇。1944年完稿，交赣南一家印刷厂印刷。不幸日本侵略军进攻赣南，全书原板丧失。现在只存有当初拓印留底的十余幅，这是非常可惜的。

老文说永泰1943年夏到韶关广东省立艺术专科学校教授版画。这可能是1942年之误。因为他去艺专上课，还没有一个像样的文件夹装他的材料，要我的一个皮包借给他用。我那时刚从昆明回到韶关。那是1942春天。在此之前，他还照着我两个哥哥的面貌描画我父亲的遗像，准备在追悼会上悬挂。我父亲是在日本侵略军第三次攻陷惠州的时候被日军放火烧死的。1943 年夏天我已经离开韶关到桂林去了。

梁永泰工作过的机关除上述各处外，还曾在重庆法国新闻处担任美术编辑（1944 至 1945 年）。日本投降之后离开重庆，担任香港《星岛日报》《星岛晚报》以及英文《虎报》美术编辑。1952 年从香港返广州定居，在中华书局编辑室任美术编辑。中国美术家协会成立，他是协会会员，并任美协广州分会常务理事。1952 年广州苏联展览馆建立，1955 年武汉苏联展览馆建立，他都曾经协助苏联美术专家沃伦佐夫进行展览馆的美术设计。

1955 年永泰在武汉长江大桥工地体验生活，计划创作一套《长江大桥》组画。已经写好了创作计划及每幅版画的标题，而且动手刻了一幅《管柱代替了沉箱》，介绍造桥先进技术的新作。这套组画已经与《长江文艺》编辑部签订了出版稿约。可悲的是一场意外的变故破坏了整个计划，连作者本人也从此永远离开了人世。

这场悲惨的事故是他与柯华抵达小伶仃岛之后发生的。当时一队巡逻兵以为他们俩人是国民党特务，立刻向他们二人开枪射击。柯华当场中弹身亡，永泰是重伤之后急救无效，第二天，即 1956 年 11 月 18 日不幸逝世。我文章里面说他当场身亡，明显是传闻之误。

他的作品《从前没有人到过的地方》，1954 年参加全国美展，自后全国各地有数十种报刊选它作为封面、封底或扉页。《苏联画报》及《文艺报》都在显著地位刊载。1980 年前后这幅版画与其他一些名作一起送到英国、法国及东欧展览，而且已经被北京军事博物馆及南京博物馆收藏，又与他的其他佳作《小渔港》及《从莫斯科送来的》（指两只北极熊）收入《新中国十年美术画集》及《广东美术十年画集》。

他的作品《铁的动脉》在重庆得到一个美国人的赏识，那个美国人回美国之后曾出版一本版画集，名为《黑与白的中国》。图片之外，还有解说，《铁的动脉》的部分版画即在其中。

梁永泰经历过童年穷苦的生活，养成了吃苦耐劳的习惯。他在粤汉铁路艺术教育队工作的时候，居住的条件十分恶劣，经常是在邮车上甚至在运货火车的铁皮卡上过夜。要刻画，连一张合适的桌椅都没有。照明只有煤油灯甚至于桐油灯盏。冬天下雪，火炉是没有的。手脚冰冷，只好烧一个手提炭炉，放在身边，手冻僵了，烤一会，然后再动刀。经常这样工作到深夜。

以上是永泰遗孀的材料对拙文的补充和纠正。此外我最近在《中国现代版画史》里面看到的有关泰仔的一些材料也值得摘录出来，以补前文所未逮。

1940 年夏天，中华全国木刻界抗敌协会广东分会成立，永泰是负责人之一。这个时期还发表了他的组画《游击队夜袭张八岭》，共分八幅，描写游击队夜袭津浦铁路张八岭车站，击毙敌军 300 余人，炸毁了敌军军用车八辆，显示了人民战争的威力。

1942 年中国木刻研究会挑选了一百零九幅作品送往美国展览。但是历时半年，总听不到展出的消息。直到 1943 年"七七"抗日六周年纪念，美国《时代》杂志为纪念中国民族解放战争，才刊出《中国木刻之页》，七幅作品，其中就有梁永泰的一幅。后来美国出版的《战时中华》也收入梁永泰的作品。

1944 年梁永泰与荒烟、吴宗翰将福建举行的"中外版画展"移到江西赣州展览，同时又增加了梁永泰与荒烟收藏的外国作品 200 余幅，收到了极好的效果，公认打破了历次展览的纪录。

1946 年元旦，延安举行木刻展览会，展出作品 180 多幅，参加展出的有重庆木刻家作品 94 幅，其中也有梁永泰的作品。不久，永泰去了香港，与张光宇、廖冰兄、黄新波、陆无涯等组织"人间画会"。5 月初，举行了一次展览会，名为"风雨中华"，共展出 160 多幅作品。这些作品分别发表在《华商报》《群众》及英文版的《中国文摘》。其中一部分作品还由史沫特莱的好友，美国进步女画家格莲荷特选送到美国展出，扩大了这些作品的国际影响。

《中国现代版画史》插图部分收有永泰的一幅作品《上水》，是描写铁路工人的劳动生活的，画面的中心是火车头停在那里，几个工人分别承担灌水和传送的任务。图下注明作于 1944 年，事实上是 1942 至 1943 年在粤汉铁路艺术教育队工作期间的产物。

《中国大百科全书·美术》的《新木刻运动》词条里面，说到中华全国木刻界抗敌协会根据会员分布情况设立许多分会，其中广东分会由刘光、梁小泰主持。这个"梁小泰"的"小"字也许是"永"字之误。因为《中国现代版画史》提到那段历史，说是由刘仑、梁永泰、蔡迪支主持会务。还有大百科全书里面所说的刘光，是否即为版画史里面所说的刘仑？如果是刘仑，那可又是惠州的另一位美术家哩。

《中国大百科全书·美术》里面叙述到国统区木刻作品的时候，其中有一种称为"梁和泰的《铁的动脉》"，是不是不同的作者制作了一套与梁永泰的创作同名的作品。我不是木刻界中人，不了解具体情况，是不敢妄下断语的。

1993 年北京中国美术馆为庆祝建馆 30 周年，举行馆藏精品的展览。我去看了，赫然又见梁永泰的杰作《从前没有人到过的地方》。我们的泰仔的遗作已经属于代表国家水平的中国美术馆收藏的精品。欣慰之余，更不能不为他的早逝感到无限的痛惜！

原载《惠城文史资料》总第 10 辑 1994 年 2 月

我记忆中的恩师黄维周先生

读《惠城文史资料》第十辑百尝先生的《发展教育、振兴中华》那篇文章，对黄维周（植桢）先生一家教泽绵长，光前裕后的盛况真是无任神往。我忝为维周先生的门生，从小就对先生怀有甚深的敬意。我父亲曾是府两等最早的教师之一，与维周先生是老同事，又是志趣相投的好朋友。他平时常来我家坐谈。我为客人敬茶敬烟之外，总是坐在客厅的角落里听他们的谈话。他们谈的大都是有关乡邦文献、人物以及学术上的问题，虽然他们谈的我不一定听得懂，但是懂得一点是一点，多少总可以增长些知识，所以总是乐而忘倦地坐在那里。我对黄维周先生印象最深的是他的发言常常得到大家的赞同，赞同他那独到的见解。我说过我听起来不一定都懂，听懂了的却受用不浅。有一次他们谈到袁子才，先生说，袁子才是有才，也没有学究气，但他风骨不高，有时流于浮滑，那是由于他品格不高。还有一次看到一篇骈文的寿序，他说，作者居然力追洪北江。我不知道洪北江是什么人，小孩子听大人谈话是不许插嘴的。等到客人走后，我才问我父亲洪北江是什么人，我父亲说洪北江就是洪稚存洪亮吉，他是乾隆年间的文学家。写骈文一般是上下两句构成排偶，洪北江有时却上下联各为三句，刚才那篇寿序有一处是三句对三句的，所以黄先生说作者是力追洪北江。我听了恍然大悟，原来黄先生不论碰到什么问题都能够有根有据地提出自己的意见，真是有学问的人。

我到府两等上学，维周先生是校长，还教高等班的历史和算术，我当时还在初小，听不到他讲课。但是遇到某一位教师请假的时候，他总是出来代课，不耽误学生的学习。当时国文的课本还是文言的，教师上课大都是把文言的词句逐字解释，然后讲出这一句的大意。维周先生却不然，他尽量把文言用惠州白话译成一句精密的说话，例如"无所容身"，用惠州话来说就是"有 tiangbiangbiang"。tiang 惠州读为"邓"音，义为地方。biang 惠州话读"柄"音，义为躲藏。这样一说，意思明白多了，同时也加深了学生对语言的理解，起到文言与白话融会贯通的作用。所以听先生讲书，真有如古语所说的"顿开茅塞"。

给我们班学生代课讲书，还是启蒙性质的，真正精彩的是听他给高班讲历史课。当时我哥哥尚呆在高班。我们下课之后，我照例是等我哥哥下课，一道回家。碰到先生上历史课的时候，下课铃响了之后，因为材料丰富，先生照例是继续讲下去，我们有几个初等生总是走到高班课室外面等哥哥下课，其实是"偷听"先生的历史课。因为他讲得太生动了，我们小孩子虽然听不太懂，也觉得津津有味的，先生也了解童子的心理，从不斥退我们，让我们听到结尾。到我们自己升到高等班，那就听得过瘾了。

先生讲历史课，完全有他自己的一套。他先是照历史教科书要讲的课文读一段解一段，教大家了解课文的内容，然后是凭他准备的材料提纲挈领，深入浅出地说明历史事实的因果关系，中间穿插着有关的轶事和诗歌，听的人完全沉浸在他的讲读之中。那不是枯燥的讲义，而是一种艺术的铺叙。譬如讲三国史，先生讲到诸葛亮的时候，他的生平行事是家喻户晓的了，先生举杜甫的诗句作一个概括："……三分割据纡筹策，万古云霄一羽毛。伯仲之间见伊吕，指挥若定失萧曹。……"讲到曹操，先生引陈恭尹的《邺中怀古》："乱世奸雄空复尔，一家词赋最怜君……七十二坟秋草遍，更无人表汉将军。"乱世句相当于苏东坡《赤壁赋》的那句话："固一世之雄也，而今安在哉！""一家"句是称道曹操和他的儿子曹丕及曹植都是一代文学宗匠，极可爱慕的，结末句蜻蜓点水般略带嘲讽。曹操当初的本意是死后题墓道曰："汉故征西将军曹侯之墓。"但是世变纷纭，现在再没有人为汉将军立碑了。怎么说呢？魏太祖武皇帝吗？汉贼吗？你自己去玩味吧，这是典型的讽喻手法。关于孙吴那方面我只记得王浚楼船那一段，他引用刘禹锡的诗句："千寻铁锁沉江底，一片降幡出石头。"一下就把我们带到决定孙吴命运的那一场惊心动魄、如火如荼的战场上来了。

他讲历史课的另一个特点是突出仁人义士的特立独行。讲到文天祥，除了详细介绍《正气歌》及《衣带赞》之外，还特别朗诵了文天祥传诵千古的名句"人生自古谁无死，留取丹心照汗青"，激发了学生杀身成仁、舍生取义的爱国思想。说到激发学生的爱国思想，他是一贯地把它贯穿到具体工作中去的。遇到什么纪念日，照例是放假一天，但是先生不是随便让学生放假回家了事，他召集学生讲谈纪念的意义，对于清末以来种种屈辱的对外交涉，他总是反复叮咛，一定要记住列强的侵略野心，特别是日本提出的"二十一条"强迫袁世凯签字，因此定为国耻纪念日，他更是痛心疾首。散会之后，一个姓叶的学生说他那块石板是日本货，立刻回到课室里把它拿出来，砸个稀巴烂。先生讲话的效果真的是所谓立竿见影了。"二十一条"之后，他刻了两个印章，一个是长条的"毋忘五月七日国耻"，一个是方章"毋忘国耻"四个楷书的大字。凡是有本册之类经过校长室，他就在封面盖上上述印章才让人拿回去。

他当时兼任惠阳教育会会长，会址设在府学宫，他组织星期演讲会（也许是与劝学所合作），每星期日请人演讲近代外交失败的历史，有时也演出简短的话剧，描写帝国主义国家对我国侵略的罪行，和我们应该团结御侮，发愤图强的道理，讲台的两边张贴着一幅对联：

> 声讨国仇，我辈但凭三寸舌。
> 保持热度，大家莫再五分钟。

爱国主义的教育是重要的，只是还不全面。另一方面，学校礼堂里还用镜框装上当时的教育总长蔡元培订立的教育宗旨的条文，条文除了德、智、体三育之外最后一句是"更以美感教育完成其道德。"学校这方面的课程有图画、唱歌和手工。先生还依照某些学堂乐歌的曲调配上描写本地风光的歌词，启发学生对大自然的热爱。我还记得这样的几句："课暇上亭台，大江东去，群岫西来。鳄湖风暖，象岭春回。"此外还有歌咏苏东坡遗迹的歌词，培养学生审美的情趣以及对传统文化的认识。至于在讲课中引用古诗名句，也说明先生随时注意灌输文艺养料的深至的用心。他自己工作之余，也会曼声吟诵古人的诗篇，我就听到过他抑扬顿挫地吟诵陈恭尹的《崖门谒三忠祠》："……海水有门分上下，江山无地限华夷。停舟我亦艰难日，畏问苍苔读旧碑。""黄先生又在叹诗了"，这是学生们常常互相告语的一句老话。

由于先生的言传身教，学生身心都得到健康的发展，按照流行的说法，升学率是作为考验一个学校的成绩的凭证，那么，府两等自从建校以来的历年的记录，我听一位老师说，是只有一个毕业生没有考上中学，也就是学校的升学率达到了百分之九十九以上，这应该说是出色的记录了吧！

维周夫子的高文硕德不是我的拙文所能尽述的，这里只是就我早年见闻所及说出我一点粗浅的回忆而已。

1935 年我在上海有一天收到府两等老同学的一封信，说黄维周先生逝世，许多同学找他撰写挽联，很为此忙了一阵子。我看了真好比是五雷轰顶，当即写了一首水龙吟，并用整幅的宣纸写出来，寄给我的老同学，请他就近裱好送到先生治丧处，表达我对先生的哀悼。后来老同学来信说，黄先生已出殡多时，但他还是把挽词裱好送去，尽了弟子的情谊。

末了我还想对百尝先生的文章认为与事实不无出入的地方提出我的意见，是否有当，伫候明教。

百文中提到的惠属知名人士之一的廖尚果是廖尚杲之误。尚果是我们大哥，先生出任府两等校长的时候，他已经列名黄埔陆军小学堂，他没有在惠州上过小学。尚杲是我的二哥，后来他通用的名字是廖仲爽。他解放前是中央航空公司的营运组副主任，全国解放之后，他参加中国航空公司和中央航空公司的起义（简称为两航起义），任中央航空公司非常委员会副主任、代主任，当时中央人民政府派驻中央航空公司的领导小组成员陈耀寰同志曾写了一篇《廖仲爽在"两航"起义前后的贡献》，在《惠城文史资料》第八辑发表，可以参看。论他的行事，也应该说是不愧为黄维周先生的好学生。

另外还有两位知名人士秦咢生和林楚君，据我所知，也不是府两等的学生。秦咢生早年失学，只念过几年私塾，就去当铺当学徒，即使真是进学校，他也只会进昌明小学，因为那里离家近，秦家子弟都是昌明小学的学生，这是居住条件决定的，不会老远地跑到府两等这边来。至于林楚君，他是1922年县高等毕业的，我在广州和他相识的，当然不可能是府两等的同学了。

原载《惠城文史资料》总第12辑1996年1月

读《梁浩文先生事略》书后

　　1938 年我回到久别的广州，就有人告诉我故乡有一位诗坛老宿梁雪亭（浩文）先生。后来梁永泰拿了梁先生的几首诗给我看，果然名不虚传。当时兵荒马乱，我没有认真细读，只是读到其中"思子台边独泪垂"之句，很为他老年丧子深感痛惜。最近《惠城文史资料》第十一辑载有一篇《梁浩文先生事略》，正是我久欲知道的这位先辈生平的记述，于是一口气把它看完，满足了我多年的渴望。特别是他"因儿媳早逝，长孙夭亡，与孀居女儿、一长孙女及两幼孙共同生活"的凄凉的晚景，更加深了我对他的悼念。至于我久想拜读的他的诗稿，竟因托付非人，致遭散失，更加为家乡文献的沦丧感到惋惜。文中有关他尽瘁教育，作育人才，自奉菲薄，一介不取的高风亮节的叙述实是品德教育的很好的教材，值得后人效法。

　　但是我也有不明白的地方，文中说梁雪亭 1914 年担任惠阳县立第一高等小学校长，至 1939 年退休。我记得惠州另一位老先生祝云岑曾任一般称为县高等，亦即惠阳县立第一高等小学校长，与梁先生的职务相同。1921 年祝先生 60 寿辰，曾写有自寿诗七律四首，木板印成单张，分送亲友索和。我父亲也收到一张，我只记得他的第一首："冈陵有庆霭门闾，蒲柳风光六秩逾。坐拥琴书三十载，种成桃李二千株。持躬范冉难谐俗，避世陶潜且自娱。非道非僧非故我，楼头对镜一轩渠。""桃李二千株"是说从他受业的学生先后计有 2000 人，可以说是惠州的一位老教育家。我听我父亲说，他是县高等的校长，我的父亲早年也曾任县高等的教师。

　　文中说到后来成为知名人士的学生林楚君就是 1922 年祝云岑当校长时毕业的，当时他的名字是林长兴。楚君回忆他在县高等的学生生活，说到祝先生的时候总是不胜其孺慕之情。据楚君说，祝先生常常到各课室巡视，遇到任课教师请假，学生各自活动，有的甚至无所事事的时候，他总是毫不迟疑地走进课室给学生讲课。楚君随即举他亲历的事例说，他一进课室，先说明他进来的意图，不让学生虚耗光阴，然后就给学生讲岳飞的《满江红》，楚君模仿他的声调，放声念道："怒发冲冠，凭栏处、潇潇雨歇。抬望眼，仰天长啸，壮怀激烈……"激昂慷慨，声震屋瓦，激发起学生的爱国精神，学生都深受感动，决心好好学习，不辜负老师的期望。

还有一段轶事可以证明祝云岑曾任县高等的校长。当时惠州城还有一所区立的昌明小学，我有时会去看望那边教师李覃亮和秦汉昭（后来通用的名字是秦寿宁），昌明小学原先的校长是秦序东，秦寿宁是他的侄子。后来他不干了，由陈子纯接任。有一次我们谈起秦序东辞职的原因，秦寿宁略带揶揄地说，大家都说他脚跛，不如让陈子纯出来与县高等的校长祝云岑和府两等的校长黄维周造成"势分三足鼎"的局面，因为他们三位走起路来都是一颠一拐的。

因说跛脚使我联想起曾刚甫（习经）《寿祝云岑六十》那首诗。曾刚甫是广东人，定居北京，梁启超说他的诗"及其晚岁直凑渊微，妙契自然，神与境会，所得往往入陶柳圣处……，光晶炯炯，惊心动魄……"他的寿祝诗结句曰："清光只是丰湖月，想见云门跛阿师。"题下自注曰："云岑广雅同学，一足跛。"

曾刚甫所说的广雅，即张之洞在穗创办的穗雅书院。我还记得祝云岑自寿诗的另外两句："力捐俗累成迂子，得侍经延尽大贤。"上句是说他烟酒赌博均不沾染，人皆目为迂子。下句的大贤之一即指张之洞。张之洞是清末洋务派的领袖，是中国近代史上一个有争议的人物。祝老先生没有学过历史唯物主义，所以只能看到张之洞"大贤"的一面，这是时代所限，无法苛求于前人的。

关于祝云岑曾任县高等校长的说法，我以为是有事实根据的，但是他任职的起讫年月以及梁祝的交接关系我都一无所知。希望乡邦耆旧有人出来补正惠州教育的这一段信史，那真是莫大的幸事。

原载《惠城文史资料》总第 12 辑 1996 年 1 月

张友仁先生二三事

　　抗战期间，我曾经抄出我所写的诗词呈请柳亚子先生指教，其中有两首五律题为《寄怀友仁先生》，柳亚子先生问友仁先生是何许人，因为名为友仁的有大名鼎鼎的陈友仁，又有研究宋词的张友仁，所以柳先生提出这个问题。我当下回答说，他是吾乡的徐特立一样的人物，随即向柳先生说了一些有关这位张友仁先生的生平行事。的确，我称这位张先生为吾乡的徐特立是有根据的。他虽然不是共产党人，但是他不断追求进步，关心进步青年的命运。当时国民党政府逮捕进步青年，友仁先生认为左倾但非卖国，我们正应爱护此有为之青年，并写信给有关方面表示关切。虽然收效不大，但他的用心却是令人感动的。

　　先生早年从政，民国初年曾任海丰县长。我所认识的北京师范大学名教授钟敬文是海丰人，我有一天谈起我们惠州人有做过海丰县长的，他说听人说过，张友仁属于好县长之列。我说他还做过福建龙溪县长，在他任期内曾在勤工俭学高潮中派遣龙溪学生赴法留学，并写了四首送行的诗，我当即把四首七律写出来给他看，他的诗大概知道的人已经不多，现在就抄出来看看吧。

> 惭愧神州教育家，一官无状负丹霞。
> 梗楠欲作百年树，桃李须繁满县花。
> 前辈风流归俭朴，英年心事戒浮华。
> 此邦文典无难字，别绪殷勤意有加。

> 千秋民约创卢梭，王业消沉奈尔何。
> 乱后江山留霸气，劫余文字付旋涡。

徒薪至计纵横约，爱国同心曳落河。
共摘星辰登铁塔，茫茫祖国足悲歌。

同行儿女亦英才，算是闽南第一回。
异国逢秋黄菊艳，天河洗甲汉槎开。
分工蚕业书千卷，读史罗兰酒万杯。
莫负乾坤新眼孔，才经沧海便归来。

无穷愿望一言中，锦绣山河夕照红。
星汉不随南斗转，狂澜谁障百川东。
甄陶法意惭先进，炉冶欧亚证大同。
一别五年犹转瞬，高帆万里趁长风。

因为是送人远赴法国，所以很用了一些洋典。"此邦文典无难字"是引用拿破仑所说的"难之一字惟愚人所用之字典始有之"。卢梭的《民约论》和罗兰夫人临刑前的名言"自由自由，天下几多罪恶假汝之名以行"在中国资产阶级民主革命时期都是深入人心的。"共摘星辰登铁塔"这句诗则是把中国传统的形容楼高可以摘星的说法用到巴黎艾菲尔铁塔上去，却一点不觉得生硬，这是先生文学修养的见证。

这种以新事物融入旧体诗歌的作法是从梁启超、谭嗣同、夏曾佑、黄遵宪等人所提倡的诗界革命开始的，张友仁先生一直坚持不懈。廖尚果留德回来，他与廖尚果唱和起来，立即出现了"已遇柏林浮士德"的词句，可见他追求新知识是与时代同步的。

他写诗注重典雅是正常的，但是另一方面他又敢于采用口语。他在龙溪县长任内开了一条公路，看到公路交通给人民带来的好处，也立即见于吟咏。我只记得他一首诗的末四句："果然周道平于砥，半是农夫力作成。仿佛途人相告语，造成好路大家行。"有些老先生看了，忍不住说，张老友写诗可不怕咸啊！惠州人称打油诗为咸诗，这句话就是笑他用了大白话。事实上正好说明他对黄遵宪黄公度《人境庐诗草》所主张"我手写我口，古岂能拘章"的实践。这是诗歌走向通俗化的第一步。他在文学上是并不保守的，他写骈文还出现了"炉烟轻贴，视尼古丁如仇人；臭味差池，斥淡巴菰非香草"的句子，（淡巴菰是西班牙语 tabaco 的音译，现在已经不大通行了。新编《辞海》就不收这个名词）这实在是够大胆的了。

刚才提到龙溪修公路的故事，先生可以说是一个"公路迷"。一说到公路对交通的重要，他就眉飞色舞，斩钉截铁地说，"一息尚存，此志不容稍懈！"广东的公路网，基本上就是他任广东省公路处长的时候划定的。惠州去广州，从前是坐"拖渡"，由火轮拖大木船航行，全程要走一整天。有了广九铁路之后，就多了一种走法，即坐"拖渡"从惠州到石龙，再从石龙换乘火车去广州。行程虽然缩短了，但时间不好掌握。先生来了，从惠州开一条公路到樟木头，再从樟木头换乘火车去广州。这样时间可以自由掌握，中饭就可以在广州吃了。

为了开辟公路，炸山开路是不可避免的。从前山上是布满了坟墓的，爆破之前，总要先发公告，通知坟主及时迁移。碰到无主孤坟，那就只好把骸骨装进"金罂"摆在适当的地方，等待统一处理。于是有人为此编造"聊斋"式的故事，说什么"半夜鬼叫：'捞乱抛，捞乱抛'"。但是先生不怕鬼，不信邪，坚定不移地干下去，这是比在诗文里使用新名词和大白话要具有更大的胆量才行的。

有一个姓利的同事喜欢拿先生的姓名开玩笑——其实还不止是拿他一个人，他引《论语》的话说："堂堂乎张也，难与并为仁矣。"他听了一笑置之，但是说得多了，先生忍不住对他说，"堂堂乎张也，可以对孳孳为利者"就对对子来说，固然是工力悉敌，往深一层看，有一本书《陈炯明的一生》在叙述当时粤军在福建经营的时候，也提到有关贪污的情况，被点名的一个人正是这位先生，张友仁当时在福建，当然也会有所闻。所以"孳孳为利者"这句话也可以说是"谈言微中"。但是这位先生还不甘心从此罢手，他又拿"张牙舞爪"这句话捉住这个张字做文章。张先生听了，不禁唉的一声说，"张牙"真可以对上"利口"啊。利口后面有一句潜台词，"利口"在《论语》里的全句是"恶利口之覆邦家者"。

利先生自恃有才，拿张先生的姓名开玩笑，却遭到击中要害的回敬。好在张先生限于自卫，并不穷追。他的德性，他的本性，还是在他的名字上做文章吧，倒实在是"仁者爱人"。爱人的方式是多种多样的，这里只说他爱才的一方面。秦咢生家贫失学，连一张小学毕业文凭都没有，要想谋个差事，只好从录事开始。录事的职务即现在的缮写员。他做了一段时间，恰巧有一位博罗诗人曾雪凡写了五首题为《感春》的七律，诗稿传到张友仁手里，油印出来分给各同事，许多人都写了和诗。秦咢生技痒难耐，也依韵和了五首，呈给他的上司张友仁。张先生一看，很有苏东坡发现毛滂写了《惜分飞》那样，立刻另眼相看，认为这样的青年做个录事，未免近于屈才，于是下令提为科员，这就为秦咢生的升迁铺平了道路。惠州人给他一手提拔的真是不一而足。我看过先生的一组岁暮怀人诗，开头是词坛泰斗朱彊邨，末尾是一大批惠州的文学青年，一一加以品评奖励。我对先生是从小认识的，他是我父亲生前的常客。听我父亲说，他生不逢辰，家道中落，早年住在张氏祠堂。晚上自己不点灯，和他的弟弟站在祠堂祖宗牌位的神龛面前，就长明灯下摊书夜读。读到疲倦了便回去睡觉。这种苦学的生活和齐白石的诗句"灯盏无油何害事，自烧松火读唐诗"一样，都是富有教育意义的文坛逸话。因此对他是充满了敬佩之情的。但是我成年之后，东奔西走，一直没有亲聆教诲的机会。1938年我回到广州，从军抗日，未能偷闲还乡，只好写信奉候，并附抄一些新作请他点定，很快就接到他的回信，首言得书狂喜，并依韵和我一首《西江月》，说到请教一节，则谦称"非老马识途，轻愧雏凤声清耳"。后来政治形势逆转，我离粤远行，从此越走越远，始终没有拜见的机会。这实在是我遗憾无穷的一段往事。

原载《惠城文史资料》总第 13 辑 1997 年 1 月

记刘孟纯

　　刘孟纯，原名豫通。孟纯是他的别字。他小名炳楫，是我的表兄，我比他小三岁，所以管他叫"阿楫哥"。小时候，我常跟祖母去刘家，探望她的哥哥，我年纪小，不会参加大人的活动，总是找同我年纪差不多的孩子们东奔西跑的，孟纯也就是我的游伴。刘家是大族，孩子不少，一玩总是一大群。有一次不知碰到什么不愉快的事，刘孟纯爆出一句话："多行不义必自毙！"我听了觉得稀奇。我是因为我父亲反对孩子读三（字经）、百（家姓）、千（字文），他教我读《左传》和《战国策》，所以知道刘孟纯说的这句话出自《左传·郑伯克段于鄢》，别的孩子一般是不会读《左传》这类书的。我于是很奇怪地问他："你也读《左传》啦。"他说是他的家庭教师教他的，于是我在他身上找到了一个不光是会玩的书友。后来表嫂朱华芬看到我们谈得特别对劲的时候，便说："你们两家表兄弟多得很，为什么就是你们两个从小到大来往几十年，即使分居两地也总是不断联系，还不是因为你们思想兴趣趋向一致的缘故。"

　　刘孟纯上中学的时候，家道已经中落，没有余钱多买书，看到什么好的文章或诗词，便借人家的书抄回来。我也因此从他那里补充了我阅读的材料。从《古诗十九首》到熊开元的《击筑遗音》和陈恭尹的《怀古》组诗和《崖门谒三忠祠》等都是从他那里抄来的。另一方面，我因为我哥哥投身辛亥革命运动，家中有许多革命诗歌，如赵声、秋瑾等人的作品，他是没有机会看到的，因为他的家比较守旧。我念给他听的时候，他也很感兴趣。这种学识的交流充实了我们的学习内容。

　　前面说过，他当时家境已经很穷。他喜欢读《庄子》，但是买不起，只好借书来抄一些篇章。有一年暑假，他一个同族的堂兄送给他一元钱。一元钱，我们现在听起来是微不足道的，可在当时却是一个相当大的数目。他拿到这元钱，不买吃的，不买玩的，立刻跑去买了一部《庄子》。他读《庄子》的时候，别的同学还在啃国文读本的《汉高帝论》之类。当他们正在死背英文生字的时候，他已经自学《天方夜谭》和《鲁滨孙飘流记》的英文本。凭他这样的聪明才智，却没有考上第一名，差不多总是名列第二。我问他为什么不拿第一。他说，要考第一，就要平均用力，争取门门高分，他却要突破重点，不图虚名。这是他不同凡俗的一种表现。当时惠州中学的国文教师杨季仪由于体弱多病，学生作业往往不能及时批改发还给学生。他逝世后，他的哥哥，岭南大学教授杨果庵（寿昌）检查他的遗物，发现了这一大摞作文课卷，认为不应该糟蹋学生的心血，于是一一批改发还。这样的批改不带一点感情的成分，只是凭文定论。我看到刘孟纯的那些作业，总是圈圈点点，极尽赞赏之能事，我只举他批语的结尾一句话就够了："美才也！"

当时惠州中学还不是男女同校，碰到开游艺会要演话剧的时候，女主角总是由男学生扮演。刘孟纯长相比较"帅"，他就化装担任女角色。有些老先生看不惯，还说什么"刘家世代书香，子孙却甘心做戏子！"古语所谓"倡优同畜"是充满轻蔑意味的。

天有不测风云，不幸的事发生了。惠州中学学生是寄宿的，宿舍的床板有大有小，加以长短又不统一，学生却是有高有矮的。他们觉得不合适，请求学校更换。这本来是不难解决的问题，可是学校却认为学生干涉学校行政，不许更换。反复交涉，终无结果。刘孟纯同宿舍的三个同学觉得学校当局太不体谅学生，联名提出抗议，学校当局认为刘孟纯三人是造反了，悍然以"品学特劣"的莫须有的罪名挂牌开除他们。他们愤然罢课，发表了告社会的宣言书。这篇宣言是刘孟纯起草的，用的是的吗了呢的白话文。当时是在五四运动后三年，惠州还未跟上新文化运动，连小学生作文都还用的是之乎者也，刘孟纯那时已经写出一手比较通俗的白话文，实在是了不起的。

20年代广东是孙中山亲自领导的省份，孙中山逝世之后，国民党继承孙中山的革命事业，仍然是当时所艳称的"国民革命的策源地"。不过当时广东的实际情况是鱼龙混杂。刘孟纯的主观愿望是参加革命工作，随军北伐，实际上他经历的几个单位都是蒋介石一派把持的。虽然那些头头赏识他的才能，一会是秘书，一会是科长，受到相当的器重。但是他总觉得不大痛快，每每借口自己早年失学，提出辞职留学的要求，结果还是未能如愿。后来遇到张治中，才算找到了可以降心相从的领导。张治中也认为他是自己的得力助手，张氏每一次调动工作，总要带去自己的一套工作班子，刘孟纯自然是这个班子的中坚力量了。

抗日战争正式开始之前，张治中已经长驻苏州，负责策划东南半壁的抗战准备工作。早在"九一八"之后，刘孟纯看到日本侵略军得寸进尺，南京政府节节退让的做法早已愤恨填膺，曾有《南乡子》一词表露他忧愤的心情：

> 一事误和戎，自撤藩篱万垒空。最是清明前后雨，朦胧，一片山河涕泪中。
>
> 胡马渡江东，更问何人道战功？滚滚浪花淘不尽，英雄，依旧桃花带血红。

以后看到国民党好像对准备抗战动了真格的样子，于是积极参加张治中领导的抗战准备工作。"八一三"抗战爆发，张治中担任第九集团军总司令兼右翼军总司令，发表对日抗战的声明，指出这一战是对甲午战争以来日本侵略罪行的总清算。这篇声明是刘孟纯起草的，深受上海文艺界的赞同。这比南京政府空空洞洞的什么恢复领土主权的完整切实得多。事实证明，1943 年 11 月，罗斯福、丘吉尔、蒋介石在开罗举行会谈，会后发表了《开罗会议宣言》，宣布日本历年所窃取于中国的领土，如满洲、台湾、澎湖群岛等，一律归还中国。这与张治中在抗战开始时所说的如出一辙。这说明刘孟纯的拟稿正是他结合历史、击中要害的出色表现。

张治中任军委会政治部部长期间，刘孟纯先后当过办公厅副主任和秘书处长，但是他真正重要的工作却是在政治部以外，如劝告蒋介石不要内战，应与共产党合作建国的万言书以至重庆谈判的《双十协定》草案都是出自刘孟纯的手笔。

抗战胜利之后，张治中出任西北行辕主任兼新疆省政府主席，刘孟纯兼任两边的秘书长。盛世才当权期间，曾在新疆关押了 100 多名共产党员。张治中管新疆后，周恩来即请张治中清查此案，将他们护送回延安。具体工作就是刘孟纯做的。他主持的《新疆日报》，因为经常发表和平团结的倾向进步的文章，被人称为《新华日报》（新华日报是抗战期间先后在武汉和重庆发刊的中共宣传团结抗战，发扬民主的机关报）。

1948 年，经过辽沈、淮海、平津三大战役之后，人民解放战争已经胜利在望，于是有和平解放的实例，傅作义、程潜等都分别做出了相当的贡献。新疆问题自然也就提上了日程。张治中先是邀集新疆各方面的负责人陶峙岳、屈武、刘泽荣与刘孟纯等到兰州研究具体形势。到了 9 月间，张治中依据毛泽东、周恩来的指示，电告刘孟纯与中共代表邓力群议定起义计划准备行动。虽然国民党的顽固派还想先下手为强，把刘孟纯住宅包围起来，机关枪都架起来了，幸亏邓力群及时赶到乌鲁木齐（当时还叫迪化），刘孟纯又争取到新疆警备总司令陶峙岳站在我们这一边，反动派才知道大势已去，不敢轻举妄动，新疆宣告和平解放。事后彭德怀见到刘孟纯，对他冒险犯难的精神表示钦佩，并说，如果不是和平解放，而是节节进攻，打到新疆，那么，恐怕免不了要伤亡 30 万人。所以刘孟纯到了北京，毛泽东接见了他，对他说："新疆解放你立了大功，我们要感谢你。"周恩来有意让他去广东担任实际的行政工作，他认为不熟悉情况，不能很好地掌握政策，他首要的任务是学习。他当时顺道去了一次香港，会见国民党一些居留香港的军政人员，向他们解释共产党的方针政策，纠正了他们对共产党的一些错误看法。他还顺便同他的一个同乡同事回了惠州一趟。他并不是搞什么衣锦还乡，而是静悄悄地住在同乡家里，探访了故乡的山山水水，消解了多年的怀乡情结。他对故乡是怀有非常深厚的感情的，在他留存下来的最早的一首诗就是题为《惠州解围后回母校》的七绝。1922 年孙中山围攻惠州陈炯明叛军的时候，刘孟纯不在惠州。退兵之后，他回家看望父母弟妹，同时没有忘却他遭到开除的惠州中学。他不念旧恶，相反，他还是一片深情地称之为"母校"，诗曰：

> 野菊开残一两丛，牛羊迹尽下西风。曾闻此地遭兵劫，怪底霜林带血红。

写这首诗时他还不满 19 岁，他的诗人天赋的确是很高的，他虽然忙于从政，但是可以说军书旁午，依然吟咏不辍的。

"八一三"开战一个月之后，他有事从上海回苏州处理，随兴写了一首七律：

> 无那秋思付雨丝，吴宫花草异前时。强颜酒已醒蕉梦，失色山传弃燕支。破碎可如天易补，团圞真恨草将离。回天漫出书生手，海角笳声凄复悲。

这首诗既说出抗敌救亡的愿望的实现，却又对战况的严峻表示深重的忧愤，的确是真情的表露。这里揭示出他的诗人气质，正如他为他的儿子满月的诗句所说的："弓剑箕裘无足绍，得如阿父只情痴。"

这种感情也倾注在他对家乡的回忆。他写给我的一首诗结尾说："为问家山何处是，好花应在西湖边。"末句西湖边的西字是平声，依诗律的要求这里应该用仄声字，用仄声字不是没有办法，西湖改为鳄湖不就行了吗？但是"西湖边"是一个地方的专名，所以用"西湖边"虽然就诗律上说不如用"鳄湖边"那么妥贴，但却更饶有本地风光。在这种细微的地方使人感到他诗的功力。在他的另一首词《破阵子》的下片又说到西湖："纵使西湖春讯早，除非梦里是家乡。无语自思量。"这一首比前一首有更深的感伤的情调，这是可以理解的。经过一场大病，他的健康情况不容许他作还乡那样长途的劳顿，言为心声，有什么办法呢？

中国历史上有许多诗人都是身居高位的，因为过去的知识分子的出路大都是"学而优则仕"，既然是仕成了主要方面，写诗反而成了业余的文化活动，有的人甚至于新年贴出"圣朝无弃物，余事作诗人"的春联，表示还是忘不了书生本色。刘孟纯是有诗人气质的，写诗也终于只能成为余事。其实他的造诣是很可观的，他的诗有些简直是神似黄仲则。他说他之所以喜欢黄仲则是因为他的诗比较活泼，没有正统诗人那种迂拘的习气，随即背诵他的《观潮行》，为他的评论作证。但是写诗究竟只能成为他的余事，没有留下多少篇章，这是喜欢读他的诗的人不免深感遗憾的。

原载《惠城文史资料》总第 14 辑 1998 年 1 月

梁鼎芬与惠州

提起清朝遗老群中的广东名人，大概康有为之外就要数梁鼎芬了。他与康有为的关系也是变化多端的。戊戌政变之前，他对康有为是备极推崇的。有他赠康有为的一首七律为证：

牛女星文夜放光，樵山云气郁苍苍。

九流混混谁真派？万木森森一草堂。

但有群伦（一作岂有疏才）尊北海，更无（一作空思）三顾起南阳。

芰衣兰佩夫君笑（一作搴兰揽莲夫君意），蕉萃行吟太自伤。

到了戊戌政变之后，康有为亡命海外，差一点遭全家抄斩。梁鼎芬却为了表示与康有为划清界线，竟将文悌参劾康有为的奏折，翻印散布。首鼠两端，颇遭讥议。但是就遗老论遗老，他倒是属于比较老实的那一类，可与陈宝琛相提并论。不像有些遗老，以觐见溥仪为名，临走的时候往往顺手牵羊，偷一两件古董。

梁鼎芬光绪六年（1880）21 岁中进士，点翰林，授编修，真是"春风得意马蹄疾"。中法战争期间，李鸿章与法国签订丧权辱国条约，他上疏弹劾，认为李鸿章十可杀，结果碰了一个大钉子，降五级调用。这样他到了惠州，在文化教育方面做了好些有益的工作。

他创办丰湖书院，培养了一批开展惠州文教工作的人才。见诸记载的有江逢辰、李绮青、杨寿昌、许寿田等人。江逢辰、李绮青各有诗词专集行世，特别是江逢辰，他赠诗之前有小序曰："归善江生逢辰执业甚恭，考其文行，佳士也。赠之以诗。"诗曰："水木清深讲舍开，得人胜获百琼瑰。义犹兄弟真投分，行尽江山识此才。风气晚趋嫌薄朽，根源早出要渊咳。余生报称知无日，觉世修身汝可裁。"李绮青跟随梁鼎芬一直到他进入民国，以清朝遗老相标榜。杨寿昌，字果庵，比较专研经史，梁鼎芬远行，他往往随侍左右。邓承修（铁香）设立崇雅书院，杨寿昌应聘为校阅文字。入民国后从事教育工作，长期担任岭南大学教授。1926年惠州留省学生组织惠阳留省学会，请他写一篇缘起，他欣然命笔，我还记得他文中那一段热情洋溢的话："西湖之秀。罗浮之英，将有携手偕来，起而共扬东江之文明者乎！"他的著作恐怕不少于20种。许寿田的事迹不大清楚，梁鼎芬在《忆惠州西湖杂诗百首寄惠州西湖诸生》仅存五首的第四首自注说："黄塘寺旧为圆通观。余在丰湖讲席时，许生寿田读书于此。生好志节之士，尝取古人忠孝事勉之。"据说他的老家是在平山，所居曰延岫楼。

为了鼓励修心立志，他写了四条座右铭式的字幅，刻在木板上挂起来，其中有一条是罗隐《小松》的诗句："陵迁谷变须高节，草向人间作大夫。"另外一条是"秀干终成栋，精钢不作钩。包孝肃之志也。"包孝肃就是包拯，即包公。为了给学生也为社会树立正面的榜样，他修建了一座范孟博先生祠。范孟博即东汉的范滂。东汉末年宦官专权，士大夫同宦官展开了激烈的斗争，经过几次的反复，宦官大诛党人，范滂也在逮捕之列。关于急捕范滂的经过，《后汉书》有一段生动的描写，照抄如下："督邮吴导至县，抱诏书，闭传舍，伏床而泣。滂闻之，曰：'必为我也。'即自诣狱。县令郭揖大惊，出解印绶，引与俱亡，曰：'天下大矣，子何为在此？'滂曰：'滂死则祸塞，何敢以罪累君，又令老母流离乎！'其母就与之诀。滂白母曰：'仲博孝敬，足以供养。滂从龙舒君归黄泉，存亡各得其所。惟大人割不可忍之恩，勿增感戚。'母曰：'汝今得与李、杜齐名，死亦何恨！既有令名，复求寿考，可兼得乎？'滂跪受教，再拜而辞。"这的确是一个激动人心的场面，这一场面曾经引出苏东坡母子的一段对话。据苏辙《东坡先生墓志铭》的记载："太夫人尝读东汉史，至范滂传，慨然太息。公侍侧，曰：'轼若为滂，夫人亦许之否乎？'太夫人曰：'汝能为滂，吾顾不能为滂母耶！'"（仲博为范滂之弟，龙舒君是范滂死去的父亲。李（膺）杜（密）死于范滂之前，李是被宦官杀害，杜受宦官迫害自杀——附注）

对不起，说到范滂，竟然大做其文抄公。原因是这回事值得多宣扬一下，浪费读者宝贵的时间也顾不得了。范祠落成，梁鼎芬还给大门口挂上他亲笔书写的对联："气节重东汉，英灵托西湖。"江逢辰为此写了四首七律，一时传为盛事。

梁鼎芬在惠州还做了一件值得称道的大事，那就是创立了"丰湖书藏"。当时募集到的书籍共计46000多册，主要是清代人物的文集，特别是省内外地方志。收集地方志是后来各图书馆的重点工作之一，梁鼎芬对这方面的注意，可谓是他精明的预见。他还编有《丰湖书目》八卷，他的《序卷目后》表明他收藏的旨趣，是"搜罗往籍，于国朝人文集，尤所加意"。但是笔锋一转，他的道学家的胸襟就显露出来了："然如袁枚之素行无耻，得罪名教，淫书谰语，流毒海内，三五成群，成为盗贼，成为风气，不可救药。龚自珍心术至坏，生有逆子，败乱大事。文字虽佳，不与同中国。凡此二人著作，永远不得收藏，以示嫉恶屏邪之意。诸生其懔守之。如有违背，非吾徒也！"

梁鼎芬这段"嫉恶屏邪"的檄文好像真的是发生了一定的效力。据我小时候从老先生那里听到的言论，对袁枚是贬多于褒，龚自珍的作品我也一直没有听人讲过，我是在我哥哥青主从德国留学回来之后，才从他那里听到龚自珍的名句如"为恐刘郎英气尽，卷帘梳洗望黄河"与"落红不是无情物，化作春泥更护花"之类。当然，丰湖书藏的贡献还是主要的，放逐袁枚、龚自珍的著作不能算是严重的消极面，可惜的是这座对惠州的文化发展做出过相当贡献的丰湖书藏，在1923年却遭到惨重的破坏。那是在陈炯明的部队据守惠州，对孙中山的讨伐负隅顽抗的时候。孙中山的军队逼近惠州，进驻丰湖书藏，书藏的书来不及搬运。当时孙中山的军队基本上是滇桂军阀组成的，他们只是利用孙中山的威望，进入广东，借拥护孙中山之名，行搜刮广东财富之实。他们打仗是不卖力的，古应芬那份《东征日记》就有他们不听调遣的记载：他们拿丰湖书藏的藏书当柴草烧，在湿水的地方拿它垫脚，甚至拿来当"草纸"，真是惨不可言。梁鼎芬离惠之后，在他《检理焦山书藏讫事口占》那首诗里还有"他日丰湖倘相较，有人访古过桥西"的话，可见他对丰湖书藏是念念不忘的，他哪里知道丰湖书藏后来会遭到这样的劫运呢！

对梁鼎芬的诗的评价，陈三立说"梁子于诗，喜宋王、苏氏，亦喜欧阳氏，遂及于杜韩云"。陈石遗则说："节庵少入词林，言事镌级归里，又避地读书焦山海西庵，肆力为诗，时窥中晚唐及南北宋诸名家堂奥。佳处多在悲慨、超逸两种。"即使是对他的为人不无微辞的人，对他的诗也推崇备至。这里只谈他与惠州有关的作品。他对江逢辰情有独钟，江逢辰画竹，请他题诗，他也要提到他们的诗兴："洗肝亭下千枝绿，犹记论诗到日晡。"他那首《对雨与江生联句》和江逢辰一直联到三十四韵，真是够长的了。但是到了江逢辰回惠省母，他写了一首七律："省母衔恩远返家，微躯不谓在天涯。湖亭待月煎新茗，山寺寻秋玩晚花。旧梦无痕翻缱绻，一官随分肯蘧诶。人间醽驷原难遇，满眼风尘得子夸。"这还不够，又写了一首《送江生归里七百字，全用侵韵》。这是比杜甫的奉先咏怀还多两百字的长诗，可见他是多么重视这次分别的。可是紧接着，他又写了七律《十六夜望月忆江生》："楼头完月今就缺，昨夜江行朝泊船。归去书囊谁与检，别来画阁我无眠。西湖旧种应成果，他日重逢莫问年。尚有山禽说离恨，四更风露在遥天。"

除此之外，还有《湖居二首》《丰湖夜泛》《夜从范祠至苏祠下作》《湖心亭卧月怀龙二》《洗肝亭杂诗四首》等等，都是点明有关西湖的题目的，特别值得大书特书而又无限遗憾的则是题为《忆惠州西湖杂诗百首寄惠州西湖诸生》而实际只存五首。据余绍宋的按语称"此篇仅存五首，非敢删也"。仅存的五首每首都有自注，说明西湖每一景点的地理或是历史，可见是作者精心结撰的力作。九十五首不见了，真是无可估量的损失。这只有像丰湖书藏一样徒供后人怀念了。

原载《惠城文史资料》总第 15 辑 1999 年 1 月

20 年代惠州那场攻守战前后

1922 年 6 月，陈炯明背叛孙中山，炮击总统府。孙中山脱险去沪，认为这一次的变乱是"祸患生于肘腋，干戈起于肺腑"，自言"中间出死入生，失败之数，不可缕指，顾失败之惨酷，未有甚于此役者"。是年年底，孙中山集合广东、广西、云南各省的军队，组成诸路讨贼军，对陈家军进行全面的夹击（陈家军是孙中山对陈炯明叛军的称呼，表明它是姓陈的一家的军队，不是革命的军队）。陈家军兵败如山倒。陈炯明自知广州不保，于是把部队集中惠州、梅县、潮汕一带，保全实力，伺机反扑。

1923 年孙中山重回广东，组织大元帅府。欲趁陈家军喘息未定的机会，实行征伐，除恶务尽。又以惠州是陈家军的主要根据地，惠州一下，潮梅一带一般是难于固守的，于是定于 3 月间派杨希闵所率的滇军和刘震寰所率的桂军直向惠州进发。遗憾是杨、刘这些军阀当初之所以参加讨伐陈炯明的战争，只是利用孙中山的威望进占广东地盘，以满足他们据地自肥的欲望。现在已经吃肥了，对于继续打仗根本没有什么兴趣。古应芬的《东征日记》就有滇桂部队不听调遣的记载。现在屯兵惠州城外，只是敷衍塞责。孙中山虽然亲临前线，还登上飞鹅岭视察惠州城内地形，指挥开炮，甚至埋设地雷，爆炸城墙。身置这样军情紧急的处境，孙中山想到当时担任大元帅府警卫队的第一师第三团团长邓演达："切望兄与全团来东江以资随卫，俾能往来自如，以速决东江战局为要。"同时邓演达还受命为安抚委员，准备城破之日，由邓演达承担安抚惠州老百姓的任务。但是由于后续部队没有及时赶上，最后还是徒劳无功。

至于惠州城内情况又是怎样的呢？当时惠州守城的军队是杨坤如率领的第六军，由于进攻惠州的滇军和桂军所到之处烧杀抢掠，无恶不作，无形中给守城军队提供了鼓舞敌忾的材料。加以前几年惠州人对陆荣廷、莫荣新那批桂系军阀盘踞广东压榨人民，野蛮残暴的那一套记忆犹新，现在听见攻城的又是桂军。如果他们真的攻进城来，惠州还有活路吗？所以当时惠州军真的得到了老百姓的支持。这样足足打了将近半年，城中食物搜罗净尽，杂粮吃光了，蕉叶、树皮也吃光了，草根也挖光了，甚至于吃纸，吃塘泥。虽然苛捐杂税，巧立名目，他们虽有怨言，还是把钱掏出来支援军用。至于苛捐杂税，我记得有够新鲜的"妹仔捐"。所谓妹仔，是有钱人家平时从穷苦人家用钱买来的女孩，买回来用为婢女，长大后可以养女的名义出嫁。她的作用等于一个小保姆。妹仔捐是有妹仔的人家必须捐五元钱，这也可谓异想天开的项目了吧。

关于地雷攻战的记载，就我现在所看到的这方面的材料，有说是第一年挖地道，没有地雷，第二年才埋地雷的。这种记载与事实似有出入。1923 年第一次攻城，我还在广州上学。那年年底我从广州绕道香港坐船到沙鱼涌，再从沙鱼涌走路回惠州老家，听惠州人说过地雷攻城的事。后来看到孙中山 1923 年 7 月 31 日从东江前线给邓演达的亲笔信，里面提到"惠州之破，仍当以地雷为最有把握。而前者所作工事不妥，近日所作，又为水坝。水退之后，当要继续行之。拼十日之工，当无不成，此又要兄速来，以资熟手"。可见地雷攻战在 1923 年是确凿无疑的。1924 年我因病休学在家，第二次围城是我亲身经历的，并没有听到过什么地雷的爆炸。可见第二年地雷攻城的说法是没有根据的。

地雷炸不开惠州城，孙中山从虎门威远炮台调来的海岸大炮射出来的重五六十斤的"猪仔炮"虽然破坏了一些防御工事，毕竟影响不大，至于有时飞来的少数飞机只能作为示威的手段。因为不是正式轰炸机，投弹只是随手扔下来，既瞄不准轰炸目标，也没有多大杀伤力。曾经有过一颗炸弹落在居民住宅的屋顶上，只炸落一块砖头的故事，威力如何，可想而知。

这样僵持到 8 月中旬，洪兆麟解围的援军开到了。围城军队仓促应战，混乱不堪，守军开城夹击。攻守的形势反过来了，陈家军长期困守，现在放手冲杀，莫不勇气百倍。东征军尽是一些骄兵悍将，强敌当前，纷纷溃退，惠州于是宣告解围。

解围之后，陈家军稍作休整，立即乘胜进发，赶去"拿下"广州。前锋到达石滩，总指挥叶举声称要与部属痛饮于广州陈塘。可是事与愿违，孙中山下令所部迎头痛击，陈家军狼狈败退。事后各回原防，又得苟延残喘。

这一次惠州的攻守战，惠州一个粤东小县，正所谓弹丸之地，孙中山挥军东指，御驾亲征，天上飞机，地底地雷，海岸大炮，当时可以动用的新式攻战手段都用上了。惠州孤军坚守几达半年之久，始终岿然不动，的确是吸引了海内外的注意。当时上海美国人办的《密勒氏评论报》要编一本中国现代二百名人传，用中英文合璧出版，其中收有陈家军总指挥叶举，来信约写小史。时吴佩孚坐镇洛阳，正是康有为贺吴寿联所谓"洛阳虎视，八方风雨会中州"的全盛时代。以为惠州守军军长杨坤如会有什么神机妙算，于是借开军事会议的机会请杨坤如来作守城报告。杨当即派了一个代表出席，出人意外的是这位代表说到守城经过的时候，竟然夸夸其谈惠州城墙高逾二丈，厚亦一丈几尺，易守难攻。杨军长扶乩，菩萨亦预言逢凶化吉，诸如此类，守城功绩差点泡汤。杨坤如得到消息，立即改派一位惠州资深退伍军官林步云（成登）赶去洛阳，挽回影响。散会之后，林步云还带回一把吴佩孚手书唐诗送给林氏的折扇，他写的是晚唐诗人许浑的《金陵怀古》。诗的结尾是："英雄一去豪华尽，惟有青山似洛中。"过了没有多久，他在第二次直奉战争中被打败，迷信的人于是进行附会，说这两句诗就是吴某失败的预兆云云。

杨坤如虽然是绿林大学出身，却还能写出一手不算难看的毛笔字。安定下来，他也要附庸风雅，学一些文人学士的样子，在惠州西湖的景点挂上自己的作品，于是托人请远在北京的前清进士李绮青替他作一副对联，自己写好刻起来，挂在百花洲。联语是"何时解甲归锄菜，特地偷闲为看花"。

叶举幕下聚集了一批文人清客，没事就打诗钟。诗钟的得名是用一枝香缠在一条线上，线的一头穿一个钱，底下摆一个铜盆。诗钟出题，或分咏，或嵌字，题目定了，即将香点着，香烧到线，线断了，钱落盆上，铛的一声，时候到了，不能交卷就算输了。这铛的一声，就是诗钟之所以称为钟，现在他们是不再烧香，只是限题对仗，他们还给他们的活动取名"盾鼻诗钟社"。盾鼻是盾牌的纽，亦即盾牌的把手，古人有盾鼻磨墨，比喻军中草檄的说法。梁启超曾就他讨袁军中所写的文章编为《盾鼻集》，叶举这一伙是袭用梁启超的命名表示他们的书生本色。这一年是叶举的四十岁生日，他曾作七律十二首历叙他生平行事，对于辛亥革命，讨伐龙济光，援闽军事，平定广西等等都有明白的叙述，独是对于背叛孙中山这一段是含糊其词，只说什么"人竟开门甘揖盗，我怜同室自操戈。恩仇成败都闲事，只恐苍生涕泪多"。好像他是为民请命的样子，说到惠州围城他有一联是"百战关河凭健将，千年城郭不惊雷"，突出那次地雷攻守的战斗。但他毕竟自知背叛孙中山是冒天下之大不韪，前途不会是光明的，所以第12首有"飘摇风雨一年中，桑土绸缪计易穷"的话。有人读了，认为叶举这样说不免泄气，不过这实在是他要说的真心话。他与陈炯明的关系正如他另外一首诗所说的，"身拼九死鸳盟定"，只有硬着头皮干下去罢了。

这一个时期国民党内部又有一部分人认为兵连祸结，不如化干戈为玉帛，主张孙陈和解。特别是吴稚晖，向孙中山讲说陈炯明的好处，说他从来没有什么不良嗜好，不贪财，不讨小老婆，是一个有用之才。孙中山听得多了，就说，那好，只要他写一封悔过书，我就把广东交给他，我专心统军北伐。但是陈炯明死不认错，所以妥协方案无法实现。加以孙中山当时正在忙于国民党的改组，实行国共合作，召开第一次全国代表大会。大会开过之后，他又忙于整顿内部，无暇兼顾军事，围攻惠州差不多成为例行公事，飞机有时飞来，也只是撒放传单，希望他们幡然来归，本帅自当一视同仁，共谋广东建设大计。陈家军鉴于上次冒进的教训，也不敢妄然蠢动，所以1924年有点像是暴风雨前的暂时的平静。

1924年冬天，段祺瑞在北京当上了中华民国临时执政，电邀孙中山北上共商国事，同时冯玉祥也来电邀请。陈炯明竟想钻孙中山北上的空子，自封为救粤军总司令，准备进攻广州。1925年2月，广东革命政府决定东征，以黄埔军校学生为主力，由军校校长蒋介石率领，周恩来为政治部主任，由于得到当地农民的支援和配合，学生军所向克捷，2月15日攻下淡水，27日占海丰，3月上旬连克普宁、潮安、汕头。27日破林虎主力于棉湖。3月12日孙中山在北京病逝，有一篇记述孙中山逝世的文章说"卒之前犹及闻党军捷报也"。孙中山生前痛感自己没有真正可靠的革命的军队，所以决心创办黄埔陆军军官学校。现在黄埔军校学生军果然不负孙中山的期望，旗开得胜，对孙中山无疑是临终前最大的安慰。

至于惠州方面，廖仲恺策反工作大功告成，杨坤如所部旅长骆凤翔（冠宇）接受廖仲恺弃暗投明的劝告，归顺孙大元帅，与其他旅长联名请求杨坤如下野。杨坤如眼见众叛亲离，再行顽抗只有死路一条，只好答应下野，但要求保证他生命财产的安全。就是这样，惠州没有流血战斗，和平转入大元帅府的编制。我还记得惠州首先张贴出来的四言布告开头四句是"惠州底定，粤局统一。欢腾钦至，与民休息"。

杨坤如下野之后，曾经有人拿他挂在百花洲对联的上句"何时解甲归锄菜"换对上下一句"凤翔翻嫁扯桥梯"。扯桥梯是关于惠州大东门外浮桥的故事。惠州府县两城的交通是靠一道浮桥，由许多木船缚上铁链，联成一线，铺上木板。扯桥梯即指拆散浮桥，断绝两岸交通。意思是如果杨坤如执迷不悟，就要拆散浮桥，决不放他逃走。这七个字并不能算是对句，因为对对子要名词对名词，动词对动词，这里却完全没有依照对仗的规则，所以不能算是对对子，只是拿杨坤如开玩笑而已。

至于"凤翔翻嫁"的说法则不免含有贬意。所谓翻嫁，即指寡妇再醮，封建社会认为这种行为就是不能守节，违背了妇女从一而终的礼教。所以说凤翔翻嫁即等于说骆凤翔卖身投靠，反映作者封建思想和地方主义在作怪。就事论事，当时惠州有一部分人的思想是受到封建主义和地方主义的影响的，这里可以再举一个例子。

中国人历来有一种习惯，说起当今某人的时候，喜欢拿同姓的古人来比拟。例如说到叶举，最方便的就是借重明朝惠州人官至右都御史、封太子太保的叶梦熊，他的太保墓一直是惠州西湖的名胜古迹。提起杨坤如则举北宋杨家将的杨业杨无敌。关于孙中山呢，要举同姓的古人，最熟悉的当推著作《孙子兵法》的孙武或是孙膑，再不然就算三国赤壁之战的孙权也可以吧。但是不，他们控空心思找出一个东晋的孙恩来比拟孙中山。孙恩，何许人也？我们今天公认他是农民起义的领袖，他以海岛为根据地，先后四次登陆，打击官府势力，最后战败自杀。但是在旧文人心目中他是入寇内陆的海贼，那当然是反面人物了。这是比管孙中山叫孙大炮更带侮辱性的称呼。我们今天指出当时一部分人的思想状况，目的在于说明历史的真相，并不是给某些人扣什么帽子。

现在还是回到杨坤如这里来吧。他下野之后身居香港，还想重整旗鼓，辗转拉上了许崇智的关系。自称他的原有旧部在现驻惠州胡思舜滇军统率之下，甚感压抑。如果他再回惠州，他们一定愿意听从他的指挥，可以增强粤军实力。许崇智于是委杨为第五军军长，并派粤军第三纵队司令莫雄和旅长梁士锋协同杨坤如回到惠州。胡思舜兵力不及杨坤如，只好退让。杨坤如摇身一变，成为革命军长，坐镇惠州。其实供职军部的都是他的原班人马，正所谓换汤不换药。所以当东征军回师广州，平定滇桂军阀杨希闵、刘震寰叛乱时，陈炯明残余部队又重新占据潮梅一带，立即与他们连成一气，东江又成为陈家军的巢穴。

广东革命政府在平定杨刘叛乱之后，即由原来的大元帅府改为国民政府。深感陈家军反复蠢动，实为心腹大患，于是决定进行第二次东征，由蒋介石任东征军总指挥，周恩来任政治部总主任，何应钦、李济深、程潜分任三个纵队的纵队长。苏联顾问加伦将军随军行动。进军的第一站仍然是惠州城，攻城部队是第一纵队。十月初到达惠州城外。第一日上午开炮轰击，据说攻城大炮的第一发落在目标附近，第二发接近目标，第三发即告命中，于是集中火力，一日之间，北门城墙大量崩塌。第二天一早，杨坤如的副官到处巡视，没有听见炮声，以为攻势已疲，可是话音刚落，炮声骤起，这样打到下午，攻城军队已经架起云梯爬城猛进。杨坤如眼见大势已去，仰天长叹，随即出大东门，过东新桥，然后狼狈逃窜，远走香港。

　　这一场战役，充分发挥了黄埔军校学生军的革命精神和英勇气概。团长刘尧宸身先士卒，爬城时中弹身亡，其他将士伤亡者也不在少数。大军入城之后，照过去的老例是要"放假"三天的，所谓放假即是"自由抢劫"的黑话。现在居民所见的却是雄姿英发的士兵向老百姓分发照片和传单，或者和颜悦色但又激昂慷慨地站在街边演说。真正像是旧书上形容王者之师所说的"秋毫无犯"。老百姓这一下可安心了。

　　惠州城前后历时两年多的攻守战现在是以陈家军的彻底溃败而正式结束了。现在提到日程上来的是拆城。关于拆城问题，听说曾有相当多不同的意见，至于如何讨论通过，为何实行拆城，因为我已经离开惠州，无缘躬逢其盛，也就不可以妄加论列了。

原载《惠城文史资料》总第 16 辑 2000 年 3 月

一代名医汪友云

《惠州名人》一书收有名医汪少云，文中提到他"自幼随其父亲名医汪友云学医，尽得其父真传"，但是汪友云本人却不在惠州名人之列，我觉得不无遗憾。如果说汪少云与余道元、夏伯宽并称为"惠州三大名中医"，那么，在此之前，汪友云不妨称为惠州当时独占鳌头的中医名家。他住所大门上面挂满了病家奉献的牌匾，什么"饮上池水"啦，"妙手回春"啦，"华陀再世"啦，"功参良相"啦，不一而足。渐渐的，除了大门上头之前，大门左右也挂上了牌匾。他大门过年贴的春联并不是什么福寿康宁之类的吉利套话，而是"只愿寰区歌揖让，还期禹甸乐雍熙"。这副春联也许是他老先生自撰的，因我没有看过也没有听过别人说过同样的春联。我还记得一连好几年都是贴这同一副春联，可见这位名医心胸开阔，眼光远大，不是随波逐流，只追求个人福乐的庸夫俗子。

为什么我对他的印象那么深刻呢？因为我家有人害病，差不多总是找汪友云来看。我就是承担登门求教的差使。

当时的习惯大都是送医上门的，很少医生在家坐诊。民国初年，一次诊金通常是两毫子，他也没有例外。后来大概是求诊的人太多了，他只好——用我们现在的话说，依照市场调节的法则，提高为一次诊金四毫子。他看病还有一个特点，遇到特殊的症状，他常常写出一篇脉论，详细论述就诊病人的病状、病因及处方准则。后来因为病人动不动要求写，他只好再定下一条规矩："作论加倍"。我就亲眼看过他文不加点的写脉论的情景。这些脉论如果当时有意识地保存下来，倒是大有参考价值的像叶天士一样的"临证指南医案"。

我记得非常清楚的是我祖母的一次大病。病势之凶，急得我父亲直哭，连原先寄存在寿材铺的棺木都动斧备用了。可是着急一场之后，病人却转危为安，诊治医师就是汪友云。

又有一次是我二哥突发急病，深夜请汪友云来家。他开过处方之后，写了一篇长长的脉论。我看不懂，只能按方抓药，二哥吃了药很快就好了。

还有一次，我的姐姐有病，请他诊治。旧式礼教，闺女是不能面对生人的，对医生也不例外。那是在闺房门口挂起布帘，布帘底下放一张方桌子。病人从布帘底下伸一只手出来，让医生切脉。这就连中医诊病"望闻问切"的所谓"四诊要诀"都不能一一做到的，可是病也就是这样治好了。

关于对待中医的问题，我总要想起鲁迅，我对鲁迅的崇拜程度，差不多可以说是鲁迅的"凡是派"。但是鲁迅说中医只是"有意或无意的骗子"的全盘否定的态度，我始终没有随声附和过。原因就是通过汪友云的医术使我相信中医的确有它的特殊的疗效。虽然对中医有些阴阳生克的说法我不敢轻易相信，但那是科学还未充分发达的时代不可避免的局限性，因而不应该乱打一气的。

听世交老辈说，汪友云早年入塾读书，聪颖过人。如果他可以参加考试，准会出人头地。不幸他的父亲当过"爷们"，那是差役一类的职业，不入四民，即士农工商之列的。他们的子弟根本没有参加科举考试的资格，但他是天生的读书人。语云：不为良相，当为良医。于是他案头的书就由原来的四书五经，换上了《灵枢》《素问》。而且从理论到实践，成为一代名医。

他生活朴素，穿的总是一件灰布长衫，而且特别宽大，双手下垂，稍为向后斜伸，走起路来，迂缓平实，仿佛魏晋名士宽袍大袖，服药行散的风度。与人谈话，不骄不谄，有时莞尔一笑，点头称善，一室春风。

20年代广东政局动荡，他曾经移居香港，照样挂牌行医。我在报纸上也经常看到他的名字，可见他在香港也是站稳脚跟的。由于香港只是我暂时栖身之地，不久我就去了上海，从此没有他的消息。现在要谈他的生平，苦于所知不多。深望有心人能够多作补正，毋使一代名医，湮没无闻，是为万幸。

原载《惠城文史资料》总第 17 辑 2001 年 3 月

谈惠州方言诗

惠州方言诗指用惠州话写出来的打油诗。用的是惠州话，但是平仄、粘接都必须依照诗律，不能随便乱说，例如那首咏吊丧的七绝：

> 布褂穿来不着袍，奠仪代烛共三毫。
>
> 灵前吊罢仓皇出，饺子才吞又蛋糕。

第一句开头两个字叫做仄头，第二句的头两个字就要平头，第三句头两字要平头，第四句换为仄头。布褂是仄头，奠仪就是平头，第三句灵前也是平头，第四句换为仄头，不照这个规矩就叫失粘。可见虽然是大白话，也必须依照诗律办事，马虎不得。

以上算是形式上的举例，主要是看它的内容，可以了解当时清末民初丧礼的一般规矩。依照当时的习惯，丧主择定开吊的日期，事先，依照一定的格式即成哀启分送有关亲友。亲友接到哀启之后，先将一定数量的钱币包好装入白纸的大封套，封套上面粘上一张纸条，上书"奠仪某某某具"，送到丧家。钱多少，普通的即诗中所说的三毫，三个七分二厘的银毫子，七分二厘是银币一毫子的重量，三毫即三个银毫子或者用一个双毫加一个单毫，也有依亲情的深浅送五毫到一元的（当时还没有纸币，所以奠仪总是沉甸甸的）。送礼之后，再依哀启规定的日期到丧家去行吊，吊客由丧家的招待人员领进灵堂。灵堂停放着逝者的灵柩，它依照男左女右的老例靠近灵堂的墙壁，灵柩前面留出一片空地供孝子跪下，以便拜谢吊客。灵堂前面摆着供桌，供桌顶上挂着逝者的遗像，桌上摆满香烛酒果之类，供桌两边挂着大幅的布幔分隔灵堂与天井，布幔上面挂着挽联。天井临时搭上与灵堂平齐的地板。

吊客进入灵堂,供桌左右两个司仪先由右边那个将点好的三支一扎的长香递给吊客,吊客接过长香向逝者遗像供奉三次,交还左边那个司仪,然后向逝者遗像跪拜,普通是一跪三叩首,礼重的则是三跪九叩首,叩毕转身出门,司仪即呼谢礼,孝子挂开布幔,匍匐向吊客答谢。吊客还礼之后回到客厅,招待人员随即送上一碟点心供吊客享用,此吊诗中听描写的"灵前吊罢仓皇出,饺子才吞又蛋糕"。关于给吊客供奉点心这一套,就我记忆所及已经取消了。

出丧那天,丧家还在从丧家到安葬的坟山的路线上分段摆设供桌,以备那些不能依照规定时间来家行吊的亲友就近行吊,谓之"摆路祭"。每个吊客可以领到一块重达一斤的猪肉(旧秤一斤十六两)。旧俗买肉除整块之外还有一片搭头,所以另一首讲到"摆路祭"的诗这样说:"口口口口口口口,衣冠齐集四牌楼。为贪猪肉斤零四,忙向街心乱磕头。"

从这两首方言诗可以大略了解到旧日丧礼的一些细节。作者听说是一个姓利的举人,大概还不止这两首。不过转述的人所知不多,我也就只能说这一点点了,诗云:"善戏谑兮,不为虐兮。"像这两首作品却是把吊客漫画化了,这是必须指出的一点。

我记得有一首诗是咏时辰钟的。旧式的时辰钟都是有钟摆的。长针每走到 12 这个字的地方就要依几点钟的数字鸣钟多少下,诗云:

十二时长廿四 lin(力因切),dang dang dag dag 听无亲。长针打只茧头 lid,(力一切),lid 到中间 din(德刃切)din(德隐切)din(德寅切)。

lin 是一圈。十二时辰是子丑寅卯辰巳午未申酉戌亥,每一个时辰两个小时,所以十二时辰是 24 圈,dang dang dag dag 形容机械转动的声音。长针打只茧头 lid,即转完一圈,Iid 到中间即走到 12 的位置,din din din 是钟鸣的声音。

从前经营钟表和修理钟表的商家都印有一张二十四节气天光天黑对钟时刻表送给顾客,写明每一个节气天光天黑的时间。过去他们不说几分钟,而将 5 分钟说成"一个字",例如 3 点 17 分就说三点三个半字,还把"字"字省去。7 点 40 分则说七点踏八。

说起方言诗的作者自然不能忘记王映楼。他写得不少,我只记得那首《咏差役》:"老天生你有阴功,一副心肠另不同。脸敷牛皮撑气概,靴粘马屎逞豪雄。每逢叱骂声声是,说到逢迎事事工。奴性奴形奴人骨,叩头虫下叩头虫。"还有一首咏暴发户的七律只记得前半首:"阿 teong(布样切)身荣返乡下,相逢聊且 ngal

（俄合切）头拿。马褂长衫财主佬，挺胸凸肚大东家。"

传说江逢辰写过一首 17 字诗："佳人失孔孔，麻绳绚水桶。双手挤落去，qin qing（近孔）。"这是描写妇女到河边挑水的。

李煦寰从法国回来，工作极不如意，广州、上海、北京，南北奔驰，牢骚满腹，曾口占一首七绝："人生岂得长贫贱，三少何尝是笨猪。只觉苍天方愦愦，教人那得不吹须！"

套用古人诗句歌咏眼前事物，也是文章游戏的一门，青主在这方面颇有独到之处。有一次吃饭的时候，有人说蒸鸡蛋加点咸虾，味道特别鲜美。青主听说，随即套用古人"寻常一样窗前月，才有梅花便不同"的诗句说道："寻常一样蒸鸡蛋，才有咸虾便不同。"听的人笑了，他却若无其事地吃他的饭。

拉杂写来，深感疏漏，希望还有乡邦先辈多作补正，这也是惠州民俗的一宗遗产。

原载《惠城文史资料》总第 18 辑 2002 年 3 月

记陈颉和先生

说起陈颉和（仕煦）先生，我和他关系并不深，但是我对他总是充满钦敬之情。他的本职是惠州中学英文教员。惠州中学是惠州的最高学府，英文又是极少数人懂得的洋话，显得高人一等，但意想不到的是他竟然来府两等小学堂代课，而且课目是"手工"。当时我在府两等上学，听说我们认为高人一等的陈老师要来代课，不免激发起大大的好奇心。等到他降临的时候，发现他一点架子都没有，手工作业做完了，还没到下课的时间，我们胆敢请他讲故事，他也欣然答应，讲的是《天方夜谭》，那就更是闻所未闻的新鲜事。

我们虽然乳臭未干，但也会附庸风雅。有些同学买把扇子就要请学校的老师写字，我们则因为陈安邦的父亲陈仕早是我们的同班同学，有了扇子就请他带给陈颉和老师求他墨宝。陈老师也真的有求必应，很快就写好给陈仕早带回来。照当时流行的习惯，写字以写唐诗居多，陈老师却写些宋词，在当时也算是新鲜事。而且他的书法并不是通行的颜真卿、柳公权，也不是黄山谷、赵子昂，而是清代名家张廉卿。这是包世臣、康有为提倡的结果，在当时又可以说是新鲜事。因为这种与众不同的表现，我对他自然产生比较深刻的印象。但是像我这样的毛头小伙子是不敢高攀的，只是在自己心中树立起一座高大的偶像而已。直到十多年后抗日战争发动起来的时候，发生过一件巧合的故事。

抗日战争爆发，我不甘落后，投笔从戎，1938年春到广州第十二集团军政治部参加宣传工作，不久调到第四战区政治部，出入总要经过教忠学校。教忠门口挂了好几个机关的名牌，我一看那些字，觉得有些面熟，揣摩之后，我认为很像是陈颉和先生的手笔，顿时产生了亲切感。由于当时日本飞机惨无人道的狂轰滥炸，学校为避免无辜的损失，都疏散到四乡去上课，教忠也不例外，门口总是冷冷清清的。

但是每每看到那些名牌，总不免想起陈老师。有一天我终于忍不住了，于是进去找一个留守人员，问学校是不是有一位名叫陈仕煦的老师。答复竟然是肯定的，只是学校已经疏散，他不知陈老师是不是仍然留在学校。可惜我那次回到广州，因为工作相当忙，还没有回过惠州老家，无从问及陈老师的情况。不久，日本侵略军就在大亚湾登陆，占领惠州，直趋广州，我们被迫撤退到翁源，从此越走越远。只在1987年冬匆匆忙忙地赶回惠州大半天，也不可能抽出时间打听陈老师的消息。直到最近我的一个亲戚郑定原和我通信提起他中学时代的老师陈颉和，我立刻写信请他告诉我有关陈老师的情况，他当即回信说了一些陈老师的事情。

据郑定原说，陈老师在抗战八年中一直坚持在县一中任教。当时所有的教师工资低，且不能按月领到，加以币值不稳定，故所有老师都比较穷。颉和老师也在其中。他是郑定原的英文教师，又是班主任（当时称为导师）。颉和老师教学认真，对学生循循善诱。穿着很朴素，一件旧长袍，袜子左补右补的。他写字很认真，一笔不苟。有一次书法比赛，第一、第二、第三名全是县一中的学生，这里面自然有陈老师的一份功劳。他为惠城培养了不少学生。抗战胜利后，直至解放初，能考上大学的，几乎都是在县一中读过的。由于他在教学上的贡献，又是有名的书法家，实至名归，解放后，他当上了惠阳县政协委员，这是公众对他事业的认同。

感谢郑定原告诉我有关陈老师的情况。就我记忆所及，他的书法对当时惠州产生过相当的影响，我们一些毛头小子，当时还有社会上的一些人曾经兴起一阵子张廉卿热。但是张廉卿那种方整险峻、外方内圆的笔法是很难学步的，只有他的堂弟陈仕昉稍有眉目。

总之，无论是在师德还是才艺上，陈颉和先生是值得我们后辈永远怀念的。

原载《惠城文史资料》总第 19 期 2003 年 7 月

海涅和马克思的友谊

——纪念德国伟大的革命诗人亨·海涅逝世 100 周年

拉法格在回忆他的岳父马克思的文章里面，说到马克思能够背诵海涅和歌德的诗句，而且在谈话中常常引用它们。对于歌德，那是和对莎士比亚一样，是由于马克思学识的渊博；但是对于海涅，还饱含有更深厚的友谊。

1843 年 12 月，海涅从汉堡回到巴黎，认识了马克思，立刻就担任了在巴黎出版的德文《前进报》的撰稿人，开始了他们在文字上的合作。从那个时候起，海涅开始了创作上最光辉的时期，这无疑是由于马克思的启发。这一时期的名作是《西利西亚纺织工人》，马克思曾在《前进报》上写文章介绍，指出这首诗所表现的西利西亚的织工是无产阶级自觉的阶级意识的抬头，因而肯定了这个作品的历史的意义。海涅曾经把初版的样张寄给马克思，并请马克思为这首长诗写一篇序言。特别值得注意的是，海涅的作品用的反语和冷嘲是很尖锐的。

海涅很敬重马克思，虽然马克思比他小 21 岁。他认为马克思是他"所知道的人们中一个最亲切的、富有情感的人"。他认为"在反抗现状的斗争中，无产阶级有权要求最进步的思想家，最伟大的哲学家作为他们的领袖"。他预言说："未来的社会是属于马克思和恩格斯这两位革命博士的。"

1845 年后，马克思因法国政府的驱逐，从巴黎迁居到比利时的布鲁塞尔。动身之前，他写了一封信给海涅，里面有一段非常令人感动的话是："在这里的人们中间，我最不愿与之离别的就是海涅。我恨不得把您也装进我的行李里去。"他一到布鲁塞尔，就约海涅为《莱茵年刊》写稿。他的著作《神圣家族》一出版，立刻就寄了一本给海涅。只要有机会，他总不忘记发表海涅的诗；别人要想刊印海涅的诗，就找马克思想办法。

有时候马克思和海涅没有直接通讯，但是他经常托人报道海涅的消息，恩格斯就曾担任过这种工作。例如，1846 年 9 月恩格斯曾经向共产主义通讯委员会报告海涅的病状，说他很瘦，但是还可以拖上三四年；虽然不免颓唐，可是仍然充满了毅力。1848 年 1 月里，恩格斯又写信给马克思，说海涅的健康已经要垮了，走不到三步路就得扶住墙壁，整天从靠背椅到卧床之间摸来摸去，精神上也有点疲惫了。

马克思本来还想约海涅参加《新莱茵报》的工作，海涅也已经表示同意。但是疾病使海涅不能实现这个计划。《新莱茵报》在 1849 年停刊之后，马克思重新到了巴黎，曾经去探问海涅。

后来马克思去伦敦，就没有和海涅见面了。但是我们知道，马克思和海涅的关系是始终没有断的，经常有人给马克思报道海涅的消息。1856 年 2 月 17 日，海涅逝世，有一个叫做路德维希·西蒙的人，乘机向死后的海涅进行诽谤，引起了马克思的义愤，他曾经写信给恩格斯，表示了他严正的态度。当他看见海涅的遗嘱，发觉海涅回到宗教的信仰上去的时候，他又写信给恩格斯，表示了他惊讶和惋惜的心情。

原载《天津日报》1956 年 2 月 21 日

汉语拼音来之不易

中国文字改革委员会经过 1950 年到 1955 年这一段长时间对 665 个拼音方案和历史上几十个主要方案的比较和研究，已经在 1956 年 2 月拟定出一个比较完备的新方案由全国人民广泛讨论，根据各方面提出来的四千多份的意见，再加以审慎的修订，终于制定出现在的"汉语拼音方案草案"，送交国务院汉语拼音方案审定委员会讨论审查。现在"汉语拼音方案草案"已经由全国人民代表大会第五次会议通过了。这种审慎、广泛、周密的讨论是只有人民掌握了政权之后才有可能的，这使我进一步认识到党的伟大，社会主义的优越。

"工欲善其事，必先利其器"。学文化也是一样。学文化，就技术上说，是读和写的问题。但是由于汉字的难认和难写，就使得劳动人民无法掌握这一文化武器。解放之后，随着劳动人民政治地位、经济地位的提高，他们都认真学习文化。但是仍然由于汉字难认和难写，使得人们在学习过程中，碰到了不少的困难。读的时候有好些字音读不出，写起东西来也有许多字简直写不出。平时还好，记下来问问别人就解决了；开会、听报告要做笔记就非常困难。用同音字吧，这在有些基础的人是可以的，但对文化水平低的人就不好办了。现在有了拼音字母，什么字都可以写得出来，这在交流工作经验，表达思想感情上都会增加很大便利。

文字是人们交流思想的工具，一切革命者都主张"把文字交给人民"。但是反动统治者则要垄断，不许人民有条件接触它。所以，拼音字母，一开头就是碰到了顽固派、反动派的反对的。如国民党反动统治时期，携带拉丁化新文字书籍是等于证实自己是共产党，许多同志还因此惨遭杀害。即使到了抗日战争时期，国民党反动派口头上说国共合作，但对拉丁化新文字却仍旧进行无情的迫害。我记得有一个姓刘的同志，1937 年冬天从上海回到了宁波，在码头上碰到搜查行李的警察，给搜到几本拉丁化新文字书籍，警察就瞪起眼睛说："是共产党的东西！"姓刘的同志因此被捕了。香港英帝国主义当局也曾经禁止新文字学会的活动。就在解放之后的1957 年，右派分子章伯钧也拿汉语拼音方案来作攻击党的领导的借口。爱爱仇仇，汉语拼音方案也因此使我感到分外的亲切，我无条件地拥护汉语拼音方案，并愿意为这一方案的推广和宣传尽我的力量。

原载《天津日报》年代不详

漫谈席勒和他的《阴谋与爱情》

不久以前，我们才从中国音乐家和德国德累斯顿交响乐团联合演出的贝多芬第九交响乐里面听到了席勒的《欢乐颂》，现在，我们又在舞台上看到了席勒的名剧《阴谋与爱情》。这是中德两国人民文化交流的新的一页。

远在五四运动之前，通过马君武先生的《威廉·退尔》的翻译，我们就已经认识了席勒的名字。《威廉·退尔》和《阴谋与爱情》也曾经先后被中国戏剧家借用为揭露黑暗、歌颂自由、反抗侵略、鼓舞斗争的题材，但是原作的上演却还应该以青年艺术剧院目前上演的《阴谋与爱情》为第一次。而且仅仅以一个半月的排练时间，就取得了这么优异的成绩，这不能不说是大跃进中的一朵奇花。

《阴谋与爱情》的主题是一对不同阶级的青年的恋爱悲剧。在罪恶的阶级社会里，这种恋爱悲剧，几乎可以说是无可避免的，可贵的是这位"人类辩护士"（别林斯基加给席勒的称号）通过这场悲剧揭露了统治阶级的毒辣和险恶。更在积极方面借音乐师米勒的口宣告了市民的正值和尊严。米勒对宰相说："大人，你在公国内是可以为所欲为的，可是，这里是我的家。如果我要递一份申请书，我自然会必恭必敬。可是对付无礼的客人，我就要把他轰出大门口。"露伊斯则说出了人类的远景："等级的限制都要倒塌，阶级的可恨的外壳都要从我们身上剥掉，人都是人！"它受到了恩格斯极高的称誉："这是德国第一部有政治倾向的戏剧。"

席勒的创作思想是"题材的恰当的选择和题材处理上的高度的简明"。因此完美的诗篇就不应该仅仅限于感染个别的人，而是"一切人都必须毫无差别的同受感染"。《阴谋与爱情》可以说就是他这种思想的具体化，也就是这部剧本长期以来始终拥有广大的读者和观众的原因。据阿·托尔斯泰在《苦难的历程》中的记述，十月革命信号阿芙乐尔炮击冬宫两天之后，彼得格勒就在上演《阴谋与爱情》，谁也不能忘记它对贵族阶级的阴险毒辣提出了极其有力的控诉。

但是《阴谋与爱情》的现实意义还不止于此。剧中有一场，米尔佛特夫人问那位替公爵送首饰给她的侍从，公爵为这些宝石需要付出多少钱，侍从回答，"不要他付出一个钱"，因为"昨天我们国内有 7000 个子弟运到美洲去了——他们替他清了帐"。这是一宗血腥的人命买卖！现在，阿登纳又在干着同样的勾当，把西德的子弟送到阿尔及利亚去当炮灰，替法国帝国主义去卖命。这一场戏在资本主义国家演出的时候常被删去，正是反动阶级狼狈为奸的活证据。

我们同意梅林①的说法，席勒、歌德和莱辛②是各有千秋，但是席勒的创作和生活却揭露了德国古典文学和哲学的秘密，他对专制主义进行了革命性的反抗，他的美德是勤勉、真诚和始终如一，也就用得着席勒自己的诗句：

一个人要成为大丈夫，就应该珍重他少年的梦想。

原载《北京日报》1959 年 11 月 27 日

---

① 梅林（1846—1919），德国著作家、社会主义者。著有《德国社会民主党》《德国社会民主党史》《马克思》等书。

② 莱辛（1729—1781）18 世纪德国杰出的批评家、剧作家、德国启蒙运动的主要活动家。

斗争没有结束

——看影片《审判延期》

德意志民主共和国德发影片制造厂出品的《审判延期》是一部富有现实意义的影片。故事主人翁菲尔甘特的父母和妹妹都在希特勒当权时期遭到杀害。菲尔甘特因为流亡英国，才算躲开了纳粹的魔爪。1954年，菲尔甘特回到西德，要找凶手科伦算账。出乎意料，这个纳粹分子已经成为阿登纳政府的红人。他不仅毫无悔改之意，反而掏出手枪威胁菲尔甘特，要菲尔甘特跟他妹妹一样上绞架。在这个紧急关头，菲尔甘特抢过手枪，结束了科伦的狗命。他也因此被逮捕。逮捕之后，出乎他意料之外的事又来了，西德当局要他供认是受德国共产党的唆使，以便作为西德当局迫害德共的借口。为了寻找证据，连他曾经支援红色西班牙委员会的捐款收据和订阅工人日报，甚至大战期间和红军并肩作过战，都成为威逼利诱的材料。

事实的教训是严酷的，在同牢的共产党员启发之下，菲尔甘特醒悟过来了，他不上敌人的圈套，还在进步人士的帮助之下，举行了一个秘密的记者招待会，揭发了西德当局的阴谋。西德当局没有办法，只好把审判延搁下来。影片就在英国进步记者格格赛尔，由于忠实报道了事件的真相，触怒了资产阶级报社的老板，愤然离职的一个画面中结束。

这部影片取材于西德进步作家法朗克的小说《密哈伊尔的归来》。法朗克和亨利希·曼和贝希尔一样，在第一次世界大战期间就坚决反对帝国主义战争，反对军国主义。他的小说《贼伙》和《人是善良的》就是有名的反战作品。纳粹崩溃之后，他发表了新作《耶稣的使徒》，叙述西德青年如何从反对不合理的社会到认识社会主义的经过，并出版一部自传体的小说《心在左边》。他住在西德，目击西德勾结纳粹党徒，迫害进步力量的罪恶勾当，于是写了《密哈伊尔的归来》，也就是

《审判延期》的底本。在原作倾向性不够明确的地方，电影脚本有了适当的补充，例如记者招待会和英国进步记者的撤职，这些都可见电影编导的匠心。

在《人是善良的》里面，法朗克说过这样一段话："只有当我们不再像过去一样，毫无思虑、毫无意见地履行错误的义务的时候，我们才有权利呼唤和平。"这段话是对当时的德国人，更是对今天的西德人民提出来的严肃的忠告。《审判延期》是投向敌人的一把锋利的匕首。但是审判虽然延期了，斗争并没有结束！

原载《北京晚报》年代不详

广州暴动三日记

　　1927 年 12 月 11 日，我清早醒来，听见屋前屋后，人声嘈杂，说是出了大事。所谓大事，有两种说法。一说是桂系军阀打回广州来了。当时盘踞广州的是国民党内冒充左派，奉汪精卫为首领的张发奎、黄琪翔的部队。他们在 11 月 17 日搞了一次所谓苦迭打，赶走了原先霸占广东地盘的新桂系（取其有别于 1919 年前后以陆荣廷、莫荣新为代表的称霸广东的旧桂系），即李济深、黄绍竑所统率的军队。他们不甘心他们的失败，正在纠集力量向广州进行反扑。现在枪声响了，有些人就以为是新桂系卷土重来的信号。另一说是，共产党打起来了。我一听，心里明白，但也不能肯定就是这样。因为决定要举行暴动是确定的，我们早已经在小组会上听过传达，也谈过各人的认识，认为反动派在那里闹狗咬狗的斗争，正是我们暴动的好机会，而且最近开会特别多，上级还派人及时传达有关的具体事项和保密纪律，所以暴动已经是箭在弦上，问题只是在那一天动手。但是为什么事先没有通知呢？还是出去打听打听吧。

　　我的组织关系是在共青团广东法官学校支部。"四一五"反革命政变之后，我和一部分平日比较抛头露面的同志已经被学校开除了，但是我们还是和留在学校的同志合编成小组活动。听到南昌起义部队要向广东进军的消息，我们还商量如何打回学校去。张（发奎）黄（琪翔）发动政变之后，我们的工作更加活跃。进入 12 月，暴动就提上了日程。同时反动派的压迫也一天天厉害，有的同志被捕了，甚至被杀害了，人民的反抗也跟着日趋激烈，街道的墙壁上随时会发现革命的传单和标语。反动的公安局长朱晖日自知是众矢之的，听说已经特别穿上一件避弹马夹。

　　为了弄清楚当前的局势，我赶到平时接头的地方去。路上空气是紧张的，我碰到一个人数不多的巡逻队。他们问我去什么地方，我摸不准他们是什么性质的，一时想不出适当的回答，他们就要检查我，其中一个人插话说："不要怕，我们不会难为你。"我把衣袋里的东西掏出来给他们看，那是一些粉笔和铅笔，还有几张纸。这是当时的习惯，身边经常带着粉笔之类的东西，一有机会就在墙上写标语，当下一个人问："你拿这些东西干什么？"另外的同志好像已经明白过来了，不等我回答，就说："你走吧"！我立刻直奔接头的地方。一到那里，门口一个人就告诉我："他们都走了，你到'警察俱乐部'去集合。"

我跑到"警察俱乐部"，看见挤满了年轻小伙子，少数人扛着枪，兴高采烈地谈论着今天的新局面。被捕的同志也出来了，其中有我们的大同学黄梧植。特别使人感到滑稽的是地上到处都是乱扯乱扔的警察制服，活现出那些反动家伙化装逃命的狼狈相。

黄梧植同志看见我来了，立刻发给我一条红带，教我系在襟头，这就是起义队伍的标志。经过了解，才知道起义的时间提前了。这时来的人越来越多，于是在礼堂里开了一个庆祝会，赶来参加大会的还有苏联朋友，他还用广东话高呼革命口号。开会中间有人送来广州苏维埃的宣言，公布了苏维埃负责人的名单和政纲，还有各种各样大大小小的传单。看了这些，我们觉得直接领导我们的就是平日我们非常敬爱的苏兆征、张太雷、叶挺、叶剑英、恽代英、周文雍等同志，我们高兴得尽情欢呼。

当时大家第一个要求是发枪，但是枪是不可能马上领到的，于是组成宣传队上街头。每到一处，老百姓立刻凑前来。我们针对"清党"后反动报纸对中国共产党的污蔑，着重宣讲了中国共产党的理论和政策，揭露了国民党祸国殃民的大量罪行。同时告诉他们，共产党是为穷人打天下的，从今以后，工人要做工厂的主人，土地归农民自由耕种，一切苛捐杂税都要取消，番鬼佬欺负我们的事情，像沙基那样的暴行再也不许重演了，沙面也会收回来归我们自己管理。群众一边听，一边点头表示赞成，听的人越聚越多，还互相交换意见说："这些都是替我们讲话的，是对我们好的！"有的还说："听了这些话，以后再不上国民党的当了！"

第二天一早，我跟着大家一起赶写标语，写完之后就上街去张贴。贴完回来，总觉得这样不够意思。大家认为这股劲还应该用在更为紧张猛烈的地方。恰好那时团市委的负责人刘一声同志来了。我们一拥上前，要求他设法给我们弄些武器，让我们痛痛快快的杀一场。他当即写了一封信交给我们，信是写给周文雍同志的，我们一拿到这封信，立刻欢天喜地的跑到维新路苏维埃政府，亦即红军指挥部所在地。事实上当时工人赤卫队还没有领到足够的枪枝，当然无法满足我们的要求，我们只好决定仍然到街头向民众做宣传工作。我们走过街头，处处都见到赤脚的农民队伍，高举红旗，写着某某乡农会，手上拿着土枪、梭标等武器，精神抖擞，斗志昂扬，彼此点头示意，预示胜利。同时也听到国民党第四军军部还未攻下，帝国主义的炮舰还在那里助桀为虐，开炮攻打我们的队伍。特别令人气愤的，是机器工会头头受到无政府主义的煽惑，居然认贼作父，勾结河南的李福林部队进行破坏。

回到"警察俱乐部"吃过晚饭，刘一声同志告诉我们去"刘家"听候命令。"刘家"指豪贤街留嘉里，是团市委所在地。我们到了留嘉里，刘一声同志指示我们，今天晚上分头去捕捉反革命。我们的任务是搜索我们所熟悉的法官学校的反革命分子，赶到他们的住宅，推开虚掩的大门，屋里空荡荡不见一人，原来都已经畏罪潜逃了。我们跑了一夜，结果毫无所获。

写到这里，倒想起了一件事。这么多年来我是一直没有把它当作一回事的，认为那是理所当然的，根本不值得一提。经过"四人帮"煽动起来的打砸抢妖风吹卷了十年之后，回想起我们当年的"天真"，觉得颇有写上一笔的必要了。我们每到一家，除了串房入室，搜索坏人之外，从来没有动过他们家中的任何一样东西，翻箱倒柜的事根本没有，连顺手牵羊的行为也从不发生。当时谁也不想到"发洋财"上面去，今天之所以能够回忆起来，也只是在经历了意想不到的"打砸抢"之后增长了见识的结果。

夜已深了，我们走过国民党省党部，我们都已经相当累，走进去，看不到什么人，我们就在大厅里坐下来休息，七嘴八舌地议论今天的活动。周围很寂静，又不知前方的消息如何，忽然间有人哭起来了，拼命跺脚，边哭边嚷："我们的同志牺牲了这么多，现在抓不到一个仇人，我们坐得住吗?"大家跑过去安慰他，报仇也不是光看眼前一时一地，革命的道路长着呢。话虽这样说，这种仇恨情绪当时是很有典型意义的，我们普遍有这种想法，那就是为死难的同志报仇，另一方面也带有小资产阶级的急性病。当下大家怨气未消，就提笔在墙壁上写满了歌颂共产党，诅咒国民党的标语。然后在桌面上或地板上睡了一会，天亮后再回"警察俱乐部"。

回到我们驻地，听到了张太雷同志牺牲的消息，大家震动很大。当时通讯联络的工具是非常缺乏的，电话、自行车都没有，因此上级决定撤退的指令都不能及时下达，我们只感得空气相当沉闷。不一会，平时和我们联系的沙文求同志来了。他同我们的负责人谈了一会，就告诉我们离开"警察俱乐部"，回到自己原来的住处或者什么地方都可以，最要紧的是隐蔽起来。我们听见了，但是总不肯起步，互相看着，好像有很多的话要说，渐渐的人少下去了，我们知道这里终究是呆不住的了，只好慢慢地走出去，到了大门口，依然恋恋不舍，东望望，西望望，像是盼望什么惊喜的消息。最后沙文求同志跑过来说："你们还是走吧。"我们一行六七人才同他们分手，漫无目的地只管往前走，路上随时可以听见远远近近的枪声，但是我们谁也不想离开。走到一处，也不知道什么地方，只听见枪声特别紧密，杨楷章同志——法官学校的同学——主张不要继续走，先停下来等一等，于是进入一条横巷，坐在一家人家的台阶上。这时枪声越来越近，越来越紧，照方向推测，可能是反动军队进入市区，正在向红军总指挥部进逼。枪声一会近，一会远，劈劈拍拍，好像还夹杂有驳壳、机关枪的射击。远一点了，我们就说，敌人被击退了；近一点了，就嚷道，敌人又攻过来了。遗憾的是我们没有办法去分担一点我们战友所受的压力。我们屏息静听，又焦急，又疲乏，时间过得特别慢，但是太阳照出来的影子却渐渐长起来，忽然间，发现枪声沉寂了。我们默默相对，不晓得是谁先开口，走吧，先掩蔽起来，一时的胜负并不是最后的结局。世界终归是属于我们的。目前却是到了不得不分手的时候了。

由于自己当时只是一个普通的小兵，又不曾参加枪林弹雨的搏斗，因此所闻所见，真是非常有限。现在不夸张，不粉饰地把亲身的经历记下来，算是大时代的一个小小的侧面。缅怀战友，深愧后死。别有一组忆事诗，是广州起义50周年纪念前后写成的，抄在这里，作为附录。

暴动当年震穗城，镰刀大斧战旗明。襟头红布飘盈尺，奔走从教认小兵。
印机轧轧接朝曦，顷刻传单雪片飞。济济贤能欣在位，舟行端仗好篙师。
满地猴衣乱作堆，伪官逃命改装来。须知牙眼还牙眼，早晚终归审判台。
大会欢呼屋瓦惊，异邦战友助欢腾。并肩携手同生死，俎豆千秋血谊亭。
演讲街头立板车，人多地窄静无哗。会心笑处频顿首，好处原应属大家。
破门收贼走深宵，贼遁楼空恨不消。财货当前如土芥，曾无人动一毫毛。
工农队伍接城乡，手上梭标间土枪。何物妖言无政府，敢通工贼阻津梁！
头脚纵横睡未宁，一宵霜露候天明。凄凉赤卫军前讯，镇海楼头落大星。
（此首乃50年前旧作，当时传闻张太雷同志阵殁越秀山前线。）
乌云四面压城圈，浴血孤军勇献身。助虐划船来隔海，开门揖盗彼何人！
胜负难分一战中，不挠不屈是英雄。离离野草烧难尽，左右江连海陆丰。

原载《广东文史资料》第 27 辑 1980 年 8 月

关于杨荫榆之死

　　杨荫榆这个名字，对于没有读过鲁迅的《华盖集》的人来说，大概是相当陌生的。60年前她却是留学日本和美国，掌握北京女子师范大学校长大权的著名人物。经过女师大那次风潮之后，从此销声匿迹。我却因偶然的机会，听到了她的下落。那是50年代初，我与杨荫浏同志及曹安和同志同在中央音乐学院研究部工作。曹安和同志早年毕业于北京女师大音乐系，杨荫浏同志的名字又与杨荫榆的同一个字辈，他们又都是无锡人，于是好奇地问他们是不是一家。答复是肯定的，但不是嫡亲而是远房的同宗。我这个人很喜欢打破砂锅问到底，当即再问一句，这个人后来怎么样？曹安和同志说，抗战期间被日本人杀了。我当时一惊，但因为忙着别的事情，没有继续谈下去。

　　最近我走访了曹安和同志，希望能得到更具体一点的材料。

　　曹安和同志是一位忠厚老实的大姐，她听我说明来意之后，喟然一叹，说，这个人其实不失为一个好人，就是太古板。例如她在女师大规定寄宿女生如果需要外宿，必须有外宿所在地的负责人出具证明才能得到批准。诸如此类的清规戒律当然就引起了追求思想解放的女生的反感。积怨已深，一触即发。在那次风潮中，他得到"老虎总长"章士钊的支持。鲁迅对当时的反动统治者和杨荫榆进行了笔挟风雷的挞伐。杨荫榆因此下了台，回到了苏州乡下。"以后她还有过些什么活动？"我再问一句。曹大姐说，她虽是无锡人，却定居在苏州，他们平时没有什么来往，所以一无所知。只知道1937年日本侵略军占领苏州之后，奸淫抢掠，无恶不作。有一天杨荫榆在街上看见日本兵行凶杀人，她忿然上前干涉，日本兵蛮不讲理，她声称要找他们的官长，制止这种野蛮的行为，于是跑进了日本的指挥部。到她从日军指挥部出来之后，日本兵立即追上去，把她乱刀捅死了，并把她的尸体投到河里去。曹安和同志说，这是她 1946 年随同音乐院从重庆复员到了南京，再回无锡探亲的时候听她父亲说的。曹老先生还说，杨荫榆始终是她那书毒头①的脾气。

杨荫榆死于日本侵略军屠刀之下，她的死给我们的启发是：光就一时一事不可能对一个人做出正确的评价。即以女师大的那次风潮而论，当时支持杨荫榆的有我们最尊敬的科学家，反对杨荫榆的人中有的在抗战期间却做了汉奸。中国历来有所谓"晚盖"的说法，意思是用后来做的好事来掩盖先前做过的坏事。杨荫榆处理女师大风潮的所作所为，当然是错误的，但她的晚年为抗议侵略军的暴行献出了自己的生命，发扬了中华民族的凛然正气。"见危授命"这句话可以说是杨荫榆盖棺的定论，虽然她身后也许根本是无棺可盖，呜呼！

原载全国政协编辑《文史资料丛刊》第 8 辑 1984 年 5 月

---

① 书毒头系无锡、苏州一带口头语，即指书呆子。

谈钟敬文先生的旧体诗作

钟先生是学者，是民俗学、民间文学专家，但他的诗人气质也占有相当重要的地位。本来中国就有重文的传统，所谓"言之无文，行而不远"。远的不说，近的一些人如汪中的论辩文章，王国维的史学著作，都具有一种散文美。钟先生也继承了这一传统，读他的论文也同时给人以美的享受，具体的表现则是诗词。

诗词，在五四以后一个时期，旧诗几乎成为"禁区"。除了学衡派这类的人物之外，好像一提旧诗就是所谓"骸骨的迷恋"。其实许多人都在悄悄地继续写作，就连自称为白话诗的创造者的胡适也照样积习未忘，他后来坐飞机写的那首《好事近·飞行小赞》还公开发表出来，以致当时有人造出"胡适之体"的称号，作为旧瓶装新酒的一条新路。可惜的是这首小词，诗味并不浓厚，影响并不那么深远。真正使得旧诗受到重视的，还是鲁迅在《为了忘却的记念》一文所载的那首"惯于长夜过春时"的七律和那首《悼丁君》的七绝。毛泽东的《长征》一发表，更使人刮目相看。也是到了这个时候，旧诗才不是遗老遗少的玩意。但是有一利必有一弊，现在汗牛充栋的诗词，有相当一部分还不免是糟蹋纸张的东西，因此就觉得像钟先生所写的那些诗词，确是宝贵的了。

说起钟先生的诗词，我总会想起杜甫的诗句："清新庾开府，俊逸鲍参军。"这个所谓清新，当然不是字面上的庾信或杜甫所称颂的李白，而是钟敬文式的清新，也就是20世纪的清新。

刚才所说的所谓"胡适之体"指的就是用旧形式表现新事物，这里要求的是在表现新事物的同时，不能破坏旧诗的格律，而且要有旧诗特有的韵味。"胡适之体"的缺点正是缺乏这种韵味。

我们不妨借用王国维"诗人对于自然人生，必须入乎其内，又须出乎其外"的说法，作为对当今写作旧诗的要求。入乎其内，才能吃透古典诗词的精髓，写出来的作品才有道地的中国作风和中国气派；出乎其外，才能摆脱传统的束缚，表现时代，抒发与新社会相适应的情感。胡适的白话文学的观念，妨碍了他深入全面把握古典诗词的"艺术性"，因而写出来的东西缺乏动人的魅力。"胡适之体"之不能成为风气，是不足为奇的。由于中国诗词优秀而又悠久的传统，入乎其内的人今天还是不少的，其中一部分是固守旧的壁垒的，谈不到出乎其外。另外一部分则是有心接受新事物，愿意投身到新社会建设中去的，但是限于种种原因，无法参加实际斗争，因而无从摆脱传统的束缚，写出来的作品，就诗论诗，无疑是上品，但读起来总使人感到有相当的距离。这里我想举俞平伯先生为例。我先声明一句，我对俞先生是非常敬佩的，我还抄过一些诗词，向他请教，蒙他不弃，他还用朱笔写出评语，其中还不少赞许之词，使我非常感激。不过我要讲真话，所以还是要指出他的欠缺，还望先生恕罪。

又要保持传统的风格，又要表现新事物，这就是矛盾。我在天津碰到另一位老诗人顾随先生的时候，问他有什么新作品。他说他在努力写作，但是碰到一些难题，其中之一就是新事物难以入诗，例如"社会主义"四个字全是仄声，这就很难纳入诗词的格律中去。这确是一个矛盾。不过解决办法还是有的，"社会主义"原封不动地引用固然很好，不能原样纳入的时候也还是可以另想办法的，关键是在于显示事物的精神。例如鲁迅的"血沃中原肥劲草，寒凝大地发春花"，不是准确无误地表现出革命斗争的惨烈和革命势力的同步发展壮大吗？"梦里依稀慈母泪，城头变幻大王旗"，不是同时表现了母亲对爱子安全的焦虑和诗人对军阀混战局面的憎恨吗？毛泽东的"虎踞龙盘今胜昔，天翻地覆慨而慷"，不是写出了热火朝天的革命胜利的场面吗？"为有牺牲多壮志，敢教日月换新天"，使人实实在在地感到坚决的革命斗志和伟大的气魄。表现新事物原不是停留在字面上的。

我们读钟先生的诗词，处处感到他诗味浓郁，却又同时感到活跃的时代的脉搏。他正是能入又能出的一位。例如抗日战争开始的时候，他看到救亡宣传队踏上征途，写出这样的诗句："拨却阴霾吾一笑，创新排难未无人。"只看到这两句，也许只感到作者对救亡工作队的赞许，如果联系到他抗战前所写的读陆游诗集的那首七绝："莫道屠沽不解兵，梦中往往夺松亭。骑驴细雨消魂事，终竟诗人了一生。"想到他当时面对日本的侵略，却苦于报国无门的苦闷与愤恨，因此发出对陆游生平的同情和惋惜，对他现在所说的"拨却阴霾"就会有深一层的了解。觉得心头的一块大石头放了下来，可以奔向抗日战争的战场，心情的痛快是可想而知的。但诗人写起来却是那么缠绵婉转，深得唐人绝句三昧。

另外一首七绝，那是太平洋战争爆发之后，好友林林下落不明，他写的一首怀人诗："海涅斗心原屹屹，子房风致乃恂恂。南溟劫火横飞后，何处沧波问此人！"头两句写好友的志趣和品格，是平实的。第三句一转，转到日本扩大战争，好友生死未卜，悲愤和焦虑的心情跃然纸上，与前一首截然相反。能者固无施不可也。

当初社会主义建设发热的时候，高呼向地球开战，与时间赛跑，什么豪言壮语都说出来了。我们都是紧跟的，我也大轰大嗡地写了一些东西，后来自己看了也觉得好笑，抛向纸篓了事。钟先生当然未能免俗，也写了一些诗篇，他是怎样写的呢？简单举两句做例子："兰若过时成讲舍，蔬畦弹指现楼房。"破旧立新、多快好省，都说到了，却始终没有失掉诗味。我看了不免反问自己，怎么我就想不到这样写呢？高手就是高手。俗话说"文人相轻"，但对钟敬文，我是实实在在地口服心服，甘拜下风。

歌颂革命圣地延安，始终是个通行的题材，实际上是大块文章居多。钟先生却用 28 字写出了延安的历史和对革命决胜的作用以及天下归心的威望。诗曰："蓦然古塞变红都，向义当年众士趋。生聚十年兼教训，撼山终竟遂雄图。"前人论画有"尺幅千里"的说法，这首诗也同样用得着这个考语。

钟先生一生是有不少坎坷的经历的，可喜的是没有被压倒。他在谒柳亚子墓那首诗中说："十年三度上坟场，今日人来更老苍。一语告公公定喜，稼轩词笔尚飞扬。"这正是这位可敬的学者、诗人而兼战士的本色。

以上所说全是关于旧诗的。"旧诗"这个名称是有缺陷的。陈老总说过这样的话，说柳亚子的诗是旧诗，徐志摩的诗是新诗，这不是颠倒的说法吗？就思想内容而论，陈老总的话是颠扑不破的，当然，徐志摩这个人也不能一笔抹杀，在这一点上不能做鲁迅的凡是派。就具有新内容的旧诗而论，夏衍曾说过，鲁迅、郁达夫、田汉可称三绝，这是大致的评估。仔细观察起来，毛泽东是千秋独绝、"一览众山小"的大家，是无人学步的；聂绀弩的《散宜生诗》纵横排奡，不可无一，不能有二，谁要走这条路，一定是画虎不成反类狗。我认为我们可以亲近的，还是钟敬文先生，这样说，大概不算是阿其所好吧。

原载南京师范大学主办《文教资料》双月刊 1998 年第 1 期总 235 期

1997 年 4 月 28 日

《画说惠州西湖》序

　　说起惠州西湖，可以毫不夸张地说，我是喝西湖水长大的。当时没有自来水，家庭用水总是每天从西湖挑回来的。稍为长大之后，又知道一些西湖的人文地理，领略一点西湖的湖光山色，更加是爱上了西湖。即便是漂流在外，也常常提起西湖。有一次夏承焘因为我和陈田鹤的友谊，于是问我曾否游过雁荡山。他们都是永嘉人，雁荡山是永嘉的名胜。我当即答复他，我们早年曾各自讲述说家乡的名胜。他说雁荡，我说西湖。并引杨诚斋的诗句，引出苏东坡，为西湖生色。惭愧的是当时彼此都是穷学生，相约将来各到对方去欣赏名胜。可惜由于连年战乱，相约无从实现。但是，我为西湖做宣传却是决不放过任何机会的。过去是空口说白话，现在好了，黄澄钦先生的《画说惠州西湖》为我提供了有力的证据。

　　也许有人会说，不是早就有了惠州西湖的风景明信片等等实证吗？不错，照片早就有了不止一种，可是我总觉得美中不足。"四王"之一的王鉴说过："人见佳山水，辄曰如画；见善丹青，辄曰逼真。"照片比丹青还要毫发不遗，真则真矣，遗憾是缺乏点神采，亦即谢赫《六法论》所标举的气韵生动。苏轼不云乎："绘画以形似，见与儿童邻。"要想在逼真之外，再给湖山增添一点气韵，那就有求于画家的生花妙笔了。眼前这本《画说惠州西湖》正是补照片之不足的艺术品。每幅画的下面还配有一段释文，引述有关掌故人物和诗文，深化了画面的内涵，真正做到了图文并茂，相得益彰，加深了读者的兴趣和理解。说画家是惠州西湖的功臣，宽容的读者大概不会笑我是阿其所好吧。

完稿于 2000 年 4 月 20 日

原载《画说惠州西湖》——黄澄钦画文集 哈尔滨出版社 2000 年 9 月

悼念钟敬文先生

老友钟敬文逝世，是中国民俗学、民间文艺学的巨星的陨落，我依据生平的交谊写了一首《浣溪沙》：

> 珠海翁江共简书，① 感怀酬唱寄燕郊。难忘涸辙沫相濡。
> 密切情缘关系户，② 艰难时世岁寒图。千秋绝业辟榛芜。

写完之后，觉得这样私人感情的抒写与肃穆的悼念会的气氛不大适合，因此另外写了一副挽联送去：

> 汪洋学海，挥洒词场，平生风义兼师友。
> 业启民间，泽敷国际，万古云霄一羽毛。

要说我与他60多年的交往，也许一天也说不完，现在只就我词中所说的相濡以沫的往事说几句话，表明我们的情谊。

涸辙的典故出自庄子，比喻最艰难的处境。我这里指的是"文化大革命"期间，我们都是"反动学术权威"，成了"不可接触的人"。当时我子女都在北大荒和解放军，只有老两口相依为命。好在钟先生子女都在身边，还能够自由行动。于是他们与另一位老朋友的女儿单独来往，有时也给我们传递信息，所以还不至于完全闭塞。到我奉命下部队的时候，钟先生竟冒险和他的老伴约我到菜市口一家小饭馆去会面，以便稍叙别情。这样的患难见真情，说是难忘的确是永世难忘的。即小见

---

① 抗战期间我们同在第四战区政治部工作。从广州撤退到翁源，还继续了相当一段时间。

② 关系户是市场上供销双方互相勾结的名称。我们生活上、工作上互相照应，我曾经为他翻译一些有关民间文学的德文资料，所以他向研究生介绍我的时候戏称我们为关系户。

388

大，我和钟先生的交谊说得夸大一点是够得上管鲍、范张那一级的。

刊于《人民的学者钟敬文》北京师范大学中文系编
学苑出版社 2003 年 9 月

词的一般性与特殊性

词，就它的血缘说，它叫做诗余；就它的格式说，它叫做长短句；就它的性质说，它叫做曲子，可见，它是有许多名堂的。长短句是指句子的长短没有一定，曲子是指它是拿来唱的，只要望文生义，便总归不致误会。只有诗余这个名字，曾经有过不同的意见。《蜀中诗话》说："唐人长短句，诗之余也。"问题就在这个余字。最先是把余当做剩余之余来解释，换一句话说，词，就是诗的私生子，至多至多也不过如桂元之于荔枝，虽有诗味，终非上品。后来不同了，余者盈余之余，诗不能尽的意思，词可以说个透澈，况周仪即主此说。论者至称为发前人之所未发。中国人是讲正名的，这样一正，词体乃尊，词人因此也就可免于与倡优同畜了。他们要把词向诗归宗，当然还拿出了具体的证据。刘体仁的《词绎》说："词有与古诗同义者：潇潇雨歇，易水之歌也；同是天涯，麦薪之诗也；又是羊车过也，团扇之词也；夜夜岳阳楼中，日出当心之志也；已失了春风一半，鲵车之讽也；琼楼玉宇，天问之遗也。词有与古诗同妙者，如：问甚时重赋三十六陂秋色，即灞岸之兴也；关河冷落，残照当楼，即勅勒之歌也；危楼云雨上，其下水扶天，即明月积雪之句也；燕子楼空，佳人何在，空锁楼中燕，即平生少年之篇也。"这就是说，词与诗原来是一样的东西。不过，既然是一样的东西，为什么又要分家呢？既然是要分家的，为什么又是一样的东西呢？原来他们中了传统的毒，因为自从诗经以来，诗是经过圣人删定的，所以不管"子不我思，岂无他人"，"既见君子，云胡不喜"之类的句子是多么"有伤风化"，依然合乎诗教。因此，要给词一个合法的地位，便得先承认它是合乎诗义的，自己填起词来，也就心安理得。正如讨个把姨太太，先要搬出"不孝有三，无后为大"的大道理来一样。不过话得说回来，词与诗的分家，是不是就等于对立呢？那也未必。

依照我们现在对于诗这个字的了解，约略是等于西洋文学的 poem，汉赋之赋，唐诗之诗，宋词之词，约莫等于 poem 名下的 ode，stanze，sonnet 之类，虽然各立门户，仍然是并存而不相悖的。然则，为什么诗之外又有词呢？当然是有些不同的缘故了。

关于诗与词的差别，已经有不少的人说过话，胡适之《词选》背后有个英文的译名，词译作 lyrical poem，因此有许多人便都跟着说词是抒情诗。别人不知道，我是不敢同意的。中国诗根本便偏重抒情，史诗不用说，叙事诗也寥寥可数。外国百科全书里面介绍李白，说他是中国最伟大的抒情诗人，觉得是在读过他的《菩萨蛮》、《忆秦娥》之后的，何况"自伯之东首（？）如飞蓬"等等也是百分之百的抒情诗呢！光从抒情方面不能说明词与诗的分别，这是一。

第二种说法，便从形式方面下手，说词的句子是长短不齐的，与诗的五言七言，有数可算者迥然不同。可是问题又来了，我们不能够那么天真，我且抄李白的一首《日出入行》给大家看看：

> 日出东方隈，似从地底来。历天又复入西海，① 六龙所舍安在哉？其始与终古不息，人非元气，安得与之久徘徊？草不谢荣于春风，木不怨落于秋天。谁振②鞭策驱四运？万物兴歇皆自然。羲和！羲和！汝奚汨没于荒淫之波？鲁阳何德？驻景挥戈。逆道违天，矫诬实多。吾将囊括大块，浩然与溟涬同科。

反之，在词这一边却有整齐的《生查子》③

> 去年元夜时，花市灯如昼。月上柳梢头，人约黄昏后。　　今年元夜时，月与灯依归。不见去年人，泪湿春衫袖。

又有《玉楼春》④

> 霜余已失长淮阔。空听琤琮清韵歇⑤。佳人犹唱醉翁词，四十三年如电抹。草头秋露如珠滑。三五盈盈还二八。与余同是识翁人，惟有西湖波底月。

---

① 《李白全集》作"历天又入海。"
② 同上书，"谁振鞭策"作"谁挥鞭策。"
③ 《全宋词》考订作者为欧阳修。
④ 按：《玉楼春》、《木兰花》、《木兰花令》等《全宋词》所收词牌，全是整齐的七言句式。作者下面引用的内容，系《全宋词》中苏轼的《木兰花令》。
⑤ 此句在《全宋词》中作"空听潺潺清颖咽"。下阕第一句"草头秋露如珠滑"应为"草头秋露流珠滑"。

又有不折不扣的七律《瑞鹧鸪》①：

> 严妆才罢怨春风，粉墙画壁宋家东。蕙兰有恨枝犹绿，桃李无言花自红。
> 燕燕巢时罗幕卷，莺莺啼处凤莹②空。少年薄幸知何处，每夜归来春梦中。

第二种说法之外，还有第三种说法，那就是词的音乐性。不错，词是最富于音乐性的一种诗体，不过我们不可以一眼盯住词的音乐性便忘却其他。《击壤歌》《卿云歌》都是拿来唱的，就算是太过古远，查无实据，那末，白居易的《长恨歌》还是一首长歌，可以唱的。当时歌伎还以能唱《长恨歌》，表示与众不同。旗亭画壁的故事，也不见得是捏造。可见可唱不可唱，也不能够划定词与诗的分界。

三是一个整数，三种理由都不能完全成立，我们还是另外换一个方向吧！

张惠言曰："词者，盖出于唐之诗人，采乐府之音以制新律，因系其词，故曰词。传曰：'意内而言外，谓之词'。"这是词字之解释，还不能说明与诗分家的原因。歌德说，文字是语言的无可奈何的替代。以上云云，都不免近乎空话，废话，我以为最直接了当的办法还是以词解词。

王渔洋曰："或问诗词分界，予曰：'无可奈何花落去，似曾相识燕归来'，定非香诗；'良辰美景奈何天，赏心乐事谁家院'，定非草堂词也。"这是一种说法。

陈无己曰："学士（东坡）小词似诗，少游诗似小词。"这又是一种说法。

因为诗与词有这种形而上学的分界，所以李清照的七绝：

> 春来何事苦思乡，病里梳妆恨发长。梁燕语多终日在，蔷薇风细一帘香。③

便被人指为小词。反之，王安石的《浪淘沙》：

> 伊吕两衰翁。历遍穷通。一为钓叟一耕农。假使当时俱不遇，老了英雄。
> 汤武一相逢，风虎云龙。兴王只在笑谈中。及至而今千载下，谁与争功。④

却正是李清照所谓"人必绝倒"的"句读葺之诗"。

由此可知划分诗词的界限的，是一点形式以外的什么了。

---

① 词牌又名《舞春风》《桃花落》等。作者引用的系《全宋词》中欧阳修所作《舞春风》。
② 此句在《全宋词》中为"莺莺啼处凤楼空"。
③ 诗名《春残》。首句的"春来"《李清照集校注》作"春残"；第二句"病里梳妆"作"病里梳头"。
④ 《全宋词》"耕农"作"耕佣"；"假使"作"若使"；"俱不迁"作"身不迁"；"一相逢"作"偶相逢"；"及至而今千载下"作"直至如今千载后"。

我们再把诗和 词的比对排下去吧：

同是悼亡的题目，元微之的《遣悲怀》七律三首中的第一首是：

> 谢家最小偏怜女，自嫁岑娄百事乖。似我无衣搜荩箧，泥他沽酒拔金钗。
> 野蔬充膳甘长藿，落叶添薪仰古槐。今日俸钱过十万，为君营奠复营斋。①

苏东坡的《江城子》是：

> 十年生死两茫茫。不思量，自难忘。千里孤坟，无处话凄凉。纵使相逢应
> 不识，尘满面，鬓如霜。　　夜来幽梦忽还乡。小轩窗，正梳妆。相顾无言，
> 惟有泪千行。料得年年断肠处：明月夜，短松冈。

沉痛是一样沉痛的，真挚也是一样真挚的，可是读起来却总有点不同的感觉。元诗先把贫贱夫妻的生活来一番特写，然后从过去转入现在，然后点明贫贱夫妻百事哀，第三首才由眼前深入内心，沉痛之极，只好来一种天真的报答。苏词则一开头便是悲哀的绝叫，接着一层深一层，终于想到环珮空归月夜魂，可是的确是空归呀！因为千里孤坟无处话凄凉，何况又纵使相逢应不识呢！元诗具有理智的成分，苏词却纯粹是直觉的。

也许有人会说，那是作风的关系吧！因为元微之根本不是苏东坡呀！好，我们就拿同一个人的作品来说吧！一诗一词都是李后（按：后字应删去）煜在国亡城破的时候作的。诗曰：

> 江南江北旧家乡，三十年来梦一场。吴苑宫闱今冷落，广陵台殿已荒凉。
> 云笼远岫愁千片，雨打归舟泪万行。兄弟四人三百口，不堪闲坐细思量。

词曰：

> 四十年来家国，八千里路山河。凤阙龙楼连霄汉，玉树琼枝作烟萝，几曾
> 惯干戈。一旦归为臣虏。沉腰潘鬓消磨 。最是仓皇辞庙日，教坊犹唱别离歌，
> 挥泪对宫娥。②

---

① 《全唐诗》中"谢家"作"谢公"；"岑娄"作"黔娄"；"似我无衣"作"顾我无衣"；"为君营奠"作"与君营奠"。

② 《百家词》中"八千里路山河"作"三千里地山河"；"凤阙"作"凤阁"；"几曾惯干戈"作"几曾识干戈"；"沈腰潘鬓"作"枕腰潘髻"；"教坊犹唱"作"教坊犹奏"；"挥泪"作"垂泪"。

　　写诗的时候，作者还想到刬后的宫闱台殿，想到了兄弟四人三百口。一写词，作者除了赖账之外，却干脆只说自已，只说挥泪对宫娥。诗还有客观的思量，词只是主观的挥泪，这对照还不够明显吗？

　　刘体仁曰："'夜阑更秉烛，相对如梦寐'①，叔原则云：'今宵剩把银缸照，犹恐相逢是梦中，'② 此诗与词之分疆也。"有人说，晏几道是俗化唐人诗句，实际上却是截然不同的手法。"夜阑更秉烛，相对如梦寐"，是久别重逢，悲喜交集的情景，多少还有一点矜持；"今朝剩把银缸照，犹恐相逢是梦中"，却是心花怒放，得意忘形的。此时此地，简直不复知有旁人的一泻无余的任情。这样说来，词与诗的分界，并不在乎抒情的内容，参差的形式，以及音乐的节奏。因为这是彼此共通的，亦可以说这是词的一般性。可是词终于与诗分家了，这原因就在于词是偏重直觉的、主观的、具体的、幻想的。换一句话说，就是偏重感性的抒情的是词，偏重理性的抒情的是诗。

　　根据上面这一番考察，我是不相信诗亡词兴那派说法的，连带也就不承认词是诗体的解放的说法。

　　事实摆在眼前，即使我们硬要说，宋人不知诗，故终宋之世无诗，但是诗并没有死亡。诚然，"诗词兼擅如永叔、少游者，诗不逮词远甚。"但是也有诗词俱工的如苏轼，也有词不如诗的黄庭坚、陆游，甚至于姜夔（严格的说）。至元，尚有元好问；至清，尚有吴伟业。原因是并存而不相悖。如上所述，所以王朝云死后，苏轼一方面写出"苗而不秀岂其天，不解③童乌与我玄"，一方面又写出神思缥渺的悼亡词《西江月》。

　　封建社会的基础一天 没有改变，多了一点商业资本，加些对外交通，是不能改变社会的上层建筑的。词之于诗，正同此理。也只有这样看现在的社会，才可以明白为什么白话诗兴起了将近 30 年，平平仄仄仄平平的旧诗还是同时存在。有人说过，中国历史缺乏西洋文化史上的所谓近代，可是同时又把十五世纪到二十世纪放进一天里面去，这也就说明我们为什么有了白话诗。

　　闲话休提，言归正传。诗亡词兴的说法已经不能成立，所谓词是诗体的解放的说法跟着也就落空了。

　　首先我们不妨考虑一下，"调有定格，字有定数，韵有定声"的填词是不是比做

----

①　引自杜甫《羌村三首》。
②　引自晏几道《鹧鸪天》词。
③　《苏东坡全集》)中"不解"作"不使"。

诗容易？回答是不见得。而且正如歌德所说，形式之内可以容许更大的自由，填词的也就另有一种工作的喜悦。如果说，因为填词容易，所以大家才转换方向去填词，那也未免太低估李煜、冯延己、辛弃疾、周邦彦、李清照的天才了！假如连一点平仄，一点对仗，一点韵脚的困难都还克服不了，他还能够称为诗人吗？他还有脸说语言的艺术，艺术的语言吗？

天下很少一天到晚写 sonnet 的诗人，也很少一天到 晚写 vers 、lirik 的诗人。有之，那就是形式主义或是虚无主义的堕落。我们要设身处地，通观全局，然后才不会把一面看成全体，然后才能够明白历史进化的。

附注：50 年代遗稿，舒咏梧整理于 2014 年。原稿由作者执毛笔用行草书体写成，在此次付梓过程中，对引用诗词与现在通行的版本有出入处加以注释说明。

谈谜语

谜语的起源，推测起来是由于隐语，碰到有什么不便明说直说的时候，可以做个暗号，说句隐语——我们那里谓之背话。关于隐语的作用，我们从左传宣公十一年"楚子伐萧"那一段历史记载里面，还无社要司马卯求救于申叔展，"有麦麹乎？"和"有山鞠穷乎？"的两次发问，已经透露出隐语的消息。杜预注云："麦麹、鞠穷所以御湿，欲使无社逃泥水中，……军中不敢申言，故谬语。"关于这一类的隐语，春秋时代还有伍举对楚庄王的不蜚不鸣和战国时代齐客对靖郭君的海大鱼之类。更进一步隐语就发展成为谜语。刘勰《文心雕龙》谐隐篇说："自魏代以来，颇非徘优，而君子嘲隐，化为谜语。"这是古典著作里面有关谜语的最早而又最科学的论述。至于谜语的作者，刘勰也有说明，那就是，"谜也者，迴互其词，使昏迷也。"开山的作品应该从荀子的《蚕赋》算起，东方朔的射复则因为出自滑稽之雄，更加脍炙人口。此后曹操父子都喜欢玩这一套。可惜没有流传。流传下来的有孔融的离合诗隐"鲁国孔融文举"六字。蔡邕题在曹娥碑上，后为杨修猜中的"黄绢幼妇，外孙齑臼"隐"绝妙好辞"四字。乐府诗"藁砧今何在"，说明谜语式的诗总是一直流行的，所以熟悉民间文艺的鲍照才有井字谜，龟字谜的名作。至于宋朝王安石的"俭"字谜，猜起来还有现实的教育意义。它的谜面是这样的："兄弟四人，两人大，一人立地三人坐。家中更有一两口，便是凶年也好过。"陈亚替自己的名"亚"字做一谜曰："若教有口便哑，且教无心为恶，中间全没肚肠，外面强生棱角。"这也是游戏之中包含严肃意义在内的。又陈亚因蔡襄用自己的名字为戏，出句曰：陈亚有心终是恶。亚回敬他一句曰：蔡襄无口便成衰，机锋殊不可及。

谜语有利用现成材料的，如曹操初作相国府门，看过之后，题一活字，别人不晓，杨修曰："门中活，乃阔字也，相国嫌其太大耳！"

唐朝流行灯谜字谜，有人想试探对手的机智，出一个谜语给他猜，谜面是：

"一物坐也坐，卧也坐，立也坐，行也坐。"没料立刻招到对手的反攻："一物坐也卧，立也卧，行也卧，卧也卧。"自己反而答不上，于是反攻的人补上一句说："我谜压倒汝谜。"

用自己的姓名做谜语的，除上举陈亚的例子之外，辛弃疾刻印为"六十一上人，"隐"辛"字，姜白石刻印为"鹰扬周室，凤仪虞廷"，隐"姜夔"二字，徐文长的"水田月"正是沿这一条线发展过来的。

明朝张璁迎合嘉靖皇帝更定本生父母尊号的意旨，巧言诡辩，得到皇帝的恩宠，赐名孚敬；犯颜直谏的王相等廷杖至死，杨慎等被判充军，引起当时公正人物的义愤。于是有人用张璁孚敬这几个字编为谜语曰："这长弓，心勿一，佐王不正，除非撤了头，夷三族，灭绝子孙，方泄万民之愤。亏了这篇歪文字，苟就了功名。"谜语简直成了政治斗争的手段了。

光绪壬辰年间，广东提学使徐藏农考取秀才，专一看中那些世家子弟和裙屐少年，引起了强烈的反对。那年元宵，有人就这件事出了一条灯谜道"徐宗师取进诸学生"，射三国人名二。有人揭去，原来是"颜良、文丑"。这是暴露科举丑态的作品。

从黄绢幼妇到鹰扬周室，这一类谜语都是属于正格的，别开生面的则有断章取义，运实于虚的做法，那就是把字离开书上原有的意义加以别样的解释。例如左传有一句话"见灵辄饿"，本义是看见灵辄这个人在那里饿肚子，现在用来扣"子食于有丧者之侧，未尝饱也"这个谜面，它的意思就变为"看见灵位就要饿肚子"，"灵"扣有丧者，"饿"扣未尝饱，这才是出奇制胜的办法。

又如杜甫诗句"绝代有佳人"，是说有一个盖世无两的佳人，现在却用左传的"美而无子"为面，射这一句，这个"绝代"就被解释为断绝后代了。

戏曲做谜语的习惯限于西厢，因为这是一本家喻户晓的名著。西厢谜语好的很不少，如"天下英雄惟使君与操耳"是曹操对刘备说的话，恰好用来做谜面，射西厢一句"权时落后，"这个"权"本来是虚字，现在却变虚为实，解为孙权的权。能够这样来做一番离合增损的工作，谜语的取材就可以不愁枯竭。

北京剪刀最出名的王麻子，有人就用这一事实做谜面道："真正第一家首创王麻子"射诗经一句"实始翦商"，把翦灭商朝，解为剪刀商人，可谓奇想。

中国文字是象形的，也是谜语的大好材料，如"厨房近西"射"煙"字，"半推半就"射"掠"字，是比较近于正格的。最难猜的也许要算是"无边落木萧萧下"射"曰"字。无边这是杜甫的诗句，描写秋天肃杀的气候的，现在却把它来一番政造，萧萧变为齐梁两朝，齐梁之后就是陈，陳字去掉偏旁和木字，不是只剩得一个"曰"字吗?! 这样的谜语要人猜中是困难的，但是说出来却不能不承认它巧妙。

谜语的引人入胜，是由于它形形色色的变化。从字形上打主意，也是变化之一，如"重栏一角红"射四书一句"推恶恶之心"。是因为我国的栏杆传统上都架成亞字，恶恶的心推掉了，就只剩下两个亞字，拿它来扣重拦无疑是最恰当的；一角红呢? 那是因为上一个恶字念为憎恶的恶，照旧日的习惯是由读书的人用硃笔在右上角钩一个圈圈，表示读音作去声的。一底一面，没有一个多余的字，没有一个空泛的字，真是滴水不漏。

谜语虽然是游戏文章，也应该表示作者的立场和态度。前面关于张璁和徐藏农的谜语就是例子。解放后一贯道怙恶不悛，仍在进行阴谋活动，当时配合镇反运动放映一部电影《一贯害人道》，用它做谜面可以射诗经一句"匪用为教"，"台湾中央社消息"可以射诗经一句"匪报也"。"闯王称帝之时"射剧本（蕉心格，即中间两字上下倒置）《清明前后》，也可以显示打破旧日史家正统思想的束缚。写谜语，也不能迷恋骸骨，墨守成规的。

遗稿　舒咏梧整理于 2014 年

谈谜格

　　谜语原来是从生活中的实物产生的——字也属于实物，后来才从一般的事物发展到以文义为谜底。猜谜又从口头上发展到写在纸面上，而且衬以灯光，供人商略之后，逐渐的就称一般以事物为谜底的为谜语，以文义为谜底的为灯谜。谜语是比较大众化的，灯谜则由于文人的好奇，使得一个字、一个名词、一个书名、一个剧目、一个人名、地名、花名、草名、药名、鸟名、兽名、一句谚语、一句文章、一句诗词，一直到《水浒》书中的绰号、《聊斋志异》的篇目以至词牌、曲牌、街上的招牌都成为制谜的材料，于是乎千变万化，愈出愈奇，万花缭乱，妙趣横生，这也可以说是中国文字的特色所造成的一种奇观吧！

　　作谜语无疑是以底面浑成，不需增损的为最理想。但是有时碰到不能尽如人意的字句，不得不想些补救的办法。于是乎就产生了各种谜格。

　　过去书上常说灯谜有二十四格，但是总没有开列过一份齐全的清单。如果就已经应用过的谜格一一开列，那么随着事态的发展，争奇斗巧，踵事增华，现有的谜格已经远远超出 24 这个数字。现在列举如下。

　　一、白头。指的是头一个字是别字，因为别字又有称为白字的，所以凡是借用别字亦即同音字的，都加上白字的记号，亦称素冠、粉面、皓首或雪帽，总之都离不开白的含义。

　　二、素心。或称玉带，中间一字是别字。

　　三、素履。末一字是别字，亦称粉底。

　　四、亥豕。指形似。

　　五、围棋。谜底正字与别字相间如黑白棋子。

　　六、卷帘。亦称回文，即倒过来读，如果谜底只有两个字，则曰

　　七、秋千。

八、繫铃。改变字的读音。因为过去读书遇到某字需要改变读音亦即改作别解的时候，就要依照改读的四声——平上去入——用硃笔在字的一定的位置即某一角打一个园圈做记号，故曰繫铃。

九、解铃。即将改变音读的园圈除掉。

十、移铃，是将改变音读的园圈移到别一个字上面去，亦即解铃之后转加繫铃。

十一、锦屏。即对对子，谜底与谜面恰为对句。别一方式称为

十二、鸳鸯。则是谜底除对句之外，还有"对、""比"、"齐"、"匹""配"、"偶"之类的字眼，以示对偶之意，亦称求凰或流水。

十三、虾须，指首字分为两半，细分之则左右分者为虾须，上下分为两截者为

十四、蝇头。

十五、分心。指中间一字分开。

十六、燕尾。要将末一字分为两半。细分之则左右分者为燕尾，上下分为两截者则为

十七、蜓尾。

十八、摘顶。是将首字除去一部分，亦称折巾。

十九、折屐，即将末一个字除去一部分。

二十、遗珠，是谜底随便去掉一个字，如果可以确定位置的，则

二十一、脱帽，是去掉头一个字，又称升冠，亦称滑头禅。

二十二、脱靴。是去掉末一个字，又称无底囊。

二十三、解带。是去掉中间一个字。

二十四、加冠。引用书中一句话的时候，还要添加上一句的末一个字。

二十五、纳履。则是除了书中一句话之外还要添加下一句的第一个字。

二十六、上楼。是谜底的末一个字移到句首，亦称登楼或踢斗。

二十七、下楼。将谜底的第一个字移到末尾，亦称垂柳。

二十八、辘轳，即第一个字与末一个字互换位置。

二十九、低头。第一个字移到第二个字的位置上，让第二个字作首字。

三十、跷足。末一个字挪到倒数第二个字的位置上，让倒数第二个字变为末一个字。

三十一、徐妃。是抹掉谜底各个字的半边。称为徐妃者，是借用徐妃半面妆的典故。

三十二、蕉心。是将一句中间的两个字倒过来。

三十三、双钩。是将四字一句的谜底以每两字为一组钩过来，即前两字钩到下面去，后两字钩到上面来。

三十四、集锦。谜底是同一本书之内分属各篇的句子凑合在一起。

三十五、叠锦。是将两个字重叠成为一个字。

三十六、合璧。与叠锦不同之处是将两个字左右合为一个字。

三十七、露春。是谜面泄露了谜底的字。按规矩谜底的字不许在谜面上出现，万一非犯不可，即须标明露春。

三十八、红豆。是说明谜底必须改加句读的意思。其实灯谜的特点之一正是故弄玄虚，一个猜谜老手根本就会想入非非，用不着你教他改加句读的。

三十九、重门。根据谜面想到了谜底，再从谜底的意思想深一层，然后找到适当的答案。

四十、藏格。即谜格藏于谜底之中。

这么多的谜格，算不算是巧立名目呢？事实是情况总是不断的变化发展，遇到新的情况或者说找到新的路子，于是另立新法，那也是事有必至，理有固然，不可以画地为牢的。就说藏格吧，谜面"长相思"，射唐诗一句"鸳鸯不独宿"，一点不显得勉强，却别有一种趣味，那又何乐不为呢？

打灯谜也应该与时俱进，不能墨守成规。抗战后期茅盾写过一个剧本《清明前后》，清和明是历史上两个朝代的名称，在这两个朝代之间则有李自成的大顺王朝，于是就出现以"闯王建号大顺"为谜面，射剧本《清明前后》，蕉心格，读为"清前明后"，是颇能一新耳目的。

重门格要求你从谜面想到谜底的一层意思之后再想深一层，这也是使人多动脑筋的一种办法。如以"苦"字为谜面射字一，你第一步想到苦是甘之反，甘字反过来不是"丹"字吗！于是谜底就是"丹"。又如"壮士一去兮不复还"，射字一，你首先想到壮字去掉士就剩下一个爿字，爿字反过来是一个片字，爿者片之反，片反合为一字，是为"版"。这较之猜到爿字就此止步，无疑是大有深浅之别了。

露春格可举的例子是"攀栖鹘之危巢，俯冯夷之幽宫"，射左传一句，低头格，"登轼而望之"。谜面出自苏轼的《后赤壁赋》。攀一句是登，俯一句是望，谁是这两句的主人公呢？苏轼。全句改读为"轼登而望之"，可谓句无剩义。但是之字是犯禁的，补救的办法就是标明露春。

跷足格的灯谜，可举"监"射古文一句"草拂之而色变"。草加在监字上面是蓝字，那不是变为颜色了吗？

折屐格的例子不妨请贝多芬出马。贝多芬是德国大音乐家贝多芬的标准译名，使用外国人名一定要限于标准译名，不能随便改泽，强人就我。以"贫"字射贝多芬，可谓恰当，捣乱的是那个草头。幸亏有摘顶（按："摘顶"，系"折屐"之误）格来帮忙，芬字于是变为分字。乐圣当不以为忤吧！

鸳鸯格比较普通，如"牛津"射外国地名"对马岛"。"虎鼓瑟"射谚语"对牛弹琴"，真是俯拾即是。近来有人以"紫苏花"射地名"乌鲁木齐"，紫对乌是颜色，苏对鲁是江苏和山东省名的简称，花对木则是植物对植物，都很确切，可谓别具匠心。

双钩格可举"金子洋文"为例，谜面是英文金字"Gold"，射日本作家"金子洋文"，双钩读为"洋文金子"。

落帽、脱靴、解铃、繫铃之类比较简单，解铃的例子如"遗臭万年"射论语一句"恶乎成名"。句中的恶字改读平声如乌，是怎么的意思。现在解除了改读的圈圈，恶还原为善恶之恶，意思便变为做坏事也可以出名了，那不就是遗臭万年了吗？落（脱）帽格以"故人者天地之心也"，射近代人"萧友梅"，去掉萧字，以友扣故人，梅扣天地之心，因为翁森的《四时读书乐》里面有"数点梅花天地心"之句。至于脱靴格的例子，则有"东风不与周郎便"射聊斋篇目三"乔女姊妹易嫁曹操塚"，去掉塚字，要不是东风给周瑜帮了一个大忙，乔家两姊妹就要改嫁给曹操了。这一条谜面又有射聊目二"乔女连锁"的，因为杜牧原诗是"东风不与周郎便，铜雀春深锁二乔"。那么乔女连鎖正好紧接原诗上一句的语气。

上楼格的谜语可以"扑天雕"（水浒绰号）为例。谜面是"鸷鸟冲霄"，扑天雕的雕字挪到第一个字的位置，变为雕扑天，正好扣稳了每一个字。

素心格是中间一个字是谐声的，亦即白字。例如"光绪伤心智井畔"射曲牌"忆真妃"。真读如珍。珍妃是支持光绪皇帝掌握政治实权的人，八国联军进攻北京，慈禧太后仓皇西逃，不许珍妃随行，反而狠心逼她投井，光绪当时真有如白居易《长恨歌》诗中所谓"君王掩面救不得"，他之见井伤心，无疑是由于忆珍妃了。

应用捲帘格的灯谜是不少的，如"官坊现形记"射古文一句"本图宦达"，倒过来读如"达宦图本"，即是一例。

叠锦格的例子不算很多，但也不是没有，例如"月薪"射唐诗一句"此木岂无阴"。此木叠起来是柴字，扣薪字；岂无阴即有阴，月又称太阴，苏东坡也有"花有清香月有阴"的诗句，所以阴可以扣月字。此外，"王屋"射三字经一句"一土字"，一土叠成王字，屋可以通宇。

虾须、燕尾一类的谜格，有时也可以引起猜者的兴趣。如以唐诗"先遣小姑尝"为谜面，射中庸一句"如探汤"，用的就是虾须格。如字分为女口两个字，这一句话读为"女口探汤"，这是要联系原诗前一句"洗手作羹汤"来考虑才能猜到的。

上面是大略谈到的一些谜格和例子。其中一时想不出例子来的如"围棋"、"加冠"之类，则因为所有藏书已于"十年浩劫"中扫地以尽，要搜检也无从下手，只好徒唤奈何。还有，谜格一般不宜用得过多，太多了使人无所适从，如"一杯一杯又一杯"射易经一句"乾三连"，先是捲帘读为"连三乾"，然后再来一个繫铃，给乾字加上一个改读的圈圈，读为乾杯的乾。连乾三杯，正好紧扣"一杯一杯又一杯"，真是滴水不漏。但是用上两个谜格，究嫌美中不足。而且转折太多，转伤自然，所谓过犹不及也。

遗稿　舒咏梧整理于 2015 年

从"形式"一词的来源谈起

关于形式美的问题，首先碰到的一点是我们对于形式究竟应该如何理解。如果望文生义，形式就是一个作品的组织结构，一个作品的外形。这样一来，我们对于内容决定形式这句话就会遇到一个难题。既然艺术作品的内容产生于社会的现实，而社会的现实又无一不打上阶级的烙印，因而内容就带有阶级性。既然内容带有阶级性，那决定于艺术作品内容的形式不会带有阶级性吗？说表现一定的阶级内容的形式没有阶级性，似乎说不过去吧。但是如果说形式带有阶级性，为什么封建社会流传下来的词牌我们照样可以拿来表现社会主义新生事物呢？资本主义社会确立起来的交响乐又可以听从社会主义作曲家的使用呢？也许有人会说，形式是有相对独立性的嘛，但是相对独立性总不能理解为可以与内容各行其是的两个方面。既然只有相对独立性，可见还有相对的从属性，既然有相对的从属性，怎么又可以超然于阶级之外呢？可见把形式纯粹理解为艺术作品的组织结构是不完全的。事实上恐怕还得从形式这个词的来源谈起。

形式这个词是外来语，它来源于拉丁文的 Forma。在形式这一译名流行之前，曾经有人译为"法式"或"体式"。虽然这两个译名在含义上比较宽广，而且更符合原意，但是由于不够通俗，终于不能不让位给"形式"。这个译名一定下来，大家对于形式的了解就倾向于艺术作品的组织结构一方面了。为什么说前两者的含义比较宽广呢？因为法式一词包含法则的意义，所谓法则就说明除了格式之外还有关于创作的方式和手法的意义在内。体式呢，关键在体字。汉语的这个"体"字，一方面指格式，如诗的律诗、绝句、词的《念奴娇》《浪淘沙》等等。词律列举各种词牌，除了正格之外，还收集各种不同的变格。如《念奴娇》后，加列一首苏东坡的大江东去，标名为"又一体"。万树所用的这个体字就属于这一类。另一方面又指艺术作品的风格流派，如诗词里面的元和体、西崑体、清真体，书法里面的颜体、赵体、馆阁体等等。既然它属于艺术风格的范围，"风格即人"，处在阶级社会里面，人不可能超阶级而存在，他属于哪一个阶级，就有哪一个阶级的心里状态和美学趣味。表现在他创作上面，就有他自己一套描写手法。形式既然包含描写手法的一个方面，说它具有阶级性，恐怕也是理有固然的了。从这一点来看，我倒觉得萧友梅先生当初把"曲式学"译为"曲体学"，是结合我国传统的美学思想的结果，所包括的范围比较宽广。虽然萧先生翻译之时不一定意识到这一点，他所理解的"体"也许只是万氏词律里面的所谓"体"。

如果这种关于形式的解释能够成立，那么形式既包括艺术作品的组织结构，又包括表现内容的各种手法。所谓相对的独立性以至不存在阶级性的问题，指的就是组织结构这一部分。因此，形式有无继承性的问题也可以迎刃而解。资本主义社会甚至于封建社会的艺术形式都可以为社会主义服务，事实上是这样，理论上也站得住脚。

但是，形式的相对独立性不意味着形式与内容的脱节。内容决定形式，还不仅限于使用什么描写手法，也需要考虑采取什么格式。试以姜白石歌曲为例，内容是抒发作者一点感情活动的，就采用所谓小令如《杏花天影》《高溪梅令》之类，如果呈兴而赋，也就是说有一定的铺叙的题材，就需要有比较大型的格式，例如《扬州慢》。即使是同一首诗，如果它的风格是属于民谣一路的，就应该给它配上平易近人的旋律，而且采取分节歌的形式，不然的话，就难免小题大做。这里，我想起李斯特的《罗列莱》。《罗列莱》是海涅的著名诗篇，虽然诗中写到了莱茵河，但主要的却是关于那位女主角的叙述，因此他使用的手法比较简单，选词造句也充满民谣的气息。为了同这种风格相适应，可以说，西尔歇尔的曲谱是比较符合海涅的诗意的。这首歌之所以能够流行到百年以上，即使在纳粹统治时期，海涅的名字给抹掉了，换上一个无名氏，这首歌也没有绝迹。至于为这首诗作曲的时候，采取一贯式把它写成一首规模阔大的艺术歌曲，钢琴伴奏更发挥了作者所擅长的标题音乐的描写本领，听的人却并不因此增加美感的享受，原因恐怕就是内容与形式有不一致的地方。这里的不一致，在于描写手法，也在于作者的组织结构。可见内容决定形式这句话是值得每一创作者深长思之的。

这里，已经接触到形式美的问题。艺术作品是不是每一部分都要美？怎么样才算美？仍以《罗列莱》为例，如果我们不理会这首诗的内容和风格，光听李斯特的音乐，我相信，说它美是不成问题的。联系到诗的内容来考虑，作者恐怕有点为了美去追求美，没有考虑到这首诗的根本特点，因而这种美多少不免近于炫耀，美反而成为不美了。此外，是不是一个艺术作品从头到尾都是美？当然，一首抒情歌曲，一副花鸟画，很可能全部都是美的，但也可能不完全是美的，虽然八大山人的画也许是例外。世界上的事情非常复杂，艺术是反映现实生活的，它的内容也是非常复杂的，一出戏有正面人物，也常常有反面人物。反面人物能不能够承认它是美的呢？

　　下面，我想举例子来说明。如京剧《荷珠配》里面的金贞凤这个形象，装扮得再漂亮，我们看了也只有恶心，根本谈不上有什么美。但是戏里面又少不了她，那又是什么缘故呢？我以为这里除了美之外，还有真与善的问题，有了金贞凤才更便于衬托出荷珠的善良，有了金贞凤，在揭露地主阶级嫌贫爱富、寡廉鲜耻的丑恶行为的时候，才更加有力。这里的美是整个作品的美，它离不开真的表现和善的创作意图。某一局部，某一细节的不美只是为了加深全部作品的美。又如《十五贯》里面的娄阿鼠，有人认为他的丑是艺术的丑，因而丑得可爱，这恐怕是把丑角的形象和演员的艺术混为一谈。正是演员的精湛的表演，使娄阿鼠的形象丑到了家，丑得典型，娄阿鼠的形象才引起了观众的厌恶，我们越是讨厌娄阿鼠，就越是佩服演员的艺术，我们所欣赏的并不是娄阿鼠这个形象。正如我们佩服漫画家的艺术，却并不因此会喜欢漫画家笔下的反面人物。如果漫画家笔下的讽刺对象可以使人觉得美，那倒该算是漫画家的失败了吧。因此，我们说形式美，可不要把它说绝了，以为非美不可，我们要注意的还应该是适应内容的要求来创造恰当的表现形式。

　　拉杂写来，不敢说是千虑之一得，求教而已。

80 年代遗稿　廖崇向整理于 2014 年 5 月

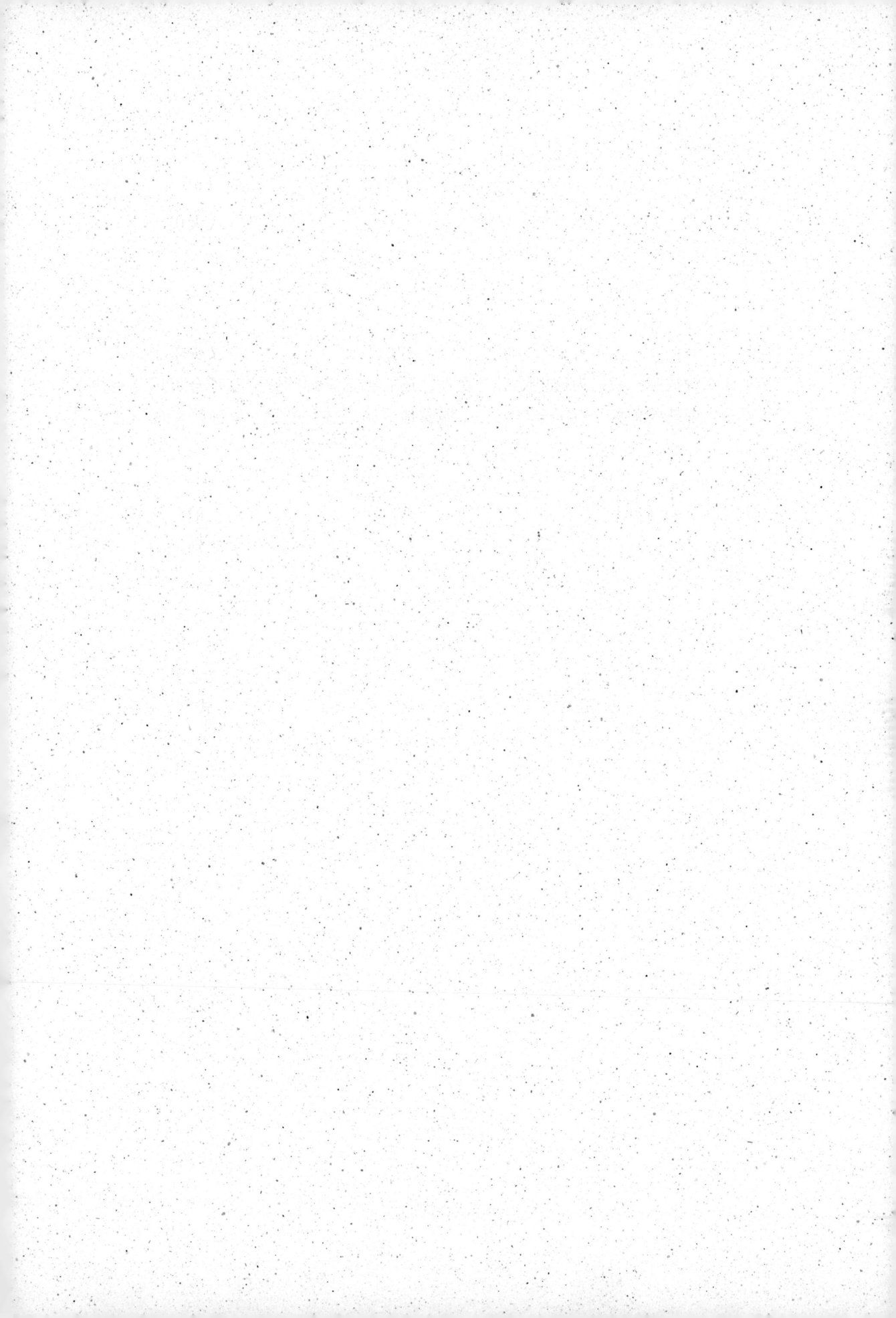